PENN QUARTER
Seiten 86-103
Karten 3, 4
CAPITOL HILL
Seiten 42-53
Karte 4
PENN QUARTER
CAPITOL HILL
THE MALL
Washington Channel
Anacostia River
0 Meter 750
0 Yards 750
THE MALL
Seiten 54-85
Karten 3, 4

VIS à VIS

WASHINGTON, DC

Die Stadtteile von Washington, DC

Die Farbflächen dieser Karte *(siehe vordere Umschlaginnenseiten)* markieren die fünf wichtigsten Stadtteile. Sie werden im Kapitel *Die Stadtteile von Washington, DC (S. 40–127)* detailliert beschrieben. Der Abschnitt *Washington, DC im Überblick (siehe S. 30–35)* präsentiert die zehn Hauptsehenswürdigkeiten der Stadt. *Drei Spaziergänge (siehe S. 146–151)* führen Sie zu interessanten architektonischen Bauwerken und kulturellen Institutionen in Washington, DC.

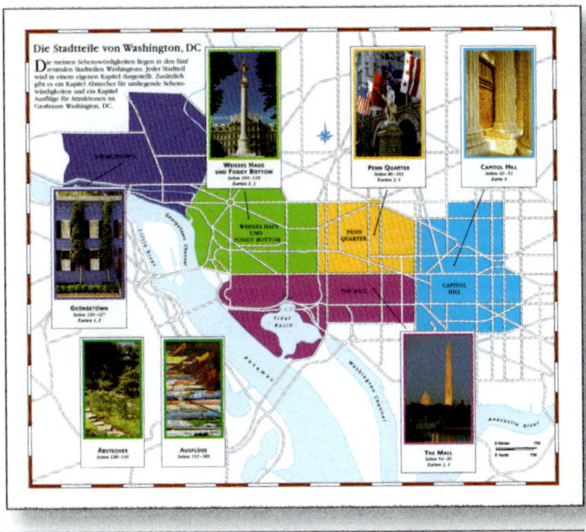

4 Detaillierte Informationen
Wichtige Attraktionen werden einzeln beschrieben. Die Reihenfolge entspricht der Nummerierung auf den Stadtteil- und Detailkarten.

Der Infoblock bietet praktische Informationen. Die Legende der Symbole befindet sich auf der hinteren Umschlagklappe.

Die Einführung zu den Abstechern steckt das Areal ab, das im Folgenden behandelt wird.

Eine Karte des Großraums von Washington, DC zeigt, wo sich die Sehenswürdigkeiten außerhalb des Zentrums befinden.

5 Abstecher
Dieses Kapitel stellt Sehenswürdigkeiten vor, die außerhalb der Innenstadt von Washington liegen, aber leicht zu erreichen sind.

6 Ausflüge
Hier werden Tagesausflüge zu sehenswerten historischen Städten oder Nationalparks außerhalb von Washington beschrieben.

Besondere Ziele, z. B. dieser Nationalpark, werden mit Karten und praktischen Informationen vorgestellt.

Washington, DC stellt sich vor

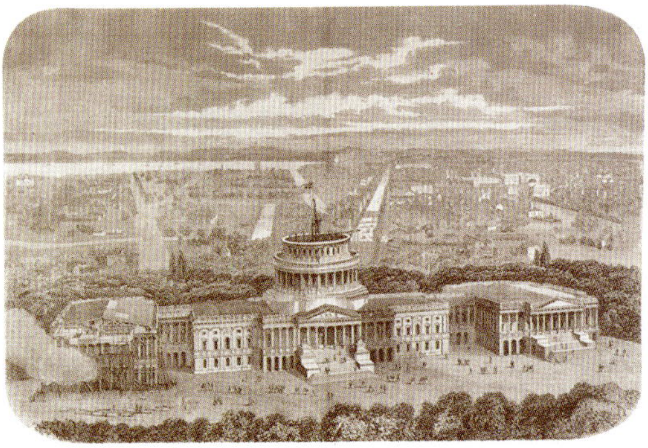

Vier Tage in Washington, DC

Viele Highlights von Washington, DC erkennt man auf den ersten Blick. Doch wer sich ein wenig Zeit nimmt, wird in der Stadt auch ganz unerwartete Juwele entdecken. Die Hauptstadt der USA rühmt sich nicht nur einer Vielzahl weltbekannter Kunstwerke und imposanter Monumente, sie bietet auch malerische Stadtviertel und wunderschöne Grünanlagen. Die Sehenswürdigkeiten sind zu Fuß oder mit öffentlichen Verkehrsmitteln gut erreichbar. Die unten angegebenen Preise für die Gestaltung eines Tags gelten für zwei Erwachsene oder für Eltern mit zwei Kindern inklusive Mittagessen.

Lincoln Memorial

Das Weiße Haus, der Amtssitz des US-Präsidenten *(siehe S. 108–111)*

Architektur

- **Lincoln Memorial**
- **World War II Memorial**
- **Corcoran Gallery of Art**
- **Weißes Haus**

Zwei Erwachsene ab 40 US-$

Vormittags

Beginnen Sie den Tag mit dem **Lincoln Memorial** *(siehe S. 85)*, südlich der Metro-Station Foggy Bottom. Im Inneren findet man an der Nord- und Südmauer Zitate aus Präsident Lincolns Rede in Gettysburg *(siehe S. 163)*. Vor dem Denkmal steht links vom Reflecting Pool (Spiegelsee) das **Vietnam Veterans Memorial** *(siehe S. 83)*. In den schwarzen Granit sind die Namen der im Vietnamkrieg Gefallenen eingraviert. Spazieren Sie durch die Constitution Gardens zurück zum See. Rechts liegen das **Korean War Veterans Memorial** *(siehe S. 83)* und nahebei das **World War II Memorial** *(siehe S. 82)*. Die Inschriften und Reliefs an der Freedom Wall dokumentieren den Einsatz der US-Streitkräfte im Zweiten Weltkrieg. Gehen Sie zur 17th Street, in deren historischen Gebäuden sich die **Organization of American States** und die **Daughters of the American Revolution** *(siehe S. 114)* befinden. Besuchen Sie die **Corcoran Gallery of Art**, eine der besten Kunstgalerien der USA *(siehe S. 113)*. Essen Sie hier oder in einem Café an der Pennsylvania Avenue zu Mittag.

Nachmittags

Schlendern Sie die Pennsylvania Avenue hinunter, vorbei an Renwick Gallery, Blair House (Residenz für Staatsgäste) und **Weißem Haus** *(siehe S. 108–111)*. Das Besucherzentrum (1450 Pennsylvania Avenue) ist sehr informativ. Besuchen auch die **US National Archives** *(siehe S. 90)*, um historische Dokumente wie die *Declaration of Independence* oder die *Bill of Rights* zu sehen. Beenden Sie Ihre Tour am **Ford's Theater** *(siehe S. 96)*, in dem Lincoln erschossen wurde. Für ein Abendessen eignen sich **Chinatown** *(siehe S. 97)* oder das **Penn Quarter** *(siehe S. 86–103)*.

Geschichte der Afroamerikaner

- **Frederick Douglass House**
- **Mary McLeod Bethune Site**
- **Bummel durch die U Street**
- **African American Civil War Memorial and Museum**

Zwei Erwachsene ab 25 US-$

Vormittags

Verbringen Sie den Vormittag im **Frederick Douglass House**, einem sechs Hektar großen Anwesen in Anacostia *(siehe S. 145)*. Douglass, ein früherer Sklave, wurde zum Vorkämpfer gegen die Sklaverei. Fast die gesamte Einrichtung ist noch original. Überqueren Sie den Fluss zum **Shaw-Viertel** *(siehe S. 141)* mit viktorianischen Häusern. Hier lebten in den 1940er Jahren prominente Afroamerikaner. Das **Mary McLeod Bethune Council House** *(siehe S. 140)* war das Zuhause der Begründerin des National Council of

Das Lincoln Theatre *(siehe S. 140)*, Veranstaltungsort vieler Konzerte von Duke Ellington

◁ Grüne Idylle: Aquatinta-Druck des ländlichen Washington (1801)

Hübsche Gärten und Häuser im reizenden Georgetown ***(siehe S. 120–127)***

Negro Women. Mittagessen gibt es bei **Ben's Chili Bowl** in der U Street.

Nachmittags

Gehen Sie die U Street, einst »Black Broadway« genannt, entlang. Das Publikum war früher aus dem Häuschen, wenn Duke Ellington im **Lincoln Theatre** *(siehe S. 140)* auftrat. Er wohnte in der nahen 13th Street in Nr. 1805 und 1816. Das **African American Civil War Memorial and Museum** ehrt schwarze Soldaten *(siehe S. 133)*. Beenden Sie den Tag stilvoll mit Jazz im **Blues Alley** *(siehe S. 202f)* in Georgetown.

Kunst und Shopping

- **National Gallery of Art**
- **Mittagessen in der Mall**
- **Shopping in Georgetown**
- **Washington Harbor**

Zwei Erwachsene ab 50 US-$

Vormittags

Um das gesamte Spektrum der **National Gallery of Art** *(siehe S. 58–61)* zu erfassen, sollten Sie das Westgebäude (europäische und amerikanische Kunst des 13. bis 19. Jahrhunderts) und das Ostgebäude (moderne Kunst) besuchen. Versäumen Sie nicht die Scherenschnitte von Matisse im Turm des Ostgebäudes. In der Espresso-Bar der Eingangshalle können Sie einen Zwischenstopp einlegen. Im Garten nördlich des Ostgebäudes steht die Installation *Roof* von Andy Goldsworthy. Für ein Mittagessen gehen Sie durch den Skulpturengarten zum Pavillon-Café mit Blick auf die Eislaufbahn (November bis März geöffnet).

Nachmittags

Gestärkt geht es nun nach **Georgetown** *(siehe S. 120–127)*. Dort können Sie einen 90-minütigen Spaziergang machen *(siehe S. 148f)* oder auf der M Street und Wisconsin Avenue shoppen gehen. In den zahlreichen Galerien und Läden gibt es jede Menge schöner Dinge – italienische Keramik, Antiquitäten und topaktuelle Mode. Relaxen Sie bei einer Tasse Tee im **Four Seasons Hotel** *(siehe S. 177)* oder bei einem Drink am **Washington Harbor** *(siehe S. 122)*.

Familientag

- **Besuch des National Zoo**
- **National Air and Space Museum**
- **Washington Monument**

Familie (4 Personen) ab 50 US-$

Vormittags

Gehen Sie früh zum **National Zoo** *(siehe S. 138)*, und fragen Sie im Besucherzentrum nach den Fütterungszeiten. Wenn Sie dem Olmstead Walk folgen, kommen Sie zu Pandas, Giraffen, Elefanten und zum Affenhaus mit den Gorillas. Am Löwenhügel oder in einer der Snackbars gibt es leichte Mahlzeiten.

Nachmittags

Mit der Metro erreichen Sie das **National Air and Space Museum** *(siehe S. 62–65)*. Dort erfahren Sie etwa die Höchstgeschwindigkeit von Lindberghs *Spirit of St. Louis* oder warum das Weltraumlabor Skylab mit einem Goldfilm umhüllt war. Das IMAC-Kino ist eine Vorstellung wert. Danach geht es zum **Washington Monument** *(siehe S. 78)*, um von ganz oben die Aussicht zu genießen. Ihre Tour endet im **Kennedy Center** *(siehe S. 118f)* in Foggy Bottom, in dem um 18 Uhr auf der Millennium Stage kostenlose Unterhaltung (Theater, Tanz und Musik) geboten wird.

Das Washington Monument ***(siehe S. 78)*** **ragt gewaltig in die Höhe**

Washington, DC auf der Karte

Washington, DC liegt an der Ostküste Nordamerikas. Die Stadt ist vom Bundesstaat Maryland umgeben und von Virginia durch den Potomac getrennt. Sie hat 590 000 Einwohner (Großraum: 7,6 Millionen) und eine Fläche von 108 Quadratkilometern. Washington, DC – DC = District of Columbia, der identisch mit dem Stadtgebiet ist – ist Hauptstadt und Regierungssitz der USA. Die Stadt ist ein beliebtes Reiseziel, das jedes Jahr Millionen von Besuchern anzieht.

Satellitenbild von Washington, DC mit dem Potomac

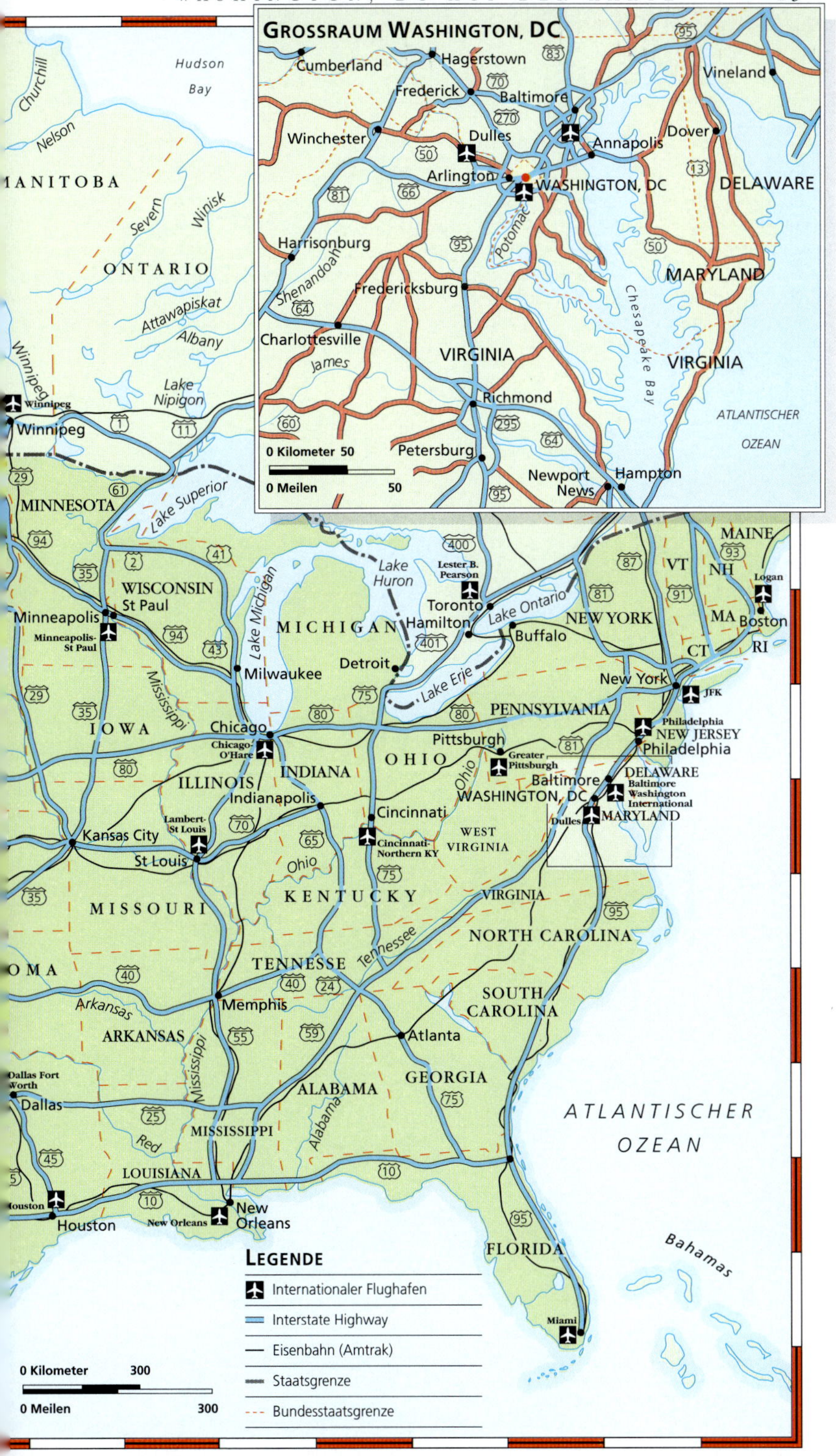
GROSSRAUM WASHINGTON, DC
Cumberland
Hagerstown
Frederick
Baltimore
Winchester
Dulles
Annapolis
Dover
Vineland
Arlington
WASHINGTON, DC
DELAWARE
Harrisonburg
Shenandoah
Potomac
MARYLAND
Fredericksburg
Chesapeake Bay
Charlottesville
James
VIRGINIA
VIRGINIA
Richmond
ATLANTISCHER OZEAN
Petersburg
Newport News
Hampton
0 Kilometer 50
0 Meilen 50
Hudson Bay
Churchill
Nelson
MANITOBA
Severn
Winisk
ONTARIO
Attawapiskat
Albany
Winnipeg
Lake Nipigon
Winnipeg
Lake Superior
MINNESOTA
WISCONSIN
St Paul
Minneapolis
Minneapolis-St Paul
Lake Michigan
Lake Huron
Lester B. Pearson
Toronto
Hamilton
Lake Ontario
Buffalo
MICHIGAN
Milwaukee
Detroit
Lake Erie
MAINE
VT
NH
Logan
MA
Boston
RI
CT
NEW YORK
New York
JFK
PENNSYLVANIA
Philadelphia
NEW JERSEY
Philadelphia
Mississippi
IOWA
Chicago
Chicago-O'Hare
INDIANA
OHIO
Pittsburgh
Greater Pittsburgh
Baltimore
DELAWARE
Baltimore Washington International
WASHINGTON, DC
Dulles
MARYLAND
ILLINOIS
Indianapolis
Cincinnati
Cincinnati-Northern KY
WEST VIRGINIA
Kansas City
Lambert-St Louis
St Louis
Ohio
KENTUCKY
VIRGINIA
MISSOURI
NORTH CAROLINA
OMA
TENNESSEE
Tennessee
Arkansas
Memphis
SOUTH CAROLINA
ARKANSAS
Atlanta
Mississippi
ALABAMA
GEORGIA
Dallas Fort Worth
Dallas
Alabama
MISSISSIPPI
Red
ATLANTISCHER OZEAN
LOUISIANA
Houston
Houston
New Orleans
New Orleans
FLORIDA
Bahamas
Miami
0 Kilometer 300
0 Meilen 300
LEGENDE
Internationaler Flughafen
Interstate Highway
Eisenbahn (Amtrak)
Staatsgrenze
Bundesstaatsgrenze

Großraum Washington, DC

Washington, DC wurde nicht nur als neue Hauptstadt der USA, sondern auch als von den Bundesstaaten unabhängiger Regierungssitz gegründet. Die Stadt wurde auf einer rautenförmigen Fläche mit einem rechtwinkligen Straßennetz angelegt. Ein Teil des Stadtgebiets wurde 1846 an Virginia zurückgegeben. Mittlerweile hat sich Washington, DC weit über seine ursprünglichen Grenzen hinaus ausgedehnt. Dank des guten U-Bahn-Systems lässt sich die Stadt bequem ohne Auto erkunden.

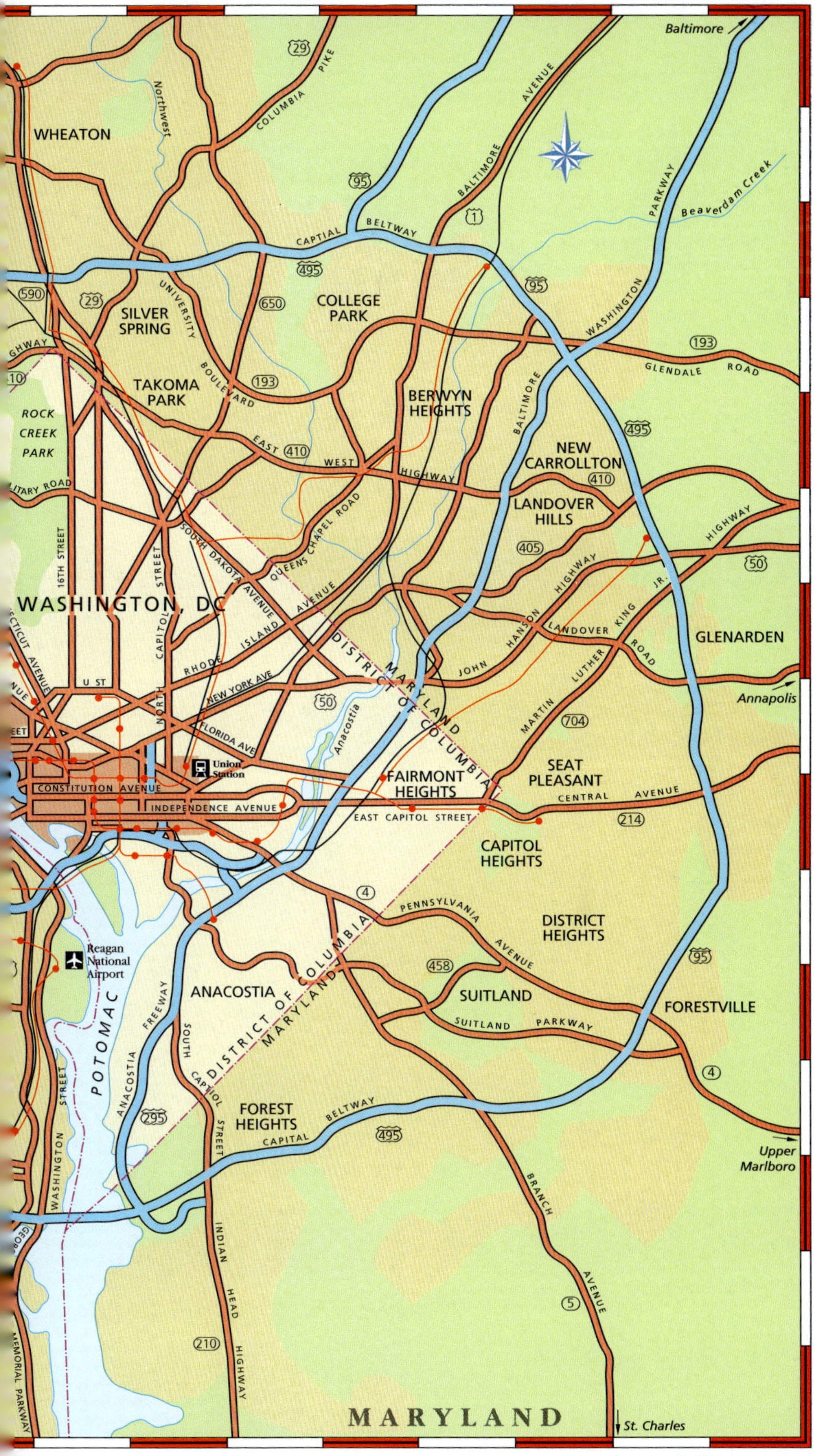
Baltimore
WHEATON
SILVER SPRING
TAKOMA PARK
COLLEGE PARK
BERWYN HEIGHTS
NEW CARROLLTON
LANDOVER HILLS
ROCK CREEK PARK
WASHINGTON, DC
GLENARDEN
Annapolis
FAIRMONT HEIGHTS
SEAT PLEASANT
CAPITOL HEIGHTS
DISTRICT HEIGHTS
Reagan National Airport
ANACOSTIA
SUITLAND
FORESTVILLE
POTOMAC
FOREST HEIGHTS
Upper Marlboro
MARYLAND
St. Charles
Union Station
CAPTIAL BELTWAY
COLUMBIA PIKE
BALTIMORE AVENUE
WASHINGTON PARKWAY
Beaverdam Creek
GLENDALE ROAD
UNIVERSITY BOULEVARD
EAST WEST HIGHWAY
QUEENS CHAPEL ROAD
SOUTH DAKOTA AVENUE
RHODE ISLAND AVENUE
NEW YORK AVE
FLORIDA AVE
NORTH CAPITOL STREET
16TH STREET
U ST
CONSTITUTION AVENUE
INDEPENDENCE AVENUE
EAST CAPITOL STREET
CENTRAL AVENUE
JOHN HANSON HIGHWAY
LANDOVER ROAD
MARTIN LUTHER KING JR. HIGHWAY
DISTRICT OF COLUMBIA
MARYLAND
PENNSYLVANIA AVENUE
SUITLAND PARKWAY
ANACOSTIA FREEWAY
SOUTH CAPITOL STREET
WASHINGTON STREET
INDIAN HEAD HIGHWAY
BRANCH AVENUE
MEMORIAL PARKWAY
Anacostia
Northwest
29
95
1
495
590
650
193
410
405
50
704
214
4
458
295
210
5

Die Geschichte von Washington, DC

Schon vor rund 6000 Jahren siedelten Indianer in der Region des heutigen Washington, DC. Archäologen fanden hier die Überreste dreier Dörfer. Das größte trug den Namen Nacotchtanke. Verschiedene Indianerstämme lebten am Potomac und am Anacostia, einem Nebenfluss des Potomac.

Englische Besiedlung

Im Dezember 1606 brach Captain John Smith von der Virginia Company im Auftrag des englischen Königs James I in die Neue Welt auf. Fünf Monate später erreichte er die Chesapeake Bay und gründete auf einer Insel im James River die Kolonie Jamestown, die erste dauerhafte Siedlung. Er segelte zudem den Potomac hinauf und erreichte 1608 die Gegend um Washington.

Die englischen Siedler, die ihm folgten, lebten vor allem vom Pelzhandel und bauten später auch Tabak und Mais an. 1614 wurde Pocahontas, die Tochter des indianischen Häuptlings Powhatan, mit dem Kolonisten John Rolfe verheiratet. Diese Verbindung sicherte den Frieden zwischen Engländern und Indianern acht Jahre lang. 1622 kam es wegen englischer Landansprüche zu Konflikten. Die Stämme, die teils durch ein Bündnis vereint waren, brachen ab dem Krieg von 1644 auseinander. Zwei Jahre später wurde ein Friedensvertrag unterzeichnet.

Jamestown in Virginia im Jahr 1607

Die ersten Afrikaner kamen 1619 auf die Plantagen der Gegend. Sie bekamen keinen Lohn, sondern erhielten Verpflegung und Unterkunft. Dies änderte sich in den nächsten 40 Jahren: Nun wurden sie auf Lebenszeit eingekauft, auch ihre Kinder waren Leibeigene der Plantagenbesitzer. Mit der Anlage immer neuer Plantagen stieg auch die Anzahl der Sklaven. Im späten 16. Jahrhundert landete eine irisch-schottische Kolonistengruppe unter Captain Robert Troop und gründete am Potomac die beiden Hafenstädte George Town (später Georgetown) und Alexandria. Hier wurden Produkte der Plantagen gehandelt, gelagert und verschifft. Dank des fruchtbaren Bodens, ausreichender Arbeit und guter Transportwege erlebte die Region einen schnellen Aufstieg.

Zeitskala

1607 Captain John Smith gründet in Virginia die Siedlung Jamestown

1619 Erste Afrikaner landen in den neuen Kolonien

Captain John Smith (1580–1631)

1751 Gründung von George Town

1600 | 1650 | 1700 | 1750

1646 Indianer und Engländer schließen einen Friedensvertrag

1748 Tabakhändler erhalten Land für die Gründung von Alexandria

1634 Lord Baltimore gründet in Maryland eine katholische Kolonie

◁ **George Washington, Gemälde von 1824/25 nach einem früheren Porträt von Rembrandt Teale (1778–1860)**

Revolutionszeit

Im 18. Jahrhundert wuchs der Unmut über die britische Herrschaft, sowohl in der Potomac-Region wie auch vielerorts in den 13 Kolonien. 1775 begann der Unabhängigkeitskampf. Am 19. April griffen amerikanische Kolonisten zu den Waffen, die ersten Schüsse fielen in Lexington (Massachusetts). Die Siedler forderten *»no taxation without representation«*, also keine Besteuerung ohne eigene Vertretung der Kolonien im britischen Parlament.

Der Versuch, sich vom Mutterland abzunabeln, gipfelte am 4. Juli 1776 in der Unabhängigkeitserklärung. Aus der Revolte war eine Revolution geworden: Die neu gegründeten Vereinigten Staaten errangen in Saratoga (New York) 1777 einen wichtigen Sieg. Die Franzosen unterstützten die Amerikaner. Schließlich mussten die Briten unter Führung von Lord Cornwallis am 19. Oktober 1781 in Yorktown (Virginia) kapitulieren. Der Krieg war beendet, die Unabhängigkeit des neuen Staats gesichert. Am 3. September 1783 wurde der Friedensvertrag in Paris unterzeichnet. Darin trat die Kolonialmacht den USA alle Gebiete zwischen dem heutigen Kanada und Florida ab, die Westgrenze bildete der Mississippi.

Charles Lord Cornwallis

Der Kontinentalkongress, ein Parlament aus Abgeordneten des neu gegründeten Staats, setzte einen Ausschuss ein, der die erste Verfassung des Landes ausarbeiten sollte. Das Ergebnis waren die Konföderationsartikel, die eine Union der Bundesstaaten vorsahen, die Bundesregierung jedoch nur mit wenig Macht ausstatteten. Später entstand daraus eine stärkere Zentralregierung, die im Mai 1787 von Gesandten des Verfassungskonvents in Philadelphia verabschiedet wurde. George Washington wurde einstimming zum ersten Präsidenten der USA gewählt. Er trat sein Amt am 30. April 1789 an.

In New York diskutieren die Kongressabgeordneten den Standort der neuen Hauptstadt

Eine neue Stadt

Die 1788 verabschiedete Verfassung sah vor, einen Regierungssitz auf einer Fläche von höchstens zehn Quadratmeilen zu gründen, die direkt vom Kongress regiert würde. Dieses Gebiet sollte unabhängig sein und zu keinem Bundesstaat gehören. In der ersten Kongresssitzung 1789 in New York City kam es zwischen den Abgeordneten aus dem Norden und dem

Zeitskala

1775 | 1780 | 1785 | 1790 | 1795

1775 In Lexington und Concord kommt es zu ersten Kriegsgefechten

1781 Britische Kapitulation in Yorktown

Die Konföderationsartikel

1783 Der Friedensvertrag von Paris wird unterzeichnet

1787 Der Verfassungskonvent tritt in Philadelphia zusammen

1789 Delegierte in New York diskutieren den Standort der neuen Hauptstadt

1791 Präsident Washington erhält Land für die neue Hauptstadt

1792 Die Präsidentenresidenz (später: Weißes Haus) wird gebaut

1793 Präsident Washington legt den Grundstein für das Kapitol

Süden über die Lage der Hauptstadt zum Streit. Finanzminister Alexander Hamilton und Außenminister Thomas Jefferson handelten einen Kompromiss aus, nach dem die Bundesregierung die höheren Kriegsschulden des Nordens übernahm, wenn die Hauptstadt in den (weniger verschuldeten) Süden gelegt würde. George Washington wählte ein Gebiet, das Land in Maryland und Virginia sowie die Städte Alexandria und Georgetown mit einschloss. Daraus entstand das spätere Washington, DC. George Washington überzeugte die Einwohner von Georgetown in Suter's Tavern persönlich davon, ihr Land für 25 Pfund pro Morgen zu verkaufen. Außerdem beauftragte er Major Pierre Charles L'Enfant damit, für die neue Hauptstadt einen Generalbebauungsplan zu entwerfen *(siehe S. 67)*.

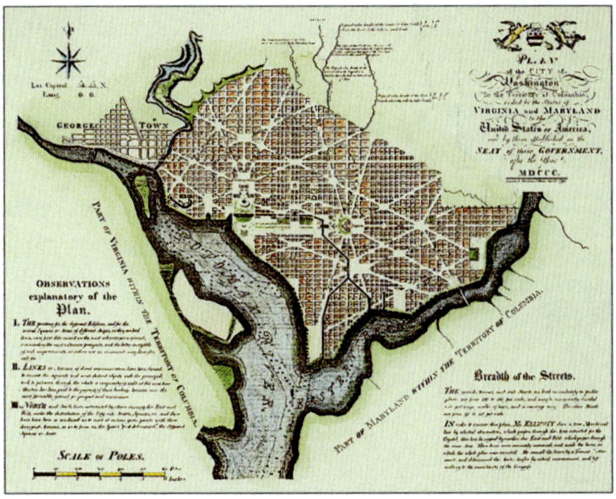

Die Ellicott-Karte von 1792, nach einem Bebauungsplan von L'Enfant

Die Regierung zog 1800 nach Washington, Präsident John Adams und seine Frau Abigail bezogen die später von Theodore Roosevelt »Weißes Haus« getaufte Residenz, die James Hoban entworfen hatte. Während die öffentlichen Bauten in der Stadt errichtet wurden, wohnten nur wenige Menschen dort.

Britisch-Amerikanischer Krieg

Die Spannungen mit Großbritannien in Bezug auf Handelsbeschränkungen und Seerecht nahmen während der Präsidentschaft von James Madison zu. Am 18. Juni 1812 erfolgte die amerikanische Kriegserklärung an Großbritannien. Im August 1814 erreichten britische Truppen Washington. Amerikanische Offiziere flohen mit der Unabhängigkeitserklärung aus dem Kapitol. Am 24. August wurden die Amerikaner in Bladensburg, einem Vorort Washingtons, besiegt. Die Briten setzten Kriegsministerium, Finanzministerium, Kapitol und Weißes Haus in Brand. Der Vertrag von Gent beendete den Krieg am 17. Februar 1815.

Der britische Angriff auf Washington, DC im August 1814

1800 Der Regierungssitz wird von Philadelphia nach Washington verlegt

1802 Robert Brent wird erster Bürgermeister von Washington

1804 Auf Initiative von Präsident Jefferson beginnt die Expedition von Lewis und Clark, die die Westküste Nordamerikas erreichen

1812 Die USA erklären Großbritannien den Krieg

1814 Die Briten setzen Washington in Brand

1815 Präsident Madison unterzeichnet den Vertrag von Gent

1800	1805	1810	1815

Unterzeichnung des Vertrags von Gent, 1815

Die »Tom Thumb«-Lokomotive der Baltimore- und Ohio-Eisenbahn tritt gegen eine Kutsche an

Wiederaufstieg

Nach dem Ende des Kriegs von 1812 begann für Washington eine Ära des Optimismus und wirtschaftlichen Aufschwungs. Die Stadt sollte sich nach dem Willen ihrer Bürger zu einer lebendigen Metropole entwickeln. Damals wurde der Bau des Chesapeake- und Ohio-Kanals geplant, der die Hauptstadt mit dem Ohio verbinden und so den Handel mit dem Westen eröffnen sollte. Auch die Baltimore- und Ohio-Eisenbahnlinie wurde angelegt. Hotels wurden für Kongressabgeordnete eröffnet, Zeitungen wie der *National Intelligencer* blühten.

1829 vermachte der Engländer James Smithson den USA eine Sammlung mit Mineralien, Büchern und über 500 000 US-Dollar in Gold – die Geburtsstunde der späteren Smithsonian Foundation.

In diese Zeit fiel auch der Bau dreier bedeutender Regierungsgebäude, die Robert Mills (1781–1855) entwarf: das Finanzministerium, das Patentamt und die Hauptpost der Stadt. Zugleich beschloss die Washington National Monument Society unter George Watterston, einen 200 Meter hohen Obelisken, Washington Monument, errichten zu lassen. Architekt war wieder Robert Mills.

Angekettete Sklaven passieren das noch unvollendete Kapitol

Sklaverei spaltet die Stadt

Die Rassenspannungen verschärften sich mehr und mehr, bis es 1835 zu einem Aufstand kam, der später als Snow Riot bekannt wurde: Nach dem versuchten Mord an der Witwe des Architekten William Thornton wurde ein Botaniklehrer aus dem Norden wegen Aufhetzung von Schwarzen verurteilt, weil man seine Pflanzenproben in einer Zeitung der Abolitionisten (Gegner der Sklaverei) gefunden hatte. Der Vorfall eskalierte. Eine Schule für schwarze Kinder und das Restaurant des Schwarzen Beverly Snow wurden zerstört. Sehr zum Ärger sowohl Weißer als auch Schwarzer wurde daraufhin per Gesetz verboten, dass Schwarze Bars oder Restaurants bewirtschafteten.

Kaum ein anderes Problem in der Geschichte Washingtons spaltete die Stadt so sehr wie die Sklaverei. Viele Einwohner waren Sklavenhalter, an-

Zeitskala

1828 Präsident John Quincy Adams eröffnet den Chesapeake- und Ohio-Kanal

James Smithson (1765–1829)

1844 Erfindung des Telegrafen beschleunigt die Nachrichtenübertragung

1825 | 1830 | 1835 | 1840 | 184

1827 Gründung der Washington Abolition Society

1829 James Smithson vermacht den USA mehr als 500 000 US-$

1835 Eisenbahnlinie zwischen Washington und Baltimore. Rassenkonflikte führen zum Snow Riot

1846 Baubeginn des Smithsonian Castle. Alexandria wird an Virginia zurückgegeben

dere – die Abolitionisten – waren leidenschaftliche Gegner der Sklaverei. Die Häuser vieler Sklavereigegner und nicht versklavter Schwarzer, aber auch schwarze Kirchen dienten flüchtigen Sklaven als Versteck. In einer Aprilnacht 1848 versuchten 77 Sklaven aus der Stadt zu fliehen und überquerten auf einem kleinen Schoner den Potomac. Doch schon in der folgenden Nacht wurden sie gefasst und in Washington auf einer Auktion verkauft. Der Vorfall verschärfte die Spannungen zwischen Anhängern und Gegnern der Sklaverei. Erst 1862 wurde die Sklaverei in Washington endgültig abgeschafft.

Die schwarzen Einwohner von Washington feiern die Abschaffung der Sklaverei

Sezessionskrieg

Nachdem Abraham Lincoln 1860 zum Präsidenten gewählt worden war, traten mehrere Südstaaten aus der Union aus, weil sie gegen Lincolns Ablehnung der Sklaverei waren. Die ersten Schüsse des Amerikanischen Bürgerkriegs fielen am 12. April 1861 bei der Belagerung von Fort Sumter in Charleston (South Carolina). Bis zum Sommer waren bereits 50 000 Freiwillige nach Washington geströmt, um der Potomac-Armee unter General George B. McClellan beizutreten. Die Stadt war gezwungen, die Truppen der Konföderierten mit Unterkünften, Nahrung und Kleidung zu versorgen und die Verwundeten zu pflegen. Gebäude und Kirchen wurden behelfsmäßig als Lazarette genutzt.

Tausende Menschen aus den Nordstaaten kamen nach Washington, um am Krieg teilzunehmen. Viele Schwarze flohen aus der Sklaverei des Südens nach Norden. 1864 hatte sich die Bevölkerungszahl von Washington innerhalb von vier Jahren auf 140 000 verdoppelt.

Am 12. Juli 1864 zogen sich die Konföderierten nach Gefechten bei Fort Stevens zurück. Die Kapitulation der Südstaaten unter General Robert E. Lee am 9. Apri 1865 wurde in der Stadt mit Paraden gefeiert – doch am 14. April 1865 wurde während eines Besuchs in Ford's Theatre auf Lincoln geschossen. Er wurde in das Haus des Schneiders William Petersen gegenüber gebracht, wo er am nächsten Morgen verstarb *(siehe S. 96)*.

Die Siegesparade durch Washington, DC zur Feier des Bürgerkriegsendes im April 1865

1848 77 Sklaven versuchen auf einem Schoner aus Washington zu fliehen. Baubeginn des Washington Monument

1850

1851 Beginn des Kapitolausbaus

1855

1857 Repräsentantenhausflügel des Kapitols vollendet

1859 Senatsflügel des Kapitols vollendet

Präsident Lincoln

1860

1860 Abraham Lincoln wird Präsident

1861 Mit den Schüssen auf Fort Sumter in South Carolina beginnt der Bürgerkrieg

1862 Abschaffung der Sklaverei in Washington

1863 Lincolns Emanzipationserklärung

1865

1865 General Robert E. Lee kapituliert. Präsident Lincoln wird ermordet

Nach dem Bürgerkrieg

Um den Afroamerikanern mit Unterkunft, Ernährung und Bildung zu helfen, wurde das Freedmen's Bureau, eine Bundesbehörde für befreite Sklaven, eingerichtet. 1867 kaufte General Oliver Otis Howard als Direktor dieser Behörde für 500 000 US-Dollar seines Etats Land, um eine afroamerikanische Universität zu gründen. Von 1869 bis 1873 war er Präsident dieser Universität, die später in Howard University umbenannt wurde.

Frederick Douglass (1817–1895)

Am 21. Februar 1871 legte man Georgetown, die Hauptstadt und das County Washington als District of Columbia unter einer neuen Territorialregierung zusammen. Präsident Ulysses S. Grant benannte einen Gouverneur und einen Verwaltungsausschuss. Alexander »Boss« Shepherd, ein Ausschussmitglied, ließ Straßen pflastern, Laternen aufstellen, Bürgersteige anlegen und entwarf eine verbesserte Kanalisation. Doch die Schulden des Distrikts explodierten, sodass der Kongress seine Kontrolle verstärkte und die Home Rule, eine Direktverwaltung, einführte: Der Kongress übernahm die Schulden und setzte im Gegenzug drei Beamte ein, die mit einem vorgegebenen Finanzhaushalt arbeiten mussten.

Washington zog Menschen armer wie reicher Schichten an und entwickelte sich zu einer Stadt voller Gegensätze. Einer der prominentesten Afroamerikaner der Stadt war Frederick Douglass, der in Cedar Hill, auf der anderen Seite des Flusses, lebte. Er war als Sklave in Maryland geboren worden, floh nach Norden in die Freiheit und gründete dort eine Abolitionisten-Zeitung. Im Bürgerkrieg stieg er zum Berater von Präsident Lincoln auf.

Viele Einwohner lebten damals in relativem Wohlstand, vor allem die Mittelklasse, die in die neuen Vororte Mount Pleasant und LeDroit Park zog. Doch ebenso gab es Massen von Armen, die in Washingtons versteckten Seitengassen lebten.

Die Library of Congress in der Bauphase

20. Jahrhundert

Im Jahr 1901 setzte sich Senator James McMillan aus Michigan stark für die Verbesserung der Infrastruktur ein. Er folgte damit einem damals populären Trend zur Verschönerung der Stadt. L'Enfants einstiger Bebauungsplan wurde vollendet und die Mall zwischen Washington Monument und Kapitol angelegt. Die Architekten, darunter auch Daniel

Zeitskala

1867 Gründung der Howard University

1871 Bildung der Territorialregierung

1877 Frederick Douglass zieht nach Cedar Hill. *Washington Post* erscheint

1878 Erste Telefongesellschaft von Washington wird städtisches Unternehmen

1884 Washington Monument fertiggestellt

1889 Baubeginn der Library of Congress

1897 Erstes Automobil im District of Columbia

1899 Baugesetze beschränken die Gebäudehöhe in DC

1901 Senator James McMillan führt die Bewegung zur Stadtverschönerung an

1870 | 1880 | 1890 | 1900

Oliver Otis Howard (1830–1909)

Aktivistinnen für das Frauenwahlrecht fordern eine Anhörung ihrer inhaftierten Anführerin Alice Paul

Burnham und Charles F. McKim, planten außerdem den Bau eines Denkmals für Präsident Abraham Lincoln.

Als die USA 1917 in den Ersten Weltkrieg eintraten, zogen immer mehr Frauen nach Washington, um die von Männern verlassenen Arbeitsplätze einzunehmen. Aktivistinnen gingen für das Frauenwahlrecht auf die Straße. Die National Women's Party unter Alice Paul belagerte das Weiße Haus, um Präsident Wilson zu drängen, einen Verfassungszusatz für das Wahlrecht zu unterstützen.

Die Afroamerikaner waren in Washington nicht nur von den Wahlen ausgeschlossen, sie wurden auch bei der Wohnungssuche und in den Schulen diskriminiert. Nach Ausschluss einer schwarzen Gruppe von der Siegesparade eskalierten die Spannungen: Am 20. Juli 1919 brachen Unruhen aus, die vier Tage lang anhielten. Trotz andauernder Diskriminierung waren die 1920er Jahre eine Zeit wirtschaftlicher, künstlerischer und literarischer Erfolge für die Schwarzen. Die Gegend um die U Street und die Howard University zog kleine Läden, Theater, Nachtclubs und Lokale an. Erfolgreiche Musiker wie Duke Ellington, Opernstars wie Madame Evanti, der Philosophieprofessor Alain Locke oder Literaten wie Jean Toomer, der Autor des Buchs *Cane (Zuckerrohr)*, ließen sich hier nieder.

Präsident Franklin D. Roosevelt mit Eleanor Roosevelt, der First Lady

Roosevelts New Deal

Nach dem Börsencrash von 1929 verloren viele Menschen ihre Arbeit. Die Gehälter der Bundesbeamten wurden gekürzt. Präsident Roosevelt reagierte mit dem »New Deal«, einem ehrgeizigen, staatlichen Arbeitsbeschaffungsprogramm. Die Arbeitslosen wurden für verschiedenste Tätigkeiten wie etwa die Baumanpflanzung auf der Mall oder die Fertigstellung des Supreme Court, der Regierungsgebäude am Federal Triangle und der National Gallery of Art eingesetzt und bezahlt. Roosevelts Frau Eleanor, eine unermüdliche Reformerin, setzte sich für die Armen ein. Als 1939 die schwarze Sängerin Marian Anderson nicht in der Constitution Hall singen durfte, organisierte die First Lady den Auftritt der Künstlerin vor gut 75 000 Zuschauern am Lincoln Memorial.

Marian Anderson (1897–1993)

1906 Teddy Roosevelts Tochter Alice heiratet im Weißen Haus

1908 Eröffnung der Union Station von Daniel Burnham

1917 Eintritt der USA in den Ersten Weltkrieg

1918 Washington feiert den Waffenstillstand

1919 Viertägige Rassenunruhen

1920 Der 19. Verfassungszusatz gewährt Frauen das Wahlrecht

1929 Beginn der Großen Depression

1933 Gründung der New Negro Alliance

1939 Marian Anderson singt am Lincoln Memorial

1910 | 1920 | 1930 | 1940

Armeepatrouille nach dem Tod von Martin Luther King, Jr.

Nach dem amerikanischen Eintritt in den Zweiten Weltkrieg im Dezember 1941 nahm die Bevölkerung von Washington rasch zu: Frauen aus allen Landesteilen kamen in die Stadt und wollten die freien Regierungsstellen der in Übersee kämpfenden Männer übernehmen. Sie mussten die Wohnungsnot meistern und lange Warteschlangen in Kauf nehmen, wenn sie mit Rationierungskarten für Lebensmittel anstanden. Doch die Stadt gönnte Soldaten auf Fronturlaub auch Entspannung. Die Schauspielerin Helen Hayes eröffnete die Stage Door Canteen, in der Stars Lebensmittel austeilten und Unterhaltung boten.

Bürgerrechtsbewegung

Mit seinem Urteil im Fall des Thompson-Restaurants 1953 entschied der Supreme Court, dass die Diskriminierung Schwarzer in öffentlichen Einrichtungen illegal sei. Mit der Verabschiedung weiterer Gesetze gegen Rassendiskriminierung änderte sich das gesellschaftliche Leben. 1954 gab die Parkbehörde die Rassentrennung auf. Am 17. Mai 1954 entschied der Supreme Court, dass »getrennte Bildungseinrichtungen ungleich« seien.

John F. Kennedy, Jr. salutiert vor dem Sarg seines Vaters auf dem Arlington-Friedhof, 1963

Am 28. August 1963 kamen über 200 000 Menschen in die Stadt, um im »Marsch auf Washington« für die Bürgerrechte zu demonstrieren. Noch einmal sang Marian Anderson auf den Stufen des Lincoln Memorial. Martin Luther King, Jr. hielt seine berühmte »I have a dream«-Rede, die Generationen beeinflussen sollte *(siehe S. 97)*.

Demonstration gegen den Vietnamkrieg, Washington, DC 1969

Im November 1963 wurde das Land durch die Ermordung von Präsident John F. Kennedy im texanischen Dallas geschockt. Während der Beisetzung auf dem Friedhof in Arlington entzündete seine Witwe Jacqueline die ewige Flamme. Fünf Jahre später, am 4. April 1968, wurde Martin Luther King, Jr. im Alter von 39 Jahren erschossen.

Indessen bekam Washington immer mehr internationalen Charakter, wie die Eröffnung des Kennedy Center for Performing Arts 1971 zeigte. Verschiedene Kunstmuseen mit beeindruckenden Sammlungen öffneten ihre Tore und bereichern bis heute das Kultur-

Zeitskala

1940 Erste Landung auf dem National Airport

1941 Eröffnung der National Gallery of Art. Kriegseintritt der USA nach dem Angriff Japans auf Pearl Harbor

1945 Die erste Atombombe wird auf Hiroshima abgeworfen. Ende des Zweiten Weltkriegs

1940 | 1950 | 1960 | 1970 | 19

Dr. Martin Luther King, Jr. (1929–1968)

1963 Martin Luther King hält seine Rede »Ich habe einen Traum«

1964 Die Stadt nimmt erstmals an den Präsidentschaftswahlen teil

1969 250 000 demonstrieren gegen den Vietnamkrieg

1973 Washington darf erstmals einen Bürgermeister wählen

1974 Rücktritt von Präsident Nixon nach dem Watergate-Skandal

1976 Eröffnung der Metro und des National Air and Space Museum

1978 Marion Barry wird Bürgermeister. Drei Amtsperioden folgen

leben der Stadt erheblich. Der Bau der Metro löste zahlreiche Verkehrsprobleme. Botschaften, internationale Institutionen wie die Weltbank oder der Weltwährungsfonds sowie die wachsende Zahl von Einwanderern gaben der Stadt ein kosmopolitisches Flair.

Walter E. Washington vor seiner Wiederwahl

HOME RULE

Die Bürger des District of Columbia haben keine Senatoren und sind daher politisch nicht vertreten. Bis 1961 durften sie auch nicht an der Präsidentenwahl teilnehmen. Doch 1967 kam Präsident Lyndon B. Johnson der Forderung nach mehr Mitbestimmung nach und schaffte das vom Kongress 1871 begründete System der drei Ausschussmitglieder ab. Bürgermeister und Stadtrat sollten von nun an größere Verantwortung in politischen und finanziellen Fragen haben: Die ersten Bürgermeisterwahlen seit über 100 Jahren gewann Walter E. Washington. 1971 erlaubte der Kongress den Bürgern, einen (nicht stimmberechtigten) Abgeordneten in den Kongress zu wählen. Das Home-Rule-Gesetz von 1973 gewährte den Bürgern das Recht, ihren Bürgermeister und den Stadtrat selbst zu wählen.

Feuerwerk während der Millenniumsfeier am Washington Monument

1978 wurde Marion Barry Bürgermeister und blieb es 16 Jahre lang. Gegen Ende seiner vierten Amtszeit offenbarte sich jedoch ein gigantisches Haushaltsdefizit, sodass der Unmut über seine Politik wuchs. Viele Bürger der weißen und schwarzen Mittelklasse verließen die von Kriminalität heimgesuchte Stadt und zogen in die sicheren Vororte.

1995 nahm der Kongress dem Bürgermeister die meisten Kompetenzen ab und übertrug sie einem fünfköpfigen Ausschuss zur Kontrolle des Haushalts. Die Wahl 1998 gewann der Außenseiter Anthony Williams, der einen Neuanfang und finanzielle Stabilität versprach. Der Kongress gab ihm viele der Kompetenzen zurück. Innerhalb von wenigen Monaten gelang es Williams, die Stadtpolitik erfolgreich zu reformieren.

2006 wurde Adrian Fenty zum Bürgermeister gewählt und gab der Stadt ein neues Image. Washington, DC wandelte sich von der »Hauptstadt der Kriminalität« zum sicheren Ort für seine Bewohner und wurde in der Folge wieder ein beliebtes Reiseziel.

2009 zog mit Barack Obama zum ersten Mal ein afroamerikanischer US-Präsident ins Weiße Haus ein, ein geschichtsträchtiger Moment, nicht nur für die afroamerikanischen Einwohner der Hauptstadt.

982 Einweihung des ietnam Veterans Meorial von Maya Ying n

Präsident Bill Clinton (geb. 1946)

2005 George W. Bush wird zum zweiten Mal US-Präsident

2006 Adrian M. Fenty wird Bürgermeister

2007 US-Immobilienkrise, in der Folge weltweite Finanzkrise

1990 **2000** **2010** **2020**

1993 Eröffnung des Holocaust Memorial Museum

1998 Anthony Williams wird Bürgermeister

2001 Am 11. September wird das Pentagon Ziel eines Terrorangriffs

2009 Barack Obama wird der erste afroamerikanische US-Präsident

US-Amerikanische Präsidenten

Die Präsidenten der USA waren sehr unterschiedlicher Herkunft: Abraham Lincoln und Andrew Jackson wurden in Blockhütten geboren. Andere, wie Franklin D. Roosevelt und John F. Kennedy, stammten aus privilegierten Familien. Millard Fillmore ging in eine Dorfschule, Jimmy Carter war Erdnussfarmer. Viele spätere Präsidenten, darunter Ulysses S. Grant und Dwight D. Eisenhower, waren Generäle, die ihre Popularität militärischen Siegen verdankten.

George Washington (1789–97) war General im Unabhängigkeitskrieg. Er wurde einstimmig zum ersten US-Präsidenten gewählt.

James Madison (1809–17), bekannt als Vater der Verfassung, war auch einer der Autoren der Federalist Papers.

W. H. Harrison (1841)

James K. Polk (1845–49)

Zachary Taylor (1849–50)

Millard Fillmore (1850–53)

Franklin Pierce (1853–57)

Andrew Johnson (1865–69)

Rutherford B. Hayes (1877–81)

Chester A. Arthur (1881–85)

Benjamin Harrison (1889–93)

1775 1800 1825 1850 1875

1775 1800 1825 1850 1875

John Adams (1797–1801), ein Anwalt und Historiker, lebte als erster Präsident im Weißen Haus.

Thomas Jefferson (1801–09), Architekt, Erfinder, Landschaftsgestalter, Diplomat und Historiker, war die personifizierte Aufklärung.

James Monroe (1817–25)

John Quincy Adams (1825–29)

Andrew Jackson (1829–37) besiegte die Briten in der Schlacht von New Orleans im Krieg von 1812.

Martin Van Buren (1837–41)

John Tyler (1841–45)

James Buchanan (1857–61)

Abraham Lincoln (1861–65) erhielt den Namen »Großer Befreier« dank seiner Rolle bei der Abschaffung der Sklaverei. Er führte die Union durch den Bürgerkrieg.

Ulysses S. Grant (1869–77)

James A. Garfield (1881)

Grover Cleveland (1885–89)

Grover Cleveland (1893–37)

Willia McKinl (1897–190

Legende

- Föderalist
- Demokrat. Republikaner
- Whig
- Republikaner
- Demokrat

Woodrow Wilson (1913–21) führte die Nation durch den Ersten Weltkrieg und ebnete den Weg für den Völkerbund.

Harry S. Truman (1945–53) befahl 1945 den Abwurf der Atombomben auf Hiroshima und Nagasaki.

John F. Kennedy (1961–63) war einer der beliebtesten Präsidenten. Er schickte die ersten Astronauten ins All, gründete das Peace Corps und setzte sich für die Abrüstung ein. Seine Ermordung schockierte die ganze Nation.

Franklin D. Roosevelt (1933–45) schuf in der Großen Depression das Reform- und Hilfsprogramm »New Deal«. Er wurde viermal gewählt.

Richard Nixon (1969–74) nahm Beziehungen mit China auf. Er trat nach dem Watergate-Skandal zurück *(siehe S. 117)*.

Jimmy Carter (1977–81)

George Bush (1989–93)

George W. Bush (2000–09)

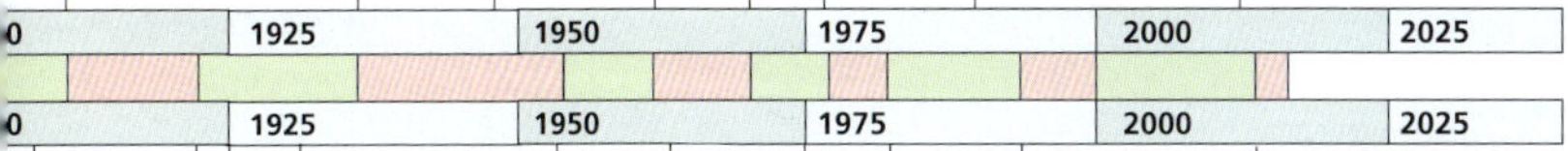

William H. Taft (1909–13)

Warren Harding (1921–23)

Calvin Coolidge (1923–29)

Herbert Hoover (1929–33)

Dwight D. Eisenhower (1953–61)

Lyndon B. Johnson (1963–69) weitete den Vietnamkonflikt aus, was zu zahllosen Protesten führte.

Gerald Ford (1974–77)

Ronald Reagan (1981–89), ein früherer Schauspieler und beliebter Präsident, senkte die Steuern, erhöhte die Militärausgaben und reduzierte staatliche Programme.

William J. Clinton (1993–2001)

Barack Obama (seit 2009), Senator in Illinois, wurde der erste afroamerikanische Präsident der USA.

[Th]eodore Roosevelt ([1]901–09) ließ zahlreiche [N]ationalparks einrichten. [U]nter ihm wurde der [P]anamakanal gebaut.

Die Rolle der First Lady

Im 19. Jahrhundert fungierte die First Lady vor allem als Gastgeberin und Beraterin »hinter den Kulissen«. Eleanor Roosevelt definierte die Rolle neu. Jackie Kennedy unterstützte die Künste, und Rosalynn Carter nahm an Kabinettssitzungen teil. Nancy Reagan initiierte die Antidrogenkampagne »Just Say No«, Barbara Bush kämpfte für die Alphabetisierung. Hillary Clinton verfolgte dagegen eigene politische Ambitionen; 2009 wurde sie in der Regierung Obama Außenministerin.

Eleanor Roosevelt bei einer Pressekonferenz, 1930er Jahre

Aufbau der US-Bundesregierung

Das große Siegel der USA

Die Verfassung der USA datiert vom 17. September 1787 *(siehe S. 91)*. Als höchstes Bundesrecht steht sie über allen Gesetzen der einzelnen Bundesstaaten. Die USA sind ein Drei-Gewalten-System: Die Legislative dient der Gesetzgebung, die Exekutive deren Durchführung und die Judikative der Auslegung der Gesetze. Da keine Gewalt zu viel Macht haben sollte, wurde das System der »Checks and Balances« (Kontrolle und Gleichgewicht) eingeführt. Die Verfassung kann durch Zusatzartikel ergänzt werden. 1791 wurden die ersten zehn als Grundrechtekatalog (Bill of Rights) ratifiziert.

Der Senat *während einer Sitzung im Kapitol.*

Checks and Balances

Das System von »Kontrolle und Gleichgewicht« soll verhindern, dass ein Machtmissbrauch stattfinet.

Exekutive: Der Präsident kann Gesetze vorschlagen, gegen sie ein Veto einlegen und den Kongress zu einer Sondersitzung einberufen. Er ernennt die Richter und kann Begnadigungen aussprechen.

Judikative: Der Supreme Court legt Gesetze und Verträge aus und kann ein Gesetz für verfassungswidrig erklären. Der Chief Justice führt bei einem Amtsenthebungsverfahren gegen den Präsidenten den Vorsitz.

Legislative: Mit Zweidrittelmehrheit kann der Kongress ein Veto des Präsidenten zurückweisen. Amtsernennungen und Verträge muss der Senat bestätigen. Der Kongress überwacht die Gerichte und kann Präsident und Richter ihrer Ämter entheben.

Exekutive

Der Präsident und der Vizepräsident werden für vier Jahre durch indirekte Wahl (Wahlmänner) gewählt. Der Präsident schlägt Gesetze vor, bestätigt sie oder legt sein Veto ein. Er bestimmt auch die Außenpolitik der USA, ist der oberste Befehlshaber der Streitkräfte und ernennt Botschafter. Die Minister der verschiedenen Ressorts treffen sich regelmäßig im Kabinett, um den Präsidenten politisch zu beraten. Zahlreiche Behörden und Gremien wie der Nationale Sicherheitsrat oder die Verwaltungs- und Haushaltsbehörde unterstützen den Präsidenten bei seinen Aufgaben.

Präsidentensiegel

Ulysses S. Grant *war von 1869 bis 1877 US-Präsident.*

EXEKUTIVE

PRÄSIDENT

VIZEPRÄSIDENT

KABINETT

Henry A. Wallace *war Vizepräsident (1941–45) unter Franklin D. Roosevelt.*

Das Weiße Haus *ist der offizielle Amtssitz des US-Präsidenten.*

Madeleine Albright, *die erste Frau im Amt des US-Außenministers, wurde 1997 ernannt.*

Judikative

Der Supreme Court und andere Bundesgerichte entscheiden, ob Gesetze verfassungsgemäß sind. Der Oberste Gerichtshof ist Berufungsinstanz. Hier werden auch Streitfälle zwischen Bundesstaaten und Fälle, die ausländische Bürger betreffen, verhandelt. Der Präsident ernennt (mit Zustimmung des Senats) die neun Richter auf Lebenszeit.

Der Supreme Court *ist der Oberste Bundesgerichtshof der USA und letzte Instanz in allen Verfassungsfragen.*

JUDIKATIVE

NEUN RICHTER AM SUPREME COURT

DAVON IST EINER OBERSTER RICHTER AM SUPREME COURT

Thurgood Marshall *war der erste afroamerikanische Richter am Supreme Court. Er war dort von 1967 bis 1991 tätig.*

Oliver Wendell Holmes, *zwischen 1902 und 1932 Richter am Supreme Court, setzte sich für die Meinungsfreiheit ein.*

Earl Warren *war 1953 bis 1969 Richter am Supreme Court. Er hob 1954 mit dem Urteil in der Sache »Brown vs. Board of Education«* (siehe S. 48) *die Rassentrennung auf.*

Legislative

Der Kongress der USA besteht aus zwei Kammern, dem Repräsentantenhaus und dem Senat. Die 435 Abgeordneten im Repräsentantenhaus werden in jedem Bundesstaat für jeweils zwei Jahre gewählt. Je nach Bevölkerungszahl eines Bundesstaats werden unterschiedlich viele Kongressabgeordnete gewählt. Die 100 Mitglieder des Senats (jeweils zwei Senatoren pro Bundesstaat) werden für sechs Jahre gewählt. Der Kongress beschließt die Gesetze: Die Vorlagen werden in Ausschüssen beraten, beide Kammern müssen sie verabschieden, bevor sie der Präsident unterzeichnen kann.

Daniel Webster *war Mitglied im Repräsentantenhaus (1813–17) und im Senat (1822–41).*

LEGISLATIVE

REPRÄSENTANTENHAUS | **SENAT**

Sam Rayburn *war mit Unterbrechungen 17 Jahre lang Sprecher des Repräsentantenhauses.*

Edward Kennedy, *Oberhaupt einer der berühmtesten Politikerfamilien des Landes, ist seit 1962 Senator.*

Das Kapitol *ist Sitz des Repräsentantenhauses und des Senats.*

WASHINGTON, DC IM ÜBERBLICK

Washington ist weit mehr als die Hauptstadt der USA. Als Sitz der Smithsonian Institution ist die Stadt auch kultureller Mittelpunkt des Landes. Die vielen exzellenten Museen und Sammlungen bieten für jeden etwas. Der Amtssitz des Präsidenten, das Weiße Haus, zählt zu den prominentesten Sehenswürdigkeiten der Stadt und zieht jedes Jahr Millionen von Besuchern an. Ebenso populär ist das National Air and Space Museum, dessen Exponate aus der Luft- und Raumfahrt Besucherscharen anlocken. Eine weitere Besonderheit von Washington sind die vielen Denkmäler: Das gewaltige Washington Monument, das den ersten US-Präsidenten ehrt, dominiert die Skyline. Einen Kontrast dazu bilden die Kriegsdenkmäler, die still an die Gefallenen erinnern.

ZEHN HAUPTSEHENSWÜRDIGKEITEN IN WASHINGTON, DC

National Air and Space Museum *Seiten 62–65*

Weißes Haus *Seiten 108–111*

Vietnam Veterans Memorial *Seite 83*

National Gallery of Art *Seiten 58–61*

Kennedy Center *Seiten 118f*

Washington National Cathedral *Seiten 142f*

Arlington National Cemetery *Seiten 130f*

Washington Monument *Seite 78*

Lincoln Memorial *Seite 85*

US Capitol *Seiten 50f*

◁ **Blick vom Kapitol auf die Pennsylvania Avenue** ***(siehe S. 92f)***

Museen und Sammlungen in Washington, DC

Nur wenige Städte bieten so viele Museen und Sammlungen auf engstem Raum wie Washington, DC. Die Mall bildet ein Zentrum, da sie von Museen, die größtenteils zur Smithsonian Institution *(siehe S. 72)* gehören, gesäumt wird. Die Ausstellungen reichen von großartigen Kunstwerken bis zum Space-Shuttle und zu Exponaten wichtiger Ereignisse der US-Geschichte. Der Eintritt zu fast allen Smithsonian-Museen ist frei.

National Museum of American History
Die Statue des mit einer Toga bekleideten George Washington ist eines von Millionen Exponaten des Museums (siehe S. 74–77).

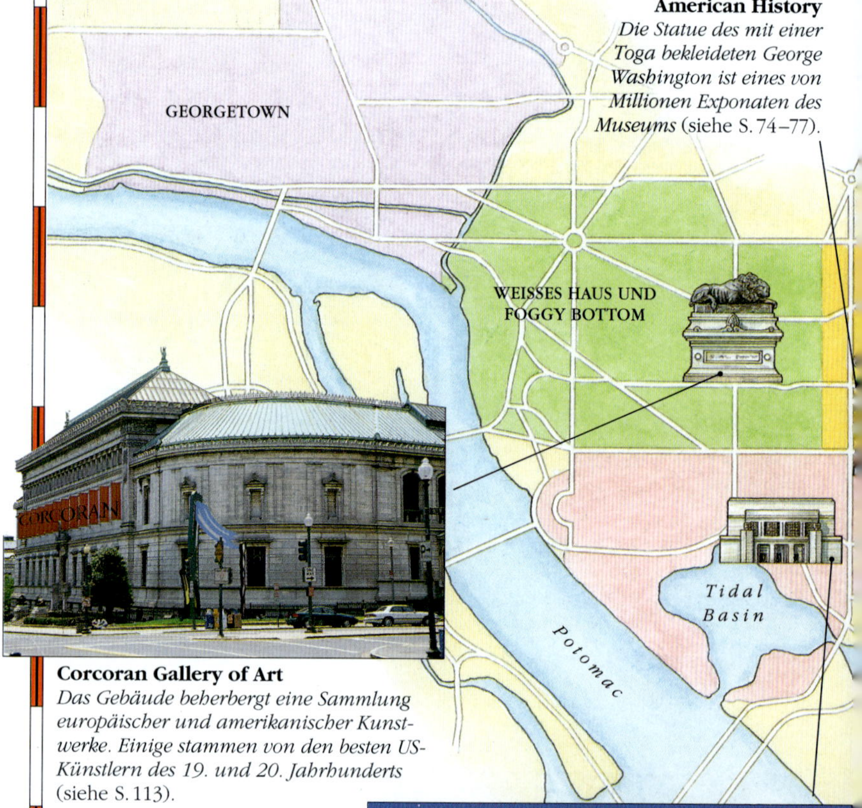

Corcoran Gallery of Art
Das Gebäude beherbergt eine Sammlung europäischer und amerikanischer Kunstwerke. Einige stammen von den besten US-Künstlern des 19. und 20. Jahrhunderts (siehe S. 113).

US Holocaust Memorial Museum
Fotografien, Videos und nachgebaute KZ-Barracken machen die Grausamkeiten des Holocaust greifbar und zeigen das Schicksal der Juden und weiterer Opfer der deutschen NS-Herrschaft (siehe S. 80f).

National Museum of Natural History
Ein riesiger afrikanischer Elefant beherrscht die Haupthalle. Die faszinierenden Ausstellungen zeigen die Evolution der Tiere und die Entstehung von Edelsteinen und Mineralien (siehe S. 70f).

Smithsonian American Art Museum und National Portrait Gallery
Das Gebäude birgt die weltgrößte Kollektion von amerikanischen Bildern, Skulpturen, Fotos und Kunsthandwerk (siehe S. 98–101).

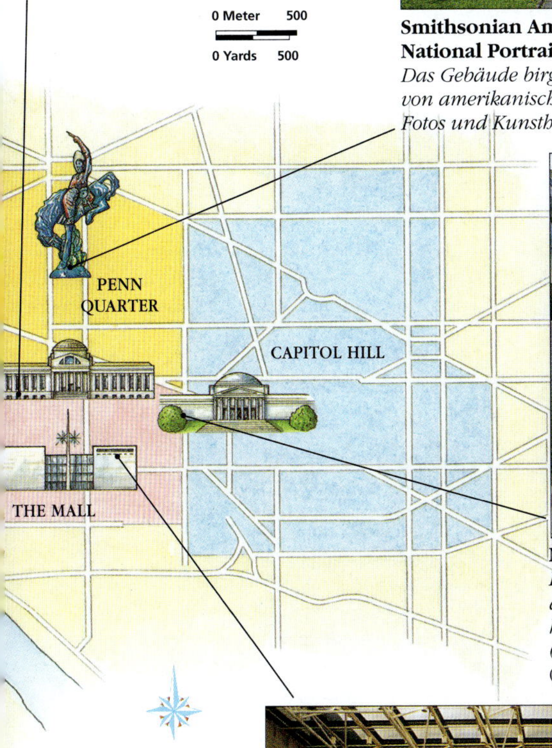

National Gallery of Art
Das futuristische East Building zeigt Kunst des 20. Jahrhunderts, das West Building (1930er Jahre) ältere Werke (siehe S. 58–61).

National Air and Space Museum
Washingtons beliebtestes Museum erläutert die Geschichte der Luft- und Raumfahrt mit Exponaten wie dem ersten Flugzeug der Brüder Wright und der Apollo-14-Raumkapsel (siehe S. 62–65).

Monumente und Denkmäler in Washington, DC

Als politisches Zentrum der USA und Amtssitz des Präsidenten besitzt Washington zahlreiche Monumente und Denkmäler, die Schlüsselfiguren des Landes ehren und an bedeutende historische Ereignisse erinnern. Am bekanntesten sind das Washington Monument und das Lincoln Memorial, die zu den wichtigsten Attraktionen der Stadt zählen. Andere Denkmäler in ruhigen, zur Besinnung einladenden Parks gedenken der unzähligen Männer und Frauen, die für ihr Land im Krieg fielen.

Korean War Veterans Memorial
Die 19 lebensgroßen Statuen des Denkmals von 1995 erinnern an die Tausenden, die im Koreakrieg starben (siehe S. 83).

Lincoln Memorial
Die Marmorstatue diente bei den Demonstrationen für Bürgerrechte als Sammelpunkt (siehe S. 85).

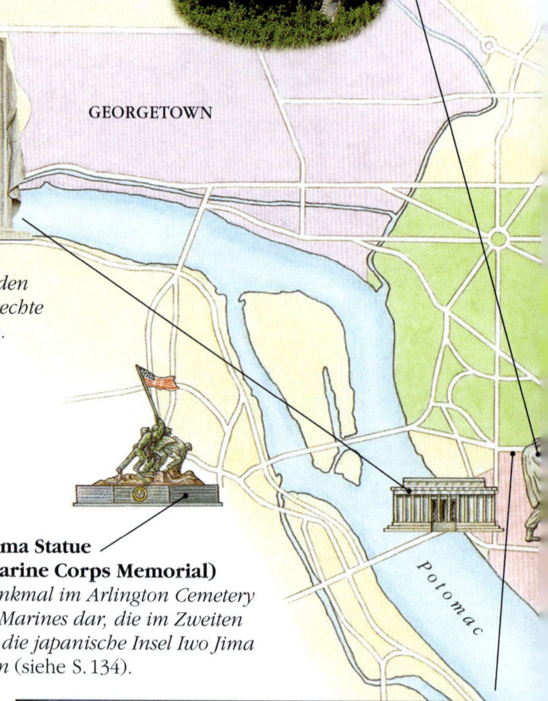

Iwo Jima Statue (US Marine Corps Memorial)
Das Denkmal im Arlington Cemetery stellt US Marines dar, die im Zweiten Weltkrieg die japanische Insel Iwo Jima einnahmen (siehe S. 134).

Vietnam Veterans Memorial
Besucher werden hier mit der ernüchternden Namensliste auf der V-förmigen Granitwand konfrontiert (siehe S. 83).

Washington Monument
Das Monument ist eines der imposantesten Bauwerke von Washington. Der 170 Meter hohe Obelisk aus Marmor ist in der ganzen Stadt sichtbar. Es wurde in zwei Bauabschnitten errichtet und 1884 vollendet (siehe S. 78).

Jefferson Memorial
In dem neoklassizistischen Bau erhebt sich eine Bronzestatue von Präsident Jefferson, dem Hauptakteur im amerikanischen Kampf um Unabhängigkeit (siehe S. 79).

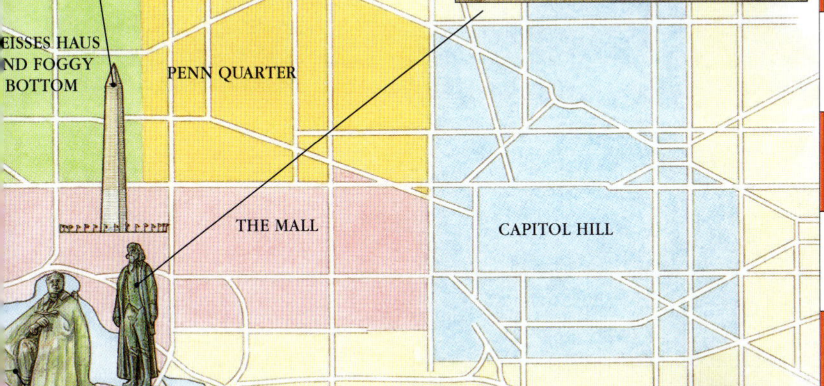

Franklin D. Roosevelt Memorial
Die Gedenkstätte umfasst einen Park mit Skulpturen, Wasserfällen und Ziergärten (siehe S. 84f).

Das Jahr in Washington, DC

Das ganze Jahr über finden in Washington, DC verschiedenste Festivitäten statt: Anfang April, während der Kirschbaumblüte, erwacht die Stadt zum Leben. Dann beginnt die Zeit der Paraden und Open-Air-Festivals. Vor allem von Juni bis August ist Washington das Ziel von Besuchern. Die meisten zieht es zum Weißen Haus, wo zu allen Jahreszeiten Feste und Events stattfinden – das Easter Egg Roll im Frühjahr, Konzerte im Sommer und Herbst sowie eine Candlelight-Tour zu Weihnachten. Einige beliebte Veranstaltungen sind hier aufgeführt. Weitere Infos gibt es bei der Washington, DC Convention and Visitors Association *(siehe S. 211)*.

Ein Amerikaner feiert den Unabhängigkeitstag

Frühling

Im Frühling ist die Stimmung in Washington, DC wunderschön. Morgens ist es angenehm frisch, tagsüber recht mild. Die Kirschbaumblüte rund um das Tidal Basin ist weltberühmt und trotz der Besuchermassen unbedingt sehenswert. Der Memorial Day markiert den offiziellen Beginn des Sommers, der mit vielen Festen begrüßt wird.

März

Washington Home and Garden Show, Walter E. Washington DC Convention Center, 801 Mount Vernon Place, NW, an der Ecke 7th St/New York Ave *(Tel. 249-3000)*. Alles zum Thema Garten.

St. Patrick's Day *(17. März)*, Constitution Ave, NW. Parade zur Feier der irischen Kultur. Auch in Old Town Alexandria wird gefeiert.

Smithsonian Kite Festival *(letztes Wochenende)*, Washington Monument *(Tel. 633-1000)*. Drachenbauer treten zum Wettbewerb an.

April

National Cherry Blossom Festival *(Anfang Apr)*, Constitution Ave, NW *(Tel. 619-7222)*. Feier der Kirschblüte.

White House Egg Roll *(Ostermontag)*, Garten Weißes Haus. *(Tel. 456-2200)*. Kleine Kinder (unter sieben Jahren) rollen gemeinsam mit Eltern Ostereier über den Rasen.

Imagination Celebration *(Apr)*, Kennedy Center *(Tel. 467-4600)*. Kindertheater-Festival.

Thomas Jefferson's Birthday *(13. Apr)*, Jefferson Memorial *(Tel. 619-7222)*. Militärparade, Reden, Kranzniederlegung.

Shakespeare's Birthday Celebration *(Ende Apr)*, Folger Shakespeare Library, 201 E Capitol St, SE *(Tel. 544-4600)*. Musik und Theater an Shakespeares Geburtstag.

Mutter und Tochter im Team beim Ostereierrollen

Mai

Flower Mart *(1. Wochenende)*, Washington National Cathedral *(Tel. 537-6200)*. Blumenstände, Musik und Handwerk.

Memorial Day Weekend Concert *(letzter So)*, Westseite des Kapitols *(Tel. 619-7222)*. Konzert des National Symphony Orchestra.

Memorial Day *(letzter Mo)*, Arlington National Cemetery *(Tel. 703-607-8000)*. US Navy Memorial *(Tel. 737-2300)*. Vietnam Veterans Memorial *(Tel. 619-7222)*. Kranzniederlegungen, Reden, Musik.

Memorial Day Jazz Festival *(letzter Mo)*, Old Town Alexandria. *(Tel. 703-883-4686)*. Jazz.

Twilight Tattoo Military Pageant *(Mai–Juli: Mi 19 Uhr)*, Fort McNair. *(Tel. 703-696-3718)*. Militärparade zur Geschichte der US-Army.

Kirschbaumblüte am Jefferson Memorial rund um das Tidal Basin

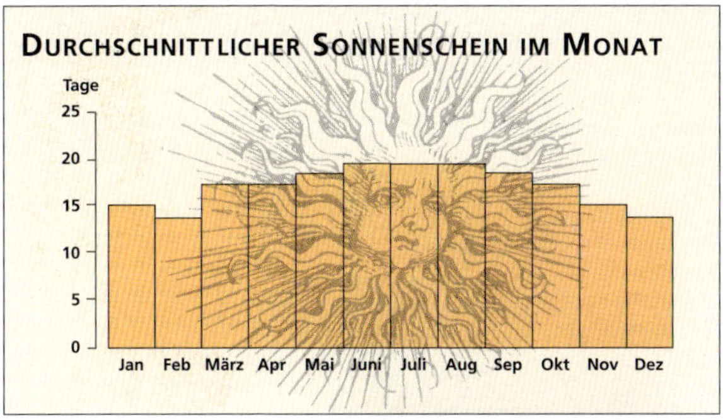

Sonnenschein
Die Sonnenscheindauer variiert in Washington kaum – sogar im Winter ist der Himmel an der Hälfte aller Tage strahlend blau. Im Sommer ist die Sonne am intensivsten, dennoch sollte man auf Starkregen vorbereitet sein. Die Übersicht zeigt die Anzahl von Tagen mit Sonnenschein pro Monat.

SOMMER

Von Juni bis August strömen Urlauber aus aller Welt nach Washington, DC. Auf den Straßen und in den Parks genießt man den Sonnenschein. Viele Attraktionen sind überlaufen, deshalb sollte man zu dieser Jahreszeit Karten reservieren. Im Sommer kann es sehr heiß und schwül werden, dennoch sind Paraden und Festivals sehr beliebt. Besonders aufregend ist der Unabhängigkeitstag, der am 4. Juli mit Paraden und Feuerwerk gefeiert wird.

JUNI

Shakespeare Free for All *(Juni)*, Carter Barron Amphitheater, Rock Creek Park *(Tel. 202-426-0486)*. Abendvorstellungen der Shakespeare Theater Company. Eintritt frei.
Alexandria Waterfront Festival *(1. oder 2. Wochenende)*, Oronoco Bay Park, Alexandria *(Tel. 703-838-4200)*. Schiffe, Spiele und Musik zum Thema Seefahrtsgeschichte.
Smithsonian Festival of American Folklife *(Ende Juni–Anfang Juli)*, The Mall *(Tel. 633-1000)*. Groß angelegtes Folklorefest mit Musik, Tanz, Spielen und Essen.
Washington National Cathedral Summer Festival of Music *(Mitte Juni–Mitte Juli)*, Washington National Cathedral *(Tel. 537-6200)*. Reichhaltiges Konzertprogramm von klassisch bis modern.
Dance Africa *(Mitte Juni)*, Dance Place, 3225 8th St, NE *(Tel. 269-1600)*. Afrikanischer Tanz, Konzerte und Straßenmärkte.

Feuerwerk in Washington am 4. Juli

JULI

Independence Day *(4. Juli)*, Kapitol, Constitution Ave und andere Orte. Konzert an der Westseite des Kapitols, danach gibt es eine Parade auf der Constitution Avenue und ein Feuerwerk am Washington Monument. An anderen Orten wie Old Town Alexandria finden Paraden, Konzerte und ein Feuerwerk statt.
Bastille Day *(französischer Nationalfeiertag, 14. Juli)*. Essen, Musik und Tanz in der französischen Botschaft und einigen Cafés und Lokalen.
Mary McLeod Bethune Celebration *(10. Juli)*, Bethune Statue, Lincoln Park, E Capitol St, SE, zwischen 11th St und 13th St *(Tel. 673-2402)*. Kranzniederlegung, Gospelmusik und Reden.
Caribbean Summer in the Park *(Mitte Juli)*, RFK Stadium, 2400 E Capitol St, SE *(Tel. 547-9077)*. Karibische Musik, Tanz und Essen.
Hispanic-Latino Festival *(Ende Juli)*, Washington Monument *(Tel. 619-7222)*. Lateinamerikanische Musik, Essen und Feiern.

AUGUST

Arlington County Fair *(Mitte Aug)*, Thomas Jefferson Center, Arlington, VA *(Tel. (703-920-4556)*. Essen, Kunst, Musik und Karussells.
Georgia Avenue Day *(Ende Aug)*, Georgia Ave, NW. Parade und Essen, Buden, Karussells und Musik.
National Frisbee Festival *(Ende Aug)*, Washington Monument *(Tel. 619-7222)*. Ein Wochenende rund um den Sport mit der runden Scheibe. Wettbewerbe für Profis und Amateure.

Frisbeespieler beim National Frisbee Festival

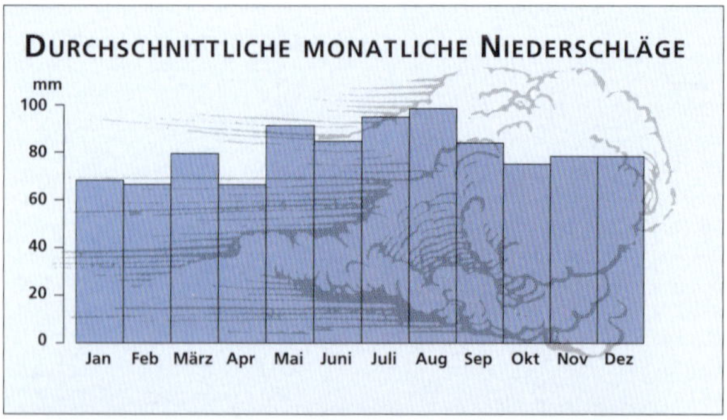

Niederschläge
Regen fällt in Washington zu jeder Jahreszeit. Die heftigsten Schauer gibt es zwischen Mai und August – eine willkommene Erfrischung an schwülheißen Tagen. In den Herbstmonaten lässt der Regen nach, doch die monatlichen Unterschiede sind gering. Selten regnet es für längere Zeit.

Konzert beim Lincoln Memorial, im Hintergrund das Washington Monument

Herbst

Wenn die Luft Anfang September kühler wird, verabschiedet der Labor Day (erster Mo des Monats) den Sommer. In den Herbstmonaten September, Oktober und November nimmt die Temperatur rasch ab. Ein besonderes Ereignis in dieser Jahreszeit ist Halloween: Kinder ziehen dann verkleidet durch die Straßen, um an den Haustüren zu klopfen und um Süßigkeiten zu bitten.

Halloween: Jack-O'-Laterne

September

Labor Day Weekend Concert *(So vor Labor Day)*, Westseite des Kapitols. *(Tel. 619-7222).* Konzert des National Symphony Orchestra.
John F. Kennedy Center for the Performing Arts Open House *(Anfang Sep, Tel. 467-4600).* Tag der offenen Tür mit Blues-, Rock- und Jazzkonzerten, Tanz und Film.
International Children's Festival, Wolf Trap Park, Vienna, VA *(Tel. 703-255-1800).* Mit Schaustellern aus aller Welt.
18th-century Fair, Mount Vernon, VA *(Tel. (703-780-2000).* Kunsthandwerk und Unterhaltung à la 18. Jahrhundert.

Oktober

DC Open House *(1. Wochenende)*, mehrere Orte *(Tel. 889-7000).* Geführte Spaziergänge und Museumsbesuche.
Taste of DC *(Wochenende vor dem 2. Mo)*, Pennsylvania Ave, NW *(Tel. 789-7000).* Musikfest.
Columbus Day *(2. Mo)*, Columbus Memorial, Union Station *(Tel. 289-1908).* Reden und Kranzniederlegung zu Ehren von Columbus.
National Book Fair *(Anfang Okt)*, National Mall *(Tel. 707-5000).*
White House Fall Garden Tours *(Mitte Okt).* Zugang zu den Anlagen des Weißen Hauses *(Tel. 456-2200).*
Halloween *(31. Okt).* Ein beliebtes Fest für Kinder, die sich verkleiden und an Haustüren mit dem Spruch »Trick or Treat« um Süßes bitten.

November

Annual Seafaring Celebration *(kein festes Datum)*, Navy Museum *(Tel. 433-4882).* Maritimes Fest mit Essen und Musik für die ganze Familie.
Veterans Day Ceremonies *(11. Nov)*, Arlington National Cemetery *(Tel. (703-607-8000).* Eine Reihe von Gottesdiensten, Paraden und Kranzniederlegungen an verschiedenen Denkmälern in der ganzen Stadt ehren die amerikanischen Gefallenen. Auch am Vietnam Veterans Memorial *(Tel. 426-6841)* und am US Navy Memorial *(Tel. 737-2300)* finden Militär- und Musikparaden statt.
Kennedy Center Holiday Festival *(Ende Nov–Silvester, Tel. 467-4600).* Kostenlose Konzerte.

Ehrenwache am Veterans Day auf dem Arlington National Cemetery

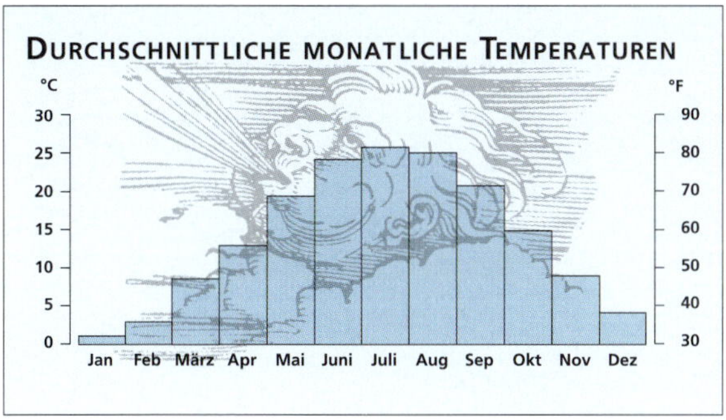

Temperaturen
Das Klima in Washington schwankt stark. Im Winter ist die Luft bei Temperaturen knapp über dem Gefrierpunkt sehr kalt. Im Juli und August ist es dagegen sehr heiß und schwül. Die besten Jahreszeiten sind Frühjahr und Herbst, wenn der Besucher mildes Wetter und klare Luft vorfindet.

Winter

Die Temperaturen können in den Wintermonaten unter den Gefrierpunkt fallen. In der Stadt geht es nun ruhiger zu – eine gute Gelegenheit, um die beliebtesten Sehenswürdigkeiten zu besuchen. Zur Weihnachtszeit belebt sich Washington jedoch wieder, wenn viele festliche Veranstaltungen Weihnachtsstimmung verbreiten. Überall hängt Weihnachtsschmuck. Zahlreiche Einrichtungen, darunter das Weiße Haus, bieten spezielle Weihnachtsführungen an. Gegen Winterende werden viele prominente Geburtstage gefeiert, etwa von Martin Luther King, Jr., Abraham Lincoln und George Washington.

Dezember

National Christmas Tree Lighting *(Mitte Dez)*, Ellipse südlich des Weißen Hauses *(Tel. 456-2200)*. Der Präsident entzündet die Lichter am National Christmas Tree.

Washington National Cathedral Christmas Services *(gesamter Dez, Tel. 537-6200)*. Weihnachtsfeierlichkeiten mit festlicher Musik.

White House Candlelight Tours *(nach Weihnachten, Tel. 456-7041)*. Der Weihnachtsschmuck des Präsidenten wird ausgestellt.

Januar

Robert E. Lee's Birthday *(Mitte Jan)*. Touren im Lee-Fendall House in Alexandria *(Tel. 703-548-1789)*.

Martin Luther King Jr.'s Birthday *(dritter Mo, Tel. 619-7222)*.

Restaurant Week *(Mitte Jan)*, Viele Top-Restaurants bieten Mittag- und Abendessen zu günstigen Preisen.

Februar

Chinese New Year *(erste 2 Wochen)*, N St, Chinatown *(Tel. 789-7000)*. Chinesische Gerichte, Tanz und Live-Musik.

African American History Month *(gesamter Monat)*. Veranstaltungen in der ganzen Stadt: Auskunft erteilen Smithsonian *(Tel. 633-1000)* und der National Park Service *(Tel. 619-7222)*.

George Washington's Birthday Parade *(um den 15. Feb)*, Old Town Alexandria, VA *(Tel. (703-838-4200)*.

Abraham Lincoln's Birthday, *(12. Feb)*, Lincoln Memorial *(Tel. 619-7222)*. Kranzniederlegung und Verlesung der Gettysburg-Rede.

Pfadfinderinnen bei der George-Washington-Geburtstagsparade

Der National Christmas Tree vor dem schneebedeckten Weißen Haus

Nationale Feiertage

New Year's Day *(1. Jan)*
Martin Luther King, Jr.'s Birthday *(3. Mo im Jan)*
Presidents' Day *(3. Mo im Feb)*
Easter Monday *(März oder Apr)*
Memorial Day *(letzter Mo im Mai)*
Independence Day *(4. Juli)*
Labor Day *(1. Mo im Sep)*
Columbus Day *(2. Mo im Okt)*
Veterans Day *(11. Nov)*
Thanksgiving *(4. Do im Nov)*
Christmas Day *(25. Dez)*

Jefferson Memorial *(siehe S. 79)* ▷

Die Stadtteile von Washington, DC

CAPITOL HILL

Bald nach Ratifizierung der Verfassung 1788 entstand der amerikanische Regierungssitz am heutigen Capitol Hill. Die Gegend hatte man 1791 aus einem Stück Land ausgewählt, die der Bundesstaat Maryland abgetreten hatte. Pierre L'Enfant *(siehe S. 19)* wählte einen Hügel an der Ostseite des Areals als Standort für das Kapitol und als Zentrum für die neue Stadt. Seitdem sind über 200 Jahre vergangen. Capitol Hill hat sich während dieser Zeit in einen lebendigen Mikrokosmos des modernen Amerika verwandelt. Die Symbole der kulturellen Entwicklung des Landes trifft man überall – von Regierungsbauten bis zu den Geschäftszentren und Wohnvierteln mit einer überaus heterogenen Bevölkerung. Am Capitol Hill arbeiten die mächtigsten Männer und Frauen der USA. Die Abgeordneten sind aber für die Bürger ansprechbar und posieren sogar vor dem Kapitol für ein Foto.

Statue eines Legionärs an der Union Station

SEHENSWÜRDIGKEITEN AUF EINEN BLICK

Historische Gebäude
Folger Shakespeare Library 2
Library of Congress S. 46f 1
Sewall-Belmont House 4
Union Station 13
United States Capitol S. 50f 5
US Supreme Court 3

Museum
National Postal Museum 14

Markt
Eastern Market 12

Monumente und Denkmäler
National Japanese American Memorial 7
Robert A. Taft Memorial 6
Ulysses S. Grant Memorial 8

Parks und Gärten
Bartholdi Park und Brunnen 10
US Botanic Garden 9

Kirche
Ebenezer United Methodist Church 11

LEGENDE

Detailkarte *S. 44f*
Metro-Station
Information
Polizei
Post
Bahnhof

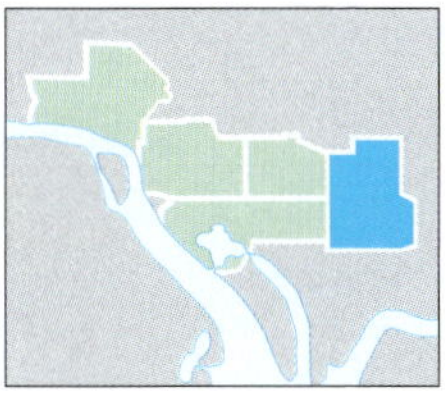

0 Meter 500

0 Yards 500

ANFAHRT

Capitol Hill erreicht man am besten mit der roten Metro-Linie bis zur Union Station oder mit der blauen bzw. orangen Linie bis Capitol South, Eastern Market oder Federal Center SW. Die Busse 30, 32, 34, 35, 36, 91 und A11 halten ebenfalls hier.

◁ **Die von korinthischen Säulen gerahmten, wuchtigen Eingangstüren des US Supreme Court *(siehe S. 48)***

Im Detail: Capitol Hill

Die Stadtlandschaft, die sich rund um das Kapitol erstreckt, bildet eine Mischung aus grandioser klassizistischer Architektur und weiten Grünflächen. Wolkenkratzer fehlen – hier erheben sich nur die immensen Marmorhallen und -säulen vieler Regierungsgebäude. Das rege Treiben rund um das Kapitol und den Obersten Gerichtshof steht im Gegensatz zur Stille des Wasserbassins oder den ruhigen Wohnvierteln. Viele Details, die einer Stadt ihren Charakter verleihen, findet man hier, z. B. die alten Laternen an der Second Street, die leuchtenden Blumen entlang den Bürgersteigen oder die hell gestrichenen Hausfassaden an der Third Street nahe der Shakespeare Library.

★ US Capitol
Die berühmte Kuppel ist eine der weltweit größten und krönt das Parlament der USA. ❺

Robert A. Taft Memorial
Ein Standbild von Senator Taft (1889–1953) steht vor einem Glockenturm, der der ihm zu Ehren errichtet wurde. ❻

Ulysses S. Grant Memorial
Die Statue von General Grant (1822–1885), Unionsgeneral im Bürgerkrieg, steht im Mittelpunkt einer Gruppe von Reiterstatuen aus Bronze. ❽

US Botanic Garden
Den 1820 gegründeten Botanischen Garten schmücken Tausende exotischer und einheimischer Pflanzen. ❾

Sewall-Belmont House
Eine lebensgroße Statue der Jungfrau von Orléans ziert dieses Haus aus dem 18. Jahrhundert. Es dient der National Women's Party als Parteizentrale. ❹

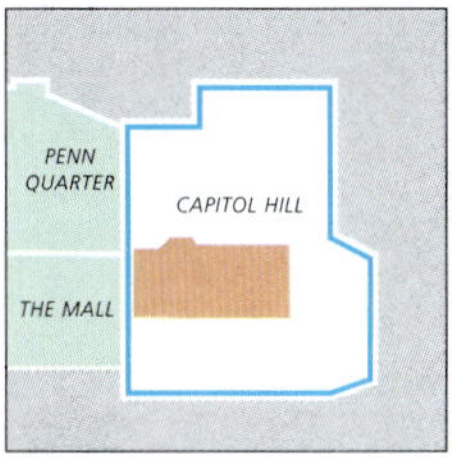

Zur Orientierung
Siehe Stadtplan, Karte 4

Legende

Routenempfehlung

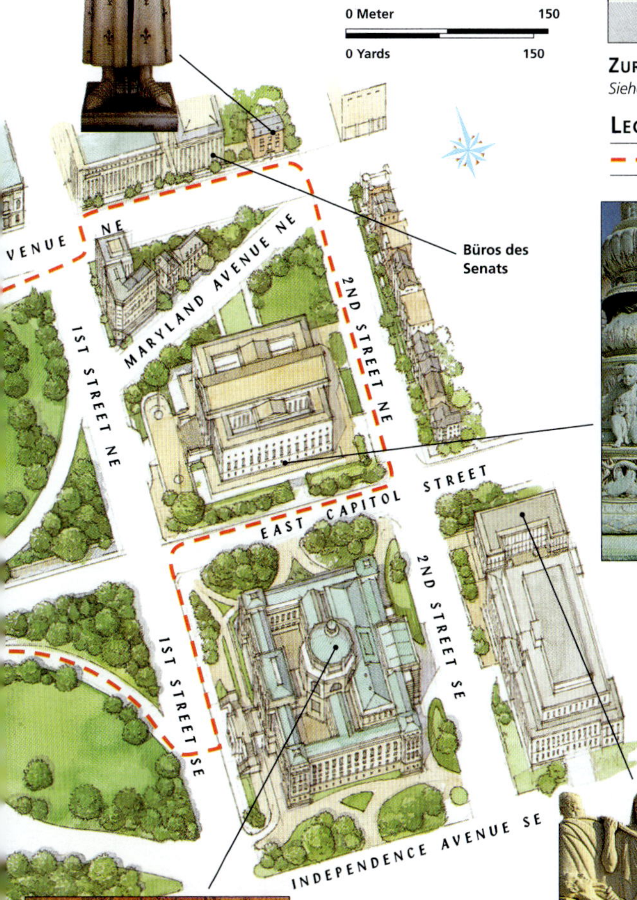

US Supreme Court
Der Oberste Gerichtshof ist seit 1935 in diesem klassizistischen Marmorbau von Cass Gilbert untergebracht. ❸

Folger Shakespeare Library
Die Bibliothek widmet sich dem Werk des Dichters. Ein Museum zeigt Schätze des elisabethanischen Zeitalters. ❷

★ Library of Congress
Jeffersons private Bibliothek bildete den Grundstock für diese Sammlung. Die alte Bibliothek des Kapitols war 1814 beim von den Briten gelegten Brand zerstört worden.

Nicht versäumen

★ Library of Congress

★ US Capitol

Stadtplan *siehe Seiten 224–229*

Library of Congress ❶

Thomas Jefferson (1743–1826)

Der Kongress richtete im Jahr 1800 eine Referenzbibliothek im Kapitol ein. Als sie 1814 abbrannte, bot Thomas Jefferson seine Privatbibliothek als Ersatz an: Sein Glaube an universelle Wissensvermittlung wurde zur Grundlage für die künftige Akquisitionsarbeit der Bibliothek. 1897 zog die Library of Congress in ein Gebäude, das John L. Smithmeyer und Paul J. Pelz im Stil der italienischen Renaissance entworfen hatten. Das Hauptgebäude ist heute als Thomas Jefferson Building bekannt. Mit seinen zahlreichen Gemälden, Mosaiken, Marmoremporen, Ausstellungen wie »Creating the United States«, der Thomas Jefferson's Library und der Bob Hope Gallery of American Entertainment ist es ein architektonisches Juwel. Die Library of Congress ist die weltweit größte Bibliothek.

Frontansicht des Jefferson Building

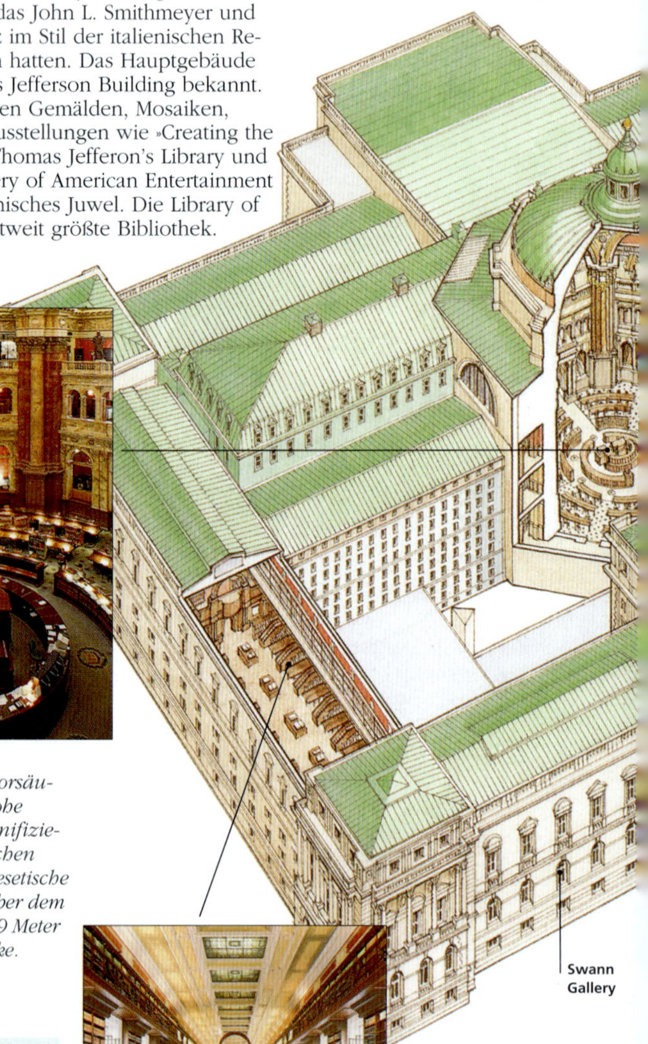

★ Hauptlesesaal
Acht gewaltige Marmorsäulen und drei Meter hohe Frauenfiguren, Personifizierungen des menschlichen Strebens, lassen die Lesetische winzig erscheinen. Über dem Saal spannt sich in 49 Meter Höhe eine Kuppeldecke.

Lesesaal »Afrika und Naher Osten«
Dies ist einer von zehn Lesesälen im Jefferson Building, in denen man Bücher einsehen kann.

NICHT VERSÄUMEN

- ★ Große Halle
- ★ Gutenberg-Bibel
- ★ Hauptlesesaal

Mosaik der Minerva
Das wunderschöne Marmormosaik von Elihu Vedder zeigt Minerva als Friedensgöttin. Das Bildnis beherrscht das Treppenhaus nahe der Besuchergalerie über dem Hauptlesesaal.

INFOBOX

10 First St, SE. **Stadtplan** 4 E4. *707-5000. 707-8000, 707-0919 (für Gruppen). M Capitol South. 32, 34, 36, 96. Mo–Sa 10–17 Uhr. Feiertage.*
Der Zutritt zu den Lesesälen ist nur Besuchern über 18 Jahre mit Benutzerkarte gestattet. Man erhält sie nach Vorlage des Reisepasses und Ausfüllen eines Anmeldeformulars.
www.loc.gov

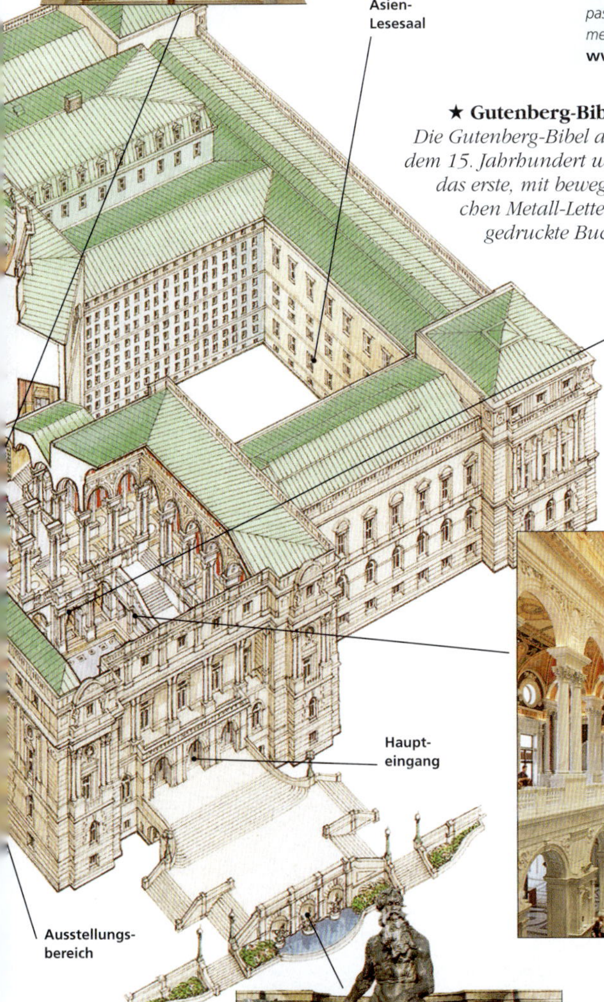

★ Gutenberg-Bibel
Die Gutenberg-Bibel aus dem 15. Jahrhundert war das erste, mit beweglichen Metall-Lettern gedruckte Buch.

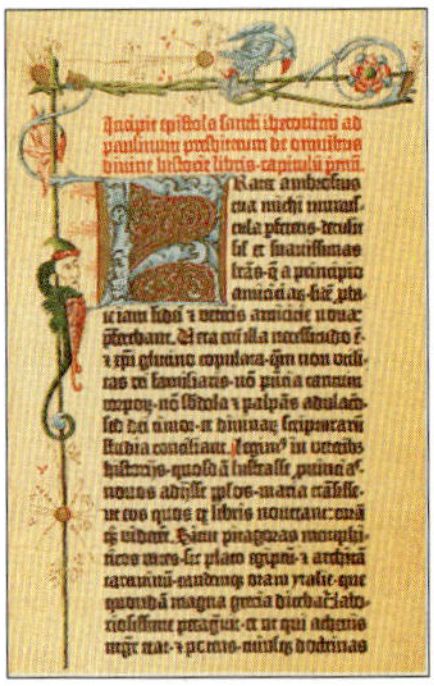

★ Große Halle
Prächtige Marmorbogen und -säulen, grandiose Treppen, imposante Bronzestatuen, Dachfenster mit Glasmalerei, Mosaiken und Fresken finden sich in der herrlichen Eingangshalle.

Neptun-Brunnen
Die Bronzestatue von Neptun, dem römischen Meeresgott, steht vor dem Jefferson Building.

Folger Shakespeare Library ❷

201 E Capitol St, SE. **Stadtplan** 4 F4. *544-4600.* *Capitol South.* *Mo–Sa 10–16 Uhr.* *Feiertage.* *Eintrittskarten für Theater, Konzerte und Lesungen an der Kasse.* **www**.folger.edu

Die Bibliothek und das Museum beschäftigen sich mit den Werken und der Zeit von William Shakespeare. Die Bibliothek war ein Geschenk von Henry Clay Folger 1932 an das amerikanische Volk. Ab 1874 begann Folger, damals noch Student, Werke von Shakespeare zu sammeln. Folger finanzierte auch das eigens für die Sammlung errichtete Gebäude. Es enthält 310 000 Bücher und Manuskripte aus elisabethanischer Zeit sowie die weltweit größte Sammlung der Schriften von Shakespeare, darunter ein Drittel der noch existierenden Exemplare der 1623 erschienenen ersten Gesamtausgabe seiner Werke. Ein Folioband dieser Ausgabe wird in der Großen Halle neben anderen Büchern und Stichen gezeigt. Die Shakespeare Gallery widmet sich in einer Multimedia-Ausstellung mit dem Titel »The Seven Ages of Man« aus der Komödie *Wie es euch gefällt* (um 1599) dem elisabethanischen Zeitalter.

Die Folger Library präsentiert vielfältige kulturelle Veranstaltungen, so werden in dem 250 Zuschauern Platz bietenden elisabethanisch gestalteten Theater Stücke aufgeführt. Auch Lesungen, Vorträge und Diskussionen finden hier statt. Das renommierte hauseigene Folger Consort Ensemble spielt Musik aus dem 12. bis 18. Jahrhundert.

Große Halle in der Folger Shakespeare Library

Beeindruckende klassizistische Fassade des US Supreme Court

US Supreme Court ❸

1st St zwischen E Capitol St und Maryland Ave, NE. **Stadtplan** 4 E4. *479-3000.* *Capitol South.* *Mo–Fr 9–16.30 Uhr.* *Feiertage.* **Vorträge.** **www**.supremecourtus.gov

Der Supreme Court fungiert als Judikative und damit als dritte Gewalt der US-Regierung *(siehe S. 28f)*. Der Oberste Gerichtshof der USA wurde 1787 auf dem Verfassungskonvent in Philadelphia geschaffen und entscheidet bis heute als letzte Instanz der Nation über alle Rechtsstreitigkeiten und Verfassungsfragen. Hier wurden wegweisende Urteile gefällt, etwa im Fall *Brown vs. Board of Education*, das die Rassentrennung in den Schulen aufhob, und *Miranda vs. Arizona*, ein Urteil, das Tatverdächtigen das Recht auf einen Anwalt sichert, bevor sie verhört werden. Wie die Inschrift am Portal besagt, hat er den Auftrag, für »Equal Justice under Law« (»Gerechtigkeit für alle nach dem Gesetz«) zu sorgen.

Bis 1929 trat der Oberste Gerichtshof im Kapitol zusammen. Doch auf Drängen von Chief Justice William Howard Taft stimmte der Kongress dem Bau eines eigenen Gebäudes zu. Der von Cass Gilbert 1935 fertiggestellte Bau orientiert sich an antiken Vorbildern. Skulpturen zu beiden Seiten der Eingangstreppe stellen u.a. die Justitia dar. Im Giebeldreieck oberhalb finden sich Statuen von Taft (links außen) und John Marshall, dem vierten Chief Justice (rechts außen).

Besucher können montags bis mittwochs zwischen Oktober und April den Sitzungen beiwohnen. Es gibt keine Platzreservierungen. In der sitzungsfreien Zeit gibt es stündlich Vorträge (jeweils zur halben Stunde) über den Obersten Gerichtshof.

Sewall-Belmont House ❹

144 Constitution Ave, NE. **Stadtplan** 4 E4. 546-1210. *Capitol South, Union Station.* *Mi–So 12–16 Uhr.* *Feiertage.* **Spenden erbeten.**
www.sewallbelmont.org

Robert Sewall, der einstige Eigentümer des bezaubernden Hauses (18. Jh.), vermietete es im frühen 19. Jahrhundert an Albert Gallatin, den Finanzminister unter Präsident Thomas Jefferson. Gallatin war in diesem Haus Gastgeber von wohlhabenden Bürgern, deren Spenden den Kauf von Louisiana (Louisiana Purchase) im Jahr 1803 ermöglichten. Einige Jahre später, während der britischen Invasion von 1814, leisteten amerikanische Soldaten in diesem Haus letzten Widerstand gegen die Briten, nachdem diese das Kapitol in Brand gesetzt hatten.

Flur des Sewall-Belmont House aus dem 18. Jahrhundert

Die National Women's Party, die 1920 das Frauenwahlrecht in den USA durchgesetzt hatte, kaufte das Haus 1929 mithilfe der geschiedenen Industriellengattin Alva Vanderbilt Belmont. Bis heute dient das Gebäude als Parteizentrale.

Besucher können die zeitgenössischen Möbel und Ausstellungsstücke besichtigen, darunter den Schreibtisch, an dem das (bis heute nicht ratifizierte) Equal Rights Amendment 1923 von Parteichefin Alice Paul geschrieben wurde.

US Capitol ❺

Siehe S. 50f.

Robert A. Taft Memorial ❻

Zwischen Constitution Ave und 1st St, NW. **Stadtplan** 4 E4. *Union Station.*

Die Statue von Senator Robert A. Taft aus Ohio (1889–1953) steht im Park gegenüber dem Kapitol. Die von Wheeler Williams entworfene Statue wirkt vor dem gewaltigen weißen Glockenturm im Hintergrund relativ klein. Das Denkmal des Senators wurde von Douglas W. Orr entworfen und 1959 zum Gedenken an die Leistungen des Politikers errichtet. Robert Taft, der Sohn von Präsident William Howard Taft, war ein Republikaner, der vor allem wegen des Taft-Hartley-Gesetzes Berühmtheit erlangte. Es regelt flächendeckende Tarifverträge zwischen Gewerkschaften und Arbeitgebern.

Robert-Taft-Statue

National Japanese American Memorial ❼

Zwischen Louisiana Ave und New Jersey Ave an der D St, NW. **Stadtplan** 4 E3. *Union Station.*

Die von Davis Buckley errichtete Gedenkstätte erinnert an die rund 120 000 japanischen Amerikaner, die während des Zweiten Weltkriegs inhaftiert wurden, und an die über 800, die im Krieg fielen. Die Namen der Toten wurden in eine Granitmauer eingraviert. Oben finden sich die Namen der zehn Lager, in denen die Inhaftierten gefangen gehalten wurden. Besucher der Gedenkstätte können den sechs Meter hohen Aluminium-Gong zum Tönen bringen – ein akustisches Signal zur Erinnerung an die Toten und Internierten.

Ulysses S. Grant Memorial ❽

Union Square, Westseite des Kapitols vor dem Reflecting Pool. **Stadtplan** 4 E4. *Capitol South, Union Station.*

Das grandiose Denkmal wurde von Henry Merwin Shrady gestaltet und 1922 eingeweiht. Mit 13 Pferden ist es eines der weltweit größten Pferdestandbilder. Die Bronzegruppe um General Grant erinnert an den Bürgerkrieg. Soldaten und Pferde ziehen eine Kanone und werden dabei von einem berittenen Offizier angetrieben. Die Infanteriegruppe stürzt sich in die Schlacht, wo ein Pferd und sein Reiter schon beim Angriff gefallen sind.

Shrady arbeitete 20 Jahre lang an den Skulpturen. Als Modelle dienten ihm Soldaten im Manöver. Zwei Wochen vor der Enthüllung des Denkmals verstarb der Künstler.

Artilleriegeschütz am Ulysses S. Grant Memorial

United States Capitol ❺

Das Kapitol ist eines der weltweit bekanntesten Symbole der Demokratie. Seit über 200 Jahren ist es das Herz der amerikanischen Legislative. Seine klassizistische Architektur spiegelt die demokratischen Ideen im antiken Griechenland und Rom wider. 1793 legte George Washington den Grundstein, 1800 wurde das Kapitol bereits genutzt. Im Krieg von 1814 steckten die Briten das Bauwerk in Brand, drei Jahre später war es wiederaufgebaut. Einige Elemente wie die Statue of Freedom oder Brumidis Fresken sind jüngeren Datums. Das neue Capitol Visitor Center beim Osteingang dient als wichtige Anlaufstelle für Besucher.

Kuppel
Der Entwurf von Thomas U. Walter war ursprünglich eine Holz-Kupfer-Konstruktion.

★ Rotunda
Die 55 Meter hohe Rotunda mit dem Fresko Die Apotheose von Washington *von Constantino Brumidi wurde 1865 vollendet.*

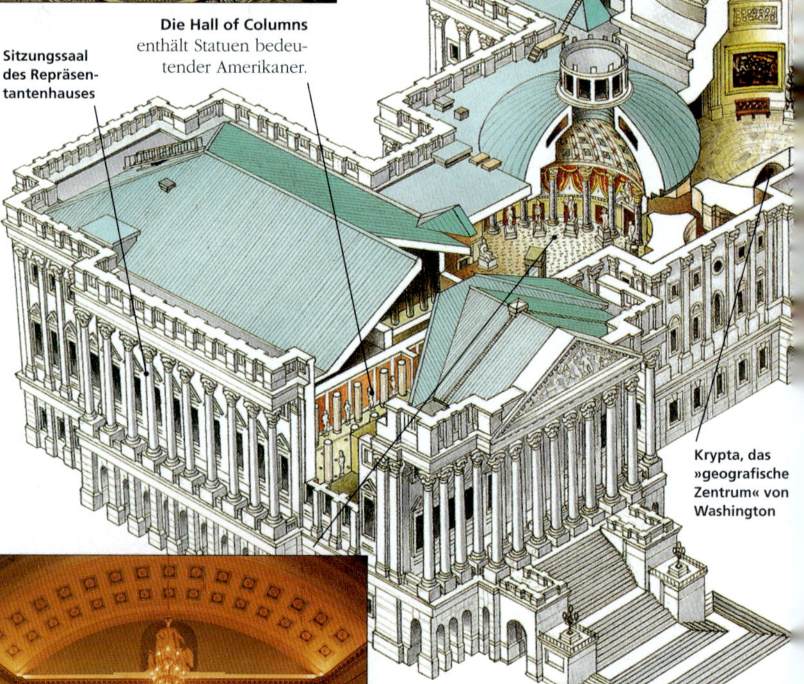

Die Hall of Columns enthält Statuen bedeutender Amerikaner.

Sitzungssaal des Repräsentantenhauses

Krypta, das »geografische Zentrum« von Washington

★ National Statuary Hall
1864 lud der Kongress jeden Bundesstaat ein, zwei Statuen wichtiger Bürger in dieser Halle aufzustellen.

Alter Senatssaal
Bis 1859 tagte hier der Senat. Dann beherbergte der Saal 75 Jahre lang den US Supreme Court.

Infobox

Independence Mall, zwischen 1st St und 3rd St sowie Independence Ave und Constitution Ave. **Stadtplan** 4 E4. *224-3121.* **Capitol Visitor Center** *226-8000. 225-6827.* *Capitol South, Union Station, Federal Center.* *32, 34, 36, 96.* *Mo–Sa 8.30–16.30 Uhr (nähere Infos im Internet).* *Feiertage.* **www.**visitthecapitol.gov; **www.**house.gov; **www.**senate.gov

Der Senatssaal dient dem US-Senat seit 1859.

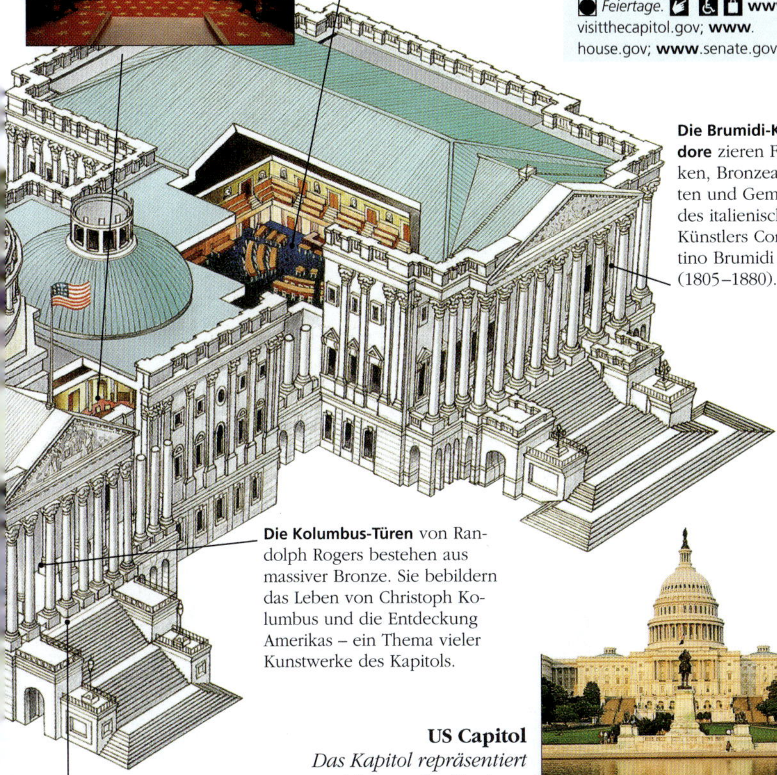

Die Brumidi-Korridore zieren Fresken, Bronzearbeiten und Gemälde des italienischen Künstlers Constantino Brumidi (1805–1880).

Die Kolumbus-Türen von Randolph Rogers bestehen aus massiver Bronze. Sie bebildern das Leben von Christoph Kolumbus und die Entdeckung Amerikas – ein Thema vieler Kunstwerke des Kapitols.

US Capitol
Das Kapitol repräsentiert nicht nur das Zentrum der Legislative, sondern markiert auch den geografischen Mittelpunkt der Stadt. Es steht auf dem Schnittpunkt der vier Distriktgrenzen.

★ Osteingang/Capitol Visitor Center
Das Giebelfeld zeigt klassische Frauenfiguren, die die USA symbolisieren. Sie werden von Allegorien der Gerechtigkeit und der Hoffnung flankiert. Geführte Touren starten hier beim Capitol Visitor Center.

Nicht versäumen

- ★ National Statuary Hall
- ★ Osteingang/Capitol Visitor Center
- ★ Rotunda

US Botanic Garden ❾

1st St und Independenc Ave, SW. **Stadtplan** 4 D4. ☎ *225-8333.* Ⓜ *Federal Center SW.* ◯ *tägl. 10–17 Uhr.* ♿ **www**.usbg.gov

Das 24 Meter hohe Palmenhaus im Zentrum des Wintergartens ist das Herzstück des Botanischen Gartens. Die äußere Form des Gebäudes aus dem Jahr 1933 blieb erhalten, sie wurde jedoch umfassend modernisiert und bietet jetzt einer bunten Vielfalt von tropischen und subtropischen Pflanzen Platz, darunter Farne und Orchideen. Weitere Besonderheiten der Anlage sind Wüstengewächse aus Europa und Nordamerika, Pflanzen von großer wirtschaftlicher Bedeutung sowie Heilpflanzen und einige gefährdete Arten.

Der Botanische Garten wurde 1820 vom Kongress in Auftrag gegeben, um Pflanzen, die für die Bürger Amerikas von Nutzen sein könnten, anzubauen. Er wurde 1842 ausgeweitet, als die Südsee-Expedition unter der Leitung von Charles Wilkes Pflanzen aus aller Welt mitbrachte – von denen einige noch heute wachsen.

Auf dem Gelände entstanden neben dem Wintergarten der National Garden mit Pflanzen aus der Region zwischen Washington und New York sowie ein Modellgarten, ein Wassergarten, ein Rosengarten und ein Lernzentrum für Umweltschutz.

Bartholdi Park und Brunnen ❿

Independence Ave und 1st St, SW. **Stadtplan** 4 D4. Ⓜ *Federal Center SW.* ◯ *tägl. von Sonnenauf- bis Sonnenuntergang* ♿ **www**.usbg.gov/gardens/bartholdi-park.cfm

Der elegante Brunnen, der sich in diesem grünen Kleinod erhebt, wurde von Frédéric August Bartholdi anlässlich der Hundertjahrfeier der USA 1876 errichtet. Auch die New Yorker Freiheitsstatue wurde von ihm entworfen. Ursprünglich war der

Der elegante Bartholdi-Brunnen inmitten eines kleinen Gartens

Brunnen mittels Gaslaternen beleuchtet worden. Mit Einführung der Elektrizität 1881 wurde er zur abendlichen Attraktion.

Der gusseiserne Brunnen ist mit Nymphen- und Tritonenfiguren verziert. Er steht inmitten eines kleinen Gartens, der den in der Stadt lebenden Kleingärtnern als Inspirationsquelle dienen soll. Hier wachsen Heilpflanzen sowie in der Umgebung heimische Arten, darunter Bertramsgarbe, Bartnelke und Flughafer.

Ebenezer United Methodist Church ⓫

4th St und D St, SE. ☎ *544-1415.* **Stadtplan** 4 F5. Ⓜ *Eastern Market.* ◯ *Di–Fr 10–14 Uhr.* ● *Feiertage.*

Die Ebenezer Church wurde 1819 gebaut und war die erste schwarze Kirche für Methodisten in Washington. Die Gemeinde wuchs rasch, sodass eine weitere Kirche, Little Ebenezer, gebaut wurde. Nach der Emanzipationserklärung 1863 *(siehe S. 21)* bestimmte der Kongress, dass schwarze Kinder eine staatliche Schulbildung erhalten sollten. Die Little Ebenezer Church wurde 1864 zur ersten Schule für schwarze Kinder im District of Columbia. Als die Gemeinde weiter zunahm, baute man 1868 eine neue Kirche, die ein Sturm 1896 jedoch stark beschädigte. Der 1897 errichtete Ersatzbau, die Ebenezer United Methodist Church, steht noch heute. Ein Modell der früheren Little Ebenezer Church befindet sich direkt neben der Kirche.

Eastern Market ⓬

7th St und C St, SE. **Stadtplan** 4 F4. Ⓜ *Eastern Market.* ◯ *Mo–Sa 7–18, So 9–16 Uhr.* ● *1. Jan, 4. Juli, Thanksgiving, 25., 26. Dez.* ♿ *im westlichen Teil.*

Die lange Markthalle ist seit 1871 ein fester Bestandteil von Capitol Hill. Noch heute erinnern die hier verkauften Waren eher an europäische Lebensart: Beefsteaks und frische Schweine-

Der rote Backsteinbau der Ebenezer United Methodist Church

Blumenstände außerhalb des Eastern Market

füße, feine Wurst- und Käsesorten aus aller Welt. Der Duft von frischem Brot, Brathähnchen und Blumen liegt in der Luft. Samstags werden an den Ständen vor der Halle Kunsthandwerk und frische Lebensmittel verkauft. Sonntags gibt es einen Flohmarkt.

Der Eastern Market wurde von Adolph Cluss konzipiert. Er ist einer der letzten Märkte der Stadt und wird als einziger noch seinem einstigen Zweck entsprechend genutzt.

Union Station ⓭

50 Massachusetts Ave, NE.
Stadtplan 4 E3. *371-9441.*
Union Station. *tägl.*
Voranmeldung.
www.unionstationdc.com

Als die Union Station 1908 eröffnet wurde, setzte die herausragende Beaux-Arts-Architektur einen Standard, der Architekten in Washington 40 Jahre lang beeinflusste. Der gefällig dimensionierte weiße Granitbau, dessen drei Hauptbogen dem Konstantinbogen in Rom nachempfunden sind, war der größte Bahnhof der Welt. Ein halbes Jahrhundert lang diente er als wichtiger Verkehrsknotenpunkt, doch mit der Zunahme der Flugreisen begann sein Niedergang.

Ende der 1950er Jahre war der Bahnhof für die Passagierzahlen viel zu groß. 20 Jahre lang stritten Eisenbahngesellschaft und Kongress über seine Zukunft. Erst 1981 begannen Staat und private Investoren gemeinsam mit der Renovierung.

Die Union Station wurde 1988 wiedereröffnet und ist heute das am zweithäufigsten besuchte Ziel der Stadt. Die 29 Meter hohe Decke ist mit 22-karätigem Blattgold verziert. Es gibt rund 100 Läden, einige Imbissstände und Restaurants. Täglich halten hier rund 100 Züge.

Historische Briefmarke mit Benjamin Franklin

National Postal Museum ⓮

1st St und Massachusetts Ave, NE.
Stadtplan 4 E3. *633-5534.*
Union Station. *tägl. 10–17.30 Uhr.* *25. Dez.*
www.postalmuseum.si.edu

Das Museum im alten City Post Office wurde von der Smithsonian Institution 1990 eröffnet. Zu sehen sind u.a. eine Postkutsche und ein Postwaggon der Eisenbahn.

Die Ausstellung »Art of Cards and Letters« widmet sich dem Briefeschreiben. »Stamps and Stories« zeigt eine Auswahl von Briefmarken des Museums. »Binding the Nation« dokumentiert die Geschichte des Postwesens von der Zeit vor der Revolution bis Ende des 19. Jahrhunderts. Andere Ausstellungen beschäftigen sich mit der Funktionsweise des Postsystems und der Entstehung von Briefmarken. An Kiosken können Besucher eine Postkarte elektronisch adressieren, ihren Weg bis zum Bestimmungsort verfolgen und sie dann an Ort und Stelle auch in den Briefkasten werfen.

Das Columbus Memorial von Lorado Taft steht vor der Union Station

The Mall

Nach L'Enfants Plänen für die neue Hauptstadt der USA sollte The Mall ein breiter Boulevard werden, gesäumt von Botschaften in eleganter Pariser Architektur. Der ursprüngliche Plan wurde zwar nie vollendet, doch die großartige, mit Bäumen bestandene Anlage bietet gleichwohl einen beeindruckenden Anblick: Zu beiden Seiten liegen die Smithsonian-Museen, am östlichen Ende erhebt sich das Kapitol, am westlichen Ende das Washington Monument. Die heutige Mall entstand nach dem Zweiten Weltkrieg. Zuvor hatte man sie als Zoo, Bahnstation und Holzlager genutzt. The Mall ist Teil der amerikanischen Geschichte. Wiederholt haben sich am Lincoln Memorial Demonstrationszüge versammelt, die zum Kapitol marschierten. Hier las der Papst eine Messe, die schwarze Sopranistin Marian Anderson sang auf Wunsch von Eleanor Roosevelt, und Dr. Martin Luther King, Jr. hielt seine berühmte »Traum«-Rede. Alljährlich am 4. Juli wird am Kapitol der Unabhängigkeitstag mit einem Fest und einem großen Feuerwerk gefeiert. An Sommerabenden bilden Anwohner Teams und spielen auf den Anlagen Softball und Fußball.

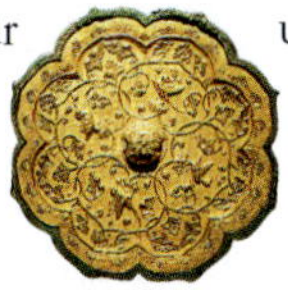

Goldene Spiegelrückseite, Sackler Gallery

Sehenswürdigkeiten auf einen Blick

Museen und Sammlungen

Arthur M. Sackler Gallery 9
Arts and Industries Building 4
Freer Gallery of Art 10
Hirshhorn Museum 3
National Air and Space Museum S. 62–65 2
National Gallery of Art S. 58–61 1
National Museum of African Art 5
National Museum of American History S. 74–77 11
National Museum of Natural History S. 70f 7
National Museum of the American Indian S. 68f 6
Smithsonian Castle 8
United States Holocaust Memorial Museum S. 80f 13

Monumente und Denkmäler

Franklin D. Roosevelt Memorial 20
Jefferson Memorial 15
Korean War Veterans Memorial 19
Lincoln Memorial 21
National World War II Memorial 17
Vietnam Veterans Memorial 18
Washington Monument 12

Parks und Gärten

Tidal Basin 16

Regierungsgebäude

Bureau of Engraving and Printing 14

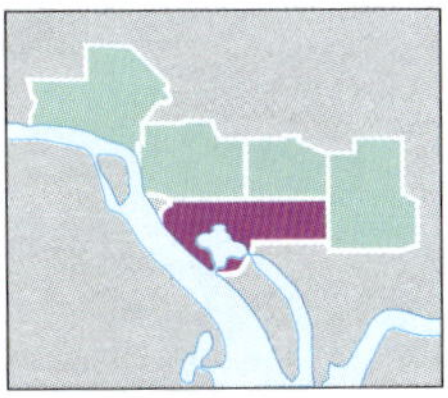

Anfahrt

Trotz vorhandener Parkmöglichkeiten an der Mall (Parkuhren) ist es einfacher, den Metrobus (Linien 32, 34, 36 oder 52) oder die Metrorail (Stationen: Smithsonian und Archives-Navy Memorial) zu benutzen.

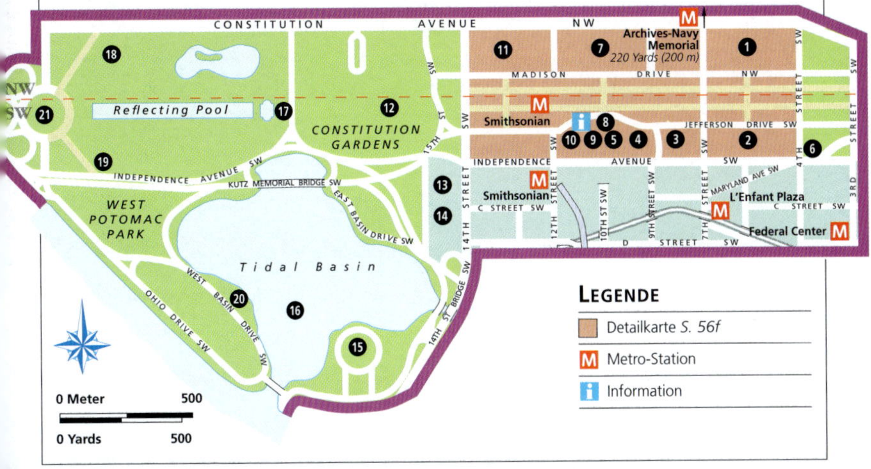

◁ **Abendansicht des Washington Monument *(siehe S. 78)* mit dem Kapitol im Hintergrund**

Im Detail: The Mall

An dem 1,5 Kilometer langen Boulevard zwischen Kapitol und Washington Monument schlägt das kulturelle Herz der Stadt. Die Museen der Smithsonian Institution reihen sich entlang dem grünen Streifen. An der nordöstlichen Ecke der Mall liegt die National Gallery of Art. Direkt gegenüber befindet sich in einem hoch aufragenden Stahl- und Glasbau eines der weltweit beliebtesten Museen: das National Air and Space Museum. Das National Museum of American History und das National Museum of Natural History, gleichfalls Publikumsmagneten, liegen an der Nordseite der Mall.

★ National Museum of Natural History
Die klassizistische Rotunda im Zentrum wurde 1910 für Besucher geöffnet. ❼

Smithsonian Castle
Das Smithsonian-Infozentrum beherbergte einst den Grundstock der Sammlungen, die heute in den Museen an der Mall zu finden sind. ❽

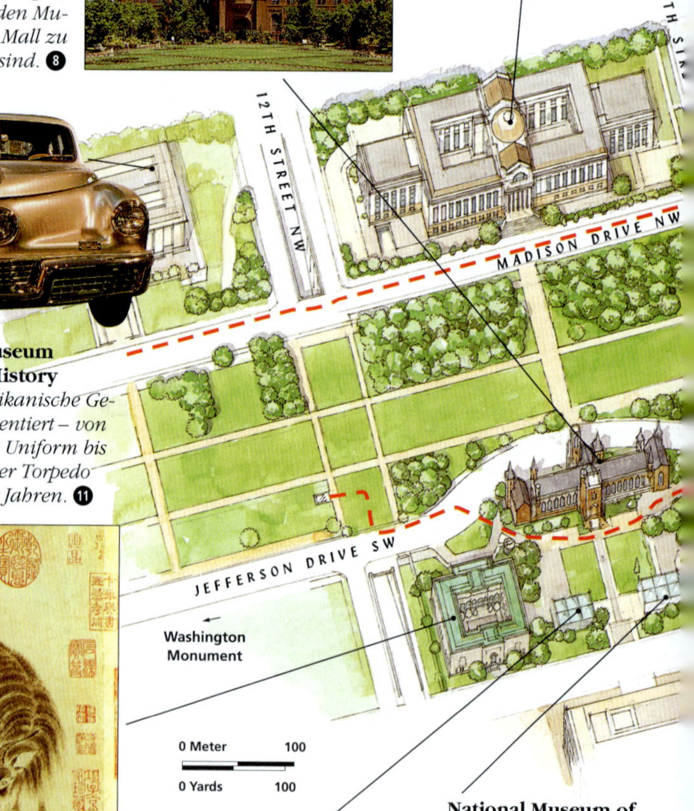

★ National Museum of American History
Hier wird amerikanische Geschichte dokumentiert – von G. Washingtons Uniform bis zu diesem Tucker Torpedo aus den 1940er Jahren. ⓫

Freer Gallery of Art
Das Museum zeigt Kunst aus Amerika und Asien, darunter diese chinesische Tuschezeichnung auf Seide (13. Jh.). ❿

Arthur M. Sackler Gallery
Die Sammlung asiatischer Kunst war eine Schenkung des New Yorkers Arthur Sackler. ❾

National Museum of African Art
Das 1965 gegründete unterirdische Museum birgt eine umfangreiche Sammlung alter und moderner afrikanischer Kunst. ❺

★ National Gallery of Art
Die exzellente Sammlung enthält Gemälde und andere Kunstwerke vom Mittelalter bis zum 20. Jahrhundert, darunter diese Terrakotta-Büste des Lorenzo de Medici. ❶

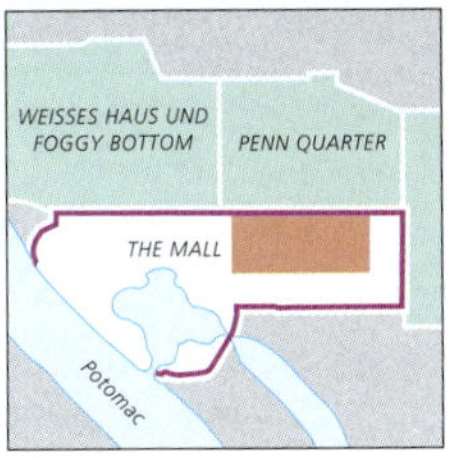

Zur Orientierung
Siehe Stadtplan, Karten 3 & 4

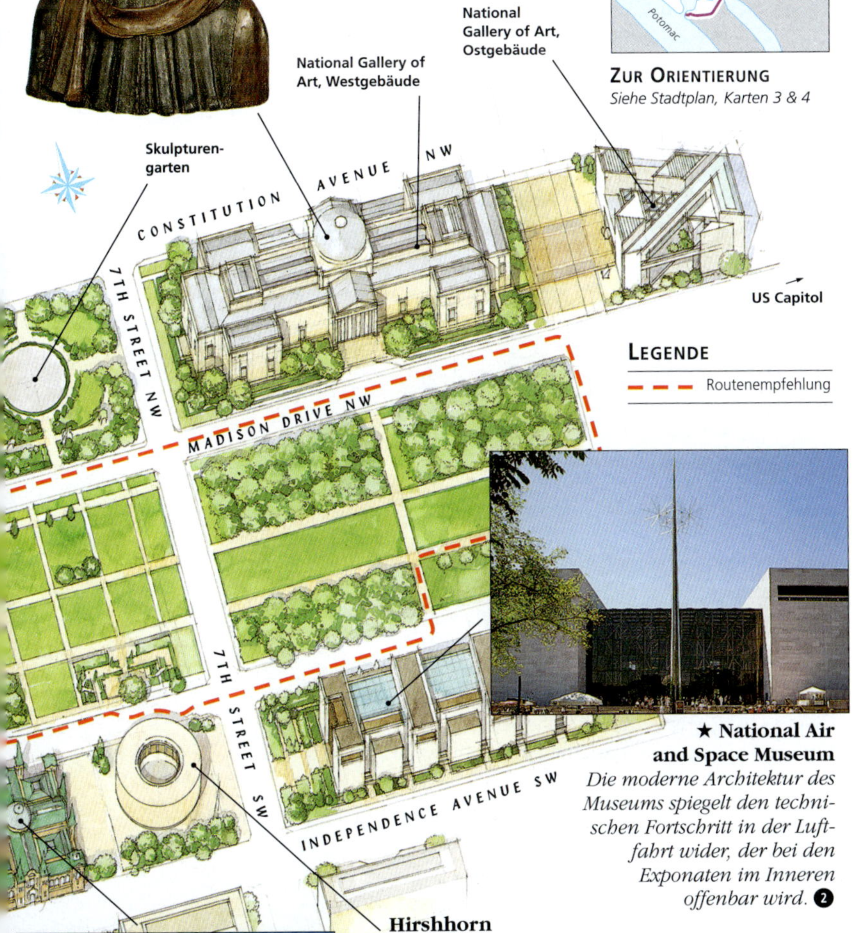

★ National Air and Space Museum
Die moderne Architektur des Museums spiegelt den technischen Fortschritt in der Luftfahrt wider, der bei den Exponaten im Inneren offenbar wird. ❷

Hirshhorn Museum
Das ungewöhnliche Museum in Zylinderform zeigt moderne Kunst. Präsentiert wird immer nur eine kleine Auswahl der insgesamt 18 000 Kunstwerke. ❸

Arts and Industries Building
Das Juwel viktorianischer Architektur wurde für die Exponate der Hundertjahrfeier Amerikas in Philadelphia gebaut. ❹

Nicht versäumen

- ★ National Air and Space Museum
- ★ National Gallery of Art
- ★ National Museum of American History
- ★ National Museum of Natural History

National Gallery of Art ❶

In den 1920er Jahren begann der amerikanische Mäzen und Politiker Andrew Mellon Kunstwerke zu sammeln mit dem Ziel, ein neues Kunstmuseum in Washington zu schaffen. 1936 bot er seine Sammlung als Grundstock für eine neue Nationalgalerie an. Der von dem Architekten John Russell Pope konzipierte Bau wurde 1941 eröffnet. Andere Sammler folgten Mellons Beispiel und vermachten ihre Kunstwerke dem Museum. Als in den 1960er Jahren das Westgebäude zu klein wurde, finanzierten Mellons Sohn und Tochter einen Neubau. Das innovative Ostgebäude von I. M. Pei öffnete 1978 seine Pforten.

★ Ginevra de' Benci
Das Porträt der ernsten jungen Florentinerin (ca. 1474) ist Leonardo da Vincis einziges Werk in den USA.

Madonna Alba
Die um 1510 entstandene Arbeit von Raffael zählt zu den Meisterwerken der Renaissance.

Junger Mann mit Lehrer
Die reizvolle Arbeit des französischen Künstlers Nicolas de Largillière (1656–1746) entstand 1685.

LEGENDE

- Italien (13.–15. Jh.)
- Italien (16. Jh.)
- Holland, Flandern (17. Jh.)
- Spanien, Italien und Frankreich (17./18. Jh.)
- Spanien und Frankreich (18./19. Jh.)
- Frankreich (19. Jh.)
- 20. Jahrhundert
- Amerikanische Malerei
- Britische Malerei
- Skulpturen und dekorative Kunst
- Sonderausstellungen
- Kein Ausstellungsbereich

★ Frau mit Sonnenschirm – Mme Monet mit ihrem Sohn
Das Gemälde (1875) von Claude Monet im Westgebäude (links vom Eingang) zeigt seine Frau und seinen Sohn.

Infobox

Westgebäude Constitution Ave zwischen 4th und & 7th St, NW; **Ostgebäude** 4th St zwischen Madison Drive und Constitution Ave, NW. **Stadtplan** 4 D4. *737-4215.* *Archives-Navy Memorial, Judiciary Square, Smithsonian.* *32, 34, 36, 70.* *Mo–Sa 10–17, So 11–18 Uhr.* *1. Jan, 25. Dez.* *(Infos 842-6247).* *(Infos 789-3030, 842-6176).* **www**.nga.gov

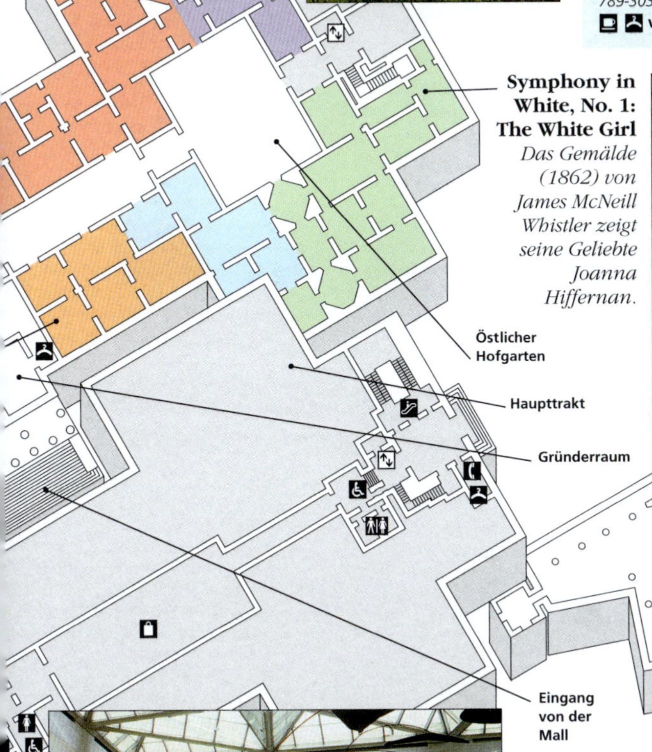

Symphony in White, No. 1: The White Girl
Das Gemälde (1862) von James McNeill Whistler zeigt seine Geliebte Joanna Hiffernan.

★ Calder-Mobile
Das riesige, 1976 vollendete Mobile hängt im Zentrum des Innenhofs des Ostgebäudes. Es war einer von Alexander Calders letzten Aufträgen.

Kurzführer

Die National Gallery of Art erstreckt sich über zwei Gebäude. Der Westbau präsentiert europäische Gemälde und Skulpturen aus dem 13. bis 19. Jahrhundert, darunter auch amerikanische Werke, eine große Impressionisten-Sammlung und einen Skulpturengarten. Das Ostgebäude zeigt moderne Kunst. Ein unterirdischer Gang verbindet die beiden Teile.

Nicht versäumen

- ★ Calder-Mobile
- ★ Frau mit Sonnenschirm
- ★ Ginevra de' Benci

National Gallery of Art: Sammlungen

Das Ost- und das Westgebäude der Nationalen Kunstgalerie bilden ein ungewöhnliches Paar: Das von John Russell Pope entworfene klassizistische Westgebäude wirkt mit seinen beiden Flügeln und der aus Tennessee-Marmor errichteten Rotunda majestätisch. Die Sammlung widmet sich westlicher Kunst aus dem 13. bis 19. Jahrhundert. Das 1978 fertiggestellte Ostgebäude ist ein dreieckiger, asymmetrischer Bau und erscheint so gewagt wie das Westgebäude konservativ – zusammen bilden sie dennoch ein bemerkenswertes Ensemble. Das Innere des Ostgebäudes ist ein offener Raum mit Galerien zu beiden Seiten, in denen moderne Kunst hängt. Der Skulpturengarten gegenüber dem Westgebäude verwandelt sich im Winter zur Eisbahn.

Giottos *Maria mit Kind* (zwischen 1320 und 1330)

Italienische Kunst (13.–15. Jh.)

Die italienische Abteilung zeigt Gemälde aus dem 13. bis 15. Jahrhundert. Diese Werke mit vornehmlich religiösen Themen verraten deutlich byzantinischen Einfluss.

Das Bild des florentinischen Künstlers Giotto *Maria mit Kind* (nach 1320) zeigt den Übergang zur klassischen Malerei der Renaissance.

Anbetung der Könige, eine Botticelli-Arbeit der frühen 1480er Jahre, stellt eine Madonna mit Kind in einer italienischen Landschaft dar.

Etwa zur selben Zeit schuf Pietro Perugino seine *Kreuzigung mit Maria, Johannes, Hieronymus und Maria Magdalena*. Andrew Mellon kaufte das Triptychon von der Eremitage in St. Petersburg. Raffaels *Madonna Alba* von 1510, die ebenfalls von der Eremitage erworben wurde, ist ein kompositorisches Meisterwerk der Renaissance-Malerei«.

Leonardo da Vincis *Ginevra de' Benci* (1474) gilt als erstes »psychologisches« Porträt seiner Zeit, da es Gefühle auf der Leinwand abbildet.

Italienische Kunst (16. Jh.)

Die Sammlung umfasst Werke von Tintoretto, Tizian und Raffael. Im 16. Jahrhundert erreichte der italienische Klassizismus seine Blüte. Raffaels Bild *Der hl. Georg tötet den Drachen* (um 1506) ist typisch für die Perfektion dieser Künstler. Jacopo Tintorettos *Christus am See Tiberias* (um 1575) zeigt Christus am Ufer des Sees Genezareth und die Apostel auf einem sturmumtosten Fischerboot. Die Intensität der Naturdarstellung machten ihn zu einem der größten Maler der zweiten venezianischen Malerschule.

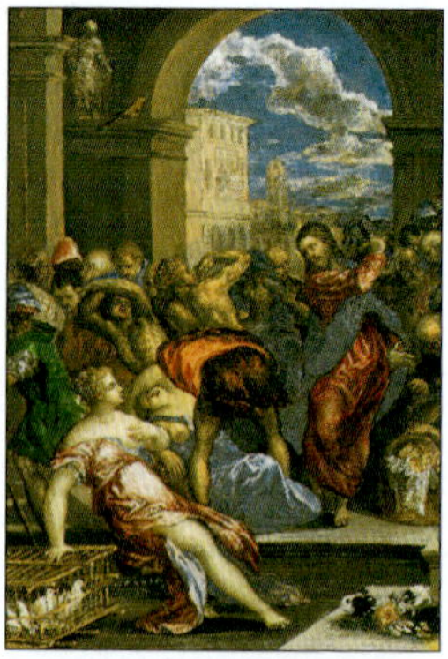

Die Vertreibung der Wechsler aus dem Tempel (vor 1570), El Greco

Spanische, italienische und französische Kunst (17./18. Jh.)

Zu den europäischen Werken des 17. und 18. Jahrhunderts zählen Jean-Honoré Fragonards *Diana und Endymion* (um 1753), das von seinem Lehrer François Boucher beeinflusst wurde. El Grecos *Vertreibung der Wechsler aus dem Tempel* (vor 1570) zeigt den Einfluss der italienischen Schulen des 16. Jahrhunderts. El Greco unterzeichnete es mit seinem richtigen Namen Domenikos Theotokopoulos.

Holländische und flämische Kunst (17. Jh.)

Die Abteilung enthält eine Reihe alter Meister mit Werken von Rubens, van Dyck und Rembrandt. Eines von Rembrandts Selbstporträts hängt hier. Das Ölgemälde

Diana und Endymion (um 1753) von Jean-Honoré Fragonard

entstand 1659, zehn Jahre vor seinem Tod.

In dieser Abteilung finden sich auch zahlreiche Gemälde von Peter Paul Rubens, darunter *Daniel in der Löwengrube* (um 1615). Er übergab das Bild an einen britischen Diplomaten im Tausch für antiken Marmor. Das Gemälde zeigt den mit gekreuzten Beinen sitzenden Daniel, wie er um sein Leben fleht, während ihn ein Löwenrudel umkreist. Von Rubens stammt auch das Bild *Deborah Kip, Frau von Sir Balthasar Gerbier, und ihre Kinder* (1629/30). Das Werk ist kein herkömmliches Familienporträt, denn die Mutter und ihre vier Kinder wirken entrückt und nachdenklich. Van Dyck porträtierte Rubens' erste Frau *Isabella Brant* (um 1621): Ihre Augen verraten trotz des Lächelns eine gewisse Melancholie.

Französische Kunst (19. Jh.)

Eine der besten Impressionisten-Sammlungen außerhalb von Paris umfasst Werke wie Paul Cezannes *Der Vater des Malers beim Zeitungslesen* (1866), Édouard Manets *Gare St-Lazare* (1873), Auguste Renoirs *Mädchen mit Gießkanne* (1876) und *Vier Tänzer* (um 1899) von Edgar Degas. Claude Monets *Palazzo da Mula, Venedig* (1908) und *Frau mit Sonnenschirm – Madame Monet mit ihrem Sohn* (1875) sind ebenfalls zu sehen. Zu den postimpressionistischen Werken gehören Seurats pointillistisches *Der Leuchtturm von Honfleur* (1886) und van Goghs *Selbstbildnis*, das der Meister 1889 bei einem Aufenthalt in St-Rémy malte und das seine innere Zerrissenheit zum Ausdruck bringt. Toulouse-Lautrecs *Im Moulin Rouge, Beginn der Quadrille* (1892) zeigt eine Tänzerin, die ihren Rock geradezu provozierend hochschiebt.

Geometrische Oberlichter auf der Plaza zwischen West- und Ostgebäude

Amerikanische Malerei

Die bedeutende Sammlung amerikanischer Künstler zeigt den europäischen Einfluss auf Werke mit amerikanischen Sujets: James McNeill Whistlers Gemälde *Das weiße Mädchen* (1862) verrät europäische Finesse. Mary Cassatt ging von Amerika nach Europa und wurde stark von den Impressionisten beeinflusst, vor allem von Degas. *Boating Party* (1893/94) ist ein nüchternes Beispiel des bei ihr häufig wiederkehrenden Themas Mutter und Kind. Weitere Beispiele ihres Schaffens sind *Children Playing on a Beach* (1884) und *Miss Mary Ellison* (1880). Winslow Homers *Breezing Up* von 1876 ist eines der Meisterwerke des amerikanischen Realisten. Es zeigt einen Fischer mit drei Jungen auf einem Segelboot.

***Miss Mary Ellison* von Mary Cassatt (1880)**

20. Jahrhundert

Im riesigen Ostgebäude ist die Sammlung zeitgenössischer Kunst untergebracht. Das weiträumige Atrium wird von vier Balkonen und Emporen eingegrenzt. Dieser Freiraum wurde für große Kunstwerke geschaffen: Im Zentrum des Innenhofs hängt *Untitled*, ein riesiges, in Rot, Blau und Schwarz gehaltenes Mobile von Alexander Calder. Die Auftragsarbeit wurde 1972 für die Eröffnung des Ostgebäudes 1978 vergeben. Am Eingang befindet sich Henry Moores Bronzeplastik *Knife Edge Mirror Two Piece* (1977/78). Im Atrium hängt Joan Mirós Bildteppich *Frau* von 1977.

Im Ostgebäude befinden sich außerdem ein Wissenschaftszentrum, die Büros der Kuratoren, eine Bibliothek und eine Sammlung von Zeichnungen und Drucken.

Im Ost- und Westgebäude finden zudem Wechselausstellungen statt, die sich nicht nur moderner Kunst widmen, sondern z. B. auch alter Kunst aus Japan, den amerikanischen Impressionisten oder Zeichnungen von Leonardo da Vinci.

Skulpturengarten

Gegenüber dem Westgebäude, an der 7th Street, stehen 17 Skulpturen in einem Garten. Die Werke aus dem späten 20. Jahrhundert stammen von Isamu Noguchi, Louise Bourgeois, Roy Lichtenstein und Joan Miró. Jede Skulptur hat ihren eigenen Reiz, der sich hier individuell entfalten kann, da sie voneinander entfernt stehen. Der Garten dient als Open-Air-Galerie und Ruheoase inmitten der Stadt. Im Winter wird er in eine Eislaufbahn verwandelt, im Sommer finden kostenlose Jazzkonzerte statt. Im Pavillon lädt ein Café zum Entspannen ein.

National Air and Space Museum ❷

Insignien der US-Luftwaffe

Das National Air and Space Museum wurde 1976 zur Zweihundertjahrfeier der USA eröffnet. Die kühne Architektur des von Hellmuth, Obata und Kassabaum entworfenen Baus ist für die Flugzeuge, Raketen, Ballons und Raumkapseln aus der Luftfahrt, der Weltraumforschung und -technologie wie geschaffen. Das nach seinem Stifter benannte Steven F. Udvar-Hazy Center eröffnete 2003 anlässlich des 100-jährigen Jubiläums des ersten Motorflugs der Gebrüder Wright. Durch diese Erweiterung ist das Museum nun das weltweit größte seiner Art.

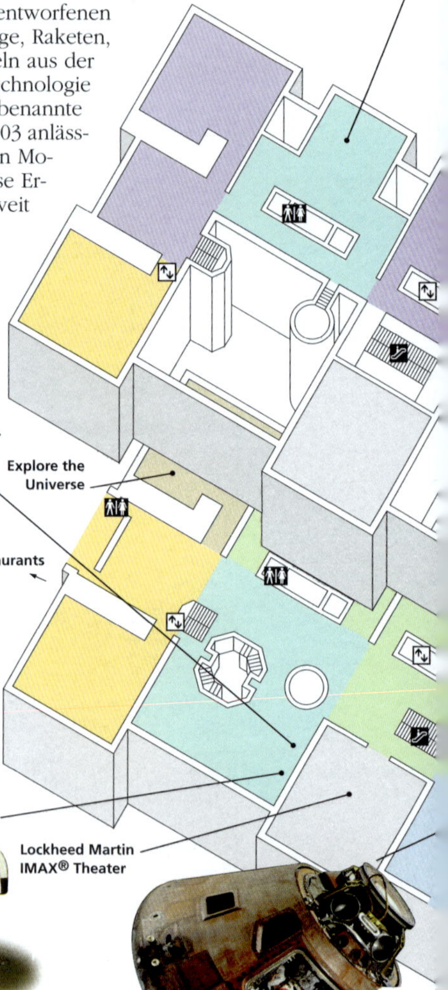

Skylab
Das in einer Umlaufbahn fliegende, rotierende Raumlabor diente drei Astronauten für Experimente.

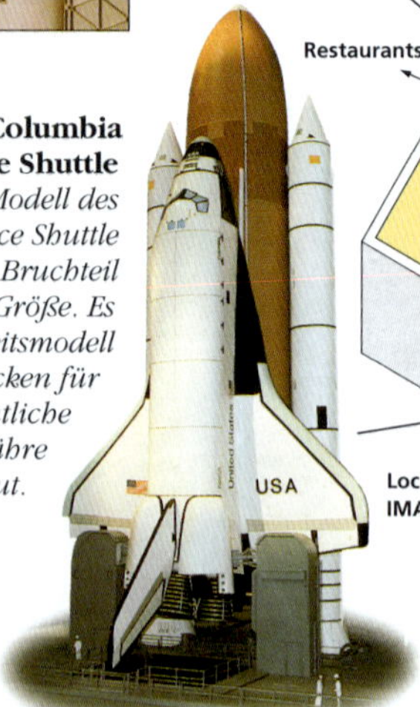

★ Columbia Space Shuttle
Dieses Modell des Columbia Space Shuttle hat nur einen Bruchteil der realen Größe. Es wurde als Arbeitsmodell zu Testzwecken für die eigentliche Raumfähre gebaut.

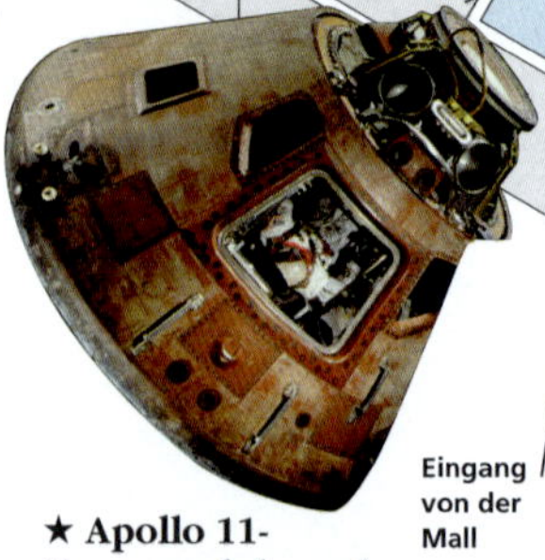

★ Apollo 11-Kommandokapsel
Mit dieser Raumkapsel flogen Buzz Aldrin, Neil Armstrong und Michael Collins im Juli 1969 zum Mond, den Armstrong als erster Mensch betrat.

Nicht versäumen

- ★ 1903 Wright Flyer
- ★ Apollo 11-Kommandokapsel
- ★ Columbia Space Shuttle
- ★ Spirit of St. Louis

Kurzführer

Im hohen Erdgeschoss des Museums wird die Geschichte der Luft- und Raumfahrt von den Anfängen bis zu den Flügen ins Weltall dokumentiert. Der Museumsshop und das IMAX®-Kino findet man ebenfalls hier. Im ersten Stock gibt es vorwiegend Sonderausstellungen.

★ 1903 Wright Flyer
Dieses Exponat und andere der Abteilung »Wright Brothers and the Invention of the Aerial Age« zeigen die Leistungen von Orville und Wilbur Wright.

INFOBOX

Independence Ave, Ecke 6th St, SW. **Stadtplan** 4 D4. *633-1000.* *Smithsonian.* *32, 34, 36, 52.* *tägl. 10–17.30 Uhr (im Sommer bis 19.30 Uhr).* *25. Dez.* *10.15, 13 Uhr.*
www.nasm.si.edu

LEGENDE

- Milestones of Flight
- Developments in Flight
- Aviation in World Wars I and II
- The Space Race
- Progress in Air and Space Technology
- Andere Ausstellungen
- Explore the Universe
- Wechselausstellungen

Supermarine Spitfire MK. VII
Die über 20 000 Spitfires zählten im Zweiten Weltkrieg zu den wichtigsten Kampfflugzeugen der Briten.

Albert Einstein Planetarium

Amelia Earharts Vega
Amelia Earhart überquerte den Atlantik als erste Frau. Mit ihrer roten Lockheed Vega flog sie fünf Jahre nach Charles Lindbergh.

Erster Stock

★ Spirit of St. Louis
Mit dieser Maschine schaffte Lindbergh den ersten Alleinflug über den Atlantik. Er landete am 21. Mai 1927 in Frankreich.

Milestones of Flight
Viele der bahnbrechenden Entwicklungen in der Luft- und Raumfahrt sind hier dokumentiert.

Erdgeschoss

America by Air
Die Ausstellung beim Museumsshop zeigt die faszinierende Geschichte der amerikanischen Luftfahrtindustrie und ihren Einfluss auf In- und Ausland.

National Air and Space Museum: Themen

Das National Air and Space Museum (NASM) umfasst 23 Abteilungen. Das meistbesuchte Museum der Welt muss nicht nur den Besucherandrang bewältigen, sondern auch die teils sehr großen Exponate, darunter Hunderte von Raketen, Flugzeugen und Raumkapseln, fassen. 2003 wurde das Museum um eine Filiale erweitert: das gigantische Steven F. Udvar-Hazy Center nahe dem Dulles Airport. Mit nun zwei Museumsbauten wurde der entsprechende Platz für die historischen Exponate des NASM geschaffen.

F4B-Marinekampfflugzeug von Boeing

Milestones of Flight

Betritt man das Luft- und Raumfahrtmuseum von der Mall aus, trifft man zunächst auf **Milestones of Flight**, eine Ausstellung über die Geschichte der Luftfahrt. In diesem Raum sind einige der wichtigsten Entwicklungen aus der Luft- und Raumfahrttechnologie versammelt.

Der Raum hat riesige Ausmaßen, um auch große Flugzeuge – viele hänge von der Decke – und Raumfahrzeuge aufzunehmen. Einige der ersten Fluggeräte sind jedoch überraschend klein: Charles Lindberghs *Spirit of St. Louis*, das erste Flugzeug, mit dem eine Überquerung des Atlantiks im Alleinflug gelang, konnte nicht ausreichend Sprit für den gesamten Flug mitführen, sodass Lindbergh einen Tank vor der Windschutzscheibe montierte. Auch die Mercury-Raumkapsel *Friendship 7*, in der John Glenn die Erde umkreiste, ist kleiner als ein Sportwagen.

Am Eingang ist Mondgestein ausgestellt. In der Abteilung steht die *Apollo 11*-Kommandokapsel des ersten Flugs zum Mond. Der *Flyer* der Gebrüder Wright, mit dem am 17. Dezember 1903 bei Kitty Hawk in North Carolina der erste motorisierte Flug gelang, ist nun in Saal 209 zu sehen.

Developments in Flight

Heutzutage ist Fliegen für Reisende normal – es ist sicher, schnell und für viele zur Routine geworden. Das Museum zeigt jedoch Maschinen und Geräte aus einer Ära, in der das Fliegen neu und nur etwas für ganz besonders Wagemutige war. Die Ausstellung **Pioneers of Flight** ehrt jene Männer und Frauen, die alle physikalischen und psychologischen Hindernisse überwanden, um in die Lüfte aufsteigen zu können. Der Abenteurer Cal Rogers überflog als erster Mensch die gesamten USA, wenn auch nicht nonstop. 1911 flog er in weniger als 30 Tagen mit 70 Zwischenlandungen von Küste zu Küste. Sein früher Doppeldecker ist eines der Exponate. Zwölf Jahre später schaffte eine Fokker T-2 die Strecke in weniger als 27 Stunden. Amelia Earhart war die erste Frau, die nur fünf Jahre nach Lindbergh den Atlantik überflog. Ihre rote *Lockheed Vega* ist ebenfalls ausgestellt. Dicht daneben hängt die *Tingmissartoq*, ein Wasserflugzeug aus dem Besitz Lindberghs. Der ungewöhnliche Name stammt aus der Sprache der Inuit und bedeutet »der wie ein Vogel fliegt«. Einige der größten Erfolge feierte die Luftfahrt zwischen den beiden Weltkriegen, wie die Ausstellung **Golden Age of Flight** zeigt. Das öffentliche Interesse am Fliegen führte zu Wett- und Schauflügen, Ausstellungen und auch gefährlichen Expeditionen. Unter den ausgestellten Flugzeugen sind z. B. Maschinen mit Kufen zur Landung auf Schnee.

Der F4B-Marinejäger, den die Flugstaffeln des US Marine Corps benutzten, ist in der Ausstellung **Sea-Air Operations** zu sehen. In der Aus-

Douglas DC-3, in Berlin als »Rosinenbomber« eingesetzt, America by Air

Wettlauf ins Weltall – Raketen in der Abteilung Space Race

stellung **Jet Aviation** wird der erste Kampfjet der Welt, die deutsche Messerschmitt Me 262A, gezeigt.

Die neueste Ausstellung **America by Air** zeichnet die Geschichte der kommerziellen Luftfahrtindustrie nach – von der Postfliegerei bis zu den modernen »Glas-Cockpits« (mit elektronischen Instrumenten). Die familienfreundliche Abteilung besitzt auch Exponate zum Anfassen.

Aviation in World Wars I and II

Zu den interessantesten Schausammlungen gehört sicherlich die Ausstellung **World War II Aviation** mit Flugzeugen der Alliierten und der Achsenmächte.

Zu den Attraktionen in diesem Teil des Museums gehören eine japanische Mitsubishi A6M5 Zero Model 52, ein leichtes Kampfflugzeug. Die Messerschmitt Bf 109 war wegen ihrer Wendigkeit das erfolgreichste deutsche Jagdflugzeug. Die Supermarine Spitfire der Royal Air Force war ihr ebenbürtig und gewann 1940/41 die Lufthoheit über England zurück.

The Space Race

Der Kalte Krieg zwischen den USA und der Sowjetunion seit dem Zweiten Weltkrieg führte auch im Weltraum zu einem Wettlauf. Die Amerikaner waren vom Start des russischen Satelliten *Sputnik 1* am 4. Oktober 1957 überrascht worden. Der Versuch, einen eigenen Satelliten zu installieren, schlug jedoch spektakulär fehl. Die *Vanguard*-Rakete explodierte im Dezember 1957. Bruchstücke des Satelliten sind im Museum ausgestellt.

1961 umkreiste der sowjetische Kosmonaut Juri Gagarin als erster Mensch die Erde. Die Amerikaner schickten Alan Shepard mit seiner *Freedom 7* noch im selben Jahr ins All. Den ersten Weltraumspaziergang unternahm 1965 der amerikanische Astronaut Edward H. White von der *Gemini-IV*-Kapsel aus.

Die Geschichte des menschlichen Strebens, den Weltraum zu erobern, wird in der Ausstellung **Rocketry and Space Flight** dokumentiert, die Elemente der Raumfahrt vom 13. Jahrhundert bis heute nachzeichnet. Hier kann man auch eine Videopräsentation mit Satellitendaten und die Raumanzüge der ersten Astronauten sehen.

Andere Exponate sind eine nachgebaute Mondlandekapsel, ein Mondgeländewagen, die *Skylab-4*-Kommandokapsel, *Gemini 7*, ein Zweimann-Raumschiff von 1965, und das Apollo-Sojus-Testprojekt, das die Entspannung zwischen den Supermächten und den Anfang vom Ende des Wettlaufs im All dokumentiert.

Gemini IV-Kapsel

Progress in Air and Space Technology

Die menschliche Faszination des Fliegens basiert zum Teil auf dem Wunsch, die Erde aus größerer Entfernung zu sehen und andere Planeten zu erkunden. Diesen Wunsch hat der Künstler Robert T. McCall in seinem Bild an der Eingangshalle zur Independence Avenue dargestellt: Es zeigt die Geburt des Universums, die Planeten und Astronauten auf dem Mond. Das Hubble-Teleskop, das 1990 vom Space-Shuttle *Discovery* ausgesetzt wurde, liefert Bilder aus dem All. Das Apollo-Teleskop wurde von *Skylab* aus gestartet. Mondsonden mit Fotolabors senden detaillierte Mondaufnahmen zurück. 1964 nahm *Ranger* ebenfalls hochaufgelöste Bilder des Erdtrabanten auf. **Beyond the Limits** zeigt, wie Computer die Flugtechnik revolutioniert haben, sowie die neuesten Errungenschaften im Flugzeubau.

Raumanzug der Apollo-Astronauten, 1961

Fontäne auf der Central Plaza des Hirshhorn Museum

Hirshhorn Museum ❸

Independence Ave und 7th St, SW. **Stadtplan** 3 C4. *633-1000.* *Smithsonian, L'Enfant Plaza.* *tägl. 10–17.30 Uhr (Skulpturengarten: 10 Uhr bis Sonnenuntergang).* *25. Dez.* *nur im Sommer.* **www**.smithsonian.org

Schon während der Planung des Museums sagte der damalige Geschäftsführer der Smithsonian Institution, S. Dillon Ripley, dem zuständigen Planungsausschuss, dass der Bau »in jeder Hinsicht kontrovers« sein sollte, um den dort ausgestellten zeitgenössischen Kunstwerken auch gerecht zu werden.

Das Hirshhorn Museum erfüllt mit seiner außergewöhnlichen Achitektur diesen Anspruch sicherlich: Der vierstöckige, fast symmetrische Zylinder wird von den Washingtonern gern »Doughnut« oder »UFO« genannt. Er beherbergt eine der besten Sammlungen moderner Kunst in den USA.

Museumsstifter Joseph H. Hirshhorn war ein Einwanderer aus Lettland, der eine Sammlung mit über 6000 zeitgenössischen Kunstwerken zusammentrug. Seit Eröffnung des Museums 1974 hat die Smithsonian Institution Hirshhorns Stiftung erweitert. Die Sammlung umfasst nun rund 4000 Zeichnungen und Fotografien, 3000 Plastiken und 5000 Gemälde.

Die Kunstwerke sind chronologisch geordnet: Im Erdgeschoss und im ersten Stock befinden sich Kunstwerke aus dem 19. und 20. Jahrhundert, darunter Werke von Matisse und Degas. Im zweiten Stock hängen zeitgenössische Arbeiten von Künstlern wie Bacon, de Kooning, John Singer Sargent und Cassatt. Außerhalb des Museums, auf der anderen Straßenseite, liegt ein Skulpturengarten mit Plastiken von Auguste Rodin, Henry Moore und anderen Künstlern.

In Ergänzung zur Dauerausstellung zeigt das Museum jährlich mindestens drei bedeutende Ausstellungen zu Einzelkünstlern (z. B. Lucien Freud, Alberto Giacometti oder Francis Bacon) oder zu bestimmten Themen. Im Sommer lädt ein Café auf der Plaza des Museums zum Ausruhen und zu einem leichten Snack ein.

***Two Disks* (1965) von Alexander Calder auf der Hirshhorn Plaza**

Arts and Industries Building ❹

900 Jefferson Drive, SW. **Stadtplan** 3 C4. *633-1000.* *Smithsonian.* *für die Öffentlichkeit.* **www**.smithsonian.org

Die reich verzierten weiträumigen Galerien und die luftige Kuppel des im viktorianischen Stil errichteten Arts and Industries Building entwarf Montgomery Meigs, der Architekt des National Building Museum *(siehe S. 103)*. Das Arts and Industries Building war wegen der Größe des offenen Raums – es hatte 17 durchgehende Ausstellungsflächen – und dem natürlichen Licht eine Besonderheit. Seit der Fertigstellung am 4. März 1881 hatte das Museum verschiedenen Zwecken gedient: Im Eröffnungsjahr fand hier der Amtseinführungsball für Präsident James Garfield statt. 1876 präsentierte man in dem Gebäude Exponate der Ausstellung zur Jahrhundertfeier der USA in Philadelphia, darunter einen kompletten Dampfzug. Außerdem wurde hier die Sammlung von Kleidern der First Ladies gezeigt sowie Lindberghs berühmtes Flugzeug *Spirit of St. Louis*, bevor diese Exponate in andere Smithsonian-Museen an der Mall gebracht wurden. An der Mall-Seite des Gebäudes befindet sich ein hübsches Karussell.

Arts-and-Industries-Brunnen

Der problematische Zustand der Bausubstanz führte zur Schließung. 2006 wurde das Arts and Industries Building vom National Trust for Historic Preservation zu den stark gefährdeten historischen Bauten der USA gezählt. Seine vergangene Größe und seine unsichere Zukunft machen es zu einem traurigen Beispiel für den zunehmenden Verlust des historischen Erbes.

Masken im National Museum of African Art

National Museum of African Art ❺

950 Independence Ave, SW.
Stadtplan 3 C4. *357-4600.*
Smithsonian. *tägl. 10–17.30 Uhr.* *25. Dez.*
www.nmafa.si.edu

Das NMAA ist einer der ruhigsten Orte an der Mall. Vielleicht liegt es daran, dass das Museum überwiegend unterirdisch liegt und viele Besucher den kleinen oberirdischen Bau übersehen. Der Eingangspavillon über der Erde führt zu drei unterirdischen Stockwerken, die sich das Museum mit dem gegenüberliegenden Ripley Center (Verwaltung der Smithsonian Institution) und der Arthur M. Sackler Gallery *(siehe S. 72f)* teilt.

Das Museum wurde 1965 von Warren Robbins gegründet, einem früheren Diplomaten der Vereinigten Staaten, der vor allem im Bereich des kulturellen Austauschs tätig war. Zur damaligen Zeit war das National Museum of African Art die erste Kulturstätte in den USA, die sich ausschließlich der Kunst und Kultur des schwarzen Kontinents widmete.

Zunächst war es im Haus von Frederick Douglass *(siehe S. 145)* am Capitol Hill untergebracht. Einige Jahre lang musste Robbins das Museum allein finanzieren, doch im Lauf der Zeit erhielt er angesichts wachsender Anerkennung des Museums immer mehr Unterstützung. Schließlich erwarb die Smithsonian Institution 1979 die Robbins-Sammlung. Die Exponate wurden 1987 in den Neubau gebracht.

Zur Dauerausstellung mit rund 7000 Exponaten gehört moderne wie alte afrikanische Kunst, wobei die meisten Ausstellungsstücke aus dem 19. und 20. Jahrhundert stammen. Traditionelle afrikanische Kunst aus Bronze, Ton und Gold wird neben einer umfassenden Sammlung von Masken gezeigt. Ergänzt wird diese durch eine Abteilung mit *kente* aus Ghana, der bunten, gemusterten Kleidung, die als Symbol des afrikanischen Stolzes getragen wird.

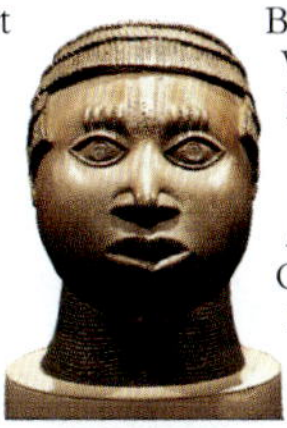

Bronzekopf aus Benin im NMAA

Die Eliot Elisofon Photographic Archives enthalten rund 300 000 Fotos zur Kunst und Kultur Afrikas. Die nach dem berühmten amerikanischen Fotografen benannte Sammlung umfasst auch zahlreiche Video- und Filmaufnahmen. Ebenso wurden 525 Exponate der Walt Disney-Tishman African Art Collection ins Museum integriert. Die Warren M. Robbins Library besitzt etwa 25 000 Bücher, die sich mit allen Facetten Afrikas auseinandersetzen. Es gibt auch eine Abteilung für Kinder. Die Bibliothek ist nur nach Vereinbarung zugänglich.

Zu den Dauerausstellungen gehört »The Ancient West African City of Benin, 1300–1897«, die sich mit der Kultur vor Beginn der Kolonialisierung durch europäische Mächte, vor allem Großbritannien, auseinandersetzt. »Images of Power and Identity« präsentiert Masken und Skulpturen. »The Art of the Personal Object« beschäftigt sich mit der Ästhetik von Alltagsgegenständen.

Geschichte der Mall

Im September 1789 wurde der französischstämmige Pierre L'Enfant (1754–1825) von George Washington mit der Planung der neuen Hauptstadt der USA beauftragt. Während die Stadt wuchs, blieb die Gegend, die L'Enfant für eine vom Kapitol aus nach Westen verlaufende Grand Avenue vorgesehen hatte, ein sumpfiges Gelände. 1855 wurde der Landschaftsarchitekt Andrew Jackson Downing damit beauftragt, das Land nach den Vorstellungen von L'Enfant zu gestalten. Da die Finanzierung nicht ausreichte, wurde das Projekt gestoppt. Am Ende des Bürgerkriegs 1865 ordnete Präsident Lincoln, der am raschen Ausbau der Stadt interessiert war, die Wiederaufnahme der Arbeiten an. The Mall erhielt allmählich ihr heutiges, parkähnliches Antlitz. Der Bau vieler Museen und Denkmäler seit 1945 machte sie zum kulturellen Herzen Washingtons.

Luftansicht der Mall vom Washington Memorial aus

National Museum of the American Indian ❻

Das aus Kalkstein erbaute National Museum of the American Indian wurde in Zusammenarbeit mit amerikanischen Ureinwohnern errichtet. Es ist das einzige nationale Museum, das den Ureinwohnern des amerikanischen Kontinents gewidmet ist, und das achtzehnte Museum der Smithsonian Institution. Die kulturhistorisch wertvollen Sammlungen wurden von dem wohlhabenden New Yorker George Gustav Heye (1874–1957) ab Ende des 19. Jahrhunderts zusammengestellt. Die Abteilungen zeigen den Alltag wie auch das spirituelle Leben unterschiedlicher Stämme und machen Besucher mit indianischen Kulturen vertraut.

★ Our Peoples
Stämme wie die Blackfeet und die Kiowa erzählen ihre Geschichte. Schwerpunkte sind die Zerstörung ihrer Kulturen und ihr Widerstand.

George Gustav Heye (1874–1957)
Das Foto zeigt den Sammler und Weltenbummler George Gustav Heye und seine Frau Thea in Begleitung einer Zuni-Delegation in New York (um 1923).

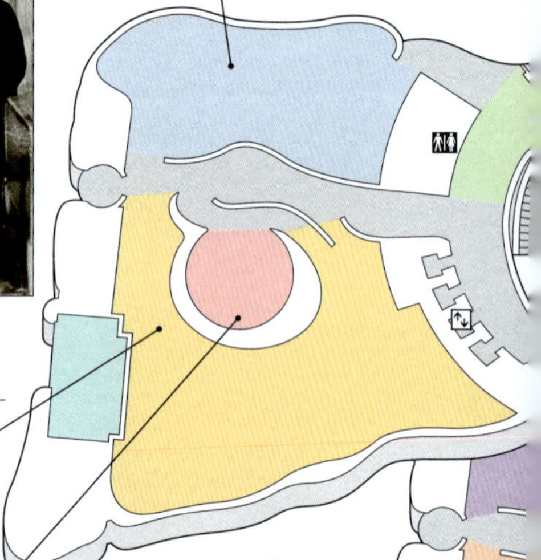

Lelawi Theater
In dem kreisförmigen Theater wird alle 15 Minuten eine eindrucksvolle Multimedia-Präsentation gezeigt. »Who We Are« beleuchtet die Vielfalt indianischer Kulturen von der Arktis über die USA bis nach Bolivien.

★ Our Universes
Acht Stämme – von den Pueblo in New Mexico bis zu den Lakota in South Dakota präsentieren ihre Schöpfungsmythen und die spirituellen Beziehungen zur Natur.

Window on Collections: Many Hands, Many Voices
Zu den über 3500 Objekten gehören Puppen, Stickereien und anderes Kunsthandwerk.

Fassade des Museums
Die kurvenreiche Kalksteinfassade wirkt natürlich-verwittert. Die Umgebung mit Wasser, Wald, Wiesen und Feldern verweist auf die Verbundenheit der Ureinwohner mit der Natur.

Infobox

4th St und Independence Ave, SW. **Stadtplan** 4 D4.
633-1000.
L'Enfant Plaza (Ausgang Maryland Ave).
tägl. 10–17.30 Uhr.
25. Dez.
www.americanindian.si.edu

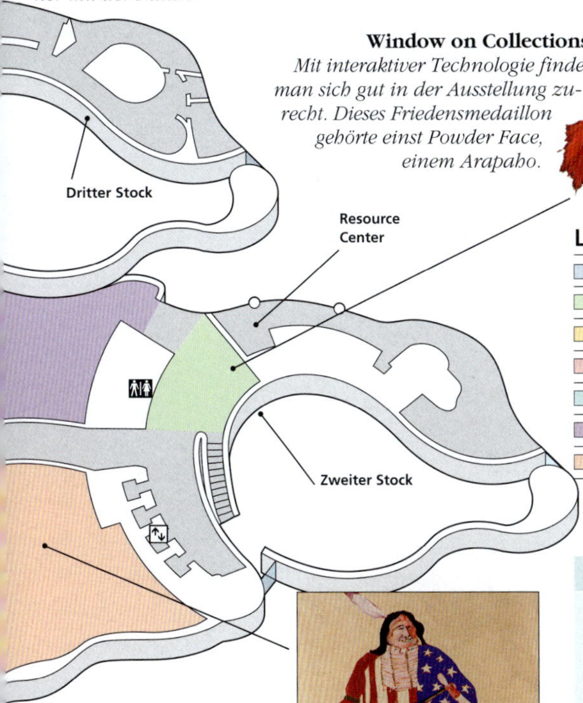

Window on Collections
Mit interaktiver Technologie findet man sich gut in der Ausstellung zurecht. Dieses Friedensmedaillon gehörte einst Powder Face, einem Arapaho.

Legende

- Our Peoples
- Window on Collections
- Our Universes
- Lelawi Theater
- Workshops
- Wechselausstellungen
- Our Lives

Nicht versäumen

★ Our Lives

★ Our Peoples

★ Our Universes

Kurzführer

Starten Sie Ihren Besuch mit der Multimedia-Präsentation »Who We Are« im Lelawi Theater (3. Stock). Die drei Dauerausstellungen auf dieser Etage sind »Our Universes«, »Our Peoples« und »Window on Collections«. Im zweiten Stock finden Sie »Our Lives«. Im Erdgeschoss gibt es einen Laden und das Mitsitam-Café.

★ Our Lives
Die Ausstellung beleuchtet das Leben und die Identität der Ureinwohner sowie die gesetzlichen Bestimmungen für »Native Americans«. Fritz Scholders (geb. 1937) Werk The American Indian *nimmt darauf Bezug.*

National Museum of Natural History ❼

Das Nationalmuseum für Naturgeschichte wurde 1910 eröffnet und besitzt Exponate verschiedener Kulturen aus aller Welt. Es zeigt Fossilien und heute existierende Land- und Meerestiere. Wegen der Fülle an Exponaten sollten Sie sich auf bestimmte Bereiche beschränken. Der Insektenzoo mit Riesenschaben und großer Blattbeißer-Ameisenkolonie ist bei Kindern beliebt. Die Dinosaurier-Halle ist bei Jung und Alt populär. Die Hall of Mammals dokumentiert 274 Säugetierarten und zeigt deren Anpassungsmechanismen an die Umwelt. Die Sant Ocean Hall erforscht das Leben im Meer.

Erster Stock

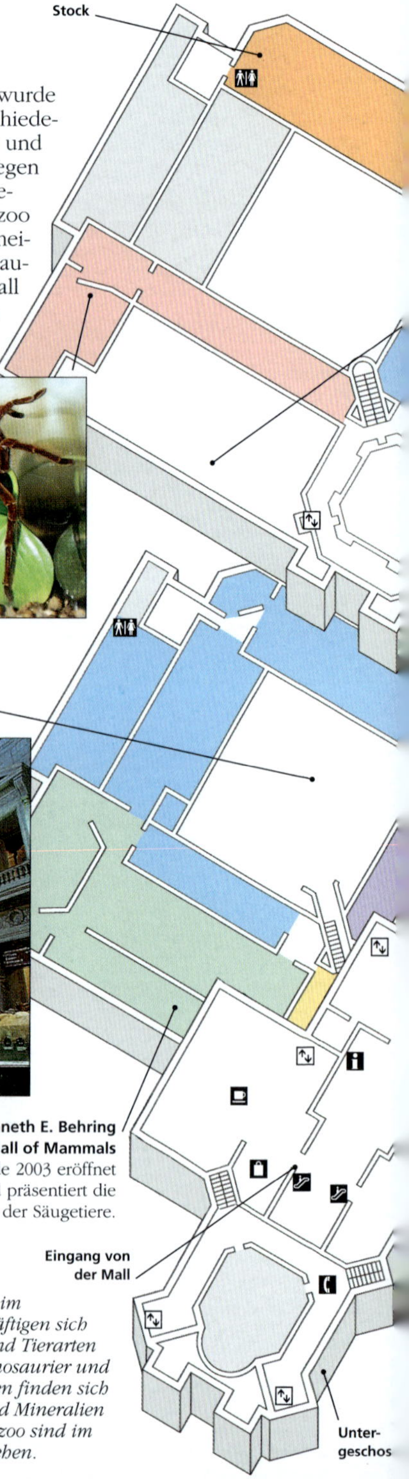

★ O. Orkin Insect Zoo
Der beliebte Insektenzoo erklärt Existenz und Lebensraum der größten Tiergruppe der Erde und besitzt auch zahlreiche lebende Insekten.

Das Johnson-IMAX®-Kino zeigt 2-D- und 3-D-Filme zu faszinierende Themen.

Afrikanischer Elefant
Der bullige afrikanische Buschelefant ist eine der Attraktionen des Museums. Er ist Mittelpunkt der Rotunda und bietet Besuchern einen beeindruckenden Anblick.

Die Kenneth E. Behring Family Hall of Mammals wurde 2003 eröffnet und präsentiert die Vielfalt der Säugetiere.

Eingang von der Mall

Untergeschoss

Nicht versäumen

- ★ Dinosaurier-Halle
- ★ Hope-Diamant
- ★ O. Orkin Insect Zoo

Kurzführer

Die Ausstellungen im Erdgeschoss beschäftigen sich mit Säugetieren und Tierarten im Meer. Auch Dinosaurier und Kulturausstellungen finden sich hier. Edelsteine und Mineralien sowie der Insektenzoo sind im Obergeschoss zu sehen.

Butterflies + Plants: Partners in Evolution
Die Dauerausstellung kombiniert traditionelles und experimentelles Lernen.

★ Hope-Diamant
Mit 45,52 Karat ist der Hope-Diamant der weltweit größte dunkelblaue Diamant und berühmt für seine erstaunliche Klarheit und Farbe. Er ist über eine Milliarde Jahre alt und gehörte im 18. Jahrhundert dem französischen König Louis XVI.

INFOBOX

Constitution Ave und 10th St, NW. **Stadtplan** 3 C4.
633-1000 (Bandansage für die Öffnungszeiten).
Smithsonian. 32, 34, 36.
tägl. 10–17.30 Uhr (im Sommer bis 19.30 Uhr). 25. Dez.
Mo–Fr 10.30, 13.30 Uhr.
www.mnh.si.edu

Steinkopf von der Osterinsel
Ursprünglich standen Hunderte dieser gewaltigen Steinfiguren (Moais) auf der Osterinsel im Südpazifik. Sie dienten wohl dem Gedenken an die Ahnen.

LEGENDE

- Fossilien, Dinosaurier
- Kenneth E. Behring Family Hall of Mammals
- Sant Ocean Hall
- Afrikanische Kulturen und Eiszeit
- Westliche Kulturen
- Geologie, Edelsteine, Mineralien
- Knochen, Reptilien und Insektenzoo
- Discovery Room
- Rotunda
- Sonderausstellungen
- Kein Ausstellungsbereich

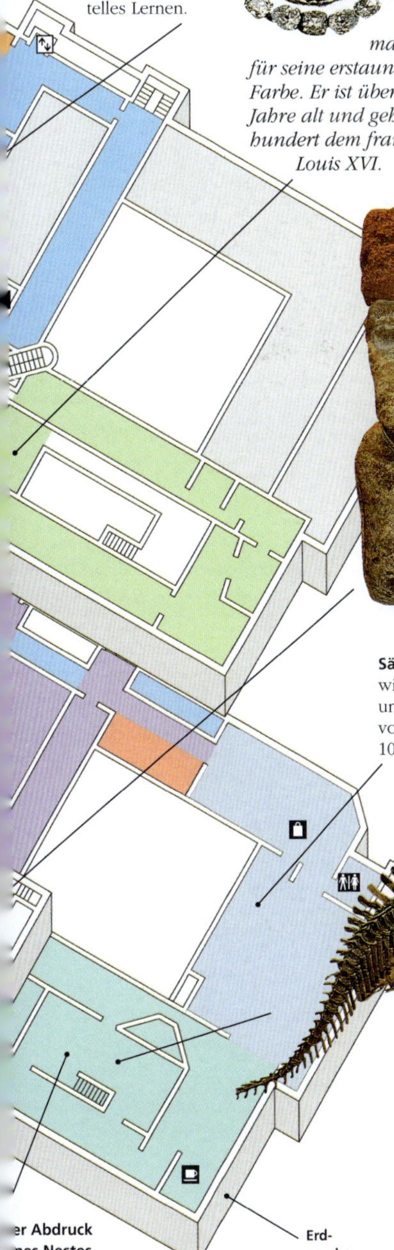

Säugetiere der Eiszeit
wie Säbelzahntiger und Mammut lebten vor 1,6 Millionen bis 10 000 Jahren.

er Abdruck
nes Nestes
it Dinosauriereiern
bt einen Einblick in das Leben
s *Troodon*, der vor ca. 70 Mil-
onen Jahren lebte und mit dem
rannosaurus verwandt war.

★ Dinosaurier-Halle
Die Dinosaurier-Halle mit Rekonstruktionen von teilweise 230 Millionen Jahre alten Fossilien, etwa diesem Skelett eines Camptosaurus dispar, *ist eine der beliebtesten Abteilungen.*

Die elegante viktorianische Fassade des Smithsonian Castle von der Mall aus gesehen

Smithsonian Castle ❽

1000 Jefferson Drive, SW. **Stadtplan** 3 C4. 633-1000. *Smithsonian.* *tägl. 9–17.30 Uhr.* *25. Dez.* **www**.si.edu

Das reich verzierte viktorianische Gebäude diente als erster Sitz der Smithsonian Institution. Hier wohnten auch der erste Geschäftsführer Joseph Henry und seine Familie. Eine Statue von Henry steht heute vor dem Gebäude.

Grabmal von James Smithson

Der Entwurf zu dem 1855 aus rotem Sandstein erbauten Castle stammt von James Renwick, dem Architekten der Renwick Gallery *(siehe S. 113)* und der St Patrick's Cathedral in New York. Das Castle ist ein herausragendes Beispiel des neogotischen Baustils. Anleihen aus der normannischen Architektur des 12. Jahrhunderts sind die neun Türme und ein kunstvoll gestaltetes Kranzgesims.

Heute sind in dem eindrucksvollen Gebäude die Verwaltung der Stiftung und ein Informationszentrum untergebracht. Besucher können die Krypta und das Grab von James Smithson besuchen. Der südliche Turmraum war der erste für Kinder gestaltete Museumssaal in Washington, DC. Decke und Wandbemalung wurden 1987 renoviert.

Vor dem Bau liegt ein Rosengarten mit wunderschönen Teerosen. Er wurde später angelegt und verbindet das Castle mit dem Arts and Industries Building *(siehe S. 66)*.

Arthur M. Sackler Gallery ❾

1050 Independence Ave, SW. **Stadtplan** 3 C4. 633-1000. *Smithsonian.* *tägl. 10–17.30 Uhr.* *25. Dez.* *12.15 Uhr.* **www**.asia.si.edu

Dr. Arthur M. Sackler, ein New Yorker Arzt, sammelte ab den 1950er Jahren asiatische Kunst und schenkte

James Smithson (1765–1829)

James Smithson war niemals in den Vereinigten Staaten von Amerika, gleichwohl stiftete der englische Wissenschaftler und Philantroph sein Vermögen von einer halben Million Dollar, um »in Washington unter dem Namen Smithsonian Institution eine Einrichtung zur Vermehrung und Verbreitung von Wissen unter den Menschen zu gründen« – allerdings nur, falls sein Neffe und dessen Erben kinderlos sterben sollten. Als dieser Fall eintrat, wurde das Erbe 1836 der US-Regierung übergeben, die sich jedoch über die Verwendung der riesigen Schenkung unklar war. Elf Jahre lang debattierte der Kongress verschiedene Vorschläge und beschloss, dass eine staatliche Stiftung mit diesem Geld die Nationalmuseen unterhalten sollte. Die erste Sammlung der neuen Stiftung wurde 1855 im Smithsonian Castle gezeigt

James Smithson

Skulptur der Göttin Uma in der Arthur M. Sackler Gallery

1982 der Smithsonian Institution über 1000 Werke nebst einem Fondsvermögen von vier Millionen Dollar für die Gründung dieses Museums. Die Regierungen von Japan und Korea stifteten noch einmal jeweils eine Million Dollar für den 1987 fertiggestellten Museumsbau.

Der Eingang zur Galerie ist ein kleiner Pavillon, der zu zwei unterirdischen Stockwerken mit der Ausstellung führt. Unter den 3000 asiatischen Kunstwerken sind Gemälde aus Iran und Indien sowie chinesische Keramik aus dem 7. bis 10. Jahrhundert n. Chr. Auch Kleidung, dörfliches Kunsthandwerk aus Südasien und hinreißende Beispiele chinesischer Jade- und Bronzearbeiten, die teilweise aus der Zeit um 4000 v. Chr. stammen, sind zu bewundern.

Im Lauf der Zeit hat das Museum die ursprüngliche Sammlung von Arthur Sackler erweitert: 1987 erwarb es die imposante Sammlung von Henri Vever. Zu ihr gehören u. a. islamische Bücher aus dem 11. bis 19. Jahrhundert, japanische Drucke aus dem 19. und 20. Jahrhundert, Gemälde aus Indien, China und Japan sowie Beispiele moderner Fotografie.

Die Sackler Gallery ist neben dem Nationalmuseum für Afrikanische Kunst *(siehe S. 67)* das zweite unterirdische Museum an der Mall. Es ist über einen unterirdischen Ausstellungsraum mit der Freer Gallery of Art verbunden. Im gemeinsam genutzten Meyer Auditorium finden regelmäßig Tanzvorstellungen, Filmvorführungen und Konzerte statt.

Freer Gallery of Art ⑩

Jefferson Drive und 12th Street, SW. **Stadtplan** 3 C4. *633-1000.* *Smithsonian.* *tägl. 10–17.30 Uhr.* *25. Dez.* *12.15 Uhr.* **www**.asia.si.edu

Die Freer Gallery of Art ist nach Charles Lang Freer benannt, einem Eisenbahnmagnaten, der gut 9000 Kunstwerke amerikanischer und asiatischer Provenienz der Smithsonian Institution vermachte. Er verfügte dafür den Bau eines Museums, erlebte aber die Vollendung des Hauses nicht mehr, das 1923 als erstes Smithsonian-Kunstmuseum öffnete.

Paravent von Thomas Wilmer Dewing

Die Freer Gallery ist ein einstöckiges Gebäude im Stil der italienischen Renaissance mit insgesamt 19 Ausstellungsräumen, von denen die meisten durch Oberlichter natürliches Licht erhalten.

Seit Freers Schenkung hat sich der Bestand des Museums verdreifacht. Die Abteilung asiatische Kunst umfasst chinesische, japanische und koreanische Werke, darunter auch zahlreiche Skulpturen, Keramiken, Paravents und Gemälde. Das Museum besitzt auch eine ausgezeichnete Sammlung buddhistischer Skulpturen, Gemälde und Kalligrafien aus Indien.

Auch eine Auswahl amerikanischer Kunst fehlt in der Freer Gallery nicht, viele der Werke verraten asiatischen Einfluss. Arbeiten von Childe Hassam (1859–1935), John Singer Sargent (1865–1925) und Thomas Wilmer Dewing (1851–1938) sind hier ausgestellt. Der erstaunlichste Teil des Museums ist James McNeill Whistlers »The Peacock Room«. Whistler (1834–1903) war ein Freund von Freer und unterstützte dessen Sammelleidenschaft. Whistler bemalte 1904 ein Esszimmer für Frederick Leyland in London, das diesem jedoch nicht gefiel. Bevor der Raum neu gestaltet werden konnte, kaufte ihn Freer. Nach seinem Tod wurde der Raum hier installiert: Die grelle Mischung aus Blau, Grün und Gold steht in starkem Kontrast zur Eleganz der anderen Räume. Whistlers gemalte Pfauen zieren die Wände und die Decke.

Der einladende Innenhof in der Freer Gallery of Art

National Museum of American History ⑪

Das Nationalmuseum für amerikanische Geschichte besitzt Exponate aus der Sozial- und Militärgeschichte sowie der kulturell-wissenschaftlichen Geschichte der USA. Unter den drei Millionen Stücken gibt es Kleider der First Ladies, eine 280 Tonnen schwere Dampflokomotive und das originale Star-Spangled Banner, das 1814 über Fort McHenry wehte. Die Exponate wechseln regelmäßig. In den nächsten Jahren werden Teile des Hauses umgestaltet.

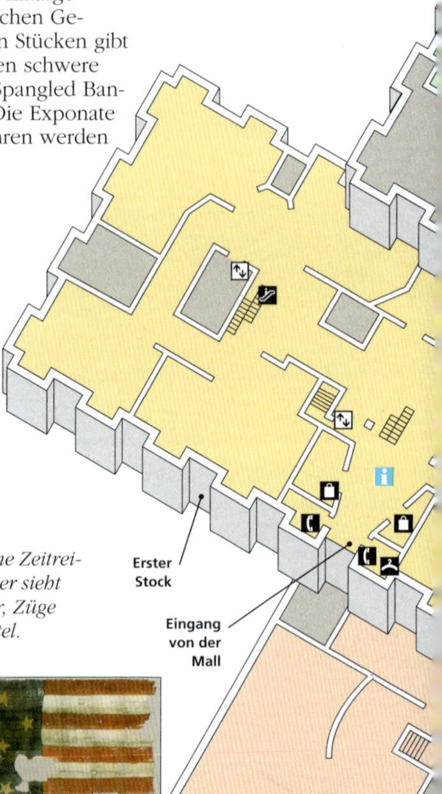

★ America on the Move
Die Ausstellung im Erdgeschoss ist eine Zeitreise in die Vergangenheit Amerikas. Hier sieht man Fords berühmtes Model T, Räder, Züge und andere historische Transportmittel.

★ Star-Spangled Banner
Das Sternenbanner ist ein Nationalsymbol der USA. Es inspirierte Francis Scott Key zum Text der Nationalhymne. Die Fahne ist in einem Schaukasten ausgestellt.

Legende

- Erdgeschoss
- Erster Stock
- Zweiter Stock
- Wechselausstellungen bzw. kein Ausstellungsbereich

★ The First Ladies at the Smithsonian
Die beliebte Abteilung zeigt eine Auswahl von Kleidern der First Ladies, die sie bei der Amtseinführung des Präsidenten trugen. Diese weiße Seidenrobe trug Helen Taft 1909.

Nicht versäumen

- ★ America on the Move
- ★ Star-Spangled Banner
- ★ The First Ladies at the Smithsonian
- ★ The Price of Freedom: Americans at War

Kurzführer

Im Erdgeschoss liegen die Ausstellungen über Verkehr und Wissenschaft. Highlights im ersten Stock sind die »First Ladies« und das Star-Spangled Banner. Im zweiten Stock gibt es u.a. American Presidency: A Glorious Burden sowie Militaria. Je nach Stand der Renovierungen können sich die Ausstellungen verändern – rufen Sie gegebenenfalls die Info-Nummer an.

Lincolns Hut
Präsident Abraham Lincoln hatte diesen Zylinder bei sich, als er am 4. April 1865 im Ford's Theatre ermordet wurde. Die Basis bestand aus Papier mit Tierhaaren.

INFOBOX

14th St und Constitution Ave.
Stadtplan 3 B4. *633-1000 (Bandansage außerhalb der Öffnungszeiten).* *Smithsonian-Federal Triangle.* *32, 34, 36.*
tägl. 10–17.30 Uhr.
25. Dez.
www.americanhistory.si.edu

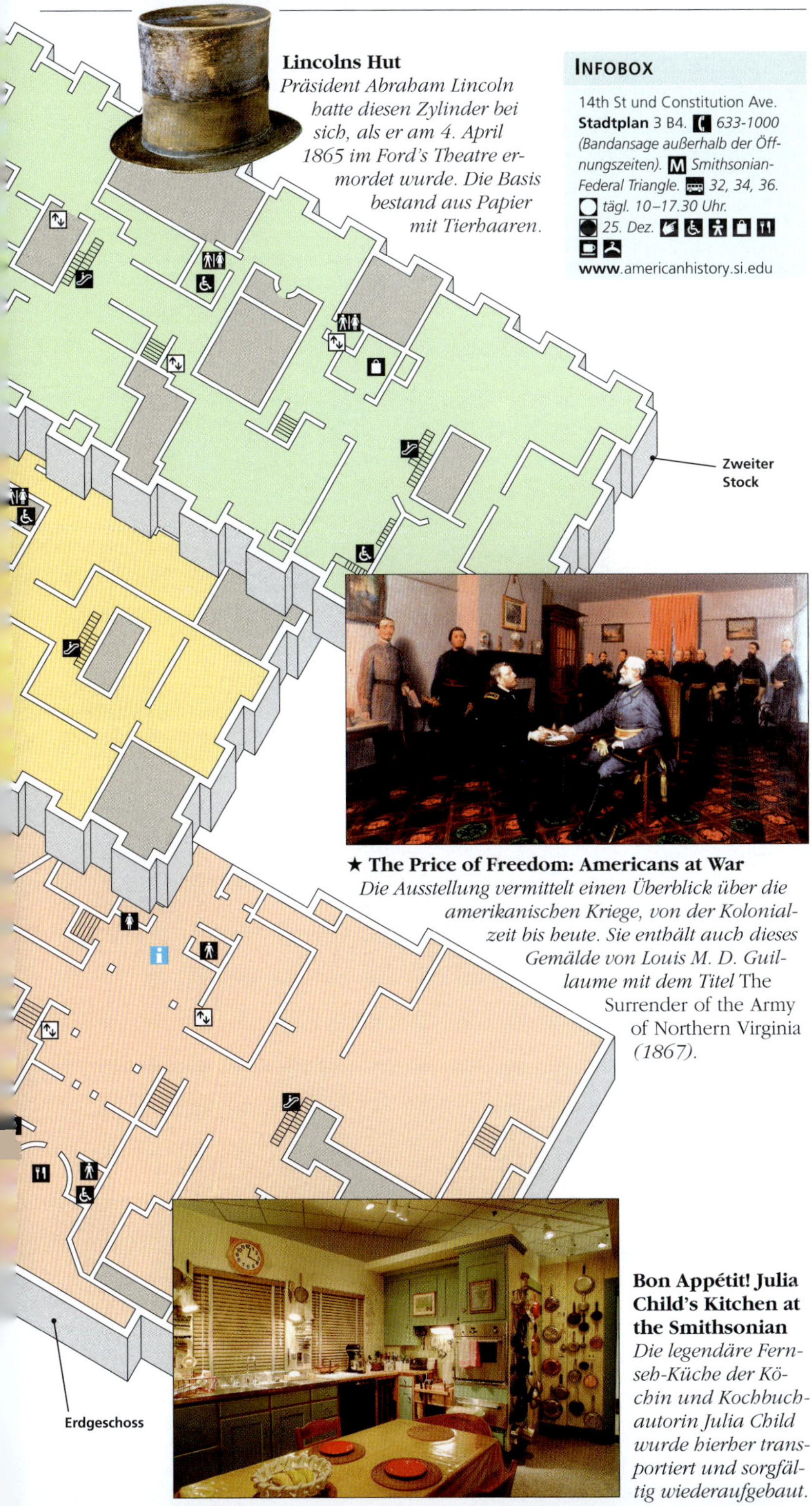

★ **The Price of Freedom: Americans at War**
Die Ausstellung vermittelt einen Überblick über die amerikanischen Kriege, von der Kolonialzeit bis heute. Sie enthält auch dieses Gemälde von Louis M. D. Guillaume mit dem Titel The Surrender of the Army of Northern Virginia *(1867).*

Bon Appétit! Julia Child's Kitchen at the Smithsonian
Die legendäre Fernseh-Küche der Köchin und Kochbuchautorin Julia Child wurde hierher transportiert und sorgfältig wiederaufgebaut.

National Museum of American History: Sammlungen

Die Sammlungen des Museums sind so riesig, dass man von Saal zu Saal hetzen könnte und doch zu wenig Zeit hätte, um alle Abteilungen zu sehen. Am besten trifft man eine Vorauswahl, ein einmaliger Besuch reicht zur Besichtigung dieses Museums nicht aus. Ob man zuerst die Kleider der First Ladies sehen will oder die Abteilungen zu Münzen, Orden, Musikinstrumenten oder präsidialen Stücken: Eine genaue Planung macht den Besuch erst zum Genuss.

Die moderne Fassade des Museums am Madison Drive

Erdgeschoss

Die legendäre TV-Küche von Julia Child wurde von ihrem ursprünglichen Ort in Cambridge, Massachusetts, hierher transportiert und ist nun als **Bon Appétit! Julia Child's Kitchen at the Smithsonian** zu besichtigen. Als die Fernsehköchin 2001 in ihre kalifornische Heimat zurückkehrte, stiftete sie ihre maßgefertigte Küche mit allen Utensilien, persönlichen Kochnotizen und ihrem professionellen Garland-Herd. In dieser Küche – mit über 1200 individuell gefertigten Teilen – war Child in drei TV-Kochshows zu sehen. Sie war auch das Testfeld für die Rezepte ihrer Kochbücher.

America on the Move ist die größte Einzelausstellung des Museums. Sie dokumentiert, wie Züge, Autos und Schiffe das Leben verändert haben. Unter den Exponaten befindet sich die Lokomotive, die Franklin D. Roosevelts Begräbniszug zog, ein Stück der legendären Route 66 und Fords *Model T* – ein frisierter Wagen, den Elvis Presley fuhr.

Science in American Life geht den Folgen wissenschaftlicher Entdeckungen für den Alltag nach. Hier können Besucher selbst aktiv werden und den genetischen Fingerabdruck oder Phänomene wie globale Erwärmung und Radioaktivität erforschen.

Besonders spannend ist **Spark! Lab**, das viele interaktive Exponate bietet und bei Jung und Alt beliebt ist. Hier kann man verschiedene wissenschaftliche Themen erkunden, etwa die Mysterien der DNA oder radioaktive Hotspots. Man erfährt, wie Lasergeräte Entfernungen unglaublich genau messen können, wie die menschliche Stimme übertragen wird und welche Techniken zur Konservierung des Star-Spangled Banner verwendet wurden. Die Aktivitäten korrelieren mit den Exponaten im restlichen Museum. Kinder (ab fünf Jahren) können das Spark! Lab nur in Begleitung eines Erwachsenen besuchen. An Wochenenden und zu beliebten Zeiten braucht man Tickets (Infos über solche Zeiten erteilt das Museum).

Lighting a Revolution beschäftigt sich mit Elektrizität und den entsprechenden technischen Errungenschaften im 20. Jahrhunderts. Sie verdeutlicht die Unterschiede zwischen der Zeit von Thomas Edison und heute.

Für alle, die ein Faible für Mechanik haben, ist die **Power Machinery Hall** ein Muss. Die Abteilung zeigt Beispiele der Maschinen, die die USA zum Weltführer industrieller Produktion gemacht haben. Es gibt Modelle und aktuelle Beispiele von Motoren, Turbinen, Pumpen etc. Das wohl berühmteste Exponat ist die **John Bull Locomotive** im Ostflügel, die älteste noch betriebsfähige Dampflokomotive der Welt. Sie beförderte zwischen 1831 und 1866 Fahrgäste auf der Camden-Amboy-Bahnlinie in New Jersey.

Im Basement befinden sich Fahrsimulatoren und das Stars and Stripes Café.

Erster Stock

Der Westflügel im ersten Stock beherbergt eine der beliebtesten Abteilungen, in

Buick-Super-Limousine von 1950, America on the Move

Nachbau der Küche des Hauses 16 Elm Street zur Zeit der 1940er Jahre

der Mode auf Geschichte trifft: **The First Ladies at the Smithsonian** zeigt die Kleider, die die First Ladies bei den Bällen zur Amtseinführung des Präsidenten trugen.

Ebenfalls im Westflügel ist **Within These Walls…** angesiedelt. Die Abteilung präsentiert amerikanische Geschichte im Kontext von Familien, die von 1760 bis 1945 im Haus 16 Elm Street in Ipswich, Massachusetts, wohnten. Die Mauern dieses Hauses sahen amerikanische Siedler, die einen Neuanfang wagten, die Geburt einer Revolution, Gegner der Sklaverei, eine Familie an der »Heimatfront« im Zweiten Weltkrieg und vieles mehr.

Teddybär aus dem Jahr 1903

Im Westflügel stößt man auf eine der bekanntesten Figuren der amerikanischen Geschichte: die **George-Washington-Statue** (1932), eine Marmorstatue von Horatio Greenbaugh. Ursprünglich wurde sie 1841 in der Rotunde des Kapitols enthüllt, später stand sie auf dem Rasen davor, 1908 kam sie ins Smithsonian.

Communities in a Changing Nation: The Promise of 19th-Century America arbeitet amerikanische Geschichte im Hinblick auf verschiedene gesellschaftliche Gruppen auf: Industriearbeiter in Bridgeport, Connecticut, jüdische Einwanderer in Cincinnati, Ohio sowie Sklaven und freie Schwarze in South Carolina.

Hundere von Fotos, Geschichten, Objekten und Illustrationen verdeutlichen die Herausforderungen und Erfolge, die das Leben dieser sehr unterschiedlichen Menschen prägten.

Im Ostflügel ist das legendäre **Star-Spangled Banner** ausgestellt, das 1814 über Fort McHenry wehte und Francis Scott Key zu einem Gedicht inspirierte, das später zur Nationalhymne avancierte.

Im ersten Stock befinden sich auch der **Greensboro Lunch Counter**, das Welcome Center und der Museumsshop.

Zweiter Stock

Die größte Ausstellung im zweiten Stock ist **The Price of Freedom: Americans at War** im Ostflügel. Sie dokumentiert die Militärgeschichte der Nation, vom Siebenjährigen Krieg (1756–63) bis zu den jüngsten Konflikten in Afghanistan und im Irak. Zu sehen sind u. a. ein Hubschrauber aus dem 1975 beendeten Vietnamkrieg und ein Geländewagen aus dem Zweiten Weltkrieg.

Die andere Seite von Kriegen wird durch den Krankenwagen der Krankenschwester Clara Barton, die das Amerikanische Rote Kreuz gründete, versinnbildlicht. Der Wagen war im Camp Thomas in Chickamauga, Georgia, im Einsatz, einem Entladehafen im Spanisch-Amerikanischen Krieg 1898. Die Rotkreuzschwestern behandelten hier amerikanische Soldaten, die aus Kuba zurückkehrten und oft an Typhus litten. Der Wagen gelangte später zum Heim Clara Bartons in Glen Echo, Maryland, das als Verteilungszentrum für Hilfsgüter fungierte.

Die elf Abteilungen von **American Presidency: A Glorious Burden** zeigen Objekte, die mit Leben und Arbeit von US-Präsidenten verknüpft sind. Zu sehen sind u. a. der tragbare Tisch, an dem Thomas Jefferson die Unabhängigkeitserklärung verfasste, und der Zylinder von Abraham Lincoln, den er in der Nacht seiner Ermordung trug.

Auch zu sehen: ein Teddybär. Die amerikanische Legende besagt, dass Präsident Theodore »Teddy« Roosevelt sich weigerte, ein Bärenjunges zu erschießen. Die Karrikatur in der *Washington Post* am nächsten Tag trat die Produktion von sogenannten Teddybären los.

Die **Hall of Musical Instruments** zeigt manchmal ein Stradivari-Cello von 1701.

Plakat des Office of War (1942–45)

Washington Monument ⓬

Das Washington Monument, eines der bekanntesten Denkmäler der US-Hauptstadt, wurde aus 36 000 Granit- und Marmorsteinen errichtet. Das Geld für das Denkmal zu Ehren des ersten US-Präsidenten spendeten die Bürger. 1848 begann der Bau nach einem Entwurf von Robert Mills. Als die Finanzmittel erschöpft waren, unterbrach man die Arbeiten für 20 Jahre. Erst 1876 erwachte das öffentliche Interesse erneut, sodass das Projekt abgeschlossen werden konnte. Noch heute erkennt man im Mauerwerk den Farbwechsel an der Stelle, an dem der Bau gestoppt worden war. Vor Kurzem wurde das Denkmal renoviert und gesäubert. Risse wurden versiegelt, abgebrochene Steine ersetzt und 192 Gedenksteine repariert.

INFOBOX

Independence Ave und 17th St, SW. **Stadtplan** 2 F5 & 3 B4. *426-6841.* *Smithsonian.* *13, 52.* *tägl. 9–16.45 Uhr (kostenlose Zeit-Tickets gibt es nach Reihenfolge ab 8.30 Uhr, Internet-Reservierung ist sinnvoll).* *4. Juli, 25. Dez.* **Gespräche**. **www**.nps.gov/wamo

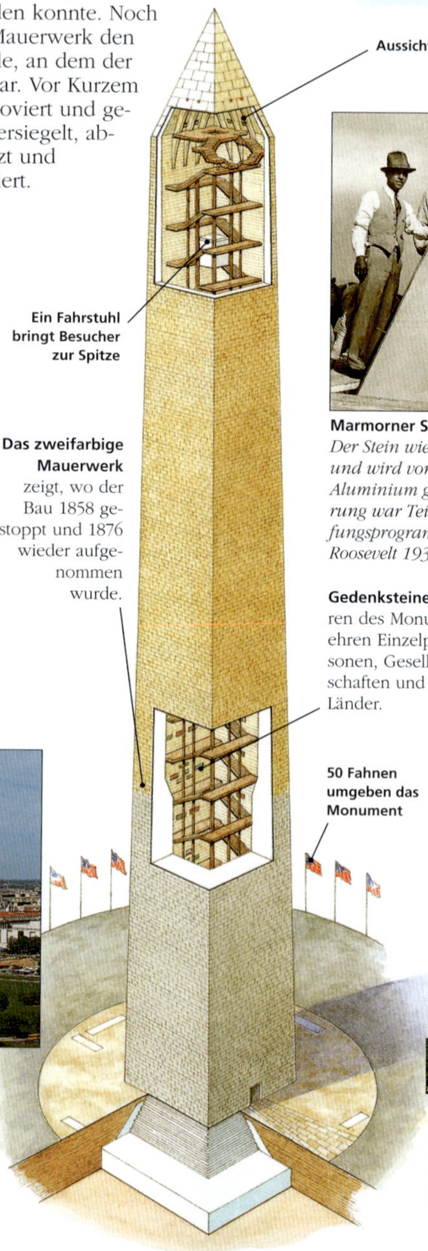

Marmorner Schlussstein
Der Stein wiegt 2000 Kilogramm und wird von einer Pyramide aus Aluminium gekrönt. Die Restaurierung war Teil des Arbeitsbeschaffungsprogramms von Präsident Roosevelt 1934 (siehe S. 23).

Erster Entwurf
Der ursprüngliche Entwurf sah eine Kolonnade um das Monument vor, doch Geldmangel verhinderte ihren Bau.

Blick auf das Monument
Der strahlend weiße Stein des frisch renovierten Monuments macht es von der ganzen Stadt aus sichtbar. Die Aussicht von der Spitze des Denkmals ist atemberaubend.

Renovierung
Ein Gerüst umschloss das Monument während der zweijährige Restaurierungsphase.

Jefferson Memorial mit Säulenumgang, Kuppel und Bronzestatue

United States Holocaust Memorial Museum ⓭

Siehe S. 80f.

Bureau of Engraving and Printing ⓮

14th und C St, SW. **Stadtplan** 3 B5. *874-2330.* *Smithsonian.* *Mo–Fr 9–10.45, 12.30–14 Uhr (Mai–Aug: auch 17–19 Uhr).* *Feiertage, Woche nach Weihnachten.* **www**.moneyfactory.gov

Bis 1863 druckten mehrere US-Banken Geldscheine. Doch ein Mangel an Münzgeld und der Zwang, den Bürgerkrieg zu finanzieren, führten zu einer standardisierten Herstellung von Banknoten und zur Gründung des Bureau of Engraving and Printing. Ursprünglich war es im Finanzministerium *(siehe S. 112)* untergebracht und zog erst 1914 an seinen heutigen Standort. Jährlich werden hier Abermilliarden Dollarnoten gedruckt (Münzen werden von der United States Mint geprägt, meist in der Prägeanstalt in Philadelphia). Darüber hinaus werden Briefmarken, Pässe und die Einladungen ins Weiße Haus produziert.

Bei der 40-minütigen Führung durch das Gebäude sieht man einen Film, den Druckvorgang und die abschließende Prüfung. Ausgestellt sind u.a. alte Banknoten, Fälschungen und eine 100 000-Dollar-Banknote.

Jefferson Memorial ⓯

Südufer des Tidal Basin. **Stadtplan** 3 B5. *426-6841.* *Smithsonian.* *8–24 Uhr.* *25. Dez.* **www**.nps.gov/thje

Thomas Jefferson *(siehe S. 166)* war u.a. Philosoph, Architekt, Musiker, Wissenschaftler und Diplomat. Er war 1776 Hauptverfasser der Unabhängigkeitserklärung und von 1801 bis 1809 dritter Präsident der USA.

Sechs Meter hoch: Jefferson-Statue

Die Idee für den Bau der Gedenkstätte kam von Präsident Franklin D. Roosevelt, der Jefferson hinsichtlich dessen politischer Bedeutung in eine Reihe mit Lincoln stellte. Das von John Russell Pope entworfene, neoklassizistische Denkmal steht beim Tidal Basin am Potomac. Bei seiner Einweihung 1943 war Metall rationiert, sodass die Jefferson-Statue nicht in Bronze, sondern in Gips gegossen wurde. Nach dem Zweiten Weltkrieg wurde die sechs Meter hohe Statue noch einmal in Bronze gestaltet – die Gipsstatue wurde in den Keller des Baus geschafft.

Auf den Wänden des Denkmals sind Auszüge aus Reden und Schriften Jeffersons eingraviert.

Tidal Basin ⓰

Bootshaus: 1501 Maine Ave, SW. **Stadtplan** 2 F5 & 3 A5. *Smithsonian.* **Ruderboote:** *479-2426.* *März–Okt: 10–18 Uhr.* **www**.tidalbasinpaddleboats.com

Das Tidal Basin wurde 1897 als Auffangbecken für die Überschwemmungen des Potomac errichtet. 1912 pflanzte man Hunderte von Kirschbäumen am Ufer des künstlichen Sees. Sie waren ein Geschenk der japanischen Regierung. Die Kirschblüte am Tidel Basin ist seither eines der meistfotografierten Motive der Stadt. In der zweiwöchigen Blütezeit (meist zwischen Mitte März und Mitte April) ist die Umgebung jedoch oft so überfüllt, dass der Verkehr zum Stillstand kommt. Am besten lässt sich die Szenerie bei einem Spaziergang am frühen Morgen genießen. Nach der Blüte verwandelt sich die Grünanlage um das Tidal Basin wieder in einen relativ ruhigen, erholsamen Park. Das Bootshaus an der Maine Avenue verleiht Paddelboote.

Ufer des Tidal Basin, im Hintergrund das Jefferson Memorial

United States Holocaust Memorial Museum ⓭

Das 1993 eröffnete US Holocaust Memorial Museum dokumentiert die systematische Verfolgung und Vernichtung von über sechs Millionen Juden und anderen im »Dritten Reich« als »unerwünscht« betrachteten Menschen in Europa, darunter Homosexuelle und Behinderte. Die Ausstellung umfasst sowohl bewusst bedrückend eng gehaltene Räume als auch weitläufige Säle. Das Museum birgt rund 2500 Fotos, 1000 Artefakte, 53 Videomonitore und 30 interaktive Computerstationen, an denen die Besucher mit dem Grauen des Holocaust konfrontiert werden. »Daniels Geschichte« eignet sich für Kinder ab acht Jahren. Die Dauerausstellung ist für Kinder unter zwölf Jahren weniger geeignet.

★ Hall of Remembrance
In der Gedenkhalle brennt eine Ewige Flamme zu Ehren der Holocaust-Opfer.

★ Daniel's Story
Die Ausstellung richtet sich an Kinder zwischen acht und zwölf Jahren. Sie erzählt die Geschichte des Holocaust in den 1930er Jahren aus der Sicht eines achtjährigen Kindes.

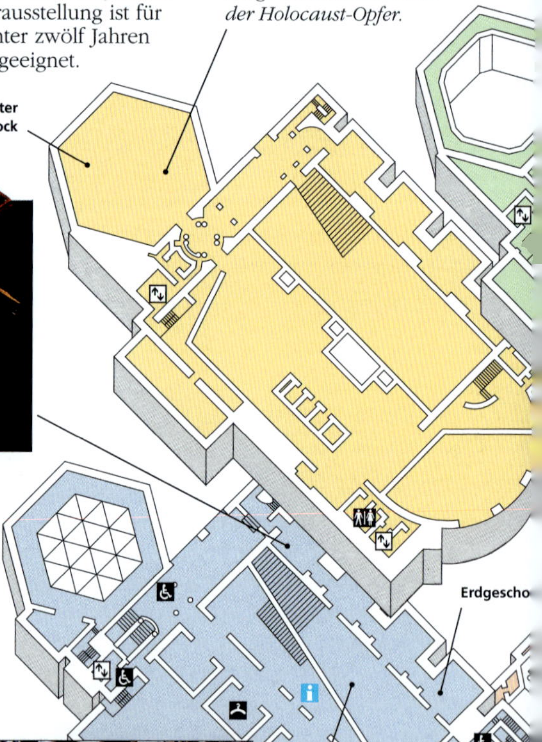

LEGENDE

- Children's Tile Wall
- Hall of Witness, Daniel's Story
- Hall of Remembrance
- »Endlösung«
- NS-Verfolgung

KURZFÜHRER

Das Holocaust Museum kann man sich nicht einfach ansehen – man muss es auf sich wirken lassen. Filme, Fotos, Artefakte und Zeugnisse von Überlebenden sind im ersten bis dritten Stock zu sehen. Im Erdgeschoss gibt es eine interaktive Ausstellung, im Foyer steht die Children's Tile Wall.

★ Hall of Witness
Das zentrale Atrium, die Halle der Zeugen, gedenkt der Menschen, die unter den Gräueln des NS-Regimes litten.

NS-Verfolgung
Am 1. April 1933 begann der von der NSDAP angekündigte Boykott jüdischer Geschäfte. Dieses Plakat hing am Kaufhaus Tietz in Berlin.

Infobox

100 Raoul Wallenberg Place, SW. **Stadtplan** 3 B4. *488-0400.* *Smithsonian.* *13 (Pentagon-Shuttle).* *tägl. 10–17.20 Uhr (Apr–Mitte Juni: bis 18.30 Uhr – dann Zeit-Tickets am Schalter für die Dauerausstellung erforderlich. Vorab-Reservierung: Tickets.com (800) 400-9373).* *25. Dez, Jom Kippur.* **www**.ushmm.org

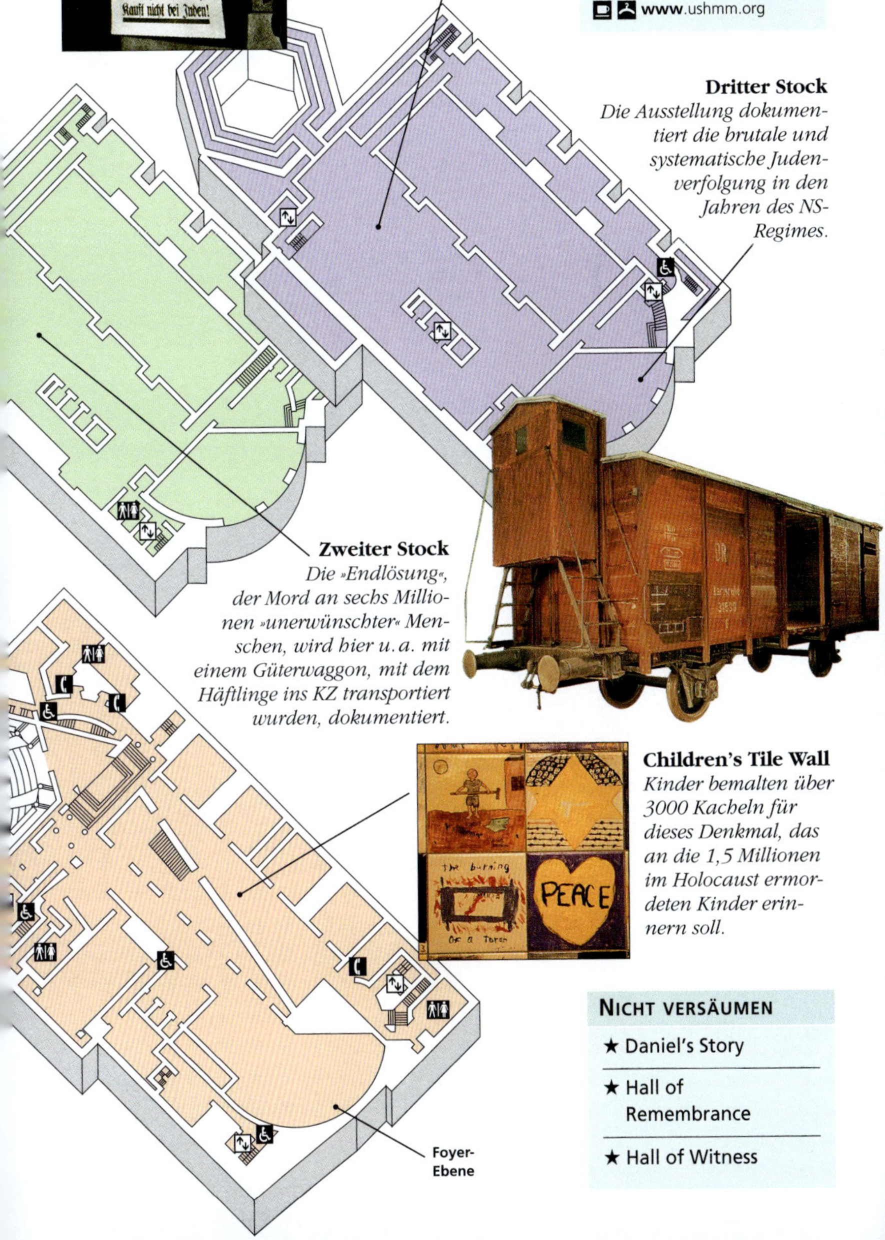

Dritter Stock
Die Ausstellung dokumentiert die brutale und systematische Judenverfolgung in den Jahren des NS-Regimes.

Zweiter Stock
Die »Endlösung«, der Mord an sechs Millionen »unerwünschter« Menschen, wird hier u. a. mit einem Güterwaggon, mit dem Häftlinge ins KZ transportiert wurden, dokumentiert.

Children's Tile Wall
Kinder bemalten über 3000 Kacheln für dieses Denkmal, das an die 1,5 Millionen im Holocaust ermordeten Kinder erinnern soll.

Nicht versäumen

★ Daniel's Story

★ Hall of Remembrance

★ Hall of Witness

Blick über das National World War II Memorial mit dem Lincoln Memorial im Hintergrund

National World War II Memorial ⓱

17th St, NW, zwischen Constitution Ave und Independence Ave.
Stadtplan 2 E5. *426-6841.*
Smithsonian oder Federal Triangle.
tägl. 8–24 Uhr. *25. Dez.*
nach Vereinbarung.
www.nps.gov/nwwm
www.wwiimemorial.com

Gut 16 Millionen US-Soldaten nahmen am Zweiten Weltkrieg teil, rund 400 000 von ihnen fielen. Die 4000 goldenen Sterne des »Field of Stars« sowie eine Inschrift an der Freedom Wall gedenken der Toten. Weitere Millionen US-Bürger waren indirekt am Krieg beteiligt. Das National World War II Memorial ehrt sie für ihre Leistungen und ihre Opfer.

Dem Bau der Gedenkstätte gingen Diskussionen voraus. Sie betrafen nicht nur den Standort, sondern auch die Größe des Denkmals. Nach Vorstellung der ersten Pläne 1987 dauerte es weitere sechs Jahre, bis der Kongress seine Zustimmung gab. Präsident Clinton gab am 25. Mai 1993 sein Einverständnis, dem eine längere Debatte über den geeigneten Standort folgte. Im Oktober 1995 wurde die Stelle am Rainbow Pool ausgewählt – unter der Bedingung, dass der Blick in Ost-West-Richtung vom Washington Monument zum Lincoln Memorial nicht verbaut werden dürfe. Weitere Verzögerungen ergaben sich wegen der geplanten Ausmaße der Gedenkstätte. Nach diversen Änderungen an den ursprünglichen Plänen begannen schließlich im September 2001 die Bauarbeiten.

Mit der Gestaltung des Denkmals wurden die Büros der Architekten Leo A. Daly und Friedrich St. Florian (ehemaliger Dekan der Rhode Island School of Design) beauftragt.

Schild am Eingang der Gedenkstätte

Zwei 13 Meter hohe Pavillons flankieren den Rainbow Pool an der Nord- und Südseite. Sie symbolisieren die beiden Kriegsschauplätze im Atlantischen und Pazifischen Ozean. 56 Granitsäulen, eine für jeden Staat bzw. jedes Territorium der USA zur damaligen Zeit, sind mit Bronzekränzen dekoriert. Flachreliefs des Bildhauers Ray Kaskey zieren die Seiten des Eingangs in der 17th Street. Sie zeigen die vielen Beiträge der Amerikaner im Zweiten Weltkrieg – von »Rosie the Riveter« (Rosie, die Nieterin – Frauen, die die fehlenden Männer in den Fabriken ersetzten) bis zur Landung in der Normandie.

Inschriften aus Reden amerikanischer Präsidenten und Militärs finden sich an vielen Stellen des National World War II Memorial, darunter Auszüge einer Erklärung von Douglas MacArthur zum Kriegsende: »Heute schweigen die Waffen … Vom Himmel fällt kein Tod mehr … Die Meere dienen wieder der zivilen Seefahrt … Überall scheint für die Menschen heute die Sonne. Die ganze Welt genießt den Frieden.«

Das Denkmal ist seit April 2004 öffentlich zugänglich. Am 29. Mai 2004 wohnten rund 150 000 Menschen, darunter viele Veteranen, der Einweihung bei.

Die Freedom Wall mit 4000 Sternen zum Gedenken an die Gefallenen

Vietnam Veterans Memorial ⓲

21st St und Constitution Ave, NW.
Stadtplan 2 E4. *426-6841.*
Smithsonian. *tägl. 8–24 Uhr.*
nach Vereinbarung.
www. nps.gov/vive

Maya Lin, eine 21-jährige Studentin der Yale-Universität, hatte ihren Entwurf für den Bau des ausgeschriebenen Vietnam Veterans Memorial als Arbeit in ihrem Architekturkurs eingereicht. Ihre Arbeit war eine von 1421 Bewerbungen und folgte einer schlichten Gestaltung: Zwei in einem Winkel von 125 Grad aufeinandertreffende schwarze Mauern, von denen ein Ende auf das Lincoln Memorial zeigt, das andere auf das Washington Monument. Darauf sollten die Namen der über 58000 in Vietnam von 1959 bis 1975 gefallenen Amerikaner eingraviert werden.

Ihren Kurs schloss Maya Lin zwar nur mit »Gut« ab, doch sie gewann die Ausschreibung. Ihr Werk ist eines der bewegendsten Denkmäler an der Mall. Kriegsveteranen und Angehörige hinterlassen zum Gedenken Kuscheltiere, Gedichte, Bilder und Blumen vor den Namenslisten.

Als Zugeständnis an die Kritiker wurde 1984, zwei Jahre nach der Einweihung des Denkmals, eine »traditionellere« Statue dreier Soldaten von Frederick Hart hinzugefügt.

Nahbei steht das Vietnam Women's Memorial (1993) von Glenna Goodacre, das den acht Frauen gewidmet ist, die in Vietnam starben.

Vietnam Women's Memorial (1993)

Korean War Veterans Memorial ⓳

21st St und Independence Ave, SW.
Stadtplan 2 E5. *426-6841.*
Smithsonian. *tägl. 8–24 Uhr.*
nach Vereinbarung.
www. nps.gov/kwvm

Das Korean War Veterans Memorial ist ein umstrittenes Denkmal für einen umstrittenen Krieg. Obwohl 1,5 Millionen Amerikaner involviert waren, gab es nie eine offizielle Kriegserklärung für diesen »vergessenen Krieg«. Die Denkmalsfrage und die Entwürfe wurden lange diskutiert. Am 27. Juli 1995, dem 42. Jahrestag des Waffenstillstands, wurde das Memorial eingeweiht.

19 überlebensgroße Statuen aus Edelstahl zeigen eine Gruppe Soldaten auf dem Schlachtfeld. Sie tragen Umhänge, um sich vor der permanenten Feuchtigkeit zu schützen. Auf einer Granitmauer am Südende sind sandgestrahlte Bildnisse von über 2400 Veteranen zu sehen. Beim Pool of Remembrance steht die Inschrift: »Unsere Nation ehrt ihre Söhne und Töchter, die dem Ruf zur Verteidigung eines Landes folgten, in dem sie nie waren und dessen Volk sie nicht kannten.«

Namen von Gefallenen am Vietnam Veterans Memorial

Die ergreifenden Statuen des Korean War Veterans Memorial

Franklin D. Roosevelt Memorial ⓴

Franklin Delano Roosevelt sagte seinem Freund, dem Richter Felix Frankfurter: »Wenn man ein Denkmal für mich bauen sollte, hätte ich es gern mitten in der kleinen Grünfläche vor dem Archives Building. Es sollte nur einen Block von etwa dieser Größe haben.« Dabei zeigte er auf seinen Schreibtisch. Es dauerte über 50 Jahre, bis ein passendes Monument errichtet wurde, doch Roosevelts Wunsch nach einem schlichten Denkmal wurde dabei nicht berücksichtigt. Die 1997 eröffnete Stätte ist eine Parkanlage mit vier offenen »Räumen« aus Granit – ein »Raum« für jede Amtszeit –, mit Wasserfällen, Inschriften, Statuen und Reliefs.

Roosevelts Statue
Die Statue von Neil Estern ist umstritten, weil sie den behinderten Präsidenten in einem Rollstuhl zeigt – der durch ein Cape aber verdeckt wird.

Dritter »Raum«

Relief von Roosevelts Beerdigung
Der Künstler Leonard Baskin meißelte die Szene in den Granit. Sie zeigt Roosevelts Sarg auf einem von Pferden gezogenen Wagen, gefolgt von der trauernden Menge.

Der vierte »Raum« erinnert an Roosevelts vierte Amtszeit. Hier steht auch eine Skulptur seiner Frau Eleanor.

Wasserfälle
Sie ergießen sich in Becken im vierten »Raum«. Das Wasser symbolisiert den Weltfrieden, den Roosevelt vor seinem Tod erreichen wollte.

INFOBOX

West Basin Drive, SW.
Stadtplan 3 A5. *426-6841.*
Smithsonian. *13.*
tägl. 8–24 Uhr. *25. Dez.*
Programme und Führungen. **www**.nps.gov/fdrm

Hunger
Die Skulpturengruppe zeigt eine Warteschlange vor der Suppenküche. Das Werk von George Segal erinnert an die harten Zeiten der Großen Depression.

Zweiter »Raum«

Der erste »Raum« gedenkt der ersten Amtszeit Roosevelts. Das Flachrelief erinnert an die Parade zu seiner Amtseinführung.

Das Besucherzentrum umfasst neben Schautafeln auch einen Buchladen. Zu sehen ist auch der Rollstuhl, auf den Roosevelt wegen einer Erkrankung an Kinderlähmung weitgehend angewiesen war.

Präsident Roosevelt
Er führte in den 1930er Jahren unter dem Schlagwort »New Deal« einschneidende Reformen durch, um die Auswirkungen der Weltwirtschaftskrise einzudämmen.

Lincoln Memorial 21

Constitution Ave, zwischen French und Bacon Drive. **Stadtplan** 2 E5. *426-6841.* *Smithsonian, Foggy Bottom.* *tägl. 8–24 Uhr.* *nach Vereinbarung.* **www**.nps.gov/linc

Unter den vielen Vorschlägen für ein Lincoln-Denkmal wurde der am wenigsten Erfolg versprechende ausgewählt: Er sah ein Denkmal auf einem sumpfigen Stück Land westlich des Washington Monument vor. Mittlerweile gehört es zu den imposantesten Sehenswürdigkeiten in Washington: Die Statue Lincolns sitzt in einem neoklassizistischen »Tempel« mit 36 dorischen Säulen (die damals 36 Staaten der USA).

Bevor das Denkmal 1914 gebaut werden konnte, musste das Areal trockengelegt werden. Für das Fundament wurden Betonpfeiler gegossen, sodass sich der Bau in der Felssohle verankern ließ. Kurz vor Fertigstellung erkannte Architekt Henry Bacon, dass die Lincoln-Statue für das Gebäude zu klein war: Die drei Meter hohe Statue von Daniel Chester French wurde auf fast das Doppelte vergrößert und musste aus 28 weißen Marmorblöcken zusammengesetzt werden.

An der Südseite ist Lincolns Gettysburg-Rede *(siehe S. 163)* eingraviert. Auf den Stufen hielt Martin Luther King, Jr. seine berühmte »I have a dream«-Rede *(siehe S. 97)*.

Das Lincoln Memorial spiegelt sich im Wasser des Reflecting Pool

HUMANITI
FRANKLIN
PRINTER
POST OFFIC

Penn Quarter

Das im Osten vom Kapitol und im Westen vom Weißen Haus begrenzte Penn Quarter war vor gut 100 Jahren das Herz Washingtons. Die F Street, die erste gepflasterte Straße der Stadt, wimmelte von Läden, Zeitungsredaktionen, Bars und Kirchen sowie von Kutschen. Die in eleganten Häusern residierende Oberschicht und die Kaufleute, die über ihren Läden wohnten, machten die Gegend zum wichtigen Wohnviertel. In den 1950er Jahren zogen immer mehr Menschen in die Vorstädte. In den 1980er Jahren war das Penn Quarter eine Ecke mit verlassenen Häusern und Ramschläden. Erst in den 1990er Jahren erlebte das Viertel eine Wiedergeburt, als das Verizon Center neue Restaurants und Läden anzog.

Skulptur vor dem Smithsonian American Art Museum

Sehenswürdigkeiten auf einen Blick

Museen und Sammlungen
- Carnegie Library Building ⓮
- International Spy Museum ⓳
- National Building Muscum ㉒
- National Museum of Women in the Arts ⓭
- Newseum ❺
- *Smithsonian American Art Museum und National Portrait Gallery S. 98–101* ⓲

Aquarium
- National Aquarium ❿

Statuen und Brunnen
- Benjamin-Franklin-Statue ❽
- Mellon Fountain ❶

Historische und Regierungsgebäude
- Ford's Theatre ⓯
- Martin Luther King Memorial Library ⓰
- National Archives ❷
- National Theatre ⓬
- Old Post Office ❼
- Ronald Reagan Building ❻
- Verizon Center ⓴
- Willard Hotel ⓫

Stadtviertel, Straßen und Plätze
- Chinatown ⓱
- Freedom Plaza ❾
- Pennsylvania Avenue ❹

Denkmäler
- National Law Enforcement Officers Memorial ㉑
- US Navy Memorial ❸

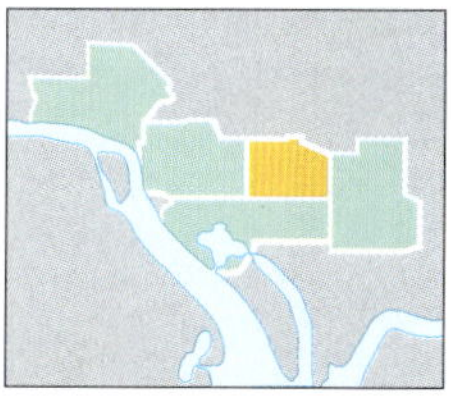

0 Meter 500

0 Yards 500

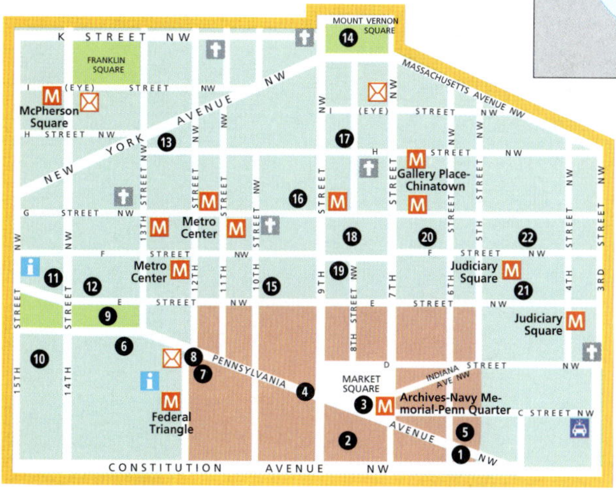

Anfahrt

Das Penn Quarter hat mehrere Metro-Stationen: McPherson Square, Gallery Place-Chinatown, Metro Center, Judiciary Square, Archives-Navy Memorial-Penn Quarter und Federal Triangle. Die Busse 32, 34 und 36 fahren auf der Pennsylvania Avenue.

Legende

- Detailkarte *S. 88f*
- Metro-Station
- Information
- Polizei
- Post
- Kirche

◁ **Statue von Benjamin Franklin vor dem flaggengeschmückten Old Post Office** ***(siehe S. 94)***

Im Detail: Penn Quarter

Nach dem Zweiten Weltkrieg wirkte die Pennsylvania Avenue, die Hauptroute für die Paraden zur Amtseinführung des Präsidenten, heruntergekommen. Heute ist sie ein grandioser Boulevard, der L'Enfants ursprünglicher Idee gerecht wird. Sie verbindet das Weiße Haus mit dem Kapitol, an ihr liegen einige Highlights der Stadt. Die National Archives, wo die Originale der Verfassung und der Unabhängigkeitserklärung aufbewahrt werden, stehen gegenüber dem US Navy Memorial. Im Osten befinden sich Mellon Fountain und National Gallery of Art. Das Ronald Reagan Building war 1999 Sitz des NATO-Gipfels. Das Old Post Office besitzt einen schönen Glockenturm.

★ Pennsylvania Avenue
Die Pennsylvania Avenue war Teil des ursprünglichen Stadtentwurfs von L'Enfant. Die erste Hauptstraße der Stadt spiegelt heute seine grandiosen Pläne wider. ❹

Benjamin-Franklin-Statue
Hier wird das Universalgenie geehrt, das Erfinder, Staatsmann, Autor und Verleger war. ❽

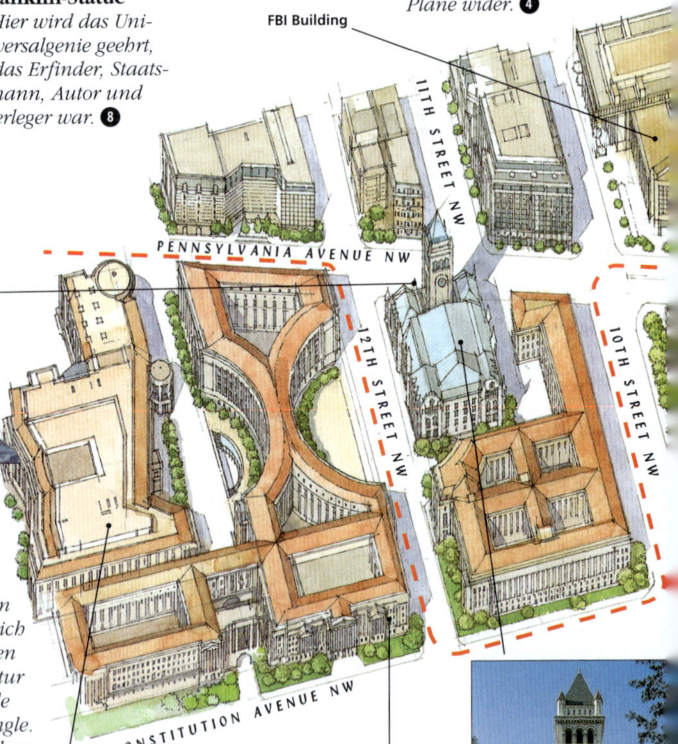

Ronald Reagan Building
Das Gebäude von 1997 orientiert sich an der klassischen Revival-Architektur anderer Gebäude im Federal Triangle. Es hat ein Besucherzentrum. ❻

★ Old Post Office
In dem stattlichen Granitbau von 1899 befinden sich heute Läden, Imbisse und Restaurants. Der schlanke Glockenturm ist 96 Meter hoch. ❼

US Navy Memorial
Das Denkmal auf dem Market Square zeigt auf dem Boden eine Weltkarte, umgeben von niedrigen Granitmauern. ❸

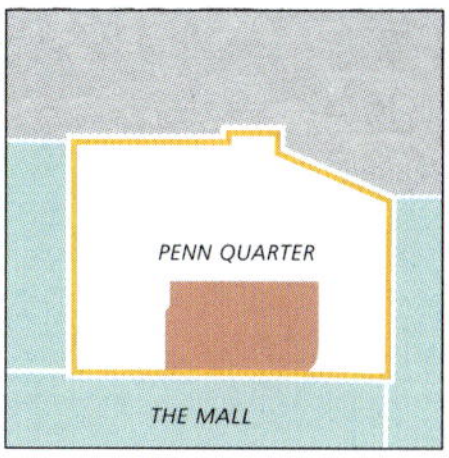

Zur Orientierung
Siehe Stadtplan, Karten 3 & 4

★ National Archives
Unter der Kuppel werden die wertvollsten Dokumente aus den National Archives, darunter die Bill of Rights, aufbewahrt. Auch eine Kopie der englischen Magna Charta ist ausgestellt. ❷

Mellon Fountain
Der Brunnen am Ostgebäude der National Gallery of Art ist nach dem Industriellen und Kunstsammler Andrew Mellon benannt, der das Museum in den 1930er Jahren gründete. ❶

0 Meter 100

0 Yards 100

Legende

– – – Routenempfehlung

Nicht versäumen

- ★ National Archives
- ★ Old Post Office
- ★ Pennsylvania Avenue

Wasserkaskaden des klassizistischen Mellon Fountain

Mellon Fountain ❶

Constitution Ave und Pennsylvania Ave, NW. **Stadtplan** 4 D4. Ⓜ *Archives-Navy Memorial-Penn Quarter.*

Der Brunnen gegenüber der National Gallery of Art *(siehe S. 58–61)* ist Andrew Mellon, dem Finanzminister, Bankier und Industriellen, gewidmet, der seine Sammlung der Kunstgalerie vermachte. Als er starb, stifteten seine Freunde 300 000 US-Dollar für den Bau des Brunnens, der am 9. Mai 1952 feierlich eingeweiht wurde.

Die drei Bronzebecken, aus denen Wasser herabfließt, sind einem Brunnen auf einem Platz in Genua nachempfunden. Im größten der Becken sind die Sternzeichen eingraviert. Der Stil des Brunnens spiegelt die Architektur des Westbaus der National Gallery of Art wider.

National Archives ❷

Constitution Ave, zwischen 7th St und 9th St, NW. **Stadtplan** 3 D3. *357-5000.* Ⓜ *Archives-Navy Memorial-Penn Quarter.* *1. Apr–Labor Day: tägl. 10–21 Uhr; Sep–März: tägl. 10–17.30 Uhr.* *25. Dez.*
www. archives.gov

Im Lauf der 1930er Jahre erkannte der Kongress die Notwendigkeit, die Dokumente des Landes zu bewahren, bevor das Papier zerfiel, sie verloren gingen oder zerstört wurden. Für ihre Lagerung entwarf John Russell Pope 1935 das Gebäude der National Archives. Er hatte auch die National Gallery of Art und das Jefferson Memorial geplant. Die allein schon von ihren Ausmaßen her imposante Bibliothek beherbergt heute die wichtigsten historischen Dokumente und Gesetzesunterlagen der USA.

Unter der mächtigen Kuppel des Gebäudes sind neben zahllosen weiteren Schriftstücken auch die Unabhängigkeitserklärung und die Verfassung der Vereinigten Staaten sowie eine Kopie der Magna Charta aus dem Jahr 1297 ausgestellt. Letztere ist eine Dauerleihgabe Englands.

Statue vor den National Archives

Die National Archives enthalten auch Millionen von Dokumenten, Fotos, Videos und Tonaufnahmen aus rund zwei Jahrhunderten. Die Sammlung ist so groß, dass sie etwa 250 000 Aktenschränke füllen könnte. Die zuständige Institution, die National Archives and Records Administration (NARA), katalogisiert, verwaltet und organisiert das Material, von dem vieles zur Sicherheit zusätzlich auf Großrechnern gespeichert ist. Die Dauerausstellung Public Vaults bietet Besuchern interaktiven Zugang zur Sammlung.

Darüber hinaus sind die National Archives ein bedeutendes Forschungszentrum. Wissenschaftler haben Zugang zu Kopien seltener Dokumente, etwa Militärpapieren, Einwanderungsunterlagen, Sklaventransportbescheinigungen, Sterbeurkunden und Steuerunterlagen.

National Archives Building mit neoklassizistischer Fassade

Verfassung der Vereinigten Staaten

Im Jahr 1787 kamen Delegierte aus den 13 ursprünglichen amerikanischen Bundesstaaten in Philadelphia zusammen, um die Konföderationsartikel *(siehe S. 18)* zu verbessern. Doch bald zeigte sich, dass eine völlig neue Verfassung nötig war. Die Debatten zogen sich über Monate hin, in denen die Delegierten das Regelwerk für die neue Nation schufen. Nach der Verfassung vom 17. September 1787 sind die USA eine föderale Republik mit Präsidialsystem und einer Gewaltenteilung nach dem Prinzip von »Checks and Balances«. Eine der größten Streitfragen, der Wahlmodus der Abgeordneten, wurde zugunsten der Direktwahl geklärt. Vor der Ratifizierung 1788 diskutierten Föderalisten und Anti-Föderalisten erbittert über das Vertragswerk. Die Mehrheit der Staaten stimmte allerdings dem föderalen System zu und verzichtete auf einen Teil der Macht, »um eine bessere Union zu gründen«.

Ursprüngliche Flagge der 13 US-Bundesstaaten

We the People of the United States, in Order to form a more perfect Union, establish Justice, insure domestic Tranquility, provide for the common defence, promote the general Welfare, and secure the Blessings of Liberty to ourselves and our Posterity, do ordain and establish this Constitution for the United States of America.

Article. I.

Section. 1. All legislative Powers herein granted shall be vested in a Congress of the United States, which shall consist of a Senate and House of Representatives.

Präambel der Verfassung der Vereinigten Staaten

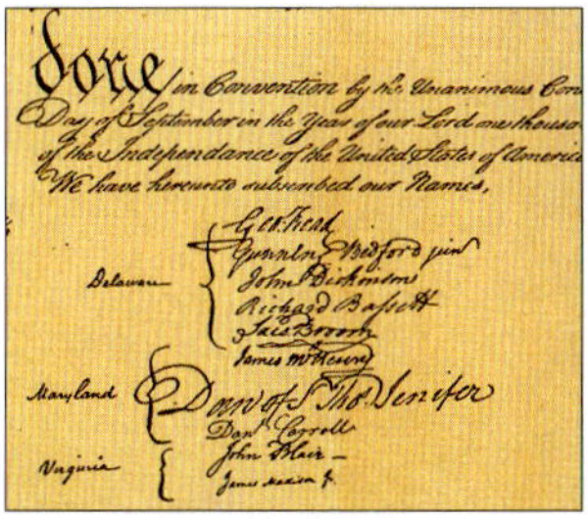

done in Convention by the Unanimous Con
Day of September in the Year of our Lord one thous
of the Independance of the United States of Americ
We have hereunto subscribed our Names,

Delaware — Geo: Read, Gunning Bedford jun, John Dickinson, Richard Bassett, Jaco: Broom

Maryland — James McHenry, Dan of St Thos. Jenifer, Danl Carroll

Virginia — John Blair, James Madison Jr.

Unterschriften auf der US-Verfassung

Unterzeichnung der Verfassung

Nach monatelanger Debatte im Konvent wurde die Verfassung am 17. September 1787 in der Assembly Hall in Philadelphia von 39 der insgesamt 55 Abgeordneten aus den Bundesstaaten unterzeichnet. Der 81-jährige Benjamin Franklin war der älteste unter ihnen. James Madison, ein weiterer Unterzeichner, spielte in den folgenden zwei Jahren nach Inkrafttreten der Verfassung eine wichtige Rolle.

James Madison

Heutige Verfassung

Die sieben Artikel der Verfassung (die ersten drei legen die Regierungsgrundsätze fest; *siehe S. 28f*) bestimmen die Gesetze in den USA bis heute. Daneben gibt es Verfassungszusätze, von denen die ersten zehn die *Bill of Rights* darstellen, in der Fragen wie das Recht auf Waffenbesitz sowie die Meinungs- und Religionsfreiheit geregelt werden.

Treuegelöbnis

Der Fahneneid wurde 1892 anlässlich des 400. Jahrestags der Entdeckung Amerikas durch Kolumbus geschrieben. Heute sagen ihn Schulkinder täglich auf, ebenso Einwanderer bei ihrer Einbürgerungszeremonie.

Öffentliche Demonstrationen

Demo gegen den Golfkrieg: Bürger nehmen ihr Recht auf Meinungsfreiheit wahr.

Blick auf die von Bäumen gesäumte Pennsylvania Avenue und das Kapitol

US Navy Memorial ❸

Market Square, Pennsylvania Ave zwischen 7th St und 9th St, NW. **Stadtplan** 3 C3. Ⓜ *Archives-Navy Memorial-Penn Quarter.* ♿ **Naval Heritage Center** 701 Pennsylvania Ave, NW. ☎ *737-2300.* ◯ *tägl. 9.30–17 Uhr.* ● *1. Nov–28. Feb: Mon.* 🔲 **www**.lonesailor.org

Das Marinedenkmal auf dem Market Square konzentriert sich auf die Skulptur des »einsamen Seemanns«. Die von Stanley Bleifeld 1990 gefertigte Bronze gedenkt der Männer und Frauen, die in der US-Marine gedient haben.

Der »Lone Sailor« steht auf einer Weltkarte, deren Ländergrenzen im Boden eingelassen und durch niedrige Mauern geschützt sind. Vier Wasserfälle und eine Fahnengruppe vervollständigen das Denkmal. Im Sommer geben Militärkapellen kostenlose Konzerte auf dem Platz. Das **Naval Heritage Center** beim Denkmal dokumentiert die Geschichte der Navy und zeigt Porträts prominenter Marines wie John F. Kennedy.

Die Lone Sailor-Statue des US Navy Memorial

Pennsylvania Avenue ❹

Pennsylvania Ave. **Stadtplan** 3 A2 bis 4 D4. Ⓜ *Federal Triangle, Archives-Navy Memorial-Penn Quarter.*

Als Pierre L'Enfant 1789 seine Pläne für die Hauptstadt der jungen USA entwarf, stellte er sich einen Boulevard vor, der vom »Präsidentenpalast« zum Parlamentsgebäude durch das Stadtzentrum führen sollte.

Zwei Jahrhunderte lang konnte die Pennsylvania Avenue dem Traum von L'Enfant nicht gerecht werden. Im frühen 19. Jahrhundert war sie nur wenig mehr als ein schlammiger Trampelpfad durch das Dickicht. 1833 wurde die Straße gepflastert und lag inmitten eines Geschäfts- und Hotelviertels.

Während des Bürgerkriegs ging es mit der Nachbarschaft schnell bergab. Hier gab es »Saloons, Spielhöllen, Absteigen, Imbisse, Ramschläden und billiges Vergnügen«, wie ein Regierungsbericht festhielt.

Als 1961 die Parade zur Amtseinführung von Präsident John F. Kennedy die Pennsylvania Avenue entlangführte, schaute Kennedy auf »Amerikas Hauptstraße« und sah eine Ansammlung von Peep-Shows, Pfandhäusern und Spirituosenläden. Prompt ordnete er eine Neugestaltung an, die den Anstoß für die Wiedergeburt der Straße gab.

Fast 15 Jahre später hob der Kongress die Pennsylvania Avenue Development Corporation aus der Taufe – ein Joint Venture von Staat und Wirtschaft, das die Wiederbelebung forcierte.

Präsidentenparaden zur Amtseinführung

Die Tradition von Paraden zur Amtseinführung des Präsidenten begann 1809, als das Militär James Madison von seinem Haus in Virginia nach Washington, DC begleitete. Die erste Parade mit Umzugswagen fand 1841 für Präsident William Henry Harrison statt. Im Januar 1985 musste die Zeremonie für Ronald Reagan wegen Frostwetters ins Kapitol verlegt werden. Eine Rekordzahl von 1,8 Millionen Zuschauern verfolgte 2009 die Amtseinführung Obamas. Militärkapellen sind fester Bestandteil der Parade. Sie marschieren vom Kapitol bis zum Weißen Haus mit.

Parade zu Beginn der dritten Amtszeit von Präsident Roosevelt 1941

Das mehrstöckige Gebäude mit dem Newseum

Heute bietet die von Parks, Denkmälern, Läden, Museen und Regierungsbauten gesäumte Pennsylvania Avenue wieder den passenden Rahmen für die Paraden künftiger Präsidenten.

Newseum 5

555 Pennsylvania Ave, NW. **Stadtplan** 4 F4. *639-7386.* *Archives-Navy Memorial-Penn Quarter.* *tägl. 9–17 Uhr.* *1. Jan, Thanksgiving, 25. Dez.* **www**.newseum.org

Das preisgekrönte Medienmuseum liegt in einem Gebäude, von dessen Balkon man einen fantastischen Blick auf die Stadt hat. Das Newseum erstreckt sich über sieben Ebenen mit 14 Abteilungen und 15 Vorführräumen, in denen erläutert wird, wie Nachrichten gemacht werden. Die Abteilungen umspannen fünf Jahrhunderte Zeitungs- und Mediengeschichte. Sie zeigen neueste Technologien und bieten Exponate »zum Anfassen«. Ein Highlight ist die Galerie mit den Pulitzer-Preisträgern. Ausgestellt sind auch weltberühmte Fotos, wie dasjenige vom Hissen der amerikanischen Flagge nach der Schlacht von Iwo Jima (1945) und Eddie Adams' Foto von der Erschießung eines Vietkong in Saigon (1969). Andere Abteilungen beschäftigen sich mit der Berliner Mauer und den Terroranschlägen vom 11. September. Es gibt auch ein interaktives Studio, in dem Besucher als Reporter oder Nachrichtensprecher fungieren können.

Bewegend ist das Denkmal für Journalisten, die ihren Beruf mit dem Leben bezahlten. Vor dem Bau sind fünf Grundrechte eingraviert: Religions-, Meinungs- und Pressefreiheit sowie Versammlungs- und Petitionsrecht.

Skulptur am Oscar Straus Memorial Fountain

Ronald Reagan Building 6

1300 Pennsylvania Ave, NW. **Stadtplan** 3 B3. *312-1300.* *Federal Triangle.* *Mo–Fr 7–19 Uhr, Sa 11–18 Uhr (Apr–Aug: auch So 12–18 Uhr).* *Feiertage.* *tel. erfragen (312-1647).* **Visitor Center** *328-4748.* **www**.itcdc.com

Das Ronald Reagan Building ist ein wuchtiges Gebäude aus Kalkstein. Die Fassade wirkt klassisch, das Innere modern. Der riesige Komplex ist nur etwas kleiner als der Vatikan in Rom. Der 1997 fertiggestellte Bau war das bisher teuerste Bundesgebäude. Erbaut wurde es nach Plänen von Pei Cobb Freed & Partners, den Architekten des US Holocaust Memorial Museum *(siehe S. 80f)* und des Ostflügels der National Gallery of Art. Im Komplex gibt es einen Mix aus Regierungsbüros, Wirtschaftsunternehmen und öffentlichen Bereichen.

Am Ostende des Atriums steht Keith Sonniers Route Zenith, die größte Neonskulptur in Nordamerika. Vor dem Gebäude befindet sich der Oscar Straus Memorial Fountain. Die Brunnenfigur schuf der Bildhauer Adolph Alexander Weinman.

Im Sommer gibt es auf der mit Arbeiten von Künstlern wie Martin Puryear und Stephen Rodin geschmückten Woodrow Wilson Plaza unter der Woche mittägliche Gratiskonzerte.

Wegen seiner zentralen Lage ist im Ronald Reagan Building das Washington DC Visitor Information Center untergebracht. Hier erhalten Besucher Informationen aller Art sowie auch Eintrittskarten für zahlreiche Veranstaltungen (Mo–Fr 8.30–17.30, Sa 9–16 Uhr geöffnet).

Der pseudoklassizistische Eingang des Ronald Reagan Building

Restaurantbereich in der imposanten Halle des Old Post Office

Old Post Office ❼

1100 Pennsylvania Ave, NW. **Stadtplan** 3 C3. *289-4224.* M *Federal Triangle.* *März–Aug: Mo–Sa 10–20, So 12–19 Uhr; Sep–Feb: Mo–Sa 10–19, So 12–18 Uhr.* *1. Jan, Thanksgiving, 25. Dez.* *nur im Turm (606-8691.* **www**.oldpostofficedc.com

Das 1899 erbaute Old Post Office war Washingtons erstes Hochhaus. Es erhebt sich zwölf Stockwerke hoch über die Stadt und galt mit seinem feuerfesten Stahlskelett unter dem Granitstein als Meisterwerk moderner Ingenieurskunst. Im Innern gab es 3900 elektrische Leuchten. Das Gebäude verfügte zudem über einen eigenen Generator, den ersten in der Stadt. Die fantasievolle romanische Architektur war damals in Mode, die atemberaubende Halle mit ihrem Glasdach und den Emporen ist noch immer ein imposanter Mix aus Licht, Farben und Metallglanz.

In den 15 Jahren nach der Eröffnung wurde der Bau zum Streitfall: Die hochgelobten Türme und Bogen wurden nun verspottet. Die *New York Times* schrieb, das Gebäude sähe aus »wie eine Kreuzung zwischen Kathedrale und Baumwollspinnerei«. Stadtplaner der Regierung meinten, dass der Bau nicht zu der in Washington vorherrschenden, an klassischen Vorbildern orientierten Architektur passe. Als die Post 1934 auszog, gab es keinen Grund, das Relikt zu erhalten. Nur der Geldmangel während der Großen Depression in den 1930er Jahren *(siehe S. 23)* bewahrte das Gebäude vor dem Abriss.

Bis Mitte der 1960er Jahre diente es verschiedenen Behörden. Erneut gab es viele Stimmen, die wegen des heruntergekommenen Zustands für einen Abriss plädierten. Erst eine Initiative zum Denkmalschutz rückte die historische Bedeutung des Old Post Office ins Bewusstsein.

Heute sind in dem renovierten, als Pavillon bekannten Bau Läden und Lokale untergebracht. Der Turm hat in 82 Meter Höhe eine Aussichtsplattform, von der aus man einen fantastsischen Blick hat.

Benjamin-Franklin-Statue ❽

Pennsylvania Ave und 10th St, NW. **Stadtplan** 3 C3. M *Federal Triangle.*

Die Statue wurde vom Verleger Stilson Hutchins (1839–1912) gestiftet und 1989 von Benjamin Franklins Urgroßtochter enthüllt. Die Bezeichnungen »Drucker, Philosoph, Patriot, Philanthrop« stehen an den vier Seiten des Sockels und ehren das Genie. Benjamin Franklin war Schriftsteller, Wissenschaftler und eines der wichtigsten Mitglieder des Ausschusses, der 1776 die Unabhängigkeitserklärung verfasste. 1777 ging er als Diplomat an den Hof von Louis XVI, um Frankreichs Unterstützung für Amerikas Unabhängigkeitskampf zu erhalten. 1783 kehrte Franklin nach Frankreich zurück und handelte mit den Briten den Friedensvertrag von Paris aus, der die Kriegshandlungen beendete *(siehe S. 18)*.

Skulptur vo Benjamin Franklin

Freedom Plaza ❾

Pennsylvania Ave zwischen 13th St und 14th St, NW. **Stadtplan** 3 B3. M *Federal Triangle, Metro Center.*

Die Freedom Plaza entstand Mitte der 1970er Jahre als Teil der Erneuerung der Pennsylvania Avenue. Der von Robert Venturi und Denise Scott Brown entworfene Platz wurde 1980 eingeweiht und zeigt im Boden den ursprünglichen Entwurf Pierre L'Enfants für Washington, ausgeführt in schwarzen und weißen Steinen. Rund um den Platz sind Zitate über die US-Hauptstadt eingemeißelt, z.B. von Walt Whitman und von Präsident Woodrow Wilson. Die Freedom Plaza bietet

Großflächige Reproduktion von L'Enfants Stadtplan, Freedom Plaza

einen Zugang zur Pennsylvania Avenue *(siehe S. 92f)*. An der Nordseite des Platzes stehen das **Warner Theatre** und das **National Theatre**, südlich der Beaux-Arts-Bau des **District Building**. Auf der Freedom Plaza finden das ganze Jahr über Festivals und Open-Air-Konzerte statt.

National Aquarium ⑩

Commerce Building, 14th St und Constitution Ave, NW. **Stadtplan** 3 B3. *482-2825.* *Federal Triangle.* *tägl. 9–17 Uhr.* *Thanksgiving, 25. Dez.*
www.nationalaquarium.org

Ursprünglich stand das Aquarium ab 1873 in Woods Hole (Massachusetts), einem bedeutenden Zentrum für Meeresbiologie. 1888 wurde das National Aquarium nach Washington verlegt, damit es für mehr Leute zugänglich war. Seit 1931 ist es im Handelsministerium untergebracht. Heute beherbergt es etwa 1200 Tiere (insgesamt 200 Tierarten).

Schildkröte im National Aquarium

In künstlichen »Biotopen«, die dem natürlichen Lebensraum der Tiere nachempfunden sind, kann man viele Meeres- und Süßwasserfische, darunter Haie, Piranhas und Muränen, sowie verschiedene Reptilien sehen.

Außerdem gibt es ein »Streichelbecken«, in dem die Besucher einige der Tiere anfassen können.

Willard Hotel ⑪

1401 Pennsylvania Ave, NW. **Stadtplan** 3 B3. *628-9100, 800-827-1747.* *Metro Center.*
www.washington.interconti.com

Seit 1816 stand an dieser Stelle das Hotel Tennison's, das sich auf sechs beieinanderliegende, zweistöckige Gebäude verteilte. 1847 wurde es renoviert und von Henry Willard geleitet, der dem Hotel drei Jahre später seinen Namen gab. Während des Bürgerkriegs (1861–65) übernachteten hier viele Berühmtheiten, u. a. der Schriftsteller Nathaniel Hawthorne, der für eine Zeitschrift über den Krieg berichtete, und Julia Ward Howe, Verfasserin eines populären Buchs über den Bürgerkrieg. Angeblich ist hier auch der Begriff »Lobbyist« entstanden – so wurden die Männer bezeichnet, die auf der Suche nach einflussreichen Kongressabgeordneten durch die Hotellobby streiften, um sie für ihre Sache zu gewinnen.

Das heutige Hotel mit seinen 330 Zimmern wurde 1904 von Henry Hardenbergh entworfen. Noch bis Ende des Zweiten Weltkriegs, als die Gegend heruntergekommen war, galt das Hotel als das beste Haus am Platz. 20 Jahre lang war es dann geschlossen und stand kurz vor dem Abriss. Eine Koalition aus Denkmalschützern und Mitgliedern der Pennsylvania Avenue Development Corporation setzte sich für den Erhalt dieses Beaux-Arts-Gebäudes ein, sodass es 1986 im alten Glanz wiedereröffnet werden konnte.

Die Lobby ist grandios – mit 35 Marmorsorten, poliertem Holz und einem Empfang in Form eines Blütenblatts. Es gibt zudem ein stilvolles Café, eine Bar und das Restaurant Willard Room.

Fassade des National Theatre in der E Street

National Theatre ⑫

1321 Pennsylvania Ave, NW. **Stadtplan** 3 B3. *628-6161, 800-447-7400.* *Metro Center, Federal Triangle.* **www**.nationaltheatre.org

Das heutige National Theatre ist das sechste Theater an diesem Platz. Die ersten vier Spielstätten brannten ab, die fünfte wurde 1922 durch den heutigen Bau ersetzt. Das 1984 renovierte Theater zeigt heute Stücke, bevor sie am Broadway in New York aufgeführt werden, sowie Tourneeproduktionen, darunter Erfolge wie *Chicago* und *Les Misérables*.

Das National Theatre ist wegen seiner hervorragenden Akustik vor allem als Sprechtheater bekannt. Angeblich wird es vom Geist des Schauspielers John McCullough aus dem 19. Jahrhundert heimgesucht, den ein Kollege ermordet und unter der Bühne vergraben hatte.

Peacock Alley, einer der luxuriösen Flure im Willard Hotel

National Museum of Women in the Arts ⓭

1250 New York Ave, NW. **Stadtplan** 3 C3. *783-5000, 800-222-7270.* *Metro Center.* *Mo–Sa 10–17, So 12–17 Uhr.* *1. Jan, Thanksgiving, 25. Dez.* *nur für Gruppen (783-7996).*
www.nmwa.org

Das Museum widmet sich Künstlerinnen und präsentiert Arbeiten von der Renaissance bis zur Gegenwart. Die Sammlung entstand in den 1960er Jahren durch Wilhelmina Holladay und ihren Ehemann, die Gemälde, Skulpturen und Fotos aus aller Welt zusammentrugen.

Die Sammlung war einige Jahre lang im Privathaus der Familie Holladay untergebracht, bis sie ins Renaissance Revival umzog, die einstige Versammlungsstätte einer Freimaurerloge. Besonders sehenswert sind die Meisterwerke amerikanischer Künstlerinnen. Zu den herausragenden Arbeiten aus dem 19. Jahrhundert gehören *The Bath* (1891) von Mary Cassatt und *The Cage* (1885) von Berthe Morisot. Werke des 20. Jahrhunderts umfassen *Bacchus 3* (1978) von Elaine de Kooning und *Selbstbildnis, León Trotski gewidmet* (1937) der mexikanischen Malerin Frida Kahlo. Der Museumsshop verkauft Objekte von Frauen.

Fassade des National Museum of Women in the Arts

Carnegie Library Building ⓮

801 K St (Mount Vernon Sq) NW. **Stadtplan** 3 C2. *383-1800.* *Gallery Place-Chinatown, Mt Vernon Sq.* **Kiplinger Research Library** *383-1850.* *Di–Sa 10–17 Uhr.* *1. Jan, 4. Juli, Thanksgiving, 25. Dez*

Das Carnegie Library Building war einst die zentrale Bibliothek der Hauptstadt. Heute ist es Veranstaltungsort für Ausstellungen und andere Events. 2003 verlegte die Washington Historical Society ihren Hauptsitz hierher. Das früher hier angesiedelte City Museum of Washington, DC ist seit 2004 geschlossen. Die hervorragend sortierte Kiplinger Research Library mit ihrem Lesesaal bietet umfassende Sammlungen wertvoller historischer Dokumente, darunter seltene Publikationen, Drucke, Landkarten, Fotografien und Handschriften. Lesungen, Videovorführungen und Workshops finden regelmäßig statt. Auf dem Boden gibt es eine riesigen Stadtplan von Washington, DC.

Darstellung von John Wilkes Booth, wie er Lincoln erschießt

Ford's Theatre ⓯

511 10th St zwischen E St und F St, NW. **Stadtplan** 3 C3. *426-6924.* *Gallery Place-Chinatown, Metro Center.* *tägl. 9–17 Uhr (nicht bei Matineen und Proben – bitte tel. erfragen).* *25. Dez.* **Petersen House** *tägl. 9.30–17.30 Uhr (Zeit-Tickets).* *25. Dez.*
www.nps.gov/foth

Der Theaterproduzent John T. Ford ließ das Kleinod von Theater 1863 errichten. Washington boomte damals wegen des Bürgerkriegs. Das im Geschäftsviertel gelegene Theater war eine beliebte Bühne. Sein Stern sank allerdings am 14. April 1865, als John Wilkes Booth während einer Vorstellung Präsident Abraham Lincoln erschoss. Das Haus auf der gegenüberliegenden Straßenseite, in dem Lincoln starb, das **Peterson House**, ist als Museum erhalten. Hier kann man das Bett sehen, in das Lincoln gebracht wurde und in dem er am nächsten Morgen starb.

Nach der Tragödie mieden die Besucher das Theater, so dass Ford ein Jahr später gezwungen war, es an die Regierung zu verkaufen. Fast ein Jahrhundert lang ließ man es verfallen, dann wurde es glanzvoll restauriert. Das Theater zeigt heute kleine Produktionen. Im Gedenken an Lincoln ist die Präsidentenloge stets geschmückt.

Fassade des Ford's Theatre, in dem Lincoln erschossen wurde

Martin Luther King Memorial Library ⓰

901 G St an der 9th St, NW. **Stadtplan** 3 C3. 727-0321. *Gallery Place-Chinatown, Metro Center.* *Mo–Do 9.30–21, Fr, Sa 9.30–17.30, So 13–17 Uhr.* *Feiertage.* **www**.dclibrary.org/mlk

Washingtons Martin Luther King Memorial Library ist der einzige Bau, den Ludwig Mies van der Rohe in der Stadt errichtete. Der für die Architektur des 20. Jahrhunderts wegweisende Architekt beendete den Entwurf kurz vor seinem Tod 1969. Auf Wunsch der Treuhänder wurde die Bibliothek bei ihrer Eröffnung 1971 nach dem Bürgerrechtler Dr. Martin Luther King, Jr. benannt. Der Bau ersetzte die kleine, veraltete Carnegie Library als städtische Hauptbibliothek.

Die Architektur ist ein Beispiel für »weniger ist mehr«. Der nüchterne viereckige Bau mit zurückgesetztem Foyer besitzt innen ein Fresko von Don Miller mit Szenen aus dem Leben von Dr. Martin Luther King, Jr. Die Bibliothek veranstaltet Konzerte, Lesungen und Kinderprogramme.

Der »Friendship Archway« über der H Street im Herzen von Chinatown

Chinatown ⓱

6th St bis 8th St u. G St bis H St, NW. **Stadtplan** 3 C3 & 4 D3. *Gallery Place-Chinatown.*

Die kleine Chinatown von Washington erstreckt sich über sechs Straßenblöcke. Sie entstand um 1930. Heute leben hier rund 500 Chinesen. Mit dem Bau des Verizon Center *(siehe S. 102)* 1997 begann die Wiederbelebung der Gegend: Zwar sind die Mieten gestiegen, sodass einige beliebte Restaurants schließen mussten, doch die wachsende Zahl von Besuchern hat auch mehr Wohlstand ins Viertel gebracht. Die H Street mit ihren vielen Läden und einigen guten Restaurants ist die belebteste Straße.

Der »Friendship Archway«, ein beeindruckender Torbogen an der Kreuzung von H Street und 7th Street, markiert das Zentrum von Chinatown. Er wurde 1986 gebaut und von Beijing, einer der Partnerstädte Washingtons, finanziert. Der Torbogen ist von der Architektur der Qing-Dynastie (1649–1911) inspiriert. Die sieben Dächer werden von 300 Drachen gekrönt. Nachts ist der weltweit größte einbogige chinesische Torbogen beleuchtet.

Dr. Martin Luther King, Jr.

Als charismatischer Redner und Anhänger von Gewaltlosigkeit, wie sie Mahatma Gandhi gelehrt hatte, war Dr. Martin Luther King, Jr., ein Pastor der Baptistenkirche, die Galionsfigur der amerikanischen Bürgerrechtsbewegung. King wurde 1929 in Atlanta (Georgia) geboren. Sein Aufstieg begann 1955 mit dem Busboykott in Montgomery (Alabama), einem Protest gegen die Rassendiskriminierung in den Verkehrsmitteln der Stadt. Die Bewegung dehnte sich auf Proteste gegen Schulen, Hotels und Restaurants aus, zu denen Schwarze keinen Zutritt hatten. Kings Taktik des gewaltlosen Widerstands begegneten die Sicherheitskräfte oft mit brutalen Methoden. Der Höhepunkt der Proteste war der Marsch auf Washington am 28. August 1963, als etwa 200 000 Menschen am Lincoln Memorial demonstrierten und King seine legendäre Rede »I have a dream« hielt. Eine Folge der Proteste war die Verabschiedung der Bürgerrechtsgesetze 1964. Im selben Jahr erhielt King den Friedensnobelpreis. Seine Ermordung 1968 in Memphis (Tennessee) löste Unruhen in rund 100 US-Städten, darunter Washington, aus.

Dr. King während seiner Rede am Lincoln Memorial

Smithsonian American Art Museum und National Portrait Gallery ⓲

Nirgendwo sonst in Washington wird die Vorliebe der Stadt für Nachahmungen griechisch-römischer Architektur deutlicher als bei dem Gebäude des früheren US Patent Office Building (1836), in dem seit 1968 das Smithsonian American Art Museum und die National Portrait Gallery (NPG) untergebracht sind. Das American Art Museum präsentiert in seiner Dauerausstellung rund 3000 Werke von amerikanischen Künstlern. Die National Portrait Gallery fungiert als »Fotoalbum« der Nation – mit Gemälden, Fotos und Skulpturen von zahllosen berühmten Amerikanern.

Fassade des Baus mit dem Haupteingang zu beiden Museen

★ Achelous and Hercules

Das Gemälde von Thomas Hart Benton (1889–1975) ist ein mythologisches Gleichnis für das frühe Leben in Amerika. Herkules symbolisiert den Menschen, der das wilde Tier zähmt und die Früchte seiner Anstrengung genießt.

Herkules versucht den Stier zu fangen.

Der Flussgott Acheloos erscheint als der mit Herkules kämpfende Stier. Das Motiv steht symbolhaft für den Kampf Amerikas.

Ein Afroamerikaner überwindet einen Zaun, um das Ideal der Gleichheit zu verwirklichen.

★ Among the Sierra Nevada, California

Albert Bierstadt malte Landschaften des amerikanischen Westens romantisch-verklärt. Nicht nur dieses Bild von 1867/68 wurde deswegen kritisiert.

Old Bear

Das lebendige Gemälde des Medizinmanns von George Catlin stammt von 1832. Indianer waren das Lieblingssujet des Künstlers.

Mary Cassatt
Das Porträt von Edgar Degas (um 1882) zeigt die Künstlerin Mary Cassatt beim Kartenspiel.

John Singleton Copley
Das Selbstbildnis des berühmten Porträtmalers entstand um das Jahr 1780.

»Casey« Stengel
Die Bronzeskulptur des Baseballspielers von Rhoda Sherbell wurde 1981 gegossen.

INFOBOX

Smithsonian American Art Museum
8th St & F St, NW.
Stadtplan 3 C3. ☎ *633-1000.*
Ⓜ *Gallery Place-Chinatown.*
◯ *tägl. 11.30–19 Uhr.*
www.americanart.si.edu

National Portrait Gallery
8th St & F St, NW.
Stadtplan 3 C3. ☎ *633-1000.*
Ⓜ *Gallery Place-Chinatown.*
◯ *tägl. 11.30–19 Uhr.*
www.npg.si.edu

Der Mann auf dem Acker symbolisiert das amerikanische Volk, wie es die Früchte der Feldarbeit einbringt.

Herkules, kurz bevor er dem Stier das Horn abbricht.

Das Horn verwandelt sich in ein Füllhorn. Es symbolisiert Amerika als Land des Überflusses und der Chancen und Möglichkeiten.

★ Manhattan
Georgia O'Keeffes Ölgemälde von 1932 wurde für eine Ausstellung im New Yorker Museum of Modern Art geschaffen. Es zeigt ihre Sicht der Architektur Manhattans.

In the Garden
Dieses reizvolle Bild der Dichterin Celia Thaxter malte der Künstler Childe Hassam 1892.

NICHT VERSÄUMEN

- ★ Achelous and Hercules
- ★ Among the Sierra Nevada, California
- ★ Manhattan

Smithsonian American Art Museum: Sammlungen

Giraffe aus Kronkorken

Das Smithsonian American Art Museum wurde 1829 gegründet, es ist die älteste staatliche Kunstsammlung. Zunächst wurde es mit Schenkungen privater Sammler und Organisationen bestückt, bevor 1846 die Gründung der Smithsonian Foundation erfolgte. Das Museum bewahrt mit über 41 500 Kunstwerken aus 300 Jahren Amerikas kulturelles Erbe. Die Renwick Gallery, das Zweigmuseum für Kunsthandwerk, liegt nahebei *(siehe S. 113)*.

Amerikanische Volkskunst

Die Sammlung amerikanischer Volkskunst birgt einige erstaunliche Werke. Ein Highlight ist sicherlich James Hamptons *Throne of the Third Heaven of the Nations' Millennium General Assembly* (um 1950–1964). Hampton, ein Hausmeister der Stadt, entwarf in seiner Garage seine ganz persönliche künstlerische Vision. Als Materialien dienten ihm Gold- und Blechfolien, altes Mobiliar und Glühbirnen. Im Lauf der Jahre stellte Hampton einen Thron, Kanzeln, Kronen und andere Devotionalien her und vereinte sie in einem äußerst ungewöhnlichen Werk.

19. und frühes 20. Jahrhundert

Zu den Attraktionen dieser Abteilung zählen Landschaftsbilder des amerikanischen Westens von Thomas Moran und Albert Bierstadt. Die romantische Verklärung des Westens zeigt sich etwa in Bierstadts *Among the Sierra Nevada, California* (1867/68).

Viele der hier ausgestellten amerikanischen Künstler wie Albert Pinkham Ryder, Winslow Homer und John Singer Sargent waren Zeitgenossen der Impressionisten. Homers *High Cliffs, Coast of Maine* (1894) zeigt das dramatische Aufeinandertreffen von Land und Wasser. Auch Pinkham Ryder war vom Meer fasziniert: Das um 1885 entstandene Bild *Jonah*, das von der Bibelgeschichte von Jonas und dem Wal inspiriert wurde, stellt einen dem Sturm ausgesetzten und von Gott vergessenen Jonas dar. Imposant ist auch das Ölgemälde *Fired On* von Frederick Remington. Er war vor allem als Bildhauer von Cowboy- und Pferdestatuen bekannt, weniger als Maler.

Im Museum gibt es Hunderte Abbildungen der Ureinwohner, viele von Georgia O'Keeffe, Edward Hopper und George Caitlin. Indianer waren auch das bevorzugte Sujet von Charles Bird King und John Mix Stanley.

Throne of the Third Heaven of the Nations' Millennium General Assembly

Auch amerikanische Impressionisten wie Mary Cassatt, William Merritt Chase, John Henry Twachtman und Childe Hassam sind ausgestellt. Hassams Ruhe ausstrahlendes, gleichwohl frisches Bild *The South Ledges, Appledore* (1913) ist typisch für seinen vom französischen Impressionismus beeinflussten Malstil.

Robert Rauschenbergs *Reservoir* (1961), Materialmix auf Leinwand

Amerikanische Moderne

Die teils enorm großen modernen Werke kontrastieren zu denen des 19. und 20. Jahrhunderts. Die schwarzen Risse auf weißer Leinwand in *Merce C* (1961) von Franz Kline – inspiriert von seiner Beziehung zum Tänzer Merce Cunningham – sind die Antithese zur Feinheit der Impressionisten. Kenneth Nolands geometrische Kompositionen ähneln Zielscheiben. Auch zu sehen: Robert Rauschenberg, Helen Frankenthaler, James Rosenquist, Hans Hofman und David Hockney.

Luce Foundation Center

Das dreistöckige Luce Foundation Center for American Art zeigt etwa 3500 Kunstwerke der Smithsonian-Sammlung, darunter Gemälde, Skulpturen, zeitgenössisches Kunsthandwerk, Volkskunst und Schmuck.

National Portrait Gallery: Sammlungen

Die National Portrait Gallery zeigt den Zeitgenossen ganze Generationen bedeutender Amerikaner. Zielsetzung der Sammlung ist die Präsentation »von Männern und Frauen, die wichtige Beiträge zur Geschichte, Entwicklung und Kultur der USA geleistet haben«. Viele verstorbene Berühmtheiten leben in den Hallen der National Portrait Gallery weiter: Politiker wie George Washington und Martin Luther King, Jr., Künstler wie George Gershwin und Mary Cassatt sowie politische Vorkämpfer wie Rosa Parks und Sequoyah sind hier eindrucksvoll porträtiert.

***Ronald Reagan* (1989) von Henry C. Casselli, Öl auf Leinwand**

Überblick

Die National Portrait Gallery verkörpert quasi das Familienalbum der Vereinigten Staaten. Die Porträts verraten nicht nur viel über die jeweiligen Persönlichkeiten, sondern auch über deren Zeit. Die Dauerausstellung präsentiert über 20 000 Exponate, darunter Gemälde, Fotografien, Skulpturen, Kupferstiche und Zeichnungen. Dargestellt werden jedoch nicht nur die Helden der Nation, sondern durchaus auch die Schurken und Ganoven. Die National Portrait Gallery bevorzugt dabei Gemälde, bei denen Modell gestanden wurde.

Porträt von Pocahontas (unbekannter Künstler)

Grosse Halle

Die Große Halle im zweiten Stock ist ein buntes Mosaik aus Wandkacheln und Deckenmedaillons. Ein Fresko zeigt den technischen Fortschritt in Amerika und erinnert daran, dass in diesem Raum einst neue Erfindungen ausgestellt wurden.

Bedeutende Amerikaner

Die Sammlung der National Portrait Gallery ist nicht auf Persönlichkeiten der politischen Geschichte begrenzt: Eine eigene Abteilung widmet sich Amerikanern, die aufgrund ihrer Leistungen in den Künsten, dem Sport oder in der Religions- oder Kulturgeschichte des Landes von Wichtigkeit sind. Zu den hier vertretenen Sportlern gehören der Baseballspieler Babe Ruth und Baseballmanager Casey Stengel. Aus der Unterhaltungsbranche sind Judy Garland, Tallulah Bankhead und Mary Pickford zu nennen. Neben John Wayne sind auch andere Hollywood-Stars wie Buster Keaton, Clark Gable und James Cagney vertreten. Der Dichter T.S. Eliot und der Komiker Will Rogers sind mit Bronzebüsten verewigt.

Kirchenführer, Großindustrielle und Bürgerrechtsaktivisten wie etwa Dr. Martin Luther King, Jr., Entdecker und Wissenschaftler sind in Öl, Ton oder Bronze dargestellt. Zu den vielen Fotoporträts gehören die kürzlich erworbenen Bilder von Marilyn Monroe, auf denen sie bei einem Truppenbesuch während des Koreakriegs zu sehen ist.

Präsidentenhalle

Der Kongress beauftragte 1857 George Peter Alexander Healy damit, die Porträts der Präsidenten zu malen. Die chronologisch angeordneten Bildnisse aller Präsidenten des Landes bilden das Herzstück der National Portrait Gallery.

Zwei Porträts von George und Martha Washington stechen ins Auge. Das berühmteste Porträt von George Washington ist jedoch Gilbert Stuarts »Landsdowne«-Bildnis, für das ihm der Präsident 1796 Modell stand. Abraham Lincoln ließ sich wenige Monate vor seiner Ermordung *(siehe S. 96)* von Alexander Gardener fotografieren.

In der Abteilung gibt es natürlich auch jüngere Präsidenten, etwa Bill Clinton und George W. Bush. Shepard Faireys »Pop-Art«-Porträt von Barack Obama, ein bekanntes Bild in dessen Wahlkampf, hängt gleichfalls hier.

Diana Ross und die Supremes (1965), Foto von Bruce Davidson

Objekte im einzigartigen International Spy Museum

International Spy Museum ⓲

800 F St, NW. **Stadtplan** 3 C3.
393-7798, EYE-SPY-U.
Gallery Place-Chinatown, Archives-Navy Memorial-Penn Quarter.
Apr–Okt: 10–20 Uhr; Nov–März: 10–18 Uhr. *1. Jan, Thanksgiving, 25. Dez.*
Gruppen nach Vereinbarung.
www.spymuseum.org

Das Spy Museum ist weltweit das einzige Museum, dass sich mit Spionage auseinandersetzt. Die interessante Sammlung zeigt z. B. die deutsche Chiffriermaschine Enigma aus dem Zweiten Weltkrieg, einen Schuh mit versteckten Sender, eine Armbanduhr mit eingebauter Kamera und eine »Lippenstift-Pistole«. Ein Besuch des Museums beginnt mit einem Film über das Leben eines Spions und die Motive, sich in die Agentenwelt zu begeben. Die Ausstellung »The Trick of the Trade« zeigt über 200 Objekte, die Spione zur Tarnung dienen. »The Secret History of Histories« beleuchtet die Kunst des Spionierens von der Antike bis Anfang des 20. Jahrhunderts. »Spies Among Us« zeigt die Technik des Ver- und Entschlüsselns im Zweiten Weltkrieg und porträtiert berühmte Spione. Andere Dauerausstellungen widmen sich dem Agentenwesen vom Kalten Krieg bis in die Gegenwart oder präsentieren moderne Abhörtechniken.

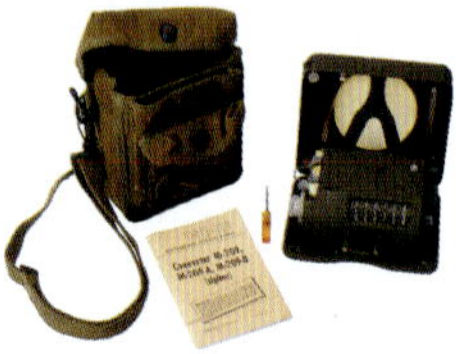

Dechiffriergerät zum Entschlüsseln von Nachrichten des Feindes

Verizon Center ⓴

601 F St, NW. **Stadtplan** 4 D3.
628-3200. *Gallery Place-Chinatown.* **Fan Gear Sports Store**
tägl. 10–17.30 Uhr (bei Events länger geöffnet). *für die National Sports Gallery.*
www.verizoncenter.com

Das 1997 eröffnete Verizon Center ist ein Sport- und Unterhaltungskomplex mit Läden und Restaurants.

Das 20 000 Sitze fassende Verizon-Stadion geht auf eine Idee von Abe Pollin zurück, Eigentümer der Washingtoner Basketballteams Wizards (Männer), Georgetown Hoyas und Mystics (Frauen) sowie des Eishockeyteams Capitals. Um die Höhe der älteren Bauten des historischen Viertels einzuhalten, ließ Pollin die Hälfte der Sitze unter dem Straßenniveau errichten. Das Ergebnis ist ein weiträumiger, aber harmonischer Bau.

Die Wiedergeburt des Penn Quarter

In den 1990er Jahren stieg Washingtons altes Zentrum vom verfallenen historischen Stadtviertel zu einer heiß begehrten Top-Lage auf. Der Bau des Verizon Center und ein neu erwachtes Interesse an der Restaurierung der verwahrlosten viktorianischen Gebäude beschleunigten die Entwicklung. Als das Penn Quarter sein schäbiges Image verlor, zogen viele Künstler fort, die sich hier in den alten Räumen mit ihren hohen Decken günstige Apartments und Ateliers eingerichtet hatten. Allerdings ist ihre Präsenz in den vielen Kunstgalerien und Ausstellungen im Viertel noch spürbar. Einige Vereine und kleine Läden sowie Bewohner in den großen, alten Gebäuden mussten wegen der steigenden Mieten ebenfalls wegziehen. Die Kosten haben auch traditionelle chinesische Restaurants rund um das Verizon Center verdrängt. Heute ist das Penn Quarter eine sehr sichere Ecke der Stadt. Sport-Events, Theater, Konzerte und gut besuchte Restaurants machen das Viertel sehr einladend.

Moderner Bürobau, der zwei viktorianische Häuser der 7th Street verbindet

Löwinnenstatue vor einer Marmorwand des Polizei-Denkmals

National Law Enforcement Officers Memorial ㉑

E St, NW, zwischen 4th St und 5th St, NW. **Stadtplan** 4 D3. *737-3400 oder 737-3213.* M *Judiciary Square.* **Visitor Center** 605 E St, NW. *Mo–Fr 9–17.30, Sa 10–17, So 12–17 Uhr.* *1. Jan, Thanksgiving, 25. Dez.*
www.nleomf.com

Das von Präsident George Bush 1991 eingeweihte Denkmal ehrt die 17500 seit Gründung der USA im Dienst umgekommenen Polizisten. Die blumengesäumten Wege bieten im Frühjahr einen schönen Anblick. Die Namen der getöteten Polizisten sind auf Marmorwänden eingraviert. Jeder Weg wird von der Statue einer ausgewachsenen Löwin bewacht, die ihre Jungen beschützt: Ein Symbol für den Auftrag der Polizei.

National Building Museum ㉒

401 F St an der 4th St, NW. **Stadtplan** 4 D3. *272-2448.* M *Judiciary Square, Gallery Place-Chinatown.* *Mo–Sa 10–17, So 11–17 Uhr.* *1. Jan, Thanksgiving, 25. Dez.*
www.nbm.org

Das National Building Museum widmet sich dem Baugewerbe und ist in dem architektonisch kühnen einstige Pension Bureau (Pensionskasse) untergebracht. Der Bürgerkriegsgeneral Montgomery C. Meigs hatte auf einer Romreise Michelangelos Palazzo Farnese gesehen und wollte ihn als Bürogebäude in Washington nachbauen, allerdings zweimal so groß wie das römische Vorbild und – anders als das Original – aus roten Ziegelsteinen.

Das 1887 vollendete Gebäude wird von einem eindrucksvollen, ein Meter hohen Bürgerkriegs-Fries aus Terrakotta gekrönt. Der gewagten Fassade entspricht das extravagante Innere: Die riesige Eingangshalle misst 96 mal 35 Meter und wird von Emporen gesäumt, auf denen sich die Büros befinden. Gewaltige Säulen tragen das Dach. Sie sind bemalt, um den Eindruck von Marmor vorzutäuschen, aber aus Mauerwerk und Gips errichtet. Die Great Hall diente bei vielen Bällen zur Amtseinführung von Präsidenten als imposante Kulisse.

Als die Pensionskasse 1926 in verschiedene Bürobauten umzog, wurden Stimmen laut, die sich für den Abriss des Gebäudes aussprachen. Doch der Bau blieb erhalten. Für einige Zeit waren verschiedene Regierungsbehörden und zwischenzeitlich auch ein Gericht hier untergebracht. Schließlich wurde der renovierte Bau 1987 in neuem Glanz als National Building Museum wiedereröffnet. Das private Museum zeigt die Dauerausstellung »Washington: Symbol and City« zur Architektur der Stadt. Zu sehen sind die ursprünglichen Pläne von Pierre L'Enfant für die Hauptstadt sowie zahlreiche Fotografien, Modelle und interaktive Ausstellungsstücke. Die Wechselausstellungen setzen sich überwiegend mit kontroversen Fragen von Design und Architektur auseinander. Die nicht öffentlichen Bereiche des Gebäudes kann man bei einer kostenlosen Führung besichtigen. Samstags gibt es Kinderprogramme.

Schmucksockel auf dem Museumsgelände

Die prächtige Great Hall im National Building Museum

Weisses Haus und Foggy Bottom

Das Weiße Haus, der offizielle Amtssitz des Präsidenten, ist eines der herausragendsten Gebäude in Washington. Erstmals wurde es 1800 bezogen. Doch schon 1814 brannten es britische Truppen nieder. Der heutige Bau entspricht in vielen Teilen dem ursprünglichen Entwurf. Weitere sehenswerte Bauten im Umkreis sind das Gebäude der Daughters of the American Revolution und die Corcoran Gallery. Östlich des Weißen Hauses liegt Foggy Bottom, ein Viertel, das auf Sumpfland erbaut wurde. Hier stehen das Kennedy Center, das State Department und der durch die Affäre in den 1970er Jahren bekannte Watergate Complex.

Second Division Memorial

Sehenswürdigkeiten auf einen Blick

Museen und Sammlungen
Corcoran Gallery of Art 7
Renwick Gallery 5

Plätze
Lafayette Square 3
Washington Circle 17

Historische Gebäude
Daughters of the American Revolution 9
Eisenhower Old Executive Office Building 6
George Washington University 15
Hay-Adams Hotel 4
Octagon Museum 8
Watergate Complex 18

Regierungsgebäude
Department of the Interior Building 11
Federal Reserve Building 12
National Academy of Sciences 13
Organization of American States 10
State Department 14
Treasury Building 2
Weißes Haus S. 108–111 1

Kulturzentrum
Kennedy Center S. 118f 19

Kirche
St. Mary's Episcopal Church 16

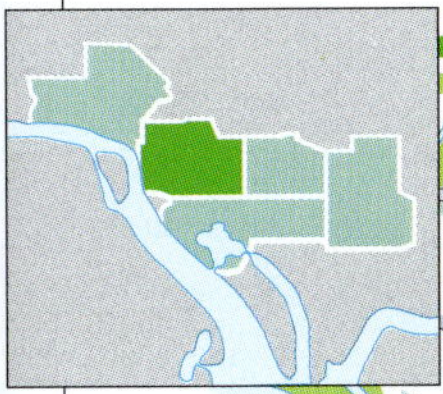

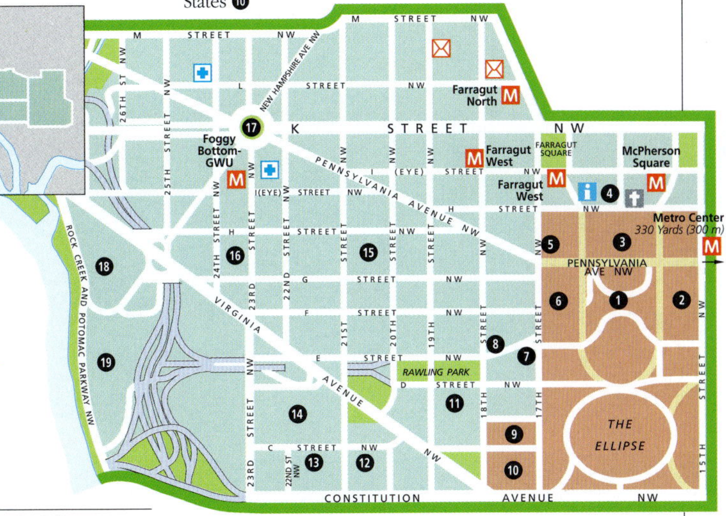

Legende

- Detailkarte *S. 106f*
- Metro-Station
- Information
- Krankenhaus mit Notaufnahme
- Post
- Kirche

Anfahrt

Die nächsten Metro-Stationen beim Weißen Haus und Foggy Bottom sind Metro Center, McPherson Square, Farragut West und Foggy Bottom-GWU. Außerdem fahren die Metrobusse 32, 34 und 36 von Ost nach West durch das Areal und bringen Sie zu allen Sehenswürdigkeiten.

◁ **Das First Division Monument vor dem Eisenhower Old Executive Office Building** ***(siehe S. 113)***

Im Detail: Rund um das Weiße Haus

Die Gegend um das Weiße Haus bietet imposante Architektur im Verein mit Politikgeschichte – der Rundblick vom Rasen der Ellipse ist atemberaubend. Das Viertel lohnt einen ganztägigen Besuch, bei dem man einige der Gebäude ansehen sollte, z. B. das Treasury Building mit der Statue von Alexander Hamilton und das Old Executive Office Building. Die Gebäude der Daughters of the American Revolution und der Organization of American States dokumentieren den amerikanischen Stolz auf die eigene Geschichte.

Eisenhower Old Executive Office Building
Obwohl der Bau bei seiner Fertigstellung 1888 nicht beliebt war, hat das Gebäude viele Regierungsbehörden beherbergt. ❻

Renwick Gallery
Die Sammlung ist Teil des Smithsonian American Art Museum. Über dem Eingang steht die Inschrift »Der Kunst gewidmet.« ❺

Octagon Museum
Das alte Wohnhaus von James Madison hat eine wechselvolle Geschichte hinter sich: Es diente u. a. als Krankenhaus und Schule. ❽

★ Corcoran Gallery of Art
Die Corcoran Gallery ist eine Schatzkammer bedeutender Kunstwerke, u. a. von Rembrandt, Monet, Picasso und de Kooning. ❼

DAR Building
Der schöne neoklassizistische Bau ist eines von drei Gebäuden der historischen Vereinigung Daughters of the American Revolution. ❾

Legende

– – – Routenempfehlung

OAS Building
Vor der Villa im spanischen Kolonialstil (1910) steht die Statue von Königin Isabella von Spanien. Heute beherbergt der Bau die Organisation Amerikanischer Staaten (OAS). ❿

Hay-Adams Hotel
Das Luxushotel entstand durch die Zusammenlegung zweier Häuser. Seit seiner Eröffnung in den 1920er Jahren wird hier Politik gemacht. ❹

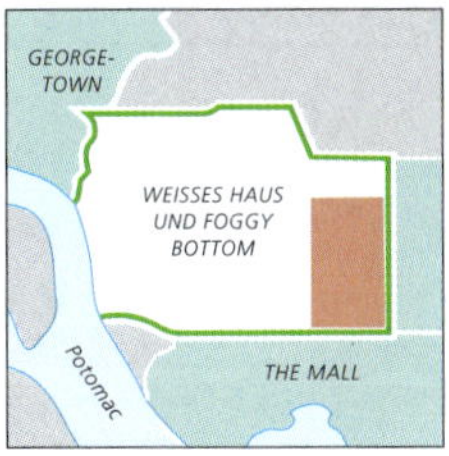

Zur Orientierung
Siehe Stadtplan, Karte 3

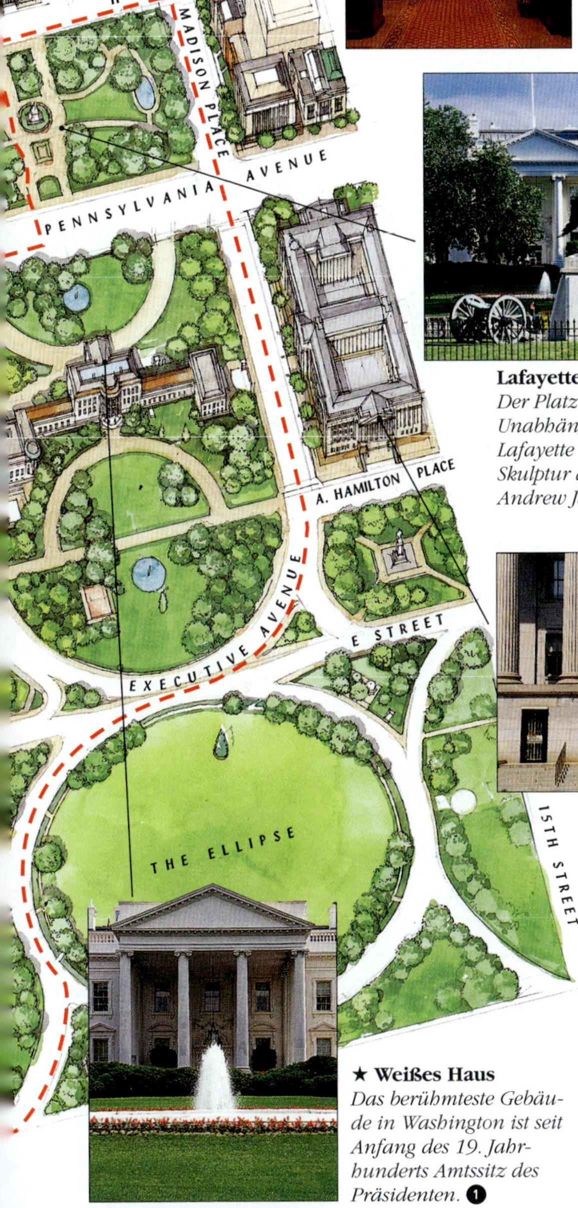

Lafayette Square
Der Platz ist nach dem Helden des Unabhängigkeitskriegs Marquis de Lafayette benannt. Auf ihm steht eine Skulptur des siebten US-Präsidenten Andrew Jackson von Clark Mills. ❸

★ Treasury Building
Der Bau wird als das beeindruckendste neoklassizistische Gebäude der Stadt angesehen. 60 Jahre lang wurde daran gebaut. ❷

★ Weißes Haus
Das berühmteste Gebäude in Washington ist seit Anfang des 19. Jahrhunderts Amtssitz des Präsidenten. ❶

NICHT VERSÄUMEN

- ★ Corcoran Gallery of Art
- ★ Treasury Building
- ★ Weißes Haus

Stadtplan *siehe Seiten 224–229*

Weißes Haus ❶

Im Jahr 1791 wählte George Washington diesen Platz für den Bau der neuen Präsidentenresidenz aus. Der aus Irland stammende Architekt James Hoban sollte das auch Executive Mansion genannte Gebäude entwerfen. 1800 zogen Präsident John Adams und seine Frau als erste in den noch unvollendeten Bau ein. Britische Truppen brannten ihn 1814 nieder. Das teilweise wiederaufgebaute Weiße Haus wurde 1817 von James Monroe bezogen. 1902 gab Präsident Theodore Roosevelt dem Gebäude den heutigen Namen und ordnete zudem den Bau des Westflügels an. 1942 ließ Präsident Franklin D. Roosevelt den Ostflügel errichten. Damit hatte das Weiße Haus seine heutige Gestalt erhalten.

Weißes Haus
Seit über 200 Jahren dient das Weiße Haus als offizieller Amtssitz des Präsidenten der Vereinigten Staaten.

★ State Dining Room
Der 1902 vergrößerte Raum bietet heute bis zu 140 Gästen Platz. Ein Porträt von Präsident Abraham Lincoln von George P. A. Healy hängt über dem Kaminsims.

Die Westterrasse führt zum Westflügel und zum Oval Office, dem offiziellen Büro des Präsidenten.

Der Sandstein muss immer wieder gestrichen werden, um das strahlende Weiß der Fassade zu erhalten.

★ Red Room
Er ist einer von vier Empfangsräumen, ganz im Empire-Stil (1810–30). Die Stoffe wurden in den USA nach französischen Mustern gefertigt.

Nicht versäumen

- ★ Red Room
- ★ State Dining Room
- ★ Vermeil Room

Lincoln Bedroom
Präsident Lincoln nutzte diesen Raum als Kabinettssaal. Präsident Truman ließ ihn später als Schlafzimmer umgestalten. Heute dient er als Gästezimmer.

INFOBOX

1600 Pennsylvania Ave, NW.
Stadtplan 3 B3.
US-Bürger benötigen für – begrenzte – Führungen die Empfehlung eines Kongressabgeordneten. Seit dem 11. September 2001 ist es für ausländische Urlauber nicht mehr möglich, eine Besuchserlaubnis zu erhalten.
www.whitehouse.gov
White House Visitor Center
1450 Pennsylvania Ave, NW.
208-1631. *Federal Triangle.* *tägl. 7.30–16 Uhr.*
1. Jan, Thanksgiving, 25. Dez.
www.nps.gov/whho

Die Ostterrasse führt zum Ostflügel.

Im East Room finden größere Bälle oder Konzerte statt.

Treaty Room

Der Green Room diente zunächst als Gästezimmer. Thomas Jefferson ließ ihn zum Esszimmer umbauen.

Blue Room

★ Vermeil Room
Hier hängen Porträts der First Ladies, darunter auch dieses Bildnis Eleanor Roosevelts von Douglas Chandor.

Diplomatic Reception
In diesem Raum werden Diplomaten und Freunde empfangen. Er ist im Federal-Stil (1790–1820) elegant eingerichtet.

ARCHITEKTEN DES WEISSEN HAUSES

Nachdem George Washington den Standort für das Weiße Haus bestimmt hatte, ließ er für den Bau der Anlage einen Wettbewerb ausschreiben. 1792 erhielt James Hoban, ein aus Irland stammender Architekt, den Zuschlag. Nach seinen Plänen wurde das Weiße Haus gebaut, doch im Lauf der Zeit gab es immer wieder Veränderungen. 1902 beauftragte Präsident Teddy Roosevelt das New Yorker Architektenbüro McKim, Mead und White mit einer Statikprüfung und den notwendigen Renovierungen. Später wurde der Bau unter der Regierung von Truman und Kennedy in größerem Ausmaß umgestaltet.

James Hoban entwarf das Weiße Haus

Weißes Haus: Räume

Die Räume im Weißen Haus sind aufwendig mit antiken Möbeln, Porzellan und Silber ausgestattet. Auch viele historische Gemälde, etwa Porträts der Präsidenten und First Ladies, hängen hier. Der Park und ein kleiner Teil des Weißen Hauses sind via begrenzter Führung für US-Bürger mit Empfehlung zugänglich – für ausländische Besucher allerdings seit dem 11. September 2001 aus Sicherheitsgründen nicht mehr.

Library

Ursprünglich war der Raum eine Wäscherei. Erst auf Wunsch von Theodore Roosevelt wurde er 1902 in einen »Vorraum für Gentlemen« verwandelt. 1937 gestaltete man ihn in eine Bibliothek um. Das Mobiliar ist im Stil der späten Federal-Periode (1800–1820) gehalten. 1962 und 1976 wurde der Raum neu dekoriert. Seine sanften Grau- und Rosatöne machen ihn heute zum idealen Rahmen für informelle Treffen.

Porträts von vier Indianerhäuptlingen von Charles Bird King hängen in der Library. Der Kristallleuchter stammt aus dem frühen 19. Jahrhundert und gehörte der Familie von James Fenimore Cooper, Autor des Klassikers *Der letzte Mohikaner*.

Vermeil Room

Der 1991 neu gestaltete Vermeil Room wird oft auch als Gold Room bezeichnet. Seinen Namen verdankt er einer Vermeil-Sammlung mit vergoldetem Silber. In einer Vitrine sind Teeservice vom 18. bis zum 20. Jahrhundert ausgestellt, darunter u. a. Stücke vom englischen Regency-Silberschmied Paul Storr (1771–1836) und von Jean-Baptist Claude Odiot (1763–1850), einem Silberschmied der Empire-Periode.

Sieben Porträts von First Ladies schmücken die Wände: Elizabeth Shoumatoffs Bildnis von Claudia (Lady Bird) Johnson, Aaron Shiklers Porträts von Nancy Reagan und Jackie Kennedy in ihrer Wohnung in New York und ein ungewöhnliches Porträt Eleanor Roosevelts von Douglas Chandor. Außerdem hängen im Vermeil Room Porträts von Ellen Wilson, Patricia Ryan Nixon und Lou Henry Hoover.

China Room

Den Raum benutzte die Gattin von Woodrow Wilson 1917, um das Porzellan des Weißen Hauses auszustellen. Der 1970 neu gestaltete Raum dient nun als Empfangsbereich. Er besitzt rotes Dekor, ein Bild der Frau von Calvin Coolidge (1924) von Howard Chandler Christy und einen indo-iranischen Teppich (frühes 20. Jh.).

Das rot-cremefarbene Innendekor des China Room

Blue Room

Präsident James Monroe ließ den ovalen Raum 1817 im französischen Empire-Stil ausstatten. Das vom Klassizismus beeinflusste Mobiliar und Motive wie Vasen, Akanthusblätter und französische Reichsadler sind dafür typisch. Das Sofa und die sieben Stühle stammen von dem französischen Tischler Pierre-Antoine Bellange. Ein Thomas-Jefferson-Porträt (1800) von Rembrandt Peale sowie ein Porträt von Präsident John Adams (1793) von John Trumball hängen ebenfalls in diesem eleganten Raum. Der Blue Room diente mit Ausnahme einer kurzen Periode während der Regierungszeit von John Adams immer als Empfangsraum.

Red Room

Jackie Kennedy gestaltete den Raum 1962 im Empire-Stil, Umgestaltungen erfolgten 1971 und 2000. Die Möbel ließ wohl Präsident James Monroe anschaffen, als er auch die Einrichtung für den Blue Room kaufte. Die meisten Holzmöbel, darunter auch der runde Tisch mit Intarsien, entstanden in der Werkstatt des Tischlers Charles-Honoré Lannuier in New York.

Über dem Kaminsims hängt ein Porträt Angelica Singleton Van Burens, der Schwiegertochter von Präsident Martin Van Buren. Es wurde im Jahr 1842 von Henry Inman gemalt.

State Dining Room

Als die Vereinigten Staaten größer und international bedeutender wurden, nahm auch die Zahl der Gäste bei Staatsbanketten im Weißen Haus zu. Schließlich wurden die Architekten McKim, Mead und White 1902 damit beauftragt, den State Dining Room zu erweitern. Putz und Täfelung wurden im Stil eines neoklassizistischen englischen Hauses gestaltet. Der Esstisch aus Mahagoni stammt von

1997. Das französische vergoldete Tafeldekor geht auf Präsident Monroe 1817 zurück. Der Raum wurde 1998 erneuert: Die Queen-Anne-Stühle von 1902 erhielten neue, zum Tisch passende Polster.

Lincoln Bedroom

Heute wird dieser Raum als Gästezimmer für Freunde und Verwandte des Präsidenten verwendet. Der Raum ist im amerikanischen Stil der viktorianischen Zeit (1850–70) dekoriert. Lincoln benutzte ihn als Büro und Kabinettsraum. Präsident Truman ließ das Zimmer mit Möbeln aus Lincolns Zeit einrichten. Der Raum wird von einem 1,8 Meter breiten Bett aus Rosenholz mit einem 2,5 Meter hohen Kopfteil beherrscht. Das Porträt von Andrew Jackson neben dem Bett soll ein Lieblingsbild von Lincoln gewesen sein. Ein Gemälde von Lincolns Gattin hängt ebenfalls hier.

Treaty Room

Seit der Präsidentschaft von Andrew Johnson 1865 hat der Treaty Room zehn US-Regierungen als Kabinettssaal gedient. Der Raum wurde 1961 renoviert und enthält viele viktorianische Stücke, die Präsident Ulysses S. Grant anschaffen ließ, darunter den Kabinettstisch und eine Uhr aus Marmor und Malachit.

Der Kristallkronleuchter wurde 1850 in Bristol angefertigt und hat 20 Arme, jeder mit einer Kugelleuchte aus Mattglas.

***The Peacemakers* (1868) von George Healy im Treaty Room**

White House Visitor Center

Das Besucherzentrum des Weißen Hauses liegt im Nordflügel des Department oft Commerce Building in der Pennsylvania Avenue. Es bietet sechs Dauerausstellungen mit vielen Infos zum Amtssitz des US-Präsidenten. Sehenswert ist etwa die Sammlung mit Geschenken von Staatsgästen. Neben Lesungen finden auch Theateraufführungen statt, bei denen die Schauspieler in die Rollen historischer Figuren schlüpfen. Der Souvenirladen bietet ein breites Sortiment, darunter viele Artikel des berühmten Weihnachtsschmucks des Weißen Hauses. Da es für Ausländer nicht möglich ist, an einer der begrenzten Führungen im Weißen Haus teilzunehmen, ist das sehr informative Center die Anlaufstelle für Besucher.

White House Visitor Center, 1450 Pennsylvania Ave, NW

East Wing

Der Ostflügel des Weißen Hauses wurde 1942 fertiggestellt. In ihm befinden sich vorwiegend Büros, weniger Räume für offizielle Anlässe. Die Wände der Lobby zieren Porträts von Präsidenten der Vereinigten Staaten. Garden Room und East Colonnade gehen zum Jacqueline Kennedy Garden hinaus. Auf der groß angelegten Terrasse ist das White House Movie Theater untergebracht.

West Wing

Im Jahr 1902 baute das Architekturbüro McKim, Mead und White den Westflügel – mit dem Oval Office – für insgesamt 65 196 US-Dollar. Der frühere Fish Room wurde von Präsident Nixon in Roosevelt Room umbenannt, um den 26. US-Präsidenten zu ehren. Zwei Porträts von Theodore Roosevelt hängen heute in diesem Raum.

Innenansicht des Oval Office im Westflügel des Weißen Hauses

Im Westflügel befinden sich auch der Cabinet Room, in dem sich der Präsident mit Mitarbeitern trifft, sowie das Oval Office: In Letzterem empfängt er Staatsgäste. Viele Präsidenten haben dem Raum ihre persönliche Note gegeben. George W. Bush wählte als Schreibtisch einen Tisch von Präsident Rutherford B. Hayes aus, ein Geschenk von Königin Viktoria von 1880.

Säulengeschmückter Portikus des Treasury Building

Treasury Building ❷

15th St und Pennsylvania Ave, NW. **Stadtplan** 3 B3. ☎ *622-2000.* Ⓜ *McPherson Square.* *nur mit »Unbedenklichkeitsbescheinigung« der US-Botschaft.* ♿ **www**.ustreas.gov

Den Standort des massiven vierstöckigen Gebäudes im Stil des Greek Revival wählte Präsident Andrew Johnson aus. Der Sandstein-Granit-Bau ist Sitz des US-Finanzministeriums und wurde von Robert Mills entworfen, dem Architekten des Washington Monument *(siehe S. 78)*. Eine Statue von Alexander Hamilton, dem ersten Finanzminister, erhebt sich vor dem Südeingang des Gebäudes.

Bei der Führung (nur bei »Unbedenklichkeit«) werden restaurierte historische Räume gezeigt, darunter der einbruchsichere Tresorraum von 1864, die Andrew Johnson Suite (zeitweise Johnsons Büro nach Lincolns Ermordung 1865) und der mit Marmor verkleidete Kassenraum.

1863 bis 1880 wurden im Keller des Treasury Building US-Banknoten hergestellt. Während des Bürgerkriegs lagerte man hier Vorräte und Waffen. Heute kontrolliert das Finanzministerium von hier aus den Haushalt der Regierung und überwacht das amerikanische Finanzsystem.

Freiheitsglocke vor dem Treasury Building

Lafayette Square ❸

Stadtplan 2 F3 & 3 B3. Ⓜ *Farragut West, McPherson Square.*

Der Lafayette Square, benannt nach dem Marquis de Lafayette (1757–1834), einem Helden des amerikanischen Unabhängigkeitskriegs *(siehe S. 18)*, liegt hinter dem Weißen Haus. Wegen der Nähe zum Amtssitz des Präsidenten ist der Park oft Schauplatz von politischen Demonstrationen. Der Platz wird von Stadtvillen aus dem 19. Jahrhundert gesäumt sowie von der historischen St. John-Kirche (die »Kirche der Präsidenten«), die Benjamin Latrobe 1816 baute.

In der Mitte des Platzes steht eine große Statue von Präsident Andrew Jackson (1767–1845), die ihn auf einem Pferd zeigt. Die Bronzeskulptur stammt von Clark Mills, einem Künstler aus dem Bundesstaat New York. Es war die erste Reiterstatue dieser Größe in den USA. Die Skulptur wurde 1853 feierlich enthüllt.

An den vier Ecken des Platzes stehen Statuen wichtiger Persönlichkeiten aus dem Unabhängigkeitskrieg: an der Südostecke die Figur des Franzosen Lafayette; an der südwestlichen Ecke Jean-Baptiste Donatien de Vimeur, Graf de Rochambeau (1725–1807) – ein Geschenk der französischen Regierung von 1902 für das amerikanische Volk. Die Statue des polnischen Generals Thaddeus Kosciuszko (1746–1817), der an der Seite der Kolonisten kämpfte, steht an der Nordostecke. Der deutsche Offizier Baron von Steuben (1730–1794) diente in der Schlacht von Valley Forge als Washingtons Adjutant. Die Statue an der Nordwestecke ehrt den Offizier.

Häuser im Federal-Stil des 19. Jahrhunderts am ruhigen Lafayette Square

Hay-Adams Hotel ❹

1 Lafayette Square, NW. **Stadtplan** 2 F3 & 3 B3. ☎ *638-6600, 1-800-424-5054.* Ⓜ *Farragut North, Farragut West.* **www**.hayadams.com

Das Hay-Adams Hotel, ein Wahrzeichen Washingtons, liegt nahe dem Weißen Haus. Der im Stil der Renaissance gehaltene Bau besitzt ein feudales Inneres mit europäischen und arabischen Antiquitäten.

Das Hotel bestand aus zwei Bauten, die Henry Hobson Richardson 1885 errichtet hatte. Sie gehörten dem Staatsmann und Schriftsteller John Hay sowie dem Diplomaten und Historiker Henry Adams. Seit der Umgestaltung durch Harry Wardman ist das Hay-Adams eines der besten Hotels in der Stadt *(siehe S. 177)*. Das Restaurant empfiehlt sich nachmittags für Kaffee und Tee.

Renwick Gallery ❺

Pennsylvania Ave an der 17th St, NW. **Stadtplan** 2 F3 & 3 A3. *633-1000.* *Farragut West.* *tägl. 10–17.30 Uhr.* *25. Dez.* **www**.americanart.si.edu

Der rote Backsteinbau ist Teil des Smithsonian American Art Museum *(siehe S. 98–100)* und wurde 1858 von James Renwick erbaut. Ursprünglich diente das Gebäude der Kunstsammlung von William Wilson Corcoran, bis diese 1897 in die heutige Corcoran Gallery of Art verlegt wurde.

Nachdem die Präsidentengattin Jacqueline Kennedy das Gebäude vor dem Abriss bewahrt hatte, erwarb die Smithsonian Institution den Bau und eröffnete das renovierte Gebäude 1972 als Renwick Gallery. Sie zeigt vor allem amerikanisches Kunsthandwerk des 20. Jahrhunderts, darunter Arbeiten aus Metall, Ton und Glas. *Game Fish* (1988), ein Werk von Larry Fuente, ist beeindruckend.

Die Renwick Gallery ist ein beeindruckendes Beispiel des Empire-Stils

Eisenhower Old Executive Office Building ❻

17th St, Ecke Pennsylvania Ave, NW. **Stadtplan** 2 F4 & 3 A3. *395-5895.* *Farragut West.* *Sa (nur mit »Unbedenklichkeitsbescheinigung« der US-Botschaft).* **www**.whitehouse.gov/history/eeob

Das früher als Old Executive Office Building bekannte Haus steht in der Nähe des Westflügels des Weißen Hauses und war einst Sitz des Kriegs-, Marine- und Außenministeriums. Es wurde zwischen 1871 und 1888 von Alfred B. Mullett erbaut, der Architekturstil lehnte sich an den Empire-Stil der Renwick Gallery an und wurde seinerzeit heftig kritisiert.

Fassade des Eisenhower Old Executive Office Building

Das Gebäude hat auch eine historische Bedeutung: Hier traf sich Außenminister Cordell Hull mit den Japanern nach dem Angriff auf Pearl Harbor.

Heute sind in dem Gebäude Dienststellen wie das Büro des Weißen Hauses, das Büro des Vizepräsidenten und der Nationale Sicherheitsrat untergebracht.

Löwenstatue vor der Corcoran Gallery

Corcoran Gallery of Art ❼

500 17th St, NW. **Stadtplan** 2 F4 & 3 A3. *639-1700.* *Farragut West, Farragut North.* *Mi–So 10–17 Uhr (Do bis 21 Uhr). Wg. Renovierungsarbeiten bis Herbst 2010 können manche Bereiche gesperrt sein.* *1. Jan, 25. Dez.* **www**.corcoran.org

Die Corcoran Gallery of Art wurde 1874 als eines ersten privaten Kunstmussen eröffnet. Bald wurde ihr ursprünglicher Standort, die heutige Renwick Gallery, zu klein für die Sammlungen. Das Museum zog daher in sein heutiges Gebäude, einen 1897 von Ernest Flagg errichteten Bau, um. Gründer der Corcoran Gallery war William Wilson Corcoran, ein Bankier, der vor allem an amerikanischer Kunst interessiert war. Viele der europäischen Arbeiten des Museums erwarb 1925 der Kunstsammler und US-Senator William A. Clark.

Das Museum birgt europäische und amerikanische Meisterwerke, darunter Bilder aus dem 16. und 17. Jahrhundert, Gemälde französischer Impressionisten wie Monet und Renoir sowie Werke von Eakins, Homer und Hassam (19. Jh.). Es besitzt zudem die größte Sammlung von Gemälden von Jean-Baptiste Camille Corot außerhalb Frankreichs. Hinzu kommen Sammlungen moderner und afroamerikanischer Kunst mit Skulpturen, Gemälden, Textilien und Fotografien. Das 20. Jahrhundert ist durch Werke international renommierter Künstler wie Picasso, Singer Sargent und de Kooning vertreten. Nicht alle Exponate sind immer zu sehen.

In dem Gebäude ist auch die einzige Kunsthochschule der Stadt untergebracht. Das Museum bietet auch Jazzkonzerte, Lesungen und Tanzevents. Der Museumsshop verkauft interessante Dinge.

Octagon Museum ❽

1799 New York Ave, NW. **Stadtplan** 2 F4 & 3 A3. *638-3221.* *Farragut West, Farragut North.* *wg. Renovierung (Touren tel. erfragen).* *(nur Erdgeschoss).*
www.theoctagon.org

Das Octagon-Gebäude hat eine sechseckige Form. Der dreistöckige, rote Backsteinbau wurde von Dr. William Thornton (1759–1828), dem ersten Architekten des Kapitols, entworfen. Es wurde 1801 für Oberst John Tayloe III. erbaut, einen reichen Plantagenbesitzer aus Richmond County (Virginia).

Als das Weiße Haus 1814 von den Briten angezündet wurde *(siehe S. 19)*, wohnten hier eine Zeit lang Präsident James Madison und seine Frau Dolley. Auch der Vertrag von Gent, der den Krieg beendete, wurde am 17. Februar 1815 hier, im ersten Stock, von Madison unterzeichnet.

Im frühen 19. Jahrhundert zog das American Institute of Architects, dessen Hauptsitz sich in dem großen Haus hinter dem Octagon befindet, in den Bau ein. Die 1970 gegründete American Architectural Foundation richtete im Octagon ein Architekturmuseum ein. Das Gebäude ist in der Endphase einer umfassenden Renovierung, um den Originalzustand von 1815 wiederherzustellen. Das Octagon besitzt Sammlungen von Drucken, Zeichnungen und archäologischen Artefakten.

Der mit Säulen geschmückte Eingang des Octagon Museum

Südportikus der DAR Memorial Continental Hall

Daughters of the American Revolution ❾

1776 D St, NW. **Stadtplan** 2 F4 & 3 A3. *879-3241.* *Farragut West.* *Mo–Fr 8.30–16, Sa 9–17 Uhr.* *Feiertage, 2 Wochen im Juni/Juli.* *Mo–Fr 10–14.30, Sa 9–16.30 Uhr (für Gruppen ab fünf Personen Reservierung nötig).*
www.dar.org

Gegründet wurden die Daughters of the American Revolution (DAR) 1890 als gemeinnütziger Verein. Er soll das historische Erbe des Unabhängigkeitskriegs bewahren und Vaterlandsliebe und Bildung fördern. Mitglieder können nur Frauen werden, die mit einem Kriegsteilnehmer blutsverwandt sind. Der Verein hat gegenwärtig über 170 000 Mitglieder, die in 3000 Regionalvereinen überall in den USA organisiert sind.

Das DAR Museum befindet sich in der Memorial Constitution Hall, die Edward Pearce Casey 1910 für die DAR gebaut hatte. Die 13 Säulen am Südportikus symbolisieren die 13 ersten US-Bundesstaaten. Der Eingang führt durch die Galerie, die eine breite Auswahl an Exponaten präsentiert – von Quilts über Glas bis zu Porzellan.

Die 33 historischen Räume, die als »State Rooms« im Museum zu finden sind, bergen eine Sammlung mit mehr als 50 000 Stücken, darunter Silber, Porzellan, Keramik, Möbel und Steingut. Jeder Raum ist individuell im Stil eines bestimmen US-Staats und einer Stil-Epoche des 18. oder 19. Jahrhunderts eingerichtet. Im Dachgeschoss begeistert ein Raum mit Spielzeug aus dieser Zeit vor allem Kinder. Die Bibliothek mit 125 000 Werken dient der Genealogie-Forschung.

Transparente am DAR Museum: Erhaltung, Patriotismus, Bildung

Brunnen im Innenhof des OAS-Gebäudes

Organization of American States ⑩

17th St und Constitution Ave, NW. **Stadtplan** 2 F4 & 3 A4. *458-3000. Mo–Fr 9–17.30 Uhr. Feiertage.* **Art Museum of the Americas** 201 18th St NW. *458-3927. Di–So 10–17 Uhr. Feiertage. Farragut West. Infos unter 458-6016.* **www**.oas.org

Die Organization of American States (OAS) geht auf die erste internationale Konferenz amerikanischer Staaten 1889/90 in Washington, DC zurück. Die OAS ist das älteste Friedens- und Sicherheitsbündnis zwischen Staaten in Nord- und Südamerika. Die Gründungscharta wurde 1948 in der kolumbischen Hauptstadt Bogotá von den USA und 20 Staaten Lateinamerikas unterzeichnet. Heute hat die OAS 35 Mitgliedsstaaten. In dem Gebäude von 1912 sind die Columbus Memorial Library und das **Art Museum of the Americas** untergebracht, das Kunst aus Lateinamerika und der Karibik präsentiert.

Department of the Interior Building ⑪

19th St, zwischen C St und E St, NW. **Stadtplan** 2 F4 & 3 A3. *208-4743. Farragut West. Mo–Fr 8.30–16.30 Uhr. Feiertage. tel. anmelden (Reisepass zum Betreten des Gebäudes erforderlich).* **www**.doi.gov/museum

Das gewaltige Kalksteingebäude des Architekten Waddy Butler Wood stammt aus dem Jahr 1935 und ist Sitz des Innenministeriums. Der Bau besitzt einen lang gestreckten Mittelteil mit sechs Flügeln zu jeder der beiden Seiten. Er hat eine Gesamtfläche von mehr als vier Hektar. Die Flure belaufen sich auf eine Gesamtlänge von drei Kilometern.

Das Innenministerium bestand anfangs nur aus den Ministerien für Landwirtschaft, Arbeit, Bildung und Energie, später kam die Aufsicht über jeglichen Landbesitz der US-Bundesregierung hinzu. Im Innern kann man bei einer Führung 36 Fresken von indianischen Künstlern aus den 1930er Jahren besichtigen. Eines zeigt die Sängerin Marian Anderson bei ihrem Auftritt am Lincoln Memorial 1939 *(siehe S. 23)*.

Das kleine **Department of the Interior Museum** im Erdgeschoss wurde 1938 eröffnet und präsentiert die Geschichte des Ministeriums, Dioramen der amerikanischen Tierwelt und wichtiger historischer Ereignisse, Zeichnungen von Landvermessern und indianische Artefakte. Der Museumsshop verkauft indianisches Kunsthandwerk.

Südfassade des riesigen Innenministeriums

Porträt von Oberst John Tayloe III. Kreidezeichnung von Saint Memin

Familie Tayloe

John Tayloe III. (1771–1828), ein Oberst während des Britisch-Amerikanischen Kriegs (1812–14), ließ das ungewöhnliche Octagon-Gebäude erbauen. Mit seiner Frau Ann Tayloe, der Tochter von Benjamin Ogle, dem Gouverneur von Maryland, wohnte Tayloe vor allem auf Mount Airy, einer Tabakplantage in Richmond County, Virginia. Er plante jedoch ein zweites Haus, in dem die Familie die harten Wintermonate verbringen wollte. Präsident George Washington, ein enger Freund von Tayloe und dessen Vater, beaufsichtigte damals den Bau des Kapitols und bemühte sich um Einwohner für die neue Hauptstadt. Er überzeugte Tayloe davon, sich für ein Grundstück in Washington und nicht im beliebteren Philadelphia zu entscheiden. Die Familie folgte seinem Rat und erwarb das dreieckige Grundstück, auf dem das Octagon steht. Da die Tayloes wohlhabend waren, konnten sie William Thornton, den ursprünglichen Architekten des Kapitols, mit dem Bau des Hauses (damalige Kosten: 35 000 US-Dollar) beauftragen.

Federal Reserve Building ⓬

Constitution Ave und 20th St NW. **Stadtplan** 2 E4 & 3 A4. *452-3778, für Kunstausstellungen.* *Foggy Bottom-GWU.* *nach Vereinbarung.* *Feiertage.* **www**.federalreserve.gov

Die glänzende Marmorfassade des Federal Reserve Building

Die allermeisten Amerikaner kennen diese Institution einfach nur als »Fed«, der Kurzform für »Federal Reserve System«. Die US-Notenbank setzt sich aus zwölf Einzelbanken, die jeweils einen Distrikt vertreten, zusammen. Sie kontrollieren und verwalten die Geldreserven für die angeschlossenen Banken. Dollar-Banknoten werden jedoch nicht hier, sondern im Bureau of Engraving and Printing *(siehe S. 79)* gedruckt.

Marmoradler über dem Eingang zur »Fed«

Das vierstöckige Marmorgebäude von 1937 entwarf Paul P. Cret, der Architekt des OAS Building *(siehe S. 115)* und der Folger Shakespeare Library *(siehe S. 48)*.

Mehrmals im Jahr finden hier kleine Kunstausstellungen statt.

National Academy of Sciences ⓭

2101 Constitution Ave, NW. **Stadtplan** 2 E4. *334-2000.* *Foggy Bottom-GWU.* *Mo–Fr 8.30–17 Uhr (vorher anrufen).* *Feiertage.* **www**.nationalacademies.org

Die 1863 gegründete National Academy of Sciences ist eine gemeinnützige Institution, die jährlich über 200 Forschungsprojekte im Bereich Medizin, Naturwissenschaft und Technologie auf den Weg bringt und die neueste Forschung auf präsentiert. Zu den früheren und heutigen Akademiemitgliedern gehören über 120 Nobelpreisträger, darunter war auch Albert Einstein, der 1942 beitrat.

Der von Bertram Grosvenor Goodhue 1924 entworfene, dreistöckige Bau besteht aus weißem Marmor. Die goldene Kuppel im Innern zeigt Bildnisse griechischer Philosophen und Paneele mit Darstellungen von Wissenschaftlern. Im Vortragssaal mit 700 Plätzen werden das ganze Jahr über kostenlose Kammermusikkonzerte angeboten. Bisweilen finden auch Ausstellungen statt. In den oberen Stockwerken liegen die Büros des National Research Council, der National Academy of Sciences und der National Academy of Engineering.

Inmitten der zahlreichen Bäume vor dem Gebäude versteckt sich die Bronzestatue von Albert Einstein (1979). Sie stammt von Robert Berks, der auch die Büste von John F. Kennedy im Kennedy Center *(siehe S. 118f)* schuf. Die gewaltige Einstein-Skulptur ist fast vier Meter hoch und wiegt etwa vier Tonnen.

Skulptur von Albert Einstein vor der National Academy of Sciences

State Department ⓮

23rd St und C St, NW. **Stadtplan** 2 E4 & 3 A3. *647-3241.* *Foggy Bottom-GWU.* *Mo–Fr 9.30, 10.30, 14.45 Uhr (Reisepass erforderlich, Reservierung 90 Tage im Voraus, nicht für Kinder unter 12 Jahren).* *Feiertage.* **https://**receptiontours.state.gov

Das 1781 gegründete und damit älteste Ministerium der USA ist für die Außenpolitik des Landes verantwortlich.

Das State Department (Fläche: 232 250 Quadratmeter) dehnt sich über vier Straßenblöcke aus und ist acht Stockwerke hoch. Hier residiert u. a. auch der diplomatische Dienst. Jedes Jahr gehen 80 000 Gäste und 60 000 Besucher ein und aus. Die Empfangsräumlichkeiten für Diplomaten wurden in den späten 1960er Jahren mit erheblichem Aufwand renoviert und enthalten heute Antiquitäten im Wert von 90 Millionen US-Dollar.

George Washington University ⓯

2121 I (Eye) St, NW. **Stadtplan** 2 E3. *994-1000.* *Foggy Bottom-GWU.* **Lisner and Betts Auditoriums** *994-6800.* **www**.gwu.edu

Die im Jahr 1821 gegründete George Washington University (auch kurz: »GW«) ist nach dem ersten US-Präsidenten benannt. Sie ist die größte Universität in Washington, DC. Die Fläche von fast elf Hektar gehört teilweise zum wertvollsten Grundbesitz der Stadt. Die Privatuniversität bietet sowohl College- als auch akademische Abschlüsse an. Besondere Schwerpunkte sind internationale Beziehungen, Betriebswirtschaft und Politologie.

Aufgrund ihres Standorts hat die Universität viele berühmte Absolventen, z. B. Colin Powell (ehemaliger Außenminister), Kenneth Starr (Sonderankläger gegen Clinton) wie auch Kinder früherer Präsidenten, z. B. Linda Johnson, Margaret Truman und D. Jeffrey Carter.

Auf dem Campus bieten die **Lisner and Betts Auditoriums** Theater-, Tanz- und Konzertaufführungen. Sportteams sind die Colonials.

St. Mary's Episcopal Church, eine Kirche für befreite Sklaven

St. Mary's Episcopal Church ⓰

728 23rd St, NW. **Stadtplan** 2 E3. *333-3985.* *Foggy Bottom-GWU.* *Mo–Fr 10–15 Uhr.* *So 9.30, Mi 12 Uhr.*
www.stmarysfoggybottom.org

Der rote, neogotische Backsteinbau wurde am 20. Januar 1887 als erste Kirche für befreite Sklaven in Washington, DC eingeweiht.

St. Mary's stammt von dem Architekten James Renwick, der auch die Renwick Gallery *(siehe S. 113)*, das Smithsonian Castle *(siehe S. 72)* und die St. Patrick's Cathedral in New York City errichtete. Seit 1972 steht die Kirche als historischer Bau unter Denkmalschutz.

Die auffälligen Rundformen des Watergate Complex

Washington Circle ⓱

Stadtplan 2 E3.
Foggy Bottom-GWU.

Washington Circle ist einer von mehreren Plätzen, die Pierre L'Enfant *(siehe S. 19)* geplant hatte. Er liegt am nördlichen Rand von Foggy Bottom. Hier treffen die Pennsylvania und die New Hampshire Avenue mit der K Street und der 23rd Street zusammen. In der Mitte steht die Bronzestatue George Washingtons hoch zu Ross. Sie stammt von Clark Mills und wurde 1860 enthüllt. Die Statue blickt Richtung Osten zum Weißen Haus.

Watergate Complex ⓲

Virginia Ave zwischen Rock Creek Parkway und New Hampshire Ave, NW. **Stadtplan** 2 D3. *Foggy Bottom-GWU.*

Neben dem Kennedy Center *(siehe S. 118f)* erhebt sich am Ufer des Potomac der beeindruckende Watergate Complex von 1971. In den vier Gebäuden gibt es Büros, Wohnungen, ein Hotel, diplomatische Vertretungen und ein Einkaufszentrum.

Im Sommer 1972 geriet der Gebäudekomplex in die internationalen Schlagzeilen: Einbrecher, die Verbindungen bis hinauf zu Präsident Nixon hatten, waren in die Büros des Hauptquartiers der Demokraten eingedrungen. Der Vorfall löste den Watergate-Skandal aus, der zum Rücktritt Nixons führen sollte.

Watergate-Skandal

Am 17. Juni 1972, mitten im Präsidentschaftswahlkampf, wurden fünf Männer wegen Einbruchs ins Hauptquartier der Demokraten im Watergate Complex verhaftet. Die Männer standen auf der Gehaltsliste des Komitees zur Wiederwahl des republikanischen Präsidenten Nixon. Zwar wurden sie des Einbruchs und der Verwanzung von Telefonen angeklagt, aber nicht mit dem Weißen Haus in Verbindung gebracht. Erst die Recherchen der Reporter Woodward und Bernstein von der *Washington Post* enthüllten die Verstrickung des Präsidenten (belastende Tonbänder, Bestechung). Richard Nixon kam der Amtsenthebung durch Rücktritt zuvor. Vizepräsident Gerald Ford wurde sein Nachfolger.

Präsident Richard Nixon bei einer Fernsehansprache

Kennedy Center ⓳

Afrikanische Skulptur

Dwight D. Eisenhower unterzeichnete 1958 ein Gesetz zur Finanzierung eines nationalen Kulturzentrums, das die besten Orchester, Opern- und Tanzensembles der Welt anziehen sollte. Der Kunstliebhaber John F. Kennedy setzte sich später an die Spitze der Spendenkampagne. Kennedy wurde 1963 ermordet und erlebte die Fertigstellung des Zentrums, das seinen Namen trägt, nicht mehr. Das von Edward Durrell Stone entworfene Kennedy Center wurde am 8. September 1971 eröffnet. Der Komplex enthält verschiedene Bühnen: das Opera House, die Konzerthalle, das Eisenhower Theater und das Family Theater. Ganz oben finden sich das Jazz Café und das Theater Lab.

Don-Quixote-Statue
Die Statue aus Bronze und Stein von Aurelio Teno war ein Geschenk Spaniens.

Eisenhower Theater
Dies ist eines der drei Haupttheater. Eine Bronzebüste von Präsident Eisenhower von Felix de Weldon steht im Foyer.

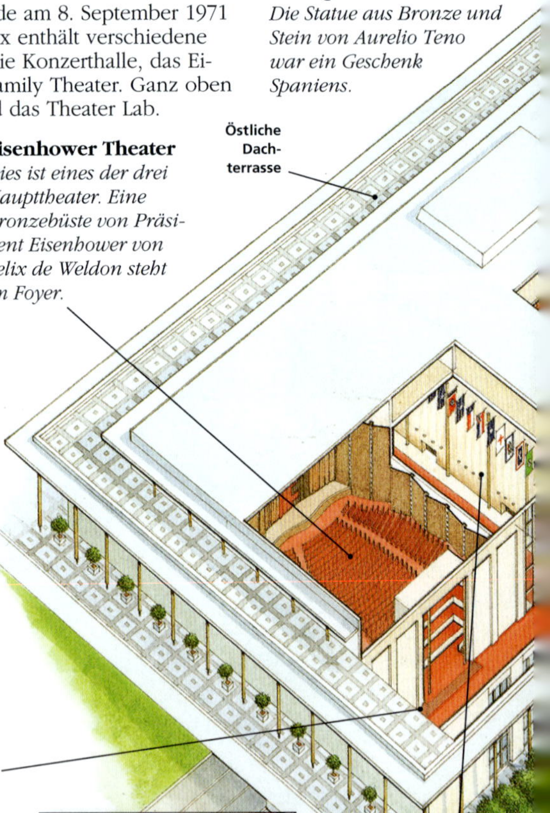

Millennium Stage
Die Millennium Stage bietet jeden Abend um 18 Uhr kostenlose Konzerte im Grand Foyer.

Hall of States
Hier hängen die Flaggen der 50 US-Bundesstaaten. Die Skulptur von Jacques Douchez über der Treppe ist ein Geschenk Brasiliens.

NICHT VERSÄUMEN

- ★ Büste von John F. Kennedy
- ★ Grand Foyer
- ★ Opera House

In der Hall of Nations hängen die Fahnen aller Staaten, zu denen die USA diplomatische Beziehungen unterhalten.

★ Opera House

Der Opernsaal bietet über 2300 Zuschauern Platz. Der riesige Lobmeyr-Kristallleuchter ist ein Geschenk Österreichs.

Infobox

New Hampshire Ave und Rock Creek Parkway, NW. **Stadtplan** 2 D4. *467-4600 oder 800-444-4600. Foggy Bottom-GWU. 80. Kasse: tägl. 10–21 Uhr (So, Feiertage ab 12 Uhr). Mo–Fr 10–17, Sa, So 10–13 Uhr (tel. erfragen unter 416-8340).*

www.kennedy-center.org

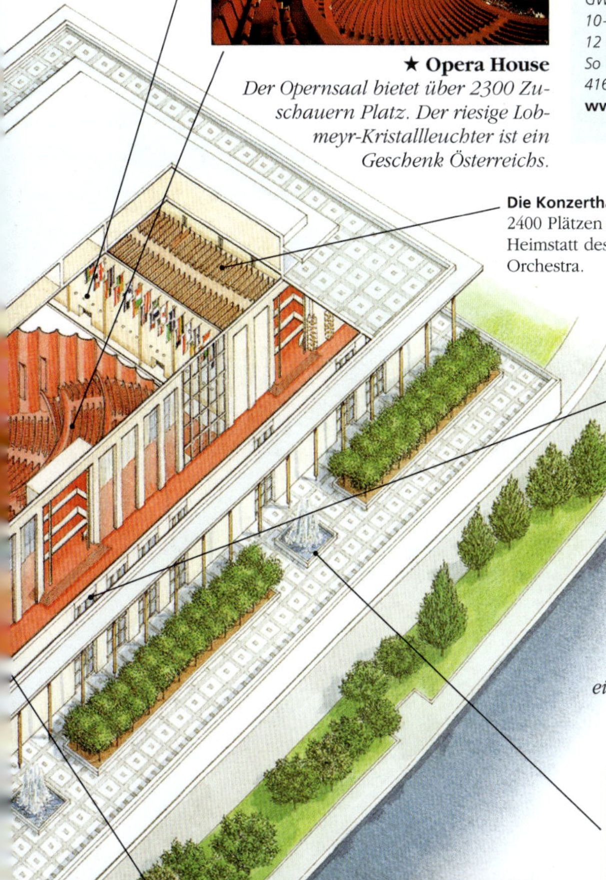

Die Konzerthalle ist mit über 2400 Plätzen der größte Saal und Heimstatt des National Symphony Orchestra.

★ Büste von John F. Kennedy

Die von Robert Berks modellierte Bronzebüste, ein Auftragswerk der Kennedy-Familie, steht im Grand Foyer.

JFK Terrace

Die Terrasse erstreckt sich an der Längsseite des Centers und bietet eine schöne Aussicht auf den Potomac. Zitate von John F. Kennedy sind in die Marmorwände eingraviert.

★ Grand Foyer

Der gewaltige Korridor zieht sich durch den gesamten Komplex und ist der imposante Eingang zu Oper, Konzertsaal und Eisenhower Theater.

Georgetown

Georgetown entstand einige Zeit vor Washington, DC. Indianer hatten in der Gegend gesiedelt, bevor 1703 Ninian Beall das Land als Schenkung erhielt. Er nannte das Areal Rock of Dumbarton. Bis zur Mitte des 18. Jahrhunderts waren viele schottische Einwanderer hierhergekommen. 1751 wurde der Ort in George Town umbenannt. Schnell entwickelte sich ein Umschlagplatz für Tabak und Mehl. 1789 wurde Georgetown aus der Taufe gehoben. Hafen und

John Carroll, Universitätsgründer

Chesapeake and Ohio Canal wurden 1828 gebaut. Die Eisenbahn führte Mitte des 19. Jahrhunderts zum wirtschaftlichen Abstieg. In den 1950er Jahren jedoch erlebte das Viertel eine Wiedergeburt: Die kopfsteingepflasterten Straßen und reizenden Häuser lockten junge, wohlhabende Ehepaare an. Restaurants und Läden belebten Wisconsin Avenue und M Street. Bis heute unterscheidet sich Georgetown vom Rest Washingtons. Hier kann man hübsch bummeln *(siehe S. 148f)*.

Sehenswürdigkeiten auf einen Blick

Historische Gebäude
- Dumbarton Oaks 13
- Georgetown University 9
- Old Stone House 5
- Tudor Place 10
- Washington Post Office, Georgetown Branch 7

Kirchen und Friedhöfe
- Grace Church 3
- Mt. Zion Church 11
- Oak Hill Cemetery 12

Straßen, Kanäle und Häfen
- Chesapeake and Ohio Canal 4
- M Street 6
- N Street 8
- Washington Harbor 1
- Wisconsin Avenue 2

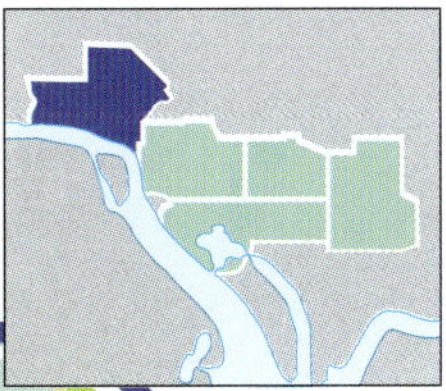

Legende

- Bootsanlegestelle
- Krankenhaus mit Notaufnahme
- Post
- Kirche
- Moschee
- Synagoge

Anfahrt

Die nächstgelegene Metro-Station für Georgetown ist Foggy Bottom-GWU (**Stadtplan** 2 E3). Die Metro-Busse von Georgetown fahren auch zu den Metro-Stationen Rosslyn und Dupont Circle. Die Buslinien 32, 34 und 36 befahren Wisconsin Avenue und M Street, der Circulator Bus fährt zur K Street.

0 Meter 500
0 Yards 500

◁ **Typisch für Georgetown sind die kräftigen Farben der Häuser**

Brunnen am Washington Harbor

Washington Harbor ❶

3000–3020 K Street, NW.
Stadtplan 2 D3.

Washington ist eine Stadt, in der Architekten nur selten Mut zum Risiko gezeigt haben. Ungewöhnlich gewagt ist allerdings der Entwurf des Architekten Arthur Cotton Moore für den Washington Harbor, einen Apartment- und Geschäftskomplex direkt am Potomac.

Das von Moore konzipierte Gebäude steht an der Stelle früherer Fabriken und Lagerhäuser. Es schmiegt sich an das Flussufer und begrenzt einen halbrunden, nur für Fußgänger zugänglichen Platz. Der Architekt nahm Anleihen aus fast jedem Architekturstil – es gibt Türmchen, Säulen und sogar Strebebogen. Der Komplex hat eine einladende Promenade, einen riesigen Brunnen und hohe, säulenartige Laternenpfähle. Unterirdische Stahltore können hochgezogen werden, um Überschwemmungen zu verhindern. Im Erdgeschoss liegen Büros, Restaurants und Läden. Aussichtsboote fahren vom Pier bis zur Mall.

Wisconsin Avenue ❷

Wisconsin Ave. **Stadtplan** 1 C2.
M *Tenleytown, Friendship Heights.*

Die Wisconsin Avenue ist eine von zwei Hauptgeschäftsstraßen in Georgetown. Sie ist eine der wenigen Straßen, die schon vor L'Enfants Straßengitterplan *(siehe S. 67)* existierte. Ursprünglich hieß sie High Street, später 32nd Street. Sie beginnt am Ufer des Potomac und zieht sich in nördlicher Richtung durch Georgetown bis zur Stadtgrenze, wo sie in den Rock-

Chesapeake and Ohio Canal ❹

Nach seiner Errichtung 1828 galt der C&O Canal als ein geniales und revolutionäres Transportsystem mit Schleusen, Aquädukten und Tunneln auf einer Gesamtlänge von 296 Kilometern von Georgetown bis Cumberland (Maryland). Doch mit dem Siegeszug der Eisenbahn im 19. Jahrhundert wurde der Kanal nicht mehr benutzt. Nur dank des Einsatzes von Richter William Douglas vom Supreme Court erklärte man den Chesapeake and Ohio Canal 1971 schließlich zum denkmalgeschützten Nationalpark. Heute kommen Besucher zum Kanal, um die idyllische Ruhe zu genießen und die faszinierende Technik zu besichtigen.

Georgetown
Georgetowns reizvolle Häuser im Federal-Stil säumen das Kanalufer auf zwei Kilometern Länge.

Die Francis Scott Key Memorial Bridge ist nach dem Komponisten der amerikanischen Nationalhymne *The Star-Spangled Banner* benannt.

Bootsausflüge auf dem Kanal
Ausflüge in den von Maultieren gezogenen Klippern, die von Park Rangern in historischen Kostümen geführt werden, sind sehr beliebt.

ville Pike übergeht. An der Kreuzung Wisconsin Avenue und M Street erhebt sich die bekannte Goldkuppel der Riggs National Bank.

Im Siebenjährigen Krieg marschierte George Washington hier mit seinen Truppen entlang, bevor er in Pittsburgh die Briten angriff.

Vergoldete Kuppel der Riggs National Bank

Grace Church ❸

1041 Wisconsin Avenue, NW.
Stadtplan 1 C3. ☎ *333-7100.*
◯ *tel. bei der Verwaltung der Kirche erfragen (Mo, Di, Fr 10–18 Uhr).* ♿
www.gracedc.org

Die 1866 entstandene Grace Church wurde für die Schiffer vom Chesapeake and Ohio Canal erbaut. Sie erhebt sich auf einem mit Bäumen bestandenen Grundstück südlich des Kanals und der M Street. Mit ihrem pittoresken Äußeren ist die neogotische Kirche eines der auffälligsten Gebäude von Georgetown.

Im Lauf der Zeit wurde der Bau mehrfach verändert, heute wirkt er zeitlos. Die Kirchgänger aller Nationen kommen aus ganz Washington, DC. Die Kirche zeigt großes soziales Engagement und bietet Obdachlosen kostenlose Verpflegung. Die Grace Church organisiert außerdem die mittägliche Diskussionsrunde »Thank God It's Friday«, an jedem dritten Dienstag im Monat finden Autorenlesungen statt.

Schild bei der Grace Church

Klassikkonzerte, u. a. Kammermusik sowie Orgel- und Klavierwerke, werden ebenfalls regelmäßig aufgeführt. Jedes Jahr findet ein Festival zu Ehren von Johann Sebastian Bach statt.

Rudern auf dem Kanal
Rudern ist vor allem auf den ersten 35 Kilometern des Kanals – zwischen Georgetown und der Violette-Schleuse – beliebt.

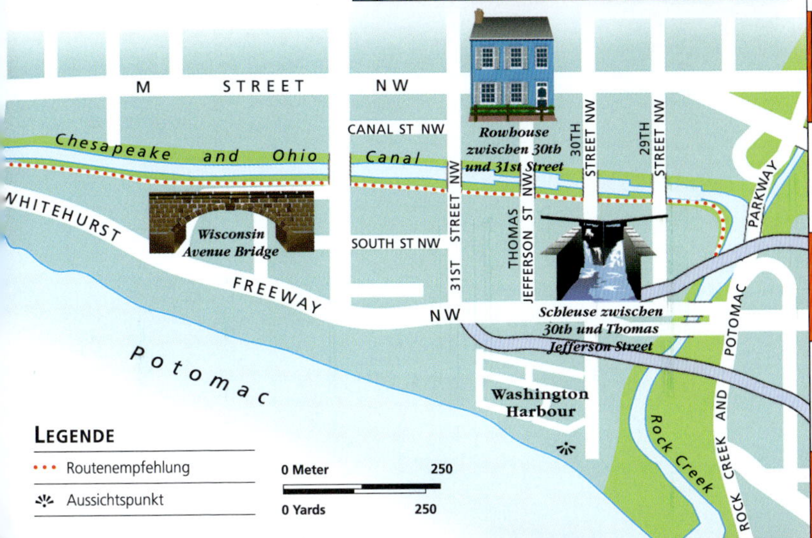

Old Stone House 5

3051 M St, NW. **Stadtplan** 2 D2. *426-6851. täglich 12–17 Uhr. 30, 32, 34, 36, 38. tel. erfragen (895-6070). eingeschränkt.* **www**.nps.gov/olst

Das Old Stone House ist eines der wenigen Gebäude in Washington aus der Zeit vor der Revolution. Das winzige, zweistöckige Steinhaus von 1765 gehörte dem Möbeltischler Christopher Layman. Der große Garten am Haus bietet willkommene Entspannung nach dem Shopping in der M Street.

Um das Old Stone House rankt sich eine amerikanische Legende: Angeblich sollen in dem Haus George Washington und Pierre L'Enfant die Entwürfe für die neue Stadt ausgearbeitet haben. Historiker gehen mittlerweile aber davon aus, dass sie sich in einer Taverne anderswo in Washington trafen.

Im Lauf der Zeit ließen sich in dem Haus verschiedene Kunsthandwerker nieder, in den 1950er Jahren diente das Old Stone House sogar als Büro eines Gebrauchtwagenhändlers. In dem 1960 umfassend restaurierten Anwesen erzählen Park Ranger den Besuchern vom Leben im historischen Georgetown. Das Old Stone House ist das älteste in Washington, DC errichtete Gebäude.

Das malerische Old Stone House

M Street 6

M St, NW. **Stadtplan** 1 C2. *30, 32, 34, 36, 38.*

Die M Street ist eine der beiden Shopping-Meilen von Georgetown und eine der geschichtsträchtigsten Straßen der Stadt. An der nordöstlichen Ecke der Kreuzung von 30th und M Street, wo sich heute eine Bank befindet, stand einst die Union Tavern. Der 1796 erbaute Gasthof beherbergte u.a. die Präsidenten George Washington und John Adams, Napoléons jüngeren Bruder Jérôme Bonaparte, den Schriftsteller Washington Irving und Francis Scott Key, den Komponisten der US-Nationalhymne. Im Bürgerkrieg wurde das Haus zeitweise in ein Lazarett für die verwundeten Soldaten umgewandelt, in den 1930er Jahren riss man es ab und baute eine Tankstelle an seinen Platz.

In der M Street Nr. 3219 lebte Dr. William Thornton, Architekt des Kapitols und des Tudor Place *(siehe S. 126)*.

Auf der Südseite der Straße, dort wo ab 1751 Georgetowns Markt abgehalten wurde, wurde 1796 ein Fachwerk-Markthaus erbaut und 1865 durch den heutigen Ziegelbau

Nur zwei Häuser aus der *Gruppe von Bauten im Federal-Stil (Nr. 3327–3339) sind im Originalzustand erhalten.*

N Street 8

N St, NW. **Stadtplan** 1 C2. *30, 32, 34, 36.*

Die N Street bietet einen Querschnitt durch die amerikanische Architektur des Federal-Stils aus dem 18. Jahrhundert. Dieser Stil der jungen Nation zeichnete sich durch leichtere und elegantere Formen aus als der ältere georgianische Stil. An der Ecke von 30th und N Street steht das Laird-Dunlop House. Heute gehört es Benjamin Bradlee, dem Ex-Chefredakteur der *Washington Post*.

Ein schönes Beispiel des Federal-Stils ist das Riggs-Riley House (3038 N Street). Die Häuser der Wheatley Row (Nr. 3041–3045) bieten mit ihren großen Fenstern nicht nur viel Licht, sondern auch Privatsphäre, weil sie über dem Straßenniveau gebaut wurden.

Die als Wheatley Row bekannten drei viktorianischen Stadthäuser wurden 1859 gebaut.

ersetzt. In den 1930er Jahren wurde der Markt in einen Laden für Autozubehör umgewandelt, in den 1990er Jahren eröffnete hier das New Yorker Delikatessengeschäft Dean and Deluca eine Filiale.

Heute reihen sich in der M Street Läden und Restaurants aneinander. Jugendliche kaufen CDs bei Smash und Kleidung bei Urban Outfitters. Ketten wie Barnes and Noble, Pottery Barn und Starbucks haben hier Filialen.

Clyde's Restaurant im Haus Nr. 3236 ist eine Institution und berühmt für seine »Happy Hour«. Bill Danoff von der Starland Vocal Band schrieb sein Lied »Afternoon Delight« über Clyde's. Seine goldene Schallplatte hängt heute in der Bar.

Attraktive Häuser entlang der stets belebten M Street

Die elegante Fassade des Post Office in Georgetown

Washington Post Office, Georgetown Branch ❼

1215 31st St, NW. **Stadtplan** 2 D2.
🚌 *30, 32, 34, 36.*

Das Zollhaus von 1857 wurde später Postamt von Georgetown – eine Funktion, die es immer noch hat. Für die Bundesregierung war ein Zollhaus eine wichtige Einnahmequelle. Die Tatsache, dass die Regierung sehr viel in den teuren Bau investierte, beweist die jahrelange Bedeutung Georgetowns als florierender Hafen. Der Architekt des Gebäudes, Ammi B. Young, der 1832 auch das Vermont State Capitol und 1837 das Boston Custom House baute, wurde 1852 nach Washington gerufen. In der Hauptstadt entwarf er zwar auch andere Gebäude im italienischen Stil, doch das Postamt ist sicher seine beste Arbeit. Der Granitbau wurde zu der Zeit in ein Postamt umgewandelt, als Georgetowns wirtschaftliche Bedeutung abnahm.

Das Gebäude wurde 1997 aus technischen Gründen renoviert, doch Youngs ursprüngliche, einfache Architektur blieb erhalten.

Das Thomas Beall House *(Nr. 3017) aus dem Jahr 1794 gehörte einer der prominentesten Familien Georgetowns. Während des Ersten Weltkriegs wohnte dort der Kriegsminister. Jackie Kennedy lebte hier ein Jahr nach dem Tod ihres Mannes.*

Das Laird-Dunlop House *(Nr. 3014) wurde von John Laird gebaut, dem viele Tabaklagerhäuser in Georgetown gehörten. Laird gestaltete sein Haus nach Vorbildern in seiner Heimatstadt Edinburgh. Später war das Haus im Besitz von Robert Lincoln, dem Sohn des Präsidenten.*

3025–3027 N Street zeigt ein höheres Mansardendach. Es verrät den französischen Einfluss der Epoche.

Ein Flachdach – hier eigentlich unüblich

Georgetown University ⑨

37th St und O St, NW. **Stadtplan** 1 B2. *687-0100.* *abhängig vom Vorlesungskalender.* **www**.georgetown.edu

Amerikas erstes katholisches College wurde 1789 von John Carroll gegründet und war mit dem Jesuitenorden verbunden. Die Universität zieht heute Studenten aller Konfessionen aus über 100 Ländern an.

Ältestes Gebäude auf dem Campus ist das Old North Building von 1872. Am beeindruckendsten ist jedoch das Healy Building, ein an romanisch-gotische Architektur angelehnter Bau, der im National Register of Historic Places gelistet ist. Zu den berühmtesten Georgetown-Absolventen gehört Bill Clinton.

Das gotisch beeinflusste Healy Building der Georgetown University

Tudor Place ⑩

1644 31st St, NW. **Stadtplan** 1 C2. *965-0400.* *Di–Sa 10–15, So 12–15 Uhr.* *1. Jan, Memorial Day, 4. Juli, Labor Day, Thanksgiving, 24., 25. Dez.* **www**.tudorplace.org

Das Herrenhaus und die großen Gärten des von William Thornton entworfenen Anwesens in Georgetown bieten einen einmaligen Einblick in eine vergangene Zeit.

Martha Washington schenkte ihrer Enkeltochter Martha Custis Peter und deren Ehemann 8000 US-Dollar. Mit dem Geld kauften die beiden zwei Hektar Land und beauftragten den Architekten Thornton, der auch das Kapitol *(siehe S. 50f)* gebaut hatte, mit der Planung des Hauses. Von 1805 bis 1984 lebten hier mehrere Generationen der Peters. Unklar ist, warum das stuckverzierte, zweistöckige Haus mit tempelähnlicher Veranda Tudor Place heißt. Vielleicht wollte die Familie so ihre Verbundenheit zu England ausdrücken.

Möbel, Silber, Porzellan und Porträts dokumentieren amerikanische Kulturgeschichte. Einige der Stücke stammen aus Mt. Vernon *(siehe S. 160f)*.

Steinerne Hundeskulptur im Garten von Tudor Place

Mt. Zion Church ⑪

1334 29th St, NW. **Stadtplan** 2 D2. *234-0148.* *So 11 Uhr.*

Die Kirche gilt als die erste schwarze Gemeinde in Washington, DC. Die ursprüngliche Kirche an der 27th und P Street war eine »Station« der Underground Railroad: Sie bot Sklaven, die nach Norden geflohen waren, Schutz. Der heutige rote Backsteinbau entstand 1884, nachdem die erste Kirche abgebrannt war.

Der nahe Mt.-Zion-Friedhof ist der älteste schwarze Friedhof der Stadt. Er liegt in der Mitte des 2500er Straßenblocks der Q Street.

Altar in der Mt. Zion Church

Oak Hill Cemetery ⑫

3001 R St, NW. **Stadtplan** 2 D1. *337-2835.* *Mo–Fr 9–16.30, So 13–16 Uhr (wetterabhängig).* *Feiertage.*

William Wilson Corcoran *(siehe S. 113)* gründete den Oak Hill Cemetery 1849. Auf der drei Hektar großen Fläche verteilen sich etwa 18000 Gräber unter dem Schatten riesiger Eichen.

Auf dem Friedhof fanden Mitglieder einiger der bekanntesten Familien der Stadt ihre letzte Ruhestätte, darunter Familien wie Magruder, Poe, Thomas, Beall und Marbury.

Am Eingang steht ein italienisches Torhaus, das dem Friedhofswärter als Wohnhaus und Büro dient. Nordöstlich befindet sich die Familiengruft der Spencers, entworfen von Louis Comfort Tiffany. Das Relief im Granitstein zeigt einen Engel.

Sehenswert ist auch die gotische Kapelle von James Renwick.

Die Konferenzteilnehmer im Musikraum in Dumbarton Oaks

Gründung der Vereinten Nationen

1944 legte eine Konferenz in Dumbarton Oaks den Grundstein für die späteren Vereinten Nationen. US-Präsident Franklin D. Roosevelt und der britische Premierminister Winston Churchill wollten eine »Weltregierung« schaffen, die den Frieden nach dem Ende des Zweiten Weltkriegs sichern sollte. Roosevelt schlug eine Konferenz in Washington vor, doch das State Department hatte damals keinen ausreichend großen Konferenzsaal. Robert Woods Bliss bot daraufhin den Musikraum in seinem früheren Haus an: Dumbarton Oaks.

Der Aufbau der Vereinten Nationen wurde auf der Konferenz von Dumbarton Oaks beschlossen und ein Jahr später auf der Konferenz von San Francisco im Detail ausgearbeitet. Dort wurde auch die Gründungscharta der UN ratifiziert. Das UN Headquarters Building, der Hauptsitz der Weltorganisation, wurde am East River in New York gebaut, nachdem John D. Rockefeller dafür 8,5 Millionen US-Dollar gespendet hatte.

Unweit davon liegt das Grab von John Howard Payne, dem 1852 verstorbenen Schauspieler und Autor, der den im Bürgerkrieg beliebten Song »Home, Sweet Home« schrieb. Die Büste auf seinem Grabstein hatte ursprünglich einen Vollbart, doch dann wurde ein Steinmetz gebeten, die Statue glatt zu »rasieren«.

Dumbarton Oaks ⓭

1703 32nd St, NW. **Stadtplan** 2 D2.
339-6401 (Zeiten tel. erfragen).
Haus *Di–So 14–17 Uhr.* **Gärten** *tägl. 14–17 Uhr.* *Feiertage.* *für Gruppen reservieren (339-6409).* *nur Haus.*
www.doaks.org

Im Jahr 1703 erhielt der schottische Kolonist Ninian Beall eine Landschenkung über 200 Hektar. Später wurde das Areal verkauft. 1801 erwarb Senator William Dorsey aus Maryland rund fünf Hektar davon. Auf dem Grundstück errichtete er ein Haus im neoklassizistischen Stil. Doch nur ein Jahr später musste er Haus und Grundstück wegen Geldmangels verkaufen. In den folgenden 100 Jahren wechselte beides mehrmals den Besitzer.

Als Robert und Mildred Woods Bliss, Erben eines Pharmakonzerns, den Besitz 1920 erwarben, war er zugewachsen und heruntergekommen. Die neuen Eigentümer ließen das Haus umbauen und erweitern. Das Architekturbüro McKim, Mead und White *(siehe S. 109)* fungierte als Berater, um das Haus den Ansprüchen eines modernen Familienhaushalts anzupassen. Beatrix Jones Farrand, eine der wenigen Landschaftsarchitektinnen jener Zeit, war für die Neugestaltung des Gartens zuständig.

Brunnen in Dumbarton Oaks

1940 zog die Familie Bliss nach Kalifornien und stiftete den gesamten Besitz der Harvard University. Die Universität richtete hier eine Bibliothek, ein Forschungszentrum und ein Museum ein: Viele der 1400 ausgestellten byzantinischen Kunstwerke entstammen der Bliss-Sammlung. Antike Münzen, spätrömische und frühbyzantinische Reliefs, ägyptische Stoffe und römische Glas- und Bronzearbeiten sind nur einige Attraktionen der Sammlung.

1962 vermachte Robert Woods Bliss dem Museum zusätzlich seine Sammlung präkolumbischer Kunst.

Philip Johnson entwarf dafür einen separaten Flügel mit acht Kuppeln um einen runden Garten. Der neue Anbau passt hervorragend zu der im Haus untergebrachten Sammlung, die u. a. eine Vielzahl von Masken, Schmuckstücken aus Gold, Fresken aus Mittelamerika und aztekischen Skulpturen enthält.

Swimmingpool im Garten von Dumbarton Oaks

Abstecher

Nördlich des Weißen Hauses liegt Dupont Circle, ein Viertel mit Museen, Galerien und Restaurants. Embassy Row, Kalorama, Adams-Morgan und Cleveland Park lassen sich hervorragend zu Fuß erkunden und begeistern vor allem Architekturliebhaber. Arlington (Virginia), jenseits des Potomac, war Washingtons erster Vorort. Traurig-berühmt ist der Arlington National Cemetery (1864). Das Pentagon entstand 80 Jahre später und ist die berühmteste Sehenswürdigkeit der Gegend.

Zoo-Logo

Sehenswürdigkeiten auf einen Blick

Museen und Sammlungen

African American Civil War Memorial and Museum 7
Anacostia Museum 28
Hillwood Estate Museum 18
Mary McLeod Bethune Council House 17
National Geographic Museum 10
Phillips Collection 11
Textile Museum 12

Historische Viertel, Straßen und Gebäude

Adams-Morgan 16
Dupont Circle 9
Embassy Row 14
Frederick Douglass House 27
Heurich Mansion 6
Howard University 26
Kalorama 15
Lincoln Theatre 19
Pentagon 2
Southwest Waterfront 4
Washington National Cathedral S. 142f 21
Woodrow Wilson House 13

Denkmäler

Air Force Memorial 3
Basilica of the National Shrine of the Immaculate Conception 24
Iwo Jima Statue 8

Parks und Gärten

Cleveland Park 22
National Arboretum 25
National Zoological Park S. 138f 20
Rock Creek Park 23
Theodore Roosevelt Island 5

Friedhof

Arlington National Cemetery S. 130f 1

Legende

- Zentrum Washington, DC
- District of Columbia
- Großraum Washington, DC
- Inlandsflughafen
- Metro-Linie
- Interstate Highway
- US/State Highway
- Highway

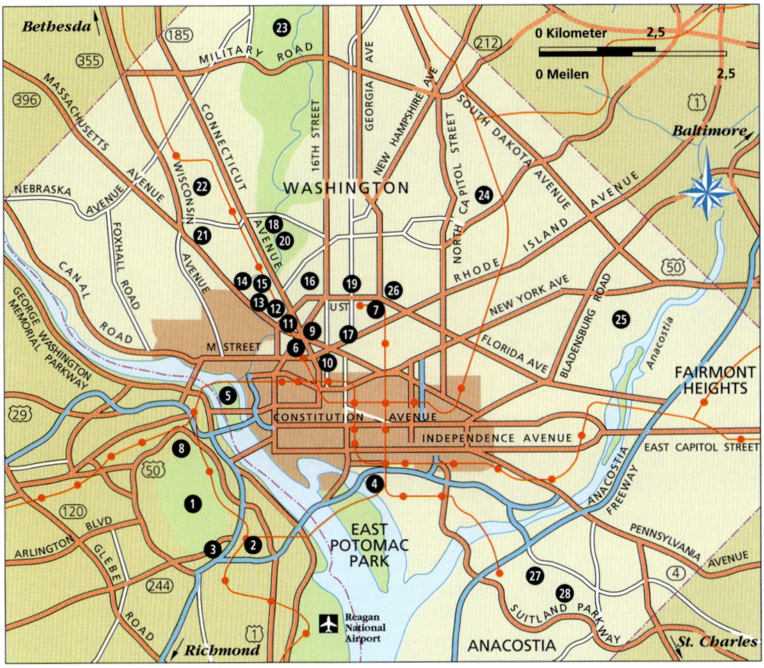

◁ **Pagode im chinesischen Stil im asiatischen Teil des National Arboretum** ***(siehe S. 144)***

Arlington National Cemetery ❶

Soldat auf Wache

Gut 30 Jahre lang lebte Robert E. Lee (1807–1870), General der Konföderierten, in Arlington House. 1861 verließ er es, um die Armee von Virginia zu führen. Die Union beschlagnahmte seinen Besitz für einen Soldatenfriedhof. Am Ende des Bürgerkriegs 1865 waren 16000 Soldaten im Nationalfriedhof Arlington bestattet worden. Seitdem haben weitere 300000 Veteranen hier ihre letzte Ruhestätte gefunden. Einfache Grabsteine gedenken der Gefallenen aus jedem Krieg – vom Unabhängigkeitskrieg bis zu Konflikten jüngeren Datums. Im Mittelpunkt steht das Grabmal des Unbekannten Soldaten, das Tausende nicht identifizierter toter Soldaten ehrt.

Confederate Memorial
Das 1914 eingeweihte Denkmal aus Bronze und Granit gedenkt der im Bürgerkrieg gefallenen konföderierten Soldaten.

Endlose Gräberreihen
Über 300000 Soldaten und deren Familienangehörige sind auf dem 153 Hektar großen Friedhof bestattet.

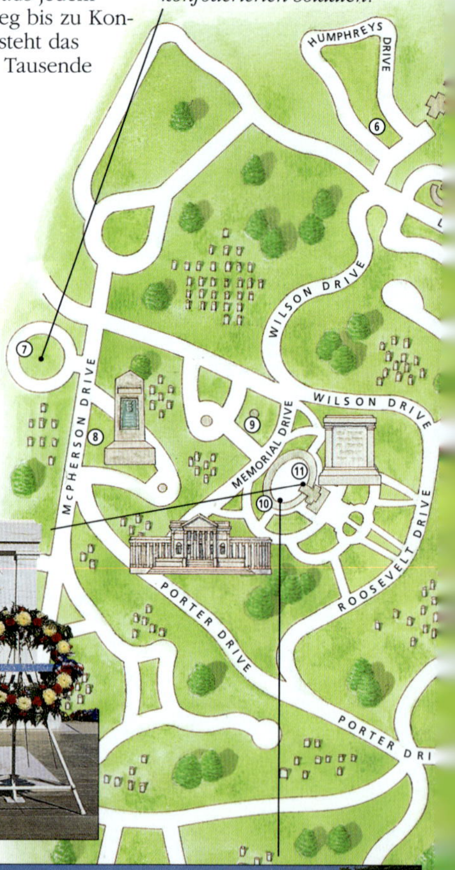

★ Grabmal des Unbekannten Soldaten
Das Grabmal besitzt vier Gräber mit Überresten je eines unbekannten Soldaten aus den beiden Weltkriegen, dem Vietnam- und dem Koreakrieg. Als der Tote aus dem Vietnamkrieg anhand seiner DNA identifiziert wurde, bestattete man ihn in seinem Heimatort.

0 Meter 200

0 Yards 200

Memorial Amphitheater
In dem marmornen Amphitheater wird am Memorial Day Gottesdienst gefeiert (siehe S. 36). *An diesem Tag ehren amerikanische Politiker die Gefallenen des Landes. Hier finden auch militärische Zeremonien statt.*

NICHT VERSÄUMEN

★ Arlington House

★ Grab von John F. Kennedy

★ Grabmal des Unbekannten Soldaten

★ Arlington House
Das einstige georgianische Heim von Robert E. Lee ist heute Denkmal für ihn und seine Familie (Besichtigung möglich).

Infobox

Arlington, VA. ☎ *(703) 607-8000.* Ⓜ *Arlington National Cemetery.* ◯ *Okt–März: tägl. 8–17 Uhr; Apr–Sep: tägl. 8–18.30 Uhr.* ● *25. Dez.* *Tourmobile fahren alle 15 bis 30 Min. vom Besucherzentrum ab (Stopps am Grab von John F. Kennedy, Arlington House und Grabmal des Unbekannten Soldaten).* ◯ *tägl. 8.30–18 Uhr.* ☎ *554-5100.* ♿
www.arlingtoncemetery.org
www.tourmobile.com

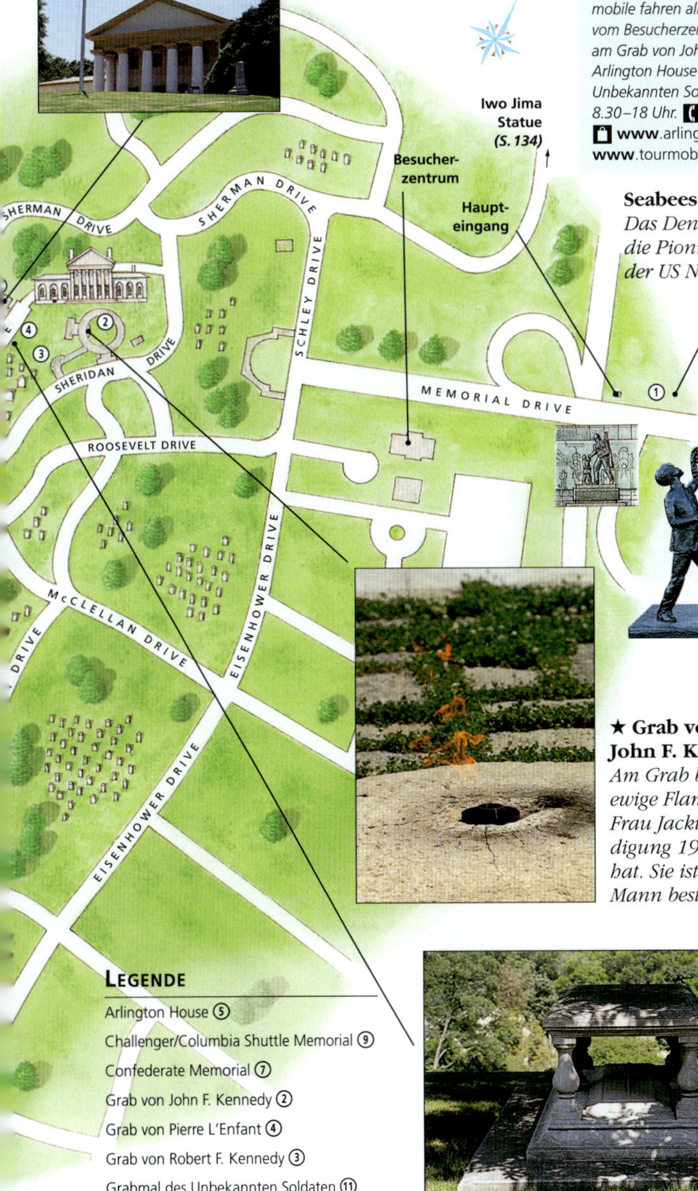

Seabees Memorial
Das Denkmal ehrt die Pioniereinheiten der US Navy.

★ Grab von John F. Kennedy
Am Grab brennt eine ewige Flamme, die seine Frau Jackie bei der Beerdigung 1963 entzündet hat. Sie ist neben ihrem Mann bestattet.

Legende

Arlington House ⑤
Challenger/Columbia Shuttle Memorial ⑨
Confederate Memorial ⑦
Grab von John F. Kennedy ②
Grab von Pierre L'Enfant ④
Grab von Robert F. Kennedy ③
Grabmal des Unbekannten Soldaten ⑪
Lockerbie Memorial ⑥
Memorial Amphitheater ⑩
Rough Riders Memorial ⑧
Seabees Memorial ①

Grab von Pierre L'Enfant
Der Architekt und Schöpfer des Stadtentwurfs von Washington ist in einem imposanten Grab bestattet (siehe S. 67).

Blick auf die massive Betonfassade des Pentagons vom Potomac aus

Pentagon ❷

1000 Defense Pentagon, Hwy 1-395, Arlington, VA. *(703) 697-1776.* *Pentagon.* *nach Vereinbarung.* **www**.pentagon.afis.osd.mil

Präsident Franklin D. Roosevelt entschied Anfang der 1940er Jahre, die 17 Gebäude, in denen das Kriegsministerium (Vorläufer des Verteidigungsministeriums) untergebracht war, zusammenzulegen. Das Pentagon wurde von Armee-Ingenieuren entworfen und mit Zement aus Sand und Kies des Potomac erbaut. Am 15. Januar 1943 wurde der 83 Millionen US-Dollar teure Bau fertiggestellt.

Das Pentagon ist das weltweit größte Bürogebäude und eine Welt für sich. Trotz seiner gewaltigen Ausmaße ist der einzigartige, fünfeckige Komplex gut durchdacht – man braucht nur sieben Minuten, um von einem Punkt zu einem beliebigen anderen im Gebäude zu gelangen.

Das Pentagon ist Hauptsitz des Verteidigungsministeriums mit den drei Abteilungen für Armee, Marine und Luftwaffe. Dazu gehören 14 weitere Behörden zur Landesverteidigung. An der Spitze stehen der Verteidigungsminister und der Vorsitzende der Vereinigten Stabschefs.

Bei den Anschlägen vom 11. September 2001 wurde die Anlage schwer beschädigt. 2008 wurde eine Gedenkstätte für die 184 Opfer, die im Pentagon und in der Maschine von Flug 77 starben, errichtet.

Air Force Memorial ❸

Nahe Columbia Pike. *(703) 979-0674.* *Pentagon City, Pentagon.* *Apr–Okt: tägl. 8–23 Uhr; Nov–März: tägl. 8–21 Uhr.* *tägl.* **www**.airforcememorial.org

Das Denkmal auf einer Anhöhe oberhalb des Pentagons ehrt die Männer und Frauen, die bei der United States Air Force und anderen US-Streitkräften ihren Dienst tun. Die drei spitzturmartigen Teile des Denkmals bestehen aus rostfreiem Stahl. Sie erheben sich in die Luft, als ob sie gleich fortfliegen würden. Das höchste Teil ist 82 Meter hoch.

Präsident George W. Bush weihte das Denkmal im Oktober 2006 im Namen des amerikanisches Volks ein.

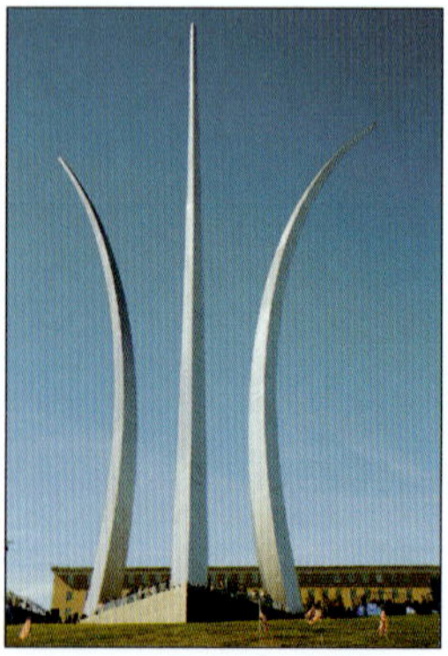

Das elegante Air Force Memorial

Southwest Waterfront ❹

Waterfront. **Fischmarkt** *tägl. 7.30–20 Uhr.*

In den 1960er Jahren testeten Stadtplaner am südwestlichen Ufer des Potomac ihre neuen Ideen: Alte Stadtviertel wurden abgerissen, an ihrer Stelle begannen Apartmenthochhäuser aufzuragen. An der Uferseite ließen sich in der Folge allmählich neue Restaurants nieder. Die Arena Stage, ein beliebtes Theaterensemble, eröffnete hier eine Bühne für experimentelle Stücke. Im Lauf der Zeit erlebte die Gegend eine Wiedergeburt, heute kann man hier gemütlich essen oder einen angenehmen Spaziergang unternehmen.

Fischstand am Waterfront Market

Der Fischmarkt in der Nähe der Maine Avenue ist ein Überbleibsel des alten Viertels: Hier herrscht noch immer geschäftiges Treiben, nirgendwo sonst im Viertel ist es so lebendig. Kunden aus ganz Washington kommen vorbei und kaufen hier Hummer, Krebse, Austern und fangfrischen Fisch aus dem Potomac.

In der Nähe bieten einige Restaurants frische, lokale Fischspezialitäten an. Im Sommer sollten Sie frühzeitig hierherkommen, denn dies ist ein beliebter Platz für ein Abendessen.

11. September 2001

Am 11. September 2001 steuerte eines der vier von Terroristen entführten Flugzeuge direkt ins Pentagon. Bei dieser Katastrophe starben 184 Menschen, ein Teil des Gebäudes wurde vollkommen zerstört. Unmittelbar danach begann der Wiederaufbau, für den ursprünglich drei Jahre angesetzt waren. Doch es dauerte nicht einmal ein Jahr, bis die Schäden behoben waren. Der wiederaufgebaute Teil enthält nun eine Gedenkkapsel und einen verkohlten Eckstein des alten Teils. 2008 wurde ein Denkmal errichtet.

Schäden nach dem Terrorangriff vom 11. September 2001

Theodore Roosevelt Island ❺

GW Memorial Pkwy, McLean, VA. **Stadtplan** 1 C4. *(703) 289-2500.* *Rosslyn.* *tägl. 7 Uhr–Sonnenuntergang.* *nach Vereinbarung.* **www**.nps.gov/this

Roosevelt Island ist mit seinen 22 Hektar Marschland und den vier Kilometer langen Naturpfaden ein Paradies für Naturliebhaber. Hier kann man Rotschwanzbussarde, Virginia-Uhus, Murmeltiere, Brautenten sowie viele Baum- und Pflanzenarten entdecken. Präsident Theodore Roosevelt (1858–1919), selbst ein großer Naturfan, wird mit einer fünf Meter hohen Bronzeskulptur und vier Granittafeln geehrt. Auf den Tafeln sind Zitate des Präsidenten eingraviert. Die Insel ist ein Teil des George Washington Memorial Parkway (auch die anderen historischen Stätten des Parkway sind sehenswert). Nehmen Sie vor allem in den Sommermonaten genügend zu Trinken auf Ihre Wanderungen mit.

Man erreicht die Insel per Auto über den George Washington Memorial Parkway oder mit einem Kanu, das man beim Thompson Boat Center am Watergate Complex mieten kann *(siehe S. 205)*.

Roosevelt-Statue und Granittafeln auf Theodore Roosevelt Island

Heurich Mansion ❻

1307 New Hampshire Ave, NW. *429-1894.* *Dupont Circle.* *Do, Fr 11.30, 13, Sa 11.30, 13, 14.30 Uhr, Mi nach Vereinbarung.* *Spende.* *Feiertage.* **www**.brewmastercastle.com

Der Brauer Christian Heurich ließ den bayerischen Fantasiebau 1892 südlich des Dupont Circle errichten. Das neoromanische Türmchenhaus war bis 2003 Sitz der Historical Society of Washington, DC (die ins Carnegie Library Building zurückzog).

Das Gebäude vermittelt Besuchern ein Bild vom Leben der gehobenen Mittelschicht in Washington Ende des 19. Jahrhunderts.

Prachtvolle Schnitzereien in der Heurich Mansion

African American Civil War Memorial and Museum ❼

Museum 1200 U St, NW. **Memorial** 10th St, NW und Vermont Ave, NW. *667-2667.* *U Street.* *Mo–Fr 10–17, Sa 10–14 Uhr.* *nach Vereinbarung.* **www**.afroamcivilwar.org

Das im Januar 1999 eröffnete afroamerikanische Museum dokumentiert anhand von Fotografien, Dokumenten und audiovisuellen Sammlungen die Geschichte des Kampfs der Afroamerikaner für Freiheit. Die Dauerausstellung trägt den Titel »Slavery to Freedom; Civil War to Civil Rights«. Interaktive Stationen veranschaulichen die Thematik mit Multimedia-Präsentationen auf eindringliche Weise. Zu den Besonderheiten des African American Civil War Museum gehört auch die am 18. Juli 1998 auf der zentralen Plaza enthüllte Statue »Spirit of Freedom«, die von dem Bildhauer Ed Hamilton geschaffen wurde. Die Arbeit ist das erste bedeutende Kunstwerk eines afroamerikanischen Künstlers auf dem Stadtgebiet von Washington, DC. Die Skulptur zeigt mehrere uniformierte afroamerikanische Soldaten und einen Seemann, die sich gerade bereit machen, ihre Heimat zu verlassen.

Reich verzierter Brunnen in der Mitte des Dupont Circle

Iwo Jima Statue (US Marine Corps Memorial) ❽

Meade St, zwischen Arlington National Cemetery und Arlington Boulevard. **Stadtplan** 1 B5. Ⓜ *Rosslyn.* ♿

Die grauenhafte Schlacht von Iwo Jima im Zweiten Weltkrieg hielt der Fotograf Joe Rosenthal fest. Das mit dem Pulitzer-Preis ausgezeichnete Foto von fünf Marine- und einem Navy Corps-Soldaten, die eine US-Flagge auf der kleinen Pazifikinsel hissen, symbolisiert im amerikanischen Bewusstsein den Krieg schlechthin. Das Foto wurde vom Bildhauer Felix DeWeldon in eine Bronzeskulptur übertragen. Das Denkmal wurde durch private Spenden finanziert. Die drei überlebenden Soldaten auf dem Foto standen für DeWeldon Modell. Die anderen waren bei den Kämpfen um die Insel gefallen. Das Iwo-Jima-Denkmal wurde am 10. November 1954 zum 179. Jahrestag des Marine Corps eingeweiht.

Das Denkmal für die Soldaten, die in der Schlacht von Iwo Jima starben

Dupont Circle ❾

Stadtplan 2 F2 & 3 A1. Ⓜ *Dupont Circle.*

Die Gegend nördlich des Weißen Hauses ist nach dem Brunnen am Knotenpunkt Massachusetts, Connecticut und New Hampshire Avenue sowie 19th und P Street benannt: Der Francis Dupont Memorial Fountain sprudelt in der Mitte der Verkehrsinsel. Der Brunnen trägt den Namen eines Admirals aus dem Bürgerkrieg. Das ursprüngliche Denkmal war eine Bronzestatue, die jedoch nach Wilmington (Delaware) versetzt wurde. Der heutige Marmorbrunnen von 1921 zeigt vier Skulpturen, die ein Wasserbecken aus Marmor stützen. Die Skulpturen symbolisieren das Meer, den Wind, die Sterne und die Navigationskunst.

Schachspieler am Dupont Circle

Der kleine Park rund um den Brunnen zieht ein buntes Völkchen aus der Nachbarschaft an – Schachspieler, die in ihr Spiel vertieft sind, Radfahrer, die hier eine Pause einlegen, Besucher, die sich vom Sightseeing erholen, und andere, die hier picknicken.

Zu Beginn des 20. Jahrhunderts war die Gegend um den Dupont Circle ein Villenviertel. Bis in die 1970er Jahre ging es mit dem Viertel stetig bergab, doch plötzlich kauften Leute die heruntergekommenen Stadthäuser. Heute findet man hier Galerien, Bars, Restaurants und Buchhandlungen. Die alten viktorianischen Gebäude sind in Wohnungen aufgeteilt, als Einfamilienhäuser restauriert oder in Bürogebäude verwandelt worden.

Der Dupont Circle ist auch Zentrum des schwulen Washington. Die Clubs und Bars zwischen P Street, Dupont Circle und Rock Creek Park sind bei Schwulen und Lesben sehr beliebt.

National Geographic Museum ❿

1145 17th St nahe M St, NW. **Stadtplan** 3 B2. ☎ *857-7588.* Ⓜ *Farragut North, Farragut West.* ◯ *Mo–Sa, Feiertage 9–17, So 10–17 Uhr.* ● *25. Dez.* ♿ 🛍 **www.** nationalgeographic.com/museum

Das kleine Museum im Hauptsitz der National Geographic Society wurde von Edward Durrell Stone, dem Architekten des Kennedy Center, entworfen. Mehrere Dauer- und Wechselausstellungen zeigen den Reichtum der Natur- und Kulturgeschichte unseres Planeten. Hier konnte man in den letzten Jahren Ausstellungen zu den Piraten des 18. Jahrhunders oder zum Goldenen Zeitalter der ägyptischen Pharaonen bewundern.

Auguste Renoirs Meisterwerk *Frühstück der Ruderer* (1881)

Phillips Collection ⓫

1600 21st St nahe Q St, NW. **Stadtplan** 2 E2 & 3 A1. *387-2151.* *Dupont Circle.* *Di–Sa 10–17 (Do bis 20.30 Uhr), So 11–18 Uhr.* *1. Jan, 4. Juli, Thanksgiving, 25. Dez.* *Fr, Sa 11 Uhr.* **www**.phillipscollection.org

Die Phillips Collection ist eine der weltweit besten Sammlungen impressionistischer Kunst. Sie war das erste Museum in den USA, das sich moderner Kunst des 19. und 20. Jahrhunderts verschrieben hatte. Die Museumsgründer Duncan und Marjorie Phillips lebten in dem älteren der zwei gegenüberliegenden Museumsbauten. Nach dem Tod seines Vaters 1917 entschied sich Duncan Phillips, zwei Räume seiner Villa als The Phillips Memorial Gallery zu öffnen.

Das Ehepaar reiste viel und erwarb immer neue Stücke für die ohnehin umfangreiche Sammlung. In den 1920er Jahren kauften sie einige der bekanntesten europäischen Gemälde, darunter *Frühstück der Ruderer* (1881) von Renoir, für das sie nicht weniger als 125 000 US-Dollar bezahlten – damals eine Rekordsumme. In den folgenden 50 Jahren wuchs die Sammlung auf über 2000 Kunstwerke an.

1930 zog die Familie Phillips in ein neues Haus in der Foxhall Road im Nordwesten Washingtons und gestaltete auch den Rest ihres früheren Hauses aus dem Jahr 1897 in ein privates Museum um. Die Phillips Gallery wurde 1960 als Phillips Collection öffentlich zugänglich.

Das elegante Gebäude im georgianischen Stil ist ein kleineres und persönlicher gestaltetes Museum als die großen Häuser der Smithsonian Institution. Die Sammlung ist vor allem wegen ihrer herausragenden Auswahl impressionistischer und post-impressionistischer Gemälde bekannt. *Zwei Tänzerinnen auf der Bühne* von Degas, *Selbstporträt* von Cézanne und *Eingang zum Park in Arles* von van Gogh sind nur drei Beispiele. Das Museum verfügt auch über eine der weltweit größten Sammlungen des französischen Malers Pierre Bonnard, darunter *Das offene Fenster* (1921). Andere große Gemälde sind El Grecos *Der reuige Petrus* (1600), *Das blaue Zimmer* (1901) von Pablo Picasso, Piet Mondrians *Komposition Nr. 3* (1921–25) sowie *Ochre on Red on Red* (1954) von Mark Rothko.

Sammler Duncan Phillips (1886–1966)

Neben der Dauerausstellung zeigt das Museum auch Sonderausstellungen, die in der Phillips Collection zuerst präsentiert werden, bevor sie in Museen in den ganzen Vereinigten Staaten gezeigt werden. Diese Schauen widmen sich oft einem Künstler, z. B. Georgia O'Keeffe, einem bestimmten Thema oder einer Epoche wie die Ausstellung *Stillleben des 20. Jahrhunderts.*

Die Phillips Collection lädt Freunde moderner Kunst zu besonderen Veranstaltungen ein: An Donnerstagabenden stehen »Artful Evenings« auf dem Programm. Dazu gehören Museumsgespräche, Live-Jazz und kleine Speisen. Ein solcher Abend gibt den Gästen Gelegenheit, sich in lockerer Atmosphäre über Kunst auszutauschen. Zwischen September und Mai werden an Sonntagnachmittagen Konzerte im Musikraum des Museums veranstaltet. Seit 1941 ist die beliebte Konzertreihe für alle Besucher, die ein bezahltes Museumsticket für diesen Tag haben, kostenlos. Der Konzertreigen umfasst Klavierwerke ebenso wie Streichquartette bis hin zu Konzerten weltbekannter Solisten wie der Sopranistin Jessye Norman.

Im Museumsshop werden Bücher, Poster, Drucke sowie Keramik- und Glasarbeiten zeitgenössischer Künstler verkauft. Auch Kunsthandwerk wie Seidendrucke oder Stücke, die von den Werken der Sammlung inspiriert sind, werden angeboten.

Komposition Nr. 3 (1921–25) von Piet Mondrian

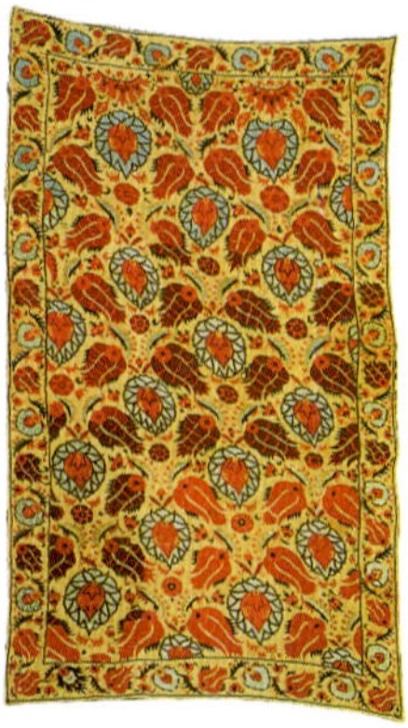

Türkische Seidenstickerei aus dem 18. Jahrhundert, Textile Museum

Textile Museum ⓬

421 17th St, NW. **Stadtplan** 2 E1. *667-0441.* *Dupont Circle.* *Di–Sa 10–17, So 13–17 Uhr.* *24., 25. Dez, Feiertage.* *Spende.* *Einführungstouren am 1. Mi im Monat.* **Bibliothek** *Mi–Fr 10–14, Sa 10–16 Uhr.* *vorher anrufen.* **www**.textilemuseum.org

George Hewitt Myers, der Gründer des Textilmuseums, sammelte schon orientalische Teppiche, als er noch aufs College ging. 1925 eröffnete er in seinem Haus ein Museum, um seine Sammlung aus 275 Teppichen und 60 textilen Stücken auszustellen. Bis zu seinem Tod 1957 war dies ein Privatmuseum, das man nur nach Anmeldung besuchen konnte.

Heute ist das Textile Museum noch immer im Haus des Gründers untergebracht. Dieses wurde von John Russell Pope entworfen, dem Architekten des Jefferson Memorial *(siehe S. 79)*. Ein Teil der Sammlung befindet sich im gegenüberliegenden Gebäude von Waddy B. Wood, der auch das Woodrow Wilson House baute.

Zur Sammlung gehören etwa 17 000 Exponate aus aller Welt, darunter aus Peru, Indien, Indonesien und Zentralamerika. Die Datenbank und die Bibliothek mit über 17 000 Bänden sind öffentlich zugänglich.

Woodrow Wilson House ⓭

2340 S St, NW. **Stadtplan** 2 E1. *387- 4062.* *Dupont Circle.* *Di–So 10–16 Uhr.* *Feiertage.* **www**.woodrowwilsonhouse.org

Das frühere Haus von Präsident Woodrow Wilson (1856–1924) im Stadtviertel Kalorama ist das einzige Präsidentenmuseum in Washington. Wilson, US-Präsident von 1913 bis 1921, regierte die USA während des Ersten Weltkriegs und war einer der Väter des Völkerbunds, dem Vorläufer der Vereinten Nationen. Obwohl er durch den Krieg stark beansprucht war, warb er unermüdlich in ganz Amerika für den Völkerbund.

1919 erlitt er einen Schlaganfall und blieb zeit seines Lebens behindert. Es wird oft vermutet, dass seine Ehefrau Edith Galt viele seiner präsidialen Verpflichtungen übernahm (so führte sie etwa seine Hand, wenn er ein Dokument unterzeichnen musste). Vom Krankenbett aus musste Wilson hinnehmen, dass sein Traum vom Völkerbund im US-Senat keine Zustimmung fand. 1920 erhielt er den Friedensnobelpreis – ein kleiner Trost für den Misserfolg.

Wilson und seine Frau zogen 1921, am Ende seiner zweiten Amtszeit, in das von Waddy B. Wood entworfene Stadthaus. Nach dem Tod von Edith Galt Wilson 1961 wurde das Gebäude dem amerikanischen Volk gestiftet. Zu sehen sind präsidiale Memorabilien, darunter Wilsons Rolls-Royce. Die Exponate spiegeln das Leben in einem amerikanischen Haus der oberen Mittelschicht in den 1920er Jahren wider.

Churchill-Statue vor der britischen Botschaft

Embassy Row ⓮

Massachusetts Avenue. **Stadtplan** 2 E1. *Dupont Circle.* Siehe auch S. 146f.

Die Embassy Row, das Botschaftsviertel, erstreckt sich an der Massachusetts Avenue zwischen Scott und Observatory Circle. Sie entstand während der Großen Depression, als viele wohlhabende Familien gezwungen waren, ihre Häuser zu verkaufen. Diplomaten erwarben die Residenzen für die Vertretungen ihrer Staaten. Seitdem wurden hier viele neue Botschaften errichtet, oft im jeweils landestypischen Stil. Das macht die Architektur der Embassy Row so vielfältig.

2315 Massachusetts Avenue ist die Adresse der Botschaft Pakistans. Die riesige Stadtvilla von 1908 besitzt ein Mansardendach und vier steil heruntergezogene Seiten sowie eine gerundete Außenmauer. Ein

Dekorativer Raum im georgianischen Woodrow Wilson House

Stück die Straße hinunter, in Nummer 2349, ist die Botschaft der Republik Kamerun untergebracht. Das Gebäude ist eines der frühesten Meisterwerke der Beaux-Arts-Architektur vom Anfang des 20. Jahrhunderts. Der romantische, an norwegische Architektur angelehnte schlossähnliche Bau wurde 1905 als Residenz für Christian Hauge, den ersten norwegischen Botschafter in den USA, gebaut, bevor es an Kamerun veräußert wurde.

Vor der Botschaft Irlands steht eine Bronzestatue des irischen Revolutionärs Robert Emmet (1778–1803). Die Skulptur wurde von irischstämmigen Amerikanern in Auftrag gegeben, um der irischen Unabhängigkeit zu gedenken.

Nummer 2536 ist Sitz der Indischen Gesandtschaft: Zwei Elefantenskulpturen stehen als Symbole der indischen Kultur davor. Vor der Britischen Botschaft (Nr. 3100) befindet sich eine Statue von Winston Churchill.

Fassade der Kroatischen Botschaft in der Massachusetts Avenue

Kalorama ⓯

Stadtplan 2 D1 & 2 E1. Ⓜ *Woodley Park oder Dupont Circle.*

Das Stadtviertel Kalorama liegt nördlich des Dupont Circle und besteht aus herrschaftlichen Privathäusern und eleganten Apartmentkomplexen. Es entstand zu Beginn des 20. Jahrhunderts als Vorort unweit der Innenstadt.

Seitdem leben in Kalorama (griechisch für »schöne Aussicht«) die Wohlhabenden.

Apartments, 2311 Connecticut Avenue, Kalorama

Fünf Präsidenten hatten hier ihre Häuser: Herbert Hoover, Franklin D. Roosevelt, Warren Harding, William Taft und Woodrow Wilson, der hier nach seiner Amtszeit lebte.

Einige der schönsten Apartmentkomplexe in Washington finden sich in der Connecticut Avenue, südlich der Taft Bridge, die den Rock Creek Park überquert. Sehenswert sind vor allem die Dresden-Apartments (Nr. 2126) im georgianischen Stil, das Highlands-Gebäude (Nr. 1914) im Beaux-Arts-Stil und die im spanischen Kolonialstil gehaltenen Woodward-Apartments (2311 Connecticut Avenue). Auch eine Blick wert: die Botschaft Frankreichs (2221 Kalorama Road). Den schönsten Blick auf den Rock Creek Park *(siehe S. 141)* hat man vom Kalorama Circle aus.

Adams-Morgan ⓰

Nördlich des Dupont Circle, östlich vom Rock Creek Park, südlich von Mt. Pleasant. **Stadtplan** 2 E1 & 2 F1. Ⓜ *Woodley Park oder Dupont Circle.*

Adams-Morgan ist das einzige ethnisch gemischte Stadtviertel in Washington, DC. Seinen Namen erhielt es in den 1950er Jahren, als der Supreme Court entschied, dass die Stadt ihr nach Rassen getrenntes Schulsystem aufgeben müsse. Die Adams School (für weiße Kinder) und die Morgan School (eine rein schwarze Schule) wurden zusammengelegt.

Die vielen Cafés, Buchläden, Clubs und Galerien sowie die afrikanischen, lateinamerikanischen und karibischen Einwanderer machen das Viertel bunt und lebendig. Auch viele Weiße leben hier, zudem ist das Viertel ein Magnet für Schwule. Die Menschen werden von den schönen, noch bezahlbaren Wohnungen aus dem frühen 20. Jahrhundert angezogen.

Das Viertel hat eine vielfältige Musikszene. Jeden Abend kann man Rap, Reggae, Salsa und Washingtons Go-Go-Version in den Discos und Bars hören. Das kosmopolitische Flair zeigt sich auch in den Restaurants *(siehe S. 191)*: Cajun-Küche aus New Orleans, äthiopische, französische, italienische, karibische, mexikanische und libanesische Restaurants reihen sich entlang der 18th Street und der Columbia Road, den beiden Hauptstraßen des Viertels. Obwohl die Ecke zunehmend moderner und schicker wird, sind die hispanischen Ursprünge noch immer spürbar: Das Hispanic-Latino Festival im Juli zieht sich von der Mall bis nach Adams-Morgan *(siehe S. 37)*. Abends kann es hier allerdings manchmal gefährlich sein. Es gibt in der Gegend auch keine Metro-Station. Die Parkplatzsuche gestaltet sich meist schwierig.

Buntes Wandbild an einem Parkplatz in Adams-Morgan

National Zoological Park ⑳

Mikronesischer Eisvogel

Der 1887 als Department of Living Animals an der Mall gegründete National Zoo zog 1891 an seinen heutigen Standort um. Das Zoogelände wurde von Frederick Law Olmstead gestaltet, dem Landschaftsarchitekten, der auch den Central Park in New York entwarf. Heute beherbergt der Zoo über 2000 Tiere, von denen viele zur Gruppe der gefährdeten Arten zählen. Es gibt diverse Zuchtprogramme. Besonders erfolgreich ist der Zoo bei der Aufzucht der seltenen Sumatra-Tiger.

Große Pandas
Tian Tian und Mei Xiang trafen am 6. Dezember 2001 im Zoo ein. Am 9. Juli 2005 bekam Mei Xiang Nachwuchs: den kleinen Tai Shan.

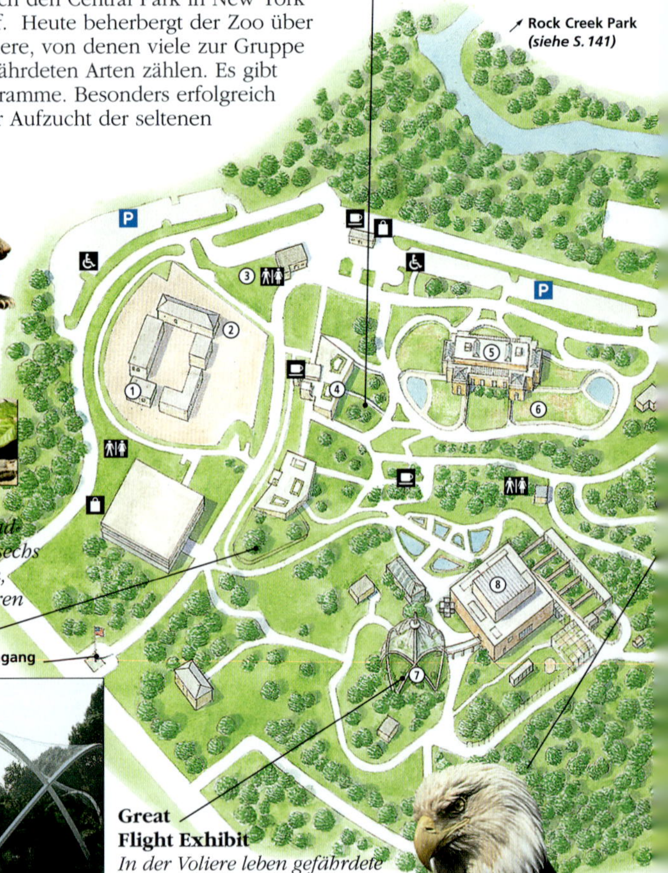

★ Asia Trail
Am »asiatischen Pfad« (2,4 Hektar) leben sechs asiatische Tierarten, darunter Lippenbären und Rote Pandas.

Great Flight Exhibit
In der Voliere leben gefährdete Vogelarten wie Guamralle und Balistar (Bali-Mynah).

Weißkopf-Seeadler
Der größte Greifvogel Nordamerikas ist der Wappenvogel der Vereinigten Staaten.

Legende

Amazonien ⑮
Brillenbären ⑭
Elefantenhaus ⑤
Geparden-Zuchtzentrum ①
Gibbons ⑯
Goldene Löwenäffchen ⑨
Great Flight Exhibit ⑦
Große Pandas ④
Kids Farm ㉕
Kleinsäuger ⑱
Lemuren-Insel ㉑
Löwen ㉔
Menschenaffenhaus ⑰
Mexikanische Wölfe ⑪
Nilpferde ⑥
Otter ⑩
Reptilien-Zentrum ⑳
Seehunde und Seelöwen ⑬
Think Tank ㉒
Tiger ㉓
Vogelhaus ⑧
Wallabys (Kängurus) ③
Weißkopf-Seeadler ⑫
Wirbellose ⑲
Zebras ②

0 Meter 100
0 Yards 100

Goldenes Löwenäffchen
Die vom Aussterben bedrohte Primatenart (die frei nur noch in einem Teil Brasiliens vorkommt) ist Teil eines internationalen Artenschutzprogramms, das sich mit der Aufzucht in Zoos beschäftigt.

INFOBOX

3001 Connecticut Ave, NW.
Tel. 673-4800.
M Cleveland Park, Woodley Park-Zoo.
Apr–Okt: tägl. 10–18 (Gebäude), 6–20 Uhr (Gelände); Nov–Apr: tägl. 10–16.30 (Gebäude), 6–18 Uhr (Gelände).
25. Dez.
Infos unter 633-4888.
www.natzoo.si.edu

★ Menschenaffenhaus
Tiefland-Gorillas, die über 180 Kilogramm schwer werden, sind im Menschenaffenhaus zu sehen. Weitere Bewohner sind die in Bäumen lebenden Orang-Utans.

★ Komodo-Warane
Die bis zu drei Meter langen und 90 Kilogramm schweren Echsen sind die ersten in Gefangenschaft geborenen Exemplare außerhalb Indonesiens.

Rotwolf
Der amerikanische Rotwolf ist mit dem Grauwolf verwandt. Seine Art ist allerdings vom Aussterben bedroht. Von den noch 300 existierenden Tieren leben 220 in Gefangenschaft.

Amazonien
In dem Biotop, das den Dschungel imitiert, leben exotische Tiere – von Pfeilgiftfröschen bis zu Riesenwelsen.

NICHT VERSÄUMEN

- ★ Asia Trail
- ★ Komodo-Warane
- ★ Menschenaffenhaus

Mary McLeod Bethune Council House National Historic Site ⑰

1318 Vermont Ave, NW. **Stadtplan** 3 B1. *673-2402. McPherson Square-U Street. Mo–Sa 9–16 Uhr. Feiertage. auch interaktive Führungen für Kinder.* **www**.nps.gov/mamc

Mary McLeod Bethune wurde 1875 als Kind ehemaliger Sklaven geboren. Sie war später Pädagogin und Frauenrechtsaktivistin. 1904 gründete sie ihr eigenes College für verarmte schwarze Frauen in Florida, die Daytona Educational and Industrial School for Negro Girls. Heute ist es das Bethune-Cookman College und zieht noch immer viele Studenten an.

Präsident Franklin D. Roosevelt machte Mary McLeod Bethune zu seiner Sonderberaterin in ethnischen Fragen, später wurde sie Direktorin der Division of Negro Affairs in der National Youth Administration. Als Mitglied im Kabinett von Roosevelt hatte sie die bis dahin einflussreichste Stellung einer afroamerikanischen Frau in einer US-Regierung inne.

Später gründete sie den National Council of Negro Women, ein Sprachrohr für die Anliegen schwarzer Frauen. Dem Council traten rund 10 000 Mitglieder bei. Das Haus an der Vermont Avenue wurde von Bethune und dem Council als Zentrale für die Organisation erworben. Erst im November 1979, 24 Jahre nach dem Tod von Bethune, wurde das Council House als Museum eröffnet. Ausgestellt sind Möbel, Fotografien und Exponate aus ihrem Leben. 1982 wurde das Haus vom National Park Service erworben.

Mary McLeod Bethune

Eingang zum Mary McLeod Bethune Council House

Innenraum des restaurierten Lincoln Theatre

Hillwood Estate Museum and Gardens ⑱

4155 Linnean Avenue, NW. *1/877 HILLWOOD, 686-5807. Van Ness-UDC. Di–Sa 10–17 Uhr. Jan, Feiertage (Anmeldung erforderlich).* **www**.hillwoodmuseum.org

Hillwood gehörte einst Marjorie Merriweather Post und ist seit 1977 öffentlich zugänglich. Das Museum präsentiert die umfangreichste Sammlung russischer Adelsgewänder (18./19. Jh.) außerhalb Russlands. Zudem bietet es eine renommierte Ausstellung von französischem Kunsthandwerk aus dem 18. Jahrhundert. Das mehrere Gärten mit Azaleen und Orchideen umfassende Anwesen mitten in Washington, DC wird von Wald umrahmt.

Lincoln Theatre ⑲

1215 U St, NW. **Stadtplan** 2 F1. *328-6000. U Street-Cardozo. Mo–Fr 10–18 Uhr. Feiertage. nach Vereinbarung.*

Das 1922 errichtete Lincoln Theatre war einst das Herzstück des schwarzen Kulturlebens in Washingtons Innenstadt. Wie das berühmte Apollo Theater in New York, präsentierte das Theater Stars wie den Jazz-Musiker Duke Ellington (der in Washington geboren wurde) und sein Orchester, Ella Fitzgerald und Billie Holiday.

In den 1960er Jahren verwahrloste das Viertel. 1968 verwandelten Straßenunruhen die U Street in eine verlassene Gegend mit ausgebrannten Häusern. Die Zuschauerzahlen des Theaters nahmen dramatisch ab – in den 1970er Jahren wurde das Haus geschlossen. Anfang der 1980er Jahre fand eine Spendenaktion statt, um das Gebäude für zehn Millionen US-Dollar zu renovieren. Selbst die originalen, reich verzierten Stuckarbeiten wurden restauriert. Heute ist das 1994 neu eröffnete Lincoln Theatre ein Kernstück der wiederbelebten U Street. Es veranstaltet Konzerte, Bühnenshows und das DC Film Festival *(siehe S. 202)*.

National Zoological Park ⑳

Siehe S. 138f.

Washington National Cathedral ㉑

Siehe S. 142f.

Cleveland Park ㉒

Ⓜ *Cleveland Park.*

Cleveland Park ist ein schönes Wohnviertel, das wie eine amerikanische Kleinstadt aus dem Bilderbuch wirkt. Ursprünglich war es eine Sommerfrische für Urlauber, die den weniger idyllischen Stadtteilen entkommen wollten. 1885 kaufte Präsident Grover Cleveland (1885–89) hier ein gemauertes Farmhaus als Sommerhaus für seine Braut.

Die viktorianischen Sommerhäuser sind bei Leuten, die sich Stadtnähe, aber zugleich die Atmosphäre einer Kleinstadt wünschen, begehrt. Es gibt interessante Läden, gute Restaurants sowie das Art-déco-Kino »Uptown«.

Rock Creek Park ㉓

Ⓜ *Cleveland Park.* **Rock Creek Park Nature Center** 5200 Glover Rd, NW. **Stadtplan** 2 D1–D3. ☎ *895-6070.* Ⓜ *Friendship Heights.* 🚌 *E2, E3, E4.* ○ *Mi–So 9–17 Uhr.* ● *Feiertage.* *nach Vereinbarung.* **www**.nps.gov/rocr

Rock Creek Park erhielt seinen Namen von dem Bach, der durch den Park fließt. Das Gelände teilt die Stadt in zwei Hälften. Der Park ist mit 450 Hektar doppelt so groß wie der New Yorker Central Park. Er erstreckt sich von der Grenze zu Maryland nach Süden bis zum Potomac, macht fast fünf Prozent des gesamten Stadtgebiets aus und hat sich ein Flair von Wildnis bewahrt. Zwar sind Elche, Bisons und Bären, die einst hier lebten, verschwunden, doch Waschbären, Füchse und Rotwild kann man noch immer sehen.

Pierce Mill, die alte Getreidemühle im Rock Creek Park

Der Park wurde 1890 eingerichtet und wird heute vom National Park Service unterhalten. Beliebt sind Wandern und Picknicken. Der Park hat auch einen Reitstall und Reitwege sowie Tennisplätze und einen 18-Loch-Golfplatz.

Sonntags wird ein Teil des Beach Drive, eine der Hauptstraßen im Park, für den Autoverkehr geschlossen, damit Radfahrer und Inline-Skater sich frei bewegen können. Der Bach selbst wirkt mit seinen kleinen Wasserfällen einladend – allerdings sollte man nicht baden, da das Wasser verschmutzt ist.

Das **Rock Creek Park Nature Center** ist der ideale Startpunkt für eine Erkundung des Areals. Zu den Attraktionen gehören ein kleines Planetarium und ein 1,6 Kilometer langer, auch für Kinder geeigneter Naturpfad.

Pierce Mill, eine Getreidemühle bei der Tilden Street, wurde 1936 restauriert und war bis zur Schließung 1993 als Besucherattraktion beliebt. In einer nahen Scheune wird Kunsthandwerk verkauft. Im Carter Barron Amphitheater (16th Street und Colorado Avenue) gibt es kostenlos Shakespeare-Theater und sommerliche Jazzkonzerte.

Shaw-Viertel

Das Viertel ist nach dem Unionsoberst Robert Gould Shaw benannt, dem weißen Kommandeur eines rein schwarzen Regiments aus Massachusetts. Er unterstützte seine Männer im Kampf um Gleichberechtigung. Bis in die 1960er Jahre war die U Street ein Zentrum afroamerikanischer Kultur. In Theatern wie dem Howard und dem Lincoln traten Stars auf, die Howard University war intellektuelles Zentrum für schwarze Studenten. Bei den Unruhen von 1968, die durch die Ermordung von Dr. Martin Luther King, Jr. ausgelöst wurden, wurde ein Großteil des Viertels zerstört. Viele glaubten damals, die Gegend würde sich nie mehr erholen. Doch die Restaurierung des Lincoln Theatre, der Wiederaufbau der Geschäfte in der U Street und ein Zustrom an Investoren, die die historischen Häuser renovierten, haben das Viertel positiv belebt. Bei der Metro-Station der U Street gibt es nun viele schicke Clubs und Bars.

Duke Ellington auf einem Wandbild im Shaw-Viertel

Washington National Cathedral ㉑

Der Bau der Church of Saint Peter and Saint Paul (so der offizielle Name der Kathedrale) begann 1907 und wurde erst 1990 vollendet. Die sechstgrößte Kirche der Welt ist 95 Meter hoch und 158 Meter lang. Das Gotteshaus wurde aus Kalkstein aus dem US-Bundesstaat Indiana errichtet und enthält zahlreiche gotische Stilelemente. Dies zeigt sich besonders eindrücklich in den Rippengewölben, Skulpturen und Bleiglasfenstern. Die protestantische Episkopalkirche steht Menschen aller Glaubensrichtungen offen. Sie war Ort für die Begräbnis- und Gedenkgottesdienste mehrerer Präsidenten.

Fassade
Die Türme der Kathedrale sind ein neogotisches Meisterwerk und dominieren die Skyline.

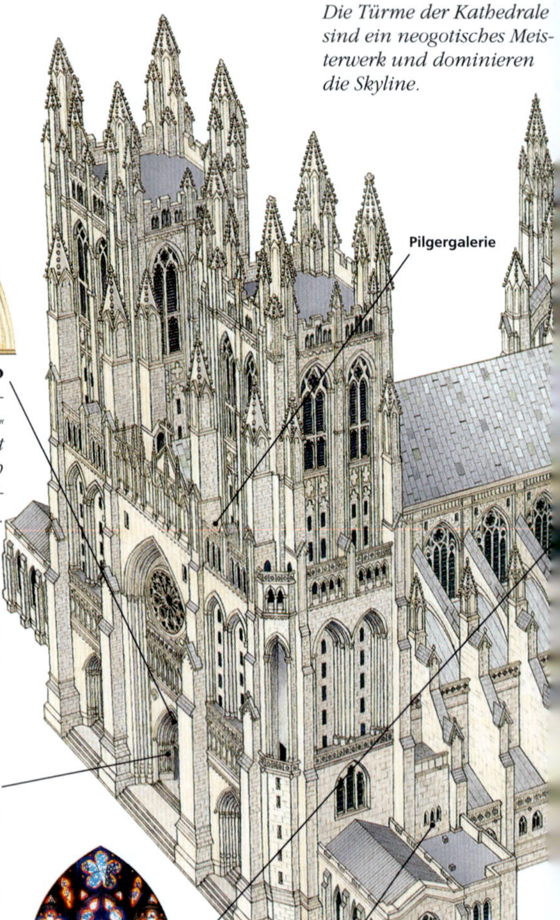

★ Ex Nihilo
Über dem Haupteingang befindet sich das Relief »Ex Nihilo« von Frederick Hart. Es zeigt Männer und Frauen, die sich von einem wabernden Hintergrund ablösen.

Haupteingang
Drei gewaltige gotische Bogen dominieren die Westfassade. Die bronzenen Tore zeigen Darstellungen aus der Genesis.

Weltraum-Fenster
Das Fenster erinnert an den Apollo-11-Flug. Es enthält einen Mondsteinsplitter von der ersten Mondlandung 1969.

Die Spitztürmchen sind mit blattförmigen Ornamenten verziert und werden von Kreuzblumen gekrönt.

Hochaltar
110 geschnitzte Figuren rund um die Jesus-Statue zieren den Hochaltar. Davor ist ein Stein vom Berg Sinai in den Boden eingelassen.

Infobox

3101 Wisconsin Ave und Massachusetts Ave, NW.
537-6200. 364-6616.
Tenleytown-AU, Red Line, dann 32, 34, 36.
Mo–Fr 10–17.30, Sa 10–16, So 7.45–16 Uhr. Mo–Sa 11.30, 12.45–16, So 13–14.30 Uhr. tel. Anmeldung für Gruppen (537-6207).
tägl.
www.nationalcathedral.org

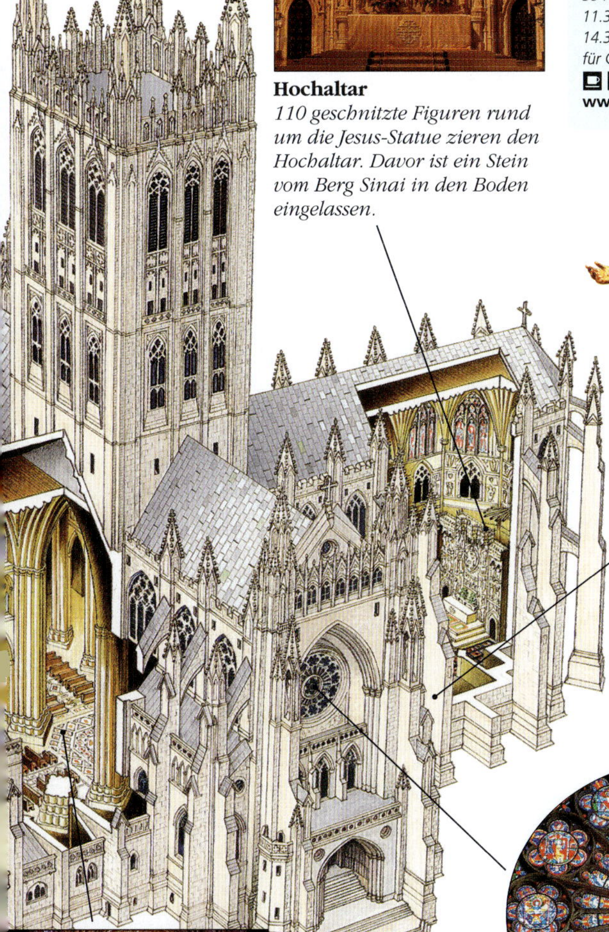

Kinderkapelle
Eine Statue von Jesus als Kind steht in der Kapelle, die auf die Größe von sechsjährigen Kindern zugeschnitten ist.

★ Südliches Rosettenfenster
Joseph Reynolds und Wilbur Burnham schufen das Bleiglasfenster mit dem Thema »Jubelnde Kirche«.

Kirchenschiff
Das Kirchenschiff erstreckt sich vom Westportal bis zum Hochaltar. Die Ikonografie reicht von der Menschwerdung bis zur Erlösung.

Nicht versäumen

- ★ Ex Nihilo
- ★ Südliches Rosettenfenster

Basilica of the National Shrine of the Immaculate Conception ㉔

400 Michigan at 4th St, NE. *526-8300.* *Brookland-CUA.* *Apr–Okt: tägl. 7–19 Uhr; Nov–März: tägl. 7–18 Uhr.*
www.nationalshrine.com

Die riesige katholische Kirche von 1959 ist der Jungfrau Maria geweiht. Das Gebäude hat die Form eines Kreuzes und besitzt viele Bleiglasfenster. Der Bau bietet über 2500 Menschen Platz.

Zu Beginn des 20. Jahrhunderts schlug Bischof Thomas Shahan, Rektor der Catholic University of America, den Bau eines nationalen Heiligtums in Washington vor. Shahan konnte 1913 den Papst für das Projekt gewinnen. Ein Jahr später begann der Bau. Die Great Upper Church wurde am 20. November 1959 geweiht. Der Kirchenschrein ist mit seinen traditionellen Türmen und Minaretten eine eigentümliche Mischung aus römischem und byzantinischem Stil. Der Kirchenbau umfasst mehrere Kapellen, von denen jede einzelne durch besondere Stilelemente geprägt wird.

Ein weiterer Ort der Stille und der Besinnung ist der etwa 4000 Quadratmeter große Prayer Garden.

Blick vom Kirchenschiff auf den Altar

Eingang zum chinesischen Pavillon im National Arboretum

National Arboretum ㉕

3501 New York Ave oder 24th St und R St (nahe Bladensburg Road), NE. *245-2726.* *Stadium Armory.* *tägl. 8–17 Uhr.* **Museum** *tägl. 10–16 Uhr.* *25. Dez.* *nach Vereinbarung.* *beschränkt.* **www**.usna.usda.gov

Etwas versteckt im Nordosten von Washington liegt das 111 Hektar große National Arboretum – ein Zentrum für die Erforschung von Bäumen, Blumen, Sträuchern und anderen Pflanzen. Die vielen verschiedenen Sammlungen lohnen enen Besuch im Arboretum zu jeder Jahreszeit.

Bonsai-Baum im Arboretum

Der Japanische Garten mit dem National Bonsai and Penjing Museum bietet eine Sammlung von Bonsai-Bäumen, die zwischen 20 und knapp 400 Jahre alt sind.

Der Kräutergarten umfasst zehn Spezialgärten. Am Eingang zum Garten liegt ein Irrgarten im europäischen Stil des 16. Jahrhunderts mit etwa 200 Rosenarten.

Zur Perennial Collection gehören Pfingstrosen und Iris, die alle im späten Frühjahr und Sommer blühen. In der National Grove of State Trees stehen Bäume aus allen US-Bundesstaaten.

Howard University ㉖

2400 Sixth St, NW. *806-6100.* *Shaw-Howard.* **www**.howard.edu

Die erste Congregational Society of Washington rief 1866 ein Seminar zur Bildung der afroamerikanischen Bevölkerung ins Leben. Hier sollten Lehrer und Priester ausgebildet werden. Bald wurde das Konzept erweitert: Nach zwei Jahren entstand das College of Liberal Arts and Medicine of Howard University. Benannt wurde es nach General Oliver O. Howard (1830–1909), einem Gegner der Sklaverei und Helden des Bürgerkriegs, der später das Freedman's Bureau zur Gründung schwarzer Schulen leitete. Anlass war die verstärkte Zuwanderung freigelassener Sklaven aus den Südstaaten auf der Suche nach (Aus-)Bildung. Präsident Andrew Jackson hatte eine entsprechende Eingabe des Kongresses genehmigt.

Zu den bekanntesten Absolventen gehören Thurgood Marshall, ein Verfechter der Aufhebung der Rassentrennung an Schulen und erster schwarzer Richter am Obersten Gerichtshof, Carter Woodson, Toni Morrison, Ralph Bunche, Stokely Carmichael und Ossie Davis.

Frederick Douglass (1817–1895)

Frederick Douglass wurde um 1818 als Sklave geboren und stieg zum führenden Kopf der Abolitionisten auf, die für die Abschaffung der Sklaverei in den USA kämpften. Douglass erhielt bei seinen weißen »Besitzern« Unterricht in Lesen und Schreiben. Im Alter von 20 Jahren floh er nach Europa. Englische Freunde kauften ihn von seinem früheren Herrn frei. Den größten Teil seines Lebens verbrachte Douglass in New York, wo er als Sprecher der Abolitionisten arbeitete. Die American Anti-Slavery Society schickte den brillanten Rhetoriker auf Vortragsreise. Berühmt wurde er durch seine 1845 veröffentlichte Autobiografie. Zwei Jahre später wurde er Herausgeber der Zeitung *The North Star* – fliehenden Sklaven diente der Polarstern als Orientierungspunkt auf dem Weg nach Norden. Im Bürgerkrieg *(siehe S. 21)* war er Berater Präsident Lincolns und kämpfte für die Zusatzartikel der Verfassung, die den Schwarzen Gleichberechtigung garantieren.

Frederick Douglass

Frederick Douglass House ㉗

1411 W St, SE. *426-5961.* *Anacostia.* *Mitte Apr–Mitte Okt: tägl. 9–17 Uhr; Mitte Okt–Mitte Apr: tägl. 10–16 Uhr.* *1. Jan, Thanksgiving, 25. Dez.* *vorher anrufen.* **www**.nps.gov/frdo

Der Abolitionistenführer Frederick Douglass lebte erst gegen Ende seiner Karriere in Washington. Nach dem Bürgerkrieg zog er zunächst in ein Stadthaus am Capitol Hill und dann nach Anacostia. 1877 kaufte er dieses weiß gestrichene Haus und nannte es Cedar Hill. Seine Familie und er lebten hier bis zu seinem Tod 1895.

1903 machte seine Witwe das Gebäude öffentlich zugänglich, 1962 wurde es dem National Park Service gestiftet, der es heute unterhält. Die meisten Möbel gehörten der

»The Growlery« im Garten des Frederick Douglass House

Familie Douglass, darunter auch Geschenke von Präsident Lincoln und Harriet Beecher Stowe, Autorin von *Onkel Toms Hütte* (1852).

Im Garten liegt ein kleines Steinhaus, das Douglass als Arbeitszimmer benutzte und »The Growlery« nannte. Von der Veranda des Hauses aus hat man eine herrliche Aussicht auf den Anacostia River.

Fassade von Cedar Hill, dem Haus von Frederick Douglass

Anacostia Museum ㉘

1901 Fort Place, SE. *633-4820.* *Anacostia.* *tägl. 10–17 Uhr.* *25. Dez.* *nach Vereinbarung.* **www**.anacostia.si.edu

Das offiziell als Anacostia Museum and Center for African-American History and Culture bekannte Museum ist Teil der Smithsonian Institution *(siehe S. 72)* und widmet sich der afroamerikanischen Geschichte Kultur der Südstaaten, aus denen viele Bewohner Washingtons stammten.

Lange Zeit wurden den afroamerikanischen Bewohnern der Stadt einfachste Dinge wie Unterkunft, Verkehrsmittel, Gesundheitswesen und Arbeit verweigert. Die Ausstellungen im Anacostia Museum widmen sich diesen Themen. Zwei wichtige Initiativen des Museums sind *Black Mosaic*, ein Forschungsprojekt über die vielschichtige afrokaribische Kultur in Washington, und *Speak to My Heart: African American Communities of Faith and Contemporary Life*.

Das Museum ist neben dem Ausstellungsbetrieb auch ein Forschungszentrum mit großer Bibliothek und PCs (für Besucher). Die Sammlungen präsentieren historische Objekte, Dokumente, Kunstwerke und Videofilme. Die Ausstellung *Reflections in Black* zeigt Fotos zur Geschichte der Afroamerikaner seit 1840.

Drei Spaziergänge

Die historischen Viertel, die vielseitige Architektur, die Parks und Gärten der Stadt entdeckt man am besten auf Spaziergängen. Der erste hier vorgestellte Spaziergang verläuft entlang der Massachusetts Avenue, vorbei an den großen Botschaftsgebäuden und imposanten Villen bis zu den kleineren Botschaften in Kalorama. Wenn Sie danach noch Lust auf Kunstgenuss haben: In Kalorama sind die Phillips Collection *(siehe S. 135)* und einige Kunstgalerien beheimatet. Bei den beiden weiteren Spaziergängen durch Georgetown und Old Town Alexandria kann man viele der auf dem Weg liegenden historischen Gebäude besichtigen. In Georgetown *(siehe S. 120–127)* sind beispielsweise Dumbarton Oaks, Tudor Place oder die Georgetown University öffentlich zugänglich. In Alexandria lohnen Lyceum (Historisches Museum), Lee-Fendall House, Gadsby's Tavern Museum und Carlyle House *(siehe S. 158)* einen Besuch.

Brunnen in Dumbarton Oaks

Spaziergänge auf einen Blick

Dumbarton Oaks, Georgetown *(siehe S. 127)*

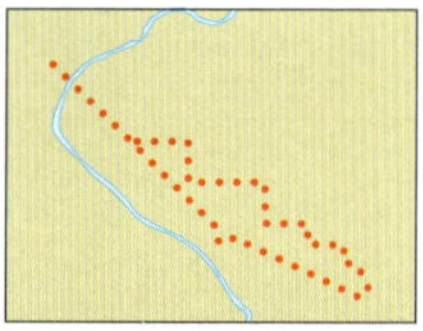

Botschaftsviertel Embassy Row *(S. 147)*

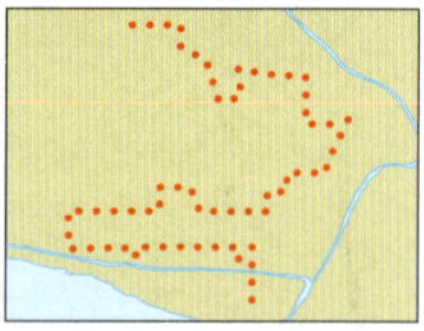

Georgetown *(S. 148f)*

Carlyle House, georgianische Villa in der Fairfax Street, Alexandria *(siehe S. 158)*

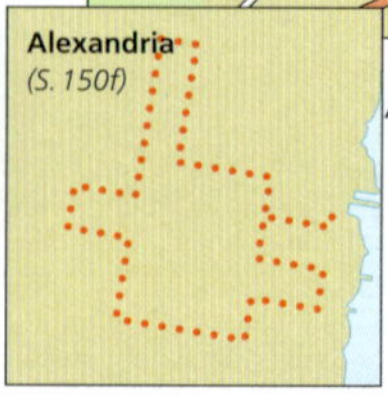

Alexandria *(S. 150f)*

0 Kilometer 4

0 Meilen 4

Legende

••• Routenempfehlung

Spaziergang an der Embassy Row

Für Liebhaber ganz unterschiedlicher Architektur ist dieser Spaziergang ein Erlebnis. Vom Dupont Circle geht es auf der Massachusetts Avenue Richtung Nordwesten, vorbei an vielen Botschaftsgebäuden bis zur Italienischen Botschaft und anschließend zurück nach Kalorama, einem ruhigen Wohnviertel mit von Bäumen gesäumten Straßen, kleineren Botschaften und Museen.

Indonesische Botschaft ①

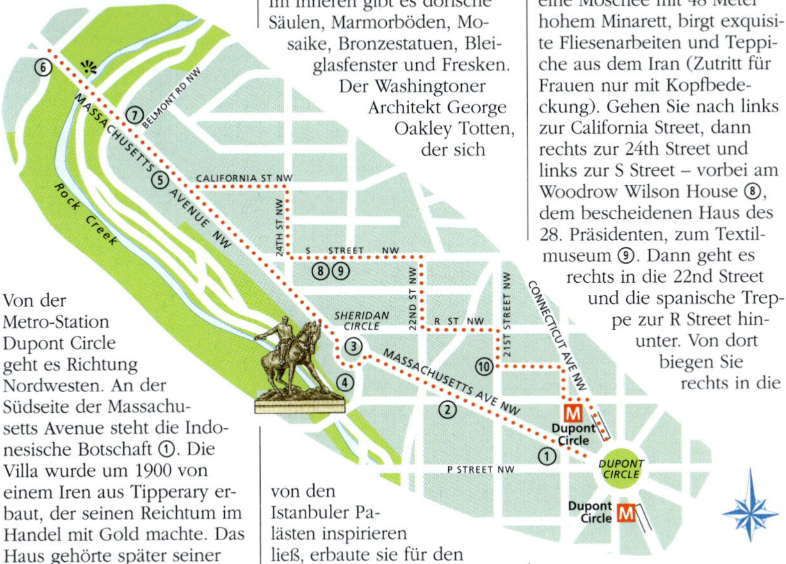

Von der Metro-Station Dupont Circle geht es Richtung Nordwesten. An der Südseite der Massachusetts Avenue steht die Indonesische Botschaft ①. Die Villa wurde um 1900 von einem Iren aus Tipperary erbaut, der seinen Reichtum im Handel mit Gold machte. Das Haus gehörte später seiner Tochter Evalyn Walsh McLean, der Besitzerin des Hope-Diamanten, welcher im National Museum of Natural History *(siehe S. 70f)* zu sehen ist. Es folgt ein Palais im italienischen Stil, Heimat der Society of Cincinnati ②, einer karitativen Einrichtung, die von George Washington ins Leben gerufen wurde. Eine Statue von General Philip T. Sheridan hoch zu Ross steht am Sheridan Circle ③. Auf der linken Seite kommt man – vorbei an den Botschaften Irlands und Rumäniens – zur Botschaft der Türkei ④, einer Residenz mit romanischen und orientalischen Elementen. Im Inneren gibt es dorische Säulen, Marmorböden, Mosaike, Bronzestatuen, Bleiglasfenster und Fresken. Der Washingtoner Architekt George Oakley Totten, der sich von den Istanbuler Palästen inspirieren ließ, erbaute sie für den wohlhabenden Industriellen Edward Hamlin Everett. Dieser war im Besitz des Patentes für Kronkorken und veranstaltete hier Musikabende. In der Massachusetts Avenue sollte man einen Blick in den Garten der Japanischen Botschaft ⑤ werfen, eines eleganten Gebäudes im georgianischen Stil. Über die Brücke am Rock Creek Park erreicht man die Italienische Botschaft ⑥, eine erstaunlich zeitgemäße Konstruktion, die von den Architekten Piero Sartogo aus Rom und Leo A. Daly aus Washington entworfen wurde. Das ausladende Kupferdach erinnert an ein Renaissance-Palais. Queren Sie die Massachusetts Avenue, und gehen Sie zurück Richtung Dupont Circle. Das Islamic Center ⑦, eine Moschee mit 48 Meter hohem Minarett, birgt exquisite Fliesenarbeiten und Teppiche aus dem Iran (Zutritt für Frauen nur mit Kopfbedeckung). Gehen Sie nach links zur California Street, dann rechts zur 24th Street und links zur S Street – vorbei am Woodrow Wilson House ⑧, dem bescheidenen Haus des 28. Präsidenten, zum Textilmuseum ⑨. Dann geht es rechts in die 22nd Street und die spanische Treppe zur R Street hinunter. Von dort biegen Sie rechts in die 21st Street, vorbei an der Phillips Collection ⑩, einem der schönsten Museen für moderne Kunst. Dann geht es links in die Q Street und zurück zum Ausgangspunkt.

Minarett des Islamic Center ⑦

Routeninfos

Start: *Metro-Station Dupont Circle.*
Länge: *4 km*
Rasten: *Es gibt einige gute Restaurants in der Umgebung der Metro-Station Dupont Circle.*

0 Meter 400
0 Yards 400

Legende

- • • • Routenempfehlung
- Aussichtspunkt
- M Metro-Station

Spaziergang in Georgetown (1:30 Std.)

Georgetown ist für seine historische Architektur, seine bunt gemischten Läden und die exzellenten Restaurants bekannt. Der Spaziergang beginnt im oberen Teil von Georgetown und führt dann durch Wohnstraßen mit herrschaftlichen Häusern, alten Kirchen und Friedhöfen, Parks und Aussichtspunkten am Potomac, ruhigen Gassen und belebten Straßen. Die Tour endet in der M Street am ältesten Haus des Viertels. Details zu den Sehenswürdigkeiten finden Sie im Kapitel Georgetown *(siehe S. 120–127)*.

Dumbarton House, innen wie außen schön gestaltet ⑥

Starten Sie an der Ecke Wisconsin Avenue und S Street. Gehen Sie Richtung Osten, und biegen Sie rechts in die 32nd Street. Dumbarton Oaks ① in Nr. 1703 ist eine Villa, die der Harvard University gehört und eine große Sammlung präkolumbischer und byzantinischer Kunst beherbergt. Für eine ausführliche Entdeckung ihrer Schätze lohnt ein weiterer Besuch *(siehe S. 127)*.

Biegen Sie dann von der R Street in die 31st Street, wo Sie rechts Tudor Place ② *(siehe S. 126)* erwartet, ein Herrenhaus von William Thornton, dem Architekten des Kapitols. Gehen Sie links in die Avon Lane und wieder links den Avon Place entlang. Überqueren Sie die R Street zum Montrose Park ③, in dessen Irrgarten Sie ein wenig umherwandeln können. Folgen Sie dann der R Street nach Osten zum Oak Hill Cemetery ④ *(siehe S. 126)*. James Renwick, der Architekt der St. Patrick's Cathedral in New York, gestaltete die Kapelle.

Zurück in der R Street gelangen Sie rechts in die 28th Street zum Evermay ⑤, einem georgianischen Haus, das Samuel Davidson 1792 baute. Nun geht es zur Q Street, an der links das Dumbarton House ⑥ mit seiner Einrichtung aus dem 18./19. Jahrhundert steht. Machen Sie einen kurzen Schlenker nach links in die 27th Street zum Mt. Zion Cemetery ⑦. Auf dem Friedhof fanden vor dem Bürgerkrieg Afroamerikaner ihre letzte Ruhestätte.

Folgen Sie der 27th Street in entgegengesetzter Richtung, biegen Sie rechts in die O Street und links in die 29th Street. Rechts steht die Mt. Zion Church ⑧, Washingtons erste afroamerikanische Kirche *(siehe S. 126)*. Gehen Sie nun an der Ecke rechts in die

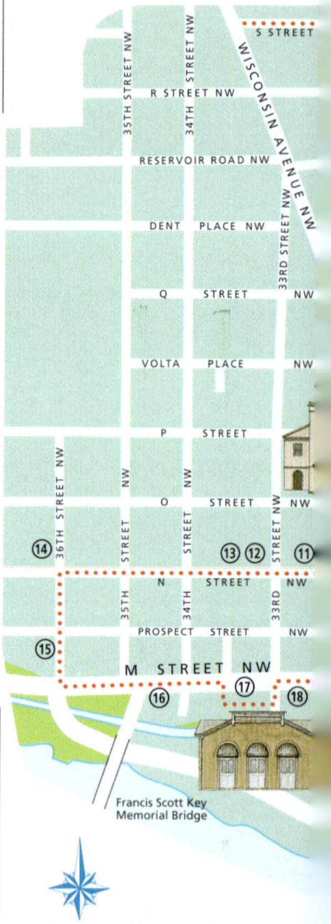

Routeninfos

Start: *Wisconsin Avenue und S Street.*
Länge: *5 km.*
Anfahrt: *Metro-Bus von der Metro-Station Foggy Bottom bis Ecke Wisconsin Ave und R St oder Circulator-Bus von der Union Station mit Stopps auf der K St, NW.*

Smith Row, typische Architektur in der N Street ⑪

Montrose Park, eine Oase der Ruhe ③

Dumbarton Street, dann links in die 30th Street und rechts in die N Street, die elegante Architektur des 18. Jahrhunderts zeigt. Rechts kommen Sie an 3017 N Street vorbei, dem Haus, in dem Jackie Kennedy lebte ⑨. Machen Sie in der Wisconsin Avenue in der seit 1933 bestehenden Martin's Tavern oder in einem der vielen Cafés Pause. Biegen Sie anschließend rechts in die Wisconsin Avenue und links in die O Street ein. Hier steht die St. John's Episcopal Church ⑩, die auch Thomas Jefferson besuchte. Gehen Sie nach links in die Potomac Street, dann rechts in die N Street. Sie kommen an der Smith Row ⑪ mit ihren Backsteinhäusern (Nr. 3255-63) vorbei, an John und Jackie Kennedys Haus ⑫ (Nr. 3307) sowie am Haus Nr. 3327-39 in der Cox's Row ⑬, das Colonel Cox, ehemaliger Kaufmann und Bürgermeister, errichten ließ. Ein Stück weiter die N Street entlang erreichen Sie die Georgetown University ⑭ *(siehe S. 126)*. Gehen Sie anschließend links in die 36th Street zu The Tombs Bar, einem beliebten Studententreff. In der Prospect Street ⑮ steigen Sie drei steile Treppenfluchten hinunter (Drehort zu Szenen aus *Der Exorzist*) und gelangen so zur M Street, der belebtesten und buntesten Straße des Viertels, und zum Potomac.

Überqueren Sie die M Street, und gehen Sie nach links. Sie kommen an der Key Bridge und dem Francis Scott Key Park ⑯ vorbei, Letzterer ist nach dem Verfasser der Nationalhymne »The Star-Spangled Banner« benannt. An Nr. 3316 sehen Sie das Schild »Cady's Alley«. Dort gehen Sie rechts die Treppe hinunter. Biegen Sie in der Cady's Alley ⑰ links in die 33rd Street ein, und gehen Sie zurück zur M Street. Gehen Sie nachs rechts bis zu Dean and Deluca ⑱, einem 1866 erbauten Café und Feinkostladen. Gehen Sie dann zum Georgetown Park ⑲, einer früheren Tabaklagerhalle mit über 100 Läden. Jenseits der Wisconsin Avenue folgen Sie der M Street zur 31st Street. Gehen Sie nach rechts, dann links am C&O Canal ⑳ entlang. Rechts führt die Thomas Jefferson Street zum Washington Harbor ㉑ *(siehe S. 122)*. Durch den Ladenkomplex kommen Sie zum Hafen. Zurück in der M Street kann man das Old Stone House ㉒ besichtigen.

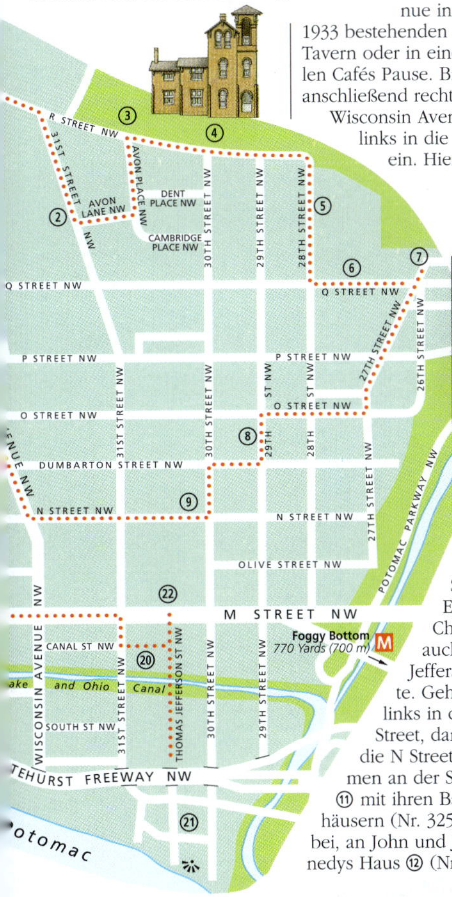

Georgetown University ⑭

0 Meter 300

0 Yards 300

Legende

Routenempfehlung

Aussichtspunkt

Metro-Station

Schleppkahn auf dem C&O Canal, Reminiszenz an das 19. Jahrhundert ⑳

Spaziergang in Alexandria (1:30 Std.)

Schlendern Sie durch die kopfsteingepflasterten Straßen, um Spuren des alten Alexandria zu entdecken, das im 18. Jahrhundert gegründet wurde. Der Spaziergang durch die Old Town führt an historischen Stätten vorbei, z. B. den zwei ältesten Kirchen und Gadsby's Tavern. Er endet an der Torpedo Factory, die nun ein Kunstzentrum mit 200 Ausstellern ist. Von ihrer Rückseite aus bietet sich eine schöne Aussicht auf den Potomac.

Historischer Bauernmarkt auf dem Market Square ②

Starten Sie beim Besucherzentrum im Ramsay House ①, in dem der schottische Kaufmann und Stadtgründer William Ramsay lebte. Das 1724 erbaute Hau ist das älteste Alexandrias. Davor liegt der Market Square ②, auf dem seit über 250 Jahren Bauern ihre Produkte verkaufen. An der Ecke Fairfax und King Street gehen Sie links in die South Fairfax Street und am Stabler-Leadbeater Apothecary Museum von 1792 ③ *(siehe S. 158)* vorbei. Einst wurde der Laden von Edward Stabler betrieben, der sich bei der »Society for the Relief of People Illegally Held in Bondage« gegen die Sklaverei einsetzte. Links in der Prince Street lebte Dr. Elisha Cullen Dick (Nr. 211), die George Washington an dessen Sterbebett begleitete. An der Ecke steht das 1851 errichtete klassizistische Athenaeum ④, die ehemalige Bank von Virginia (Old Dominion). Überqueren Sie die Lee Street, und gehen Sie weiter auf der Prince Street. Dieser Captain's Row ⑤ genannte Abschnitt ist immer noch gepflastert. Hier lebten die Kapitäne und Schiffsbauer. Biegen Sie rechts auf die Union Street. Hier kommen Sie an Kunstgalerien vorbei und sehen links den Fluss. Nun geht es rechts in die Duke Street mit ihren hübschen Gärten und links in die Fairfax Street. Das Old Presbyterian Meeting House ⑥ *(siehe S. 158)*, eine Backsteinkirche, die 1775 von schottischen Siedlern erbaut und nach einem Feuer 1837 wiederaufgebaut wurde, liegt auf der rechten Seite. Als George Washington starb, läuteten ihre Glocken vier Tage lang. Auf dem Friedhof steht das Grabmal des Unbekannten Soldaten.

Biegen Sie von der South Fairfax Street nach rechts in die Wolfe Street. In diesem Abschnitt, früher Hayti genannt, lebten Anfang des 19. Jahrhunderts viele afroamerikanische Anführer. Gehen Sie bis zur South Royal Street. Im Haus Nr. 404 ⑦ lebte George Seaton, ein schwarzer Schreinermeister, dessen Mutter von Martha

Routeninfos

Start: *Besucherzentrum im Ramsay House.*
Länge: *4 km.*
Anfahrt: *Nehmen Sie den Bus von der Metro-Station King Street zum Besucherzentrum im Ramsay House.*
Rasten: *Das Friendship Firehouse hat freitags bis sonntags geöffnet. Zum Mittagessen eignen sich Gadsby's Tavern oder einige Restaurants in der King Street.*

Ramsay House, das älteste Gebäude in Alexandria ①

Washington befreit wurde. Drei Blocks weiter (604 Wolfe Street) befindet sich die Alexandria Academy ⑧, die mit Unterstützung von George Washington erbaut wurde. Die Schule wurde von Weißen besucht, bevor sie in der ersten Hälfte des 19. Jahrhunderts eine Schule für Afroamerikaner wurde.

Überqueren Sie die South Washington Street, und biegen Sie nachts rechts. Nach zwei Blocks kommt das Lyceum ⑨, ein Gebäude, das einem dorischen Tempel nachempfunden ist, zunächst eine Bücherei war, während des Bürgerkriegs zum Krankenhaus umfunktioniert wurde und jetzt ein Heimatmuseum ist. Die Statue des Soldaten »Appomattox« steht an der Kreuzung von Prince und Washington Street. Sie kennzeichnet den Ort, von dem aus die Soldaten am 24. Mai 1861 die Stadt verließen, um sich den Truppen der Konföderierten anzuschließen. Gehen Sie links auf der Prince Street zwei Blocks weiter bis zur South Alfred Street. Rechts kommen Sie zum Friendship Firehouse ⑩ (Nr. 107) und wieder rechts in die King Street mit ihren bunten Läden und Restaurants. Links geht es in die Washington Street mit der Christ Church ⑪. Besuchen Sie den historischen Friedhof, und gehen Sie in die Kirche – hierher kommen die Präsidenten jedes Jahr am Geburtstag von George Washington, um ihn zu ehren. Weiter geht es in der Washington Street zum Lloyd House ⑫, das 1796 erbaut wurde und als U-Bahnhof diente. Biegen Sie nach zwei Blocks rechts in die Oronoco Street zum Lee-Fendall House ⑬ ein *(siehe S. 159)*. Das Haus, heute ein Museum, wurde von Philip Fendall erbaut, der die Schwester von »Light Horse« Harry Lee (Robert E. Lees Vater und Held der Revolution) heiratete. Gegenüber – 607 Oronoco Street – liegt das Haus, in dem Robert E. Lee seine Kindheit verbrachte ⑭ *(siehe S. 158)*, das jetzt leider nicht mehr öffentlich zugänglich ist. Gehen Sie rechts in die St Asaph Street, und überqueren Sie die Princess Street, deren Kopfsteinpflaster 1790 verlegt wurde. Überqueren Sie die Cameron Street, und gehen Sie nach links. 508 Cameron Steet ⑮ ist der Nachbau des kleinen Hauses, das George Washington 1769 errichten ließ.

Rechts in der Royal Street finden Sie Gadsby's Tavern ⑯ *(siehe S. 158)*, wo Jeffersons Antrittsbankett abgehalten wurde. Auf der anderen Straßenseite steht die City Hall ⑰. Gehen Sie weiter auf der Cameron Street und über die Fairfax Street. Die Bank of Alexandria, die älteste Bank (1792) der Stadt, liegt an der Ecke. Als Nächstes kommt das Carlyle House ⑱ *(siehe S. 158)*, eine georgianische Villa. Genießen Sie die Schaufenster auf dem Weg zur Torpedo Factory in der Union Street ⑲ *(siehe S. 159)*.

Gadsby's Tavern – hier fand Präsident Jeffersons Antrittsbankett statt ⑯

Porträt von Robert E. Lee ⑭

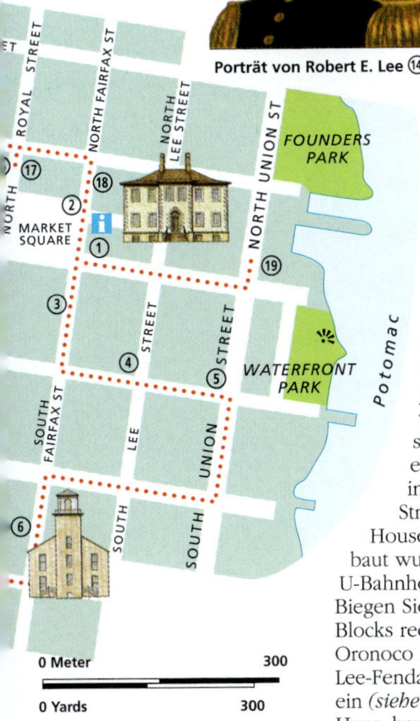

Legende

- Routenempfehlung
- Aussichtspunkt
- Metro-Station
- Information

Die Torpedo Factory birgt Studios, Kunstgalerien und ein Archäologiemuseum ⑲

Herbst im Shenandoah National Park ***(siehe S. 165)*** ▷

Ausflüge

Ausflüge

Nur wenige Stunden Autofahrt von Washington entfernt erwarten Besucher weitere kulturelle und landschaftliche Highlights. Alexandria und Williamsburg sind ein Muss für Geschichtsinteressierte. Die Chesapeake Bay sowie die Inseln Chincoteague und Assateague bieten Naturschönheit pur. Diese Region der Bundesstaaten Virginia und Maryland stand vier Jahrhunderte lang im Zentrum bewegender amerikanischer Geschichte.

Die 1623 gegründete Siedlung Jamestown war die erste ständig bewohnte britische Kolonie in Amerika. Im 18. Jahrhundert stieg Williamsburg zur Hauptstadt von Virginia auf und erklärte als erste Kolonie die Unabhängigkeit. Heute ist Colonial Williamsburg ein Freilichtmuseum, das die Kolonialzeit wieder lebendig werden lässt.

Kanone aus dem Bürgerkrieg

Der kulturelle Einfluss Europas ist in der Architektur der Region präsent. Auch zwei Präsidenten, die die noch junge Republik geprägt haben, lebten in Virginia – George Washington in Mount Vernon und Thomas Jefferson in Monticello. Beide Landsitze geben einen Einblick in das Leben dieser für die Geschichte der USA so bedeutenden Männer.

Die Städte und Orte der Region haben hübsche Altstadtviertel, die eine willkommene Abwechslung zur Moderne der Vororte bieten. Annapolis ist eine angenehme kolonial geprägte Hafenstadt. Auch Baltimore ist mit seiner Mischung aus Arbeitervierteln und europäischem Flair charmant. Richmond verbindet die viktorianische Eleganz des alten Südens mit den Annehmlichkeiten des modernen Großstadtlebens.

Schlachtfelder des Bürgerkriegs findet man in der ganzen Region – bis Gettysburg. Sie sind mit ihren Denkmälern, Museen und Friedhöfen stumme Zeugen der Kriegsgräuel.

Der 170 Kilometer lange Skyline Drive durch den Shenandoah National Park westlich von Washington erschließt die schönen Blue Ridge Mountains für Wanderer und Radfahrer. Östlich der Stadt zieht die Chesapeake Bay Segler und Fischer, aber auch Liebhaber von Fischgerichten an, die sich die Spezialität der Region gönnen: *blue crabs* (Blaukrabben).

Feld vor einer Scheune in Mount Vernon

◁ Bunte, aufgerollte Segel im Hafen von Dangerfield Island im Potomac

Überblick: Ausflüge von Washington, DC

Vor den Toren von Washington, DC erstreckt sich eine abwechslungsreiche Region mit Bergen, Ebenen und historischen Städten. Im Westen, in Virginia, erheben sich die Blue Ridge Mountains mit dem Shenandoah National Park. Im Süden breitet sich das Piedmont aus, eine Gegend mit sanften Hügeln, auf deren Hängen der Wein von Virginia gedeiht. Im Osten teilt die Chesapeake Bay den Staat Maryland fast in zwei Teile und erstreckt sich entlang der Küste von Virginia nach Süden. Im Norden liegt die große Hafenstadt Baltimore mit dem beeindruckenden National Aquarium.

Philadelphia Brigade Monument in Gettysburg

Nachgebautes Fort in Jamestown

Sehenswürdigkeiten auf einen Blick

Annapolis 4
Antietam National Battlefield 8
Baltimore 5
Charlottesville 14
Chesapeake Bay 17
Chincoteague und Assateague 18
Colonial Williamsburg S. 168f 19
Frederick 7
Fredericksburg 15
Gettysburg National Military Park 6
Great Falls Park 10
Gunston Hall 3
Harpers Ferry 9
Middleburg 11
Mount Vernon S. 160f 2
Old Town Alexandria S. 158f 1
Richmond 16
Steven F. Udvar-Hazy Center 12
Skyline Drive 13
Yorktown und Jamestown 20

Der Bearfence Mountain im Shenandoah National Park

ANFAHRT

ier Interstate Highways durchqueren die Region: ie I-95 führt in Nord-Süd-Richtung durch das östli- e Virgina, die I-81 verläuft in Nord-Süd-Richtung n Westen des Staates. Die I-66 führt von Washing- n aus nach Westen, die I-270 geht nach Frederick. on der Union Station aus gibt es Züge nach Balti- ore, Alexandria, Richmond, Williamsburg und arpers Ferry, das auch von MARC *(siehe S. 218f)* edient wird. Der Virginia Railway Express fährt ach Alexandria und Fredericksburg. Greyhound- usse steuern die meisten kleineren Orte an.

Boote vor Anker in der Chesapeake Bay

Old Town Alexandria ❶

Detail, Stabler-Leadbeater Apothecary Museum

Die Altstadt von Alexandria hat sich ihr historisches Flair, das bis auf die Stadtgründung 1749 zurückgeht, bis heute bewahrt. Alexandria ist noch immer eine geschäftige Hafenstadt mit vielen historischen Sehenswürdigkeiten, Läden und Galerien. In den Restaurants, vor allem am und um den Market Square, ist immer etwas los.

Überblick: Alexandria

In Alexandrias baumgesäumten Straßen, die zum Bummeln einladen *(siehe S. 150f)*, liegen historische Gebäude. Angenehm ist auch eine Bootsfahrt auf dem Potomac oder ein Mittagessen auf einer Veranda mit Blick auf den Fluss. Der nahe Founders Park lädt zum Sonnenbaden direkt am Potomac ein.

Fassade des eleganten Carlyle House

Carlyle House

121 N Fairfax St. *(703) 549-2997. Di–Sa 10–16, So 12–16 Uhr (letzte Führung um 16 Uhr). 1. Jan, Thanksgiving, 25. Dez. vorher anrufen.*
www.carlylehouse.org

Das elegante, georgianische Haus im Palladio-Stil ließ der schottische Kaufmann John Carlyle 1753 errichten. Ende des 19. Jahrhunderts zerfiel der Bau, wurde jedoch 1970 von der Northern Virginia Regional Park Authority gekauft und restauriert. Die Führung zeigt faszinierende Details des Alltags im 18. Jahrhundert – vom morgendlichen Ankleiden bis zu Tanzabenden. Das als »Architecture Room« bekannte Zimmer wurde bewusst nicht fertiggestellt. Der Garten hinter dem Haus wurde mit Pflanzenarten aus dem 18. Jahrhundert bepflanzt.

Stabler-Leadbeater Apothecary Museum

105 S Fairfax St. *(703) 836-3852. Apr–Okt: Di–Sa 10–17, So, Mo 13–17 Uhr; Nov–März: Mi–Sa 11–16, So 13–16 Uhr. 1. Jan, Thanksgiving, 25. Dez.*
www.apothecarymuseum.org

Die 1792 gegründete Familienapotheke war 141 Jahre lang geöffnet. Nun ist sie ein Apothekenmuseum. Die Schubladen aus Mahagoniholz enthalten verschiedenste Medikamente. Auf den Regalen stehen Gläser mit Kräuterresten. Auch Mörser, Stößel und eine Sammlung gläserner Babyflaschen gehören zu den 8000 Originalstücken. George Washington war einer der Kunden, Robert E. Lee kaufte Farbe für sein Haus.

Gadsby's Tavern Museum

134 N Royal St. *(703) 838-4242. Apr–Okt: Di–Sa 10–17, So, Mo 13–17 Uhr; Nov–März: Mi–Sa 11–16, So 13–16 Uhr. Feiertage.*
www.gadsbystavern.org

Neben dem Gasthof von 1770 liegt ein von John Gadsby 1792 erbautes Hotel, das als angesagtes Luxushotel jener Zeit galt. Die vollständig restaurierten Gebäude lassen die damalige Atmosphäre der Hafenstadt lebendig werden.

Interessante Räume sind das Esszimmer mit Anrichte und Kartentischen, die Schlafzimmer (in denen Gäste nicht allein schliefen, sondern nur eine Bettstelle zugewiesen bekamen) und der separate Essraum für reiche Gäste. Im Ballsaal feierten George und Martha Washington 1799 den letzten Geburtstag des Präsidenten. Hier gibt es noch heute ein Restaurant.

Innenansicht des Old Presbyterian Meeting House

Old Presbyterian Meeting House

321 S Fairfax St. *(703) 549-6670. Mo–Fr 9–16 Uhr.*

In dem Gemeindehaus (1772) wurden Gedenkgottesdienste für George Washington abgehalten. Auf dem Friedhof sind Dr. John Craig, ein enger Freund Washingtons, der Kaufmann John Carlyle und Reverend Muir, der George Washingtons Beerdigung durchführte, begraben. Zudem gibt es ein Denkmal für den Unbekannten Soldaten des Unabhängigkeitskriegs.

Boyhood Home of Robert E. Lee

607 Oronoco St.

Das Stadthaus (1795) im Federal-Stil ist in Privatbesitz und derzeit nicht öffentlich zugänglich. General Lee lebte hier ab dem elften Lebensjahr, bis er nach West Point ging. Im Salon wurde Mary Lee Fitzhugh mit dem Enkel von Martha Washington, George Washington Parke Custis, getraut. Das Haus ist noch mit antiken Möbeln eingerichtet.

Schlafzimmer von Robert E. Lee

Lee-Fendall House Museum

614 Oronoco St. *(703) 548-1789.* *Do–Sa 10–16, Mi, So 13–16 Uhr.* *25. Dez–31. Jan (außer 3. So, Lees Geburtstagsfeier).*
www.leefendallhouse.org

Philip Fendall, Erbauer des Hauses (1785), heiratete die Tochter des Helden des Unabhängigkeitskriegs »Light Horse« Harry Lee. Seine Nachfahren lebten hier bis 1903. Das viktorianische Haus enthält Exponate von der Revolution bis zur Arbeiterbewegung in den 1930er Jahren.

Das Lee-Fendall House Museum

Torpedo Factory Art Center

105 N Union St. *(703) 838-4565.* *tägl. 10–17 Uhr (Do bis 21 Uhr).* *1. Jan, Ostern, 4. Juli, Thanksgiving, 25. Dez.*
www.torpedofactory.org

Die alte Torpedofabrik aus dem Zweiten Weltkrieg wurde 1974 von einer Künstlergemeinschaft und der Stadt in ein Kunstzentrum umgewandelt. Heute arbeiten hier auf drei Stockwerken 200 Künstler und stellen ihre Werke aus. Besucher können Töpfern, Bildhauern, Druckern und Goldschmieden zusehen.

Christ Church

Cameron St und N Washington St. *(703) 549-1450.* *Mo–Sa 9–16, So 14–16.30 Uhr.* *1. Jan, Thanksgiving, 25. Dez.*

Die älteste, ohne Unterbrechung genutzte Kirche der Stadt ist ein georgianischer Bau. Er wurde 1773 fertiggestellt. George Washingtons Kirchenbank und jene von Robert E. Lee sind mit ihren Namensschildern erhalten. Auf der anderen Seite der Episkopalkirche lautet das Schild »William E. Cazenove. Freie Bank für Fremde«. Der Friedhof beherbergt Grabsteine aus dem 18. Jahrhundert.

Infobox

Alexandria. *119 000.* *Union Station, 110 Callahan St.* *King Street.* *Ramsay House Visitor Center, 221 King St (703-838-4200.)*
www.FunSide.com

Farmers Market

Market Square, King St und Fairfax St. *(703) 746-4770.* *Sa 5.30–11 Uhr.*

Der Markt existiert seit dem Gründungsjahr der Stadt 1749. George Washington ließ hier regelmäßig Produkte von seiner Plantage in Mount Vernon *(siehe S. 160f)* verkaufen. Reizvoll ist der Brunnen in der Mitte des Platzes. Man kann heute noch frisches Obst und Gemüse, Eingemachtes, Schnittblumen, Gewürze, Backwaren, Fleisch und Kunsthandwerk kaufen.

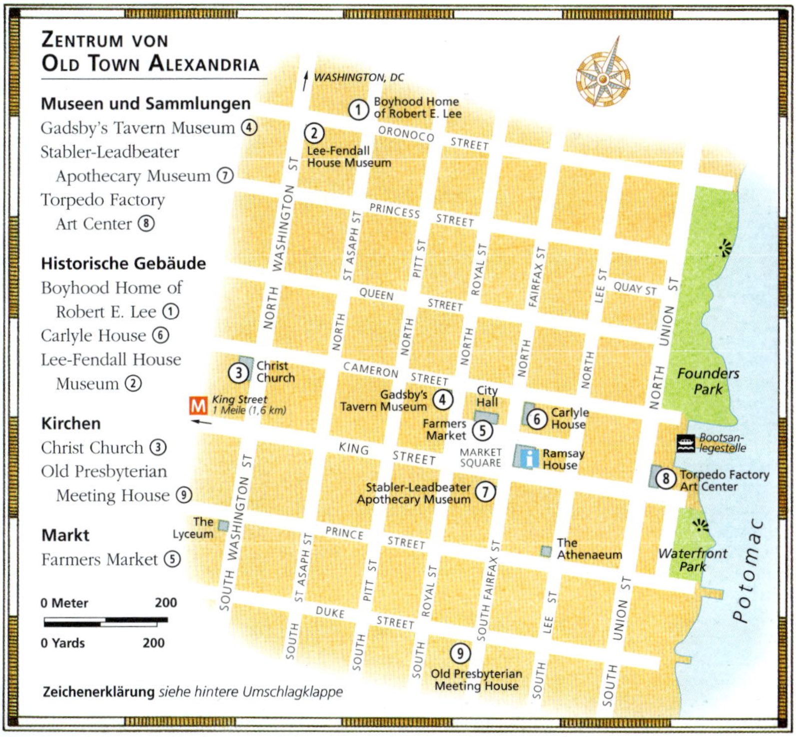

Mount Vernon ❷

Washington-Medaillon

Das Anwesen am Potomac war 45 Jahre lang die Heimat von George Washington. Ursprünglich wurde das Gebäude von seinem Vater Augustine als Bauernhaus errichtet, doch Washington nahm an dem Haus viele Erweiterungen vor, z. B. mit dem Bau der Kuppel und Rundkolonnaden. Das Haus ist wie zur Zeit der Präsidentschaft Washingtons eingerichtet (1789–97), Teile der Farm existieren noch. Das Ford Orientation Center und das Donald W. Reynolds Museum zeigen Ausstellungen und Filme zum Leben des ersten US-Präsidenten. In kurzer Entfernung liegt die George Washington Whiskey Distillery and Gristmill.

Küche
Die vollständig restaurierte Küche liegt etwas abseits vom Haupthaus.

★ Herrenhaus
Das Arbeitszimmer und das große Esszimmer, Washingtons Schlafzimmer und sein Sterbebett können besichtigt werden.

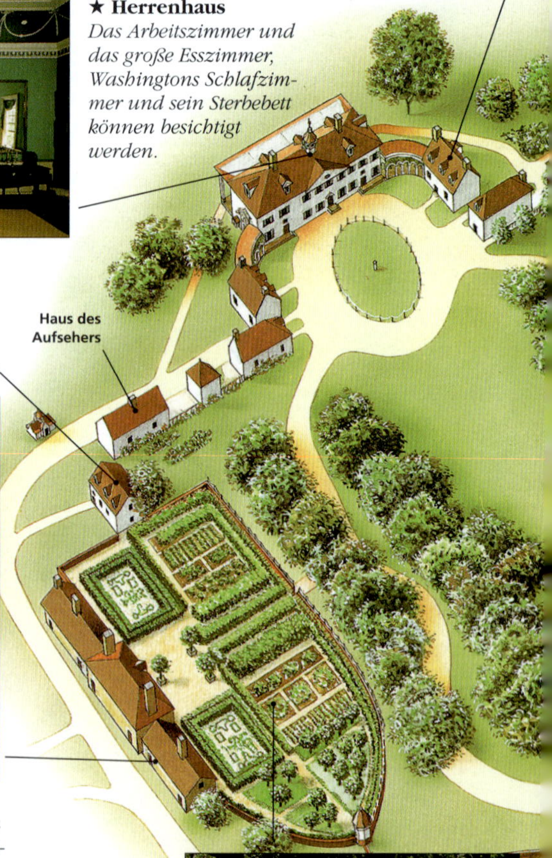

Das Museum zeigt Gegenstände aus dem Besitz von George und Martha Washington sowie Houdons berühmte Büste von Washington.

Haus des Aufsehers

Sklavenhütten
Washington schenkte in seinem Testament den Sklaven die Freiheit. Sie werden mit einem 1982 errichteten Denkmal geehrt.

★ Oberer Garten
Die Pflanzenarten im Blumengarten wuchsen hier auch zu Lebzeiten von Präsident George Washington.

Bootsanlegestelle
Ausflugsboote bringen Besucher zu dieser Anlegestelle, die sich hier schon zu Washingtons Zeit befand. Hier legen auch Potomac-Ausflugsboote an.

INFOBOX

Südende des George Washington Memorial Parkway, Fairfax County, VA. *(703) 780-2000.* *Gelbe Linie bis Huntington Station.* *Fairfax Connector Bus 101 nach Mount Vernon: (703) 780 2000.* **Tourbusse und Bootsfahrten** *Apr–Aug: 8–17 Uhr; März, Sep, Okt: 9–17 Uhr; Nov–Feb: 9–16 Uhr.* *Erdgeschoss.* **Distillery** State Route 235 South. *Apr–Okt: tägl.* **www**.mountvernon.org

Der untere Garten wurde für den Anbau von Gemüse und Beeren genutzt. Die Buchsbaumsträucher wurden noch zu Lebzeiten Washingtons angepflanzt.

★ Musterfarm
Die Ausstellung zeigt Landwirtschaftstechniken, die George Washington eingeführt hatte. Es gibt auch einen Nachbau seiner Getreidescheune, der mit Originalwerkzeug errichtet wurde.

Washingtons Grab
In seinem Testament wünschte sich Washington den Bau eines neuen Steingrabs für seine Familie auf dem Anwesen. Er starb 1799, doch das Grab wurde erst 1831 fertiggestellt.

Die Rasenfläche wurde von George Washington selbst angelegt.

NICHT VERSÄUMEN

★ Herrenhaus

★ Musterfarm

★ Oberer Garten

Gunston Hall ❸

10709 Gunston Road, Mason Neck, VA. *(703) 550-9220.* *tägl. 9.30–17 Uhr.* *1. Jan, Thanksgiving, 25. Dez.* **www**.gunstonhall.org

Das 1755 erbaute geogianische Haus gehörte George Mason, dem Verfasser der Virginia Declaration of Rights 1776. Es liegt 32 Kilometer südlich von Washington, DC und ist wegen seiner genauen historischen Restaurierung beispielhaft. Besonders interessant sind die feinen Holztäfelungen im Foyer des Hauses, der chinesisch wirkende Sims des Kamins im Esszimmer, die Dienstbotentreppe für Sklaven und die schönen Buchsbaumgärten.

Gartenanlages des William Paca House in Annapolis

Annapolis ❹

Anne Arundel County, MD. *33 000.* *Annapolis and Anne Arundel County Conference and Visitors Bureau, 26 West St (410-280-0445).* *tägl. 9–17 Uhr.* **www**.visitannapolis.org

Die Hauptstadt des US-Bundesstaats Maryland ist ein Juwel von einer Kleinstadt an der Chesapeake Bay. Sie wird vom nahen Meer (etwa 27 km entfernt) und der Präsenz der US Naval Academy geprägt.

Ein Spaziergang auf der Main Street führt am 200 Jahre alten Maryland Inn vorbei, an Läden, Restaurants und dem City Dock mit vor Anker liegenden Booten. Von hier aus sind es nur wenige Minuten bis zur 150 Jahre alten **US Naval Academy**. Im Besucherzentrum ist die Freedom-7-Raumkapsel ausgestellt, die Alan Shepard als ersten Amerikaner ins All brachte. Das US Naval Academy Museum in der Preble Hall ist auch sehenswert. Eine besondere Attraktion ist die Sammlung von Schiffsmodellen.

Tiffany-Fenster der Naval Academy in Annapolis

Das **Maryland State House** ist das älteste, ständig genutzte Parlamentsgebäude der USA. In der alten Senatskammer trafen sich die Delegierten aller damaligen Kolonien Amerikas beim Kontinentalkongress, als Annapolis für kurze Zeit – 1783/84 – Hauptstadt der USA war.

Annapolis besitzt noch viele Gebäude aus der Kolonialzeit, die meisten sind noch immer bewohnt. Das **William Paca House** gehörte Gouverneur Paca, einem Unterzeichner der Unabhängigkeitserklärung. Es ist ein reizvolles, georgianisches Haus mit Garten. Auch das **Hammond Harwood House** wurde inzwischen vollkommen restauriert. Dieses Meisterwerk der georgianischen Architektur wurde nach den bekannten Familien Hammond und Harwood benannt. Die Cornhill und die Duke of Gloucester Street sind zwei besonders schöne Beispiele historischer Wohnbezirke in der Stadt.

In Annapolis werden viele Führungen angeboten, zu Fuß, mit dem Bus oder mit dem Schiff – sogar auf einem Dampfer und im Kajak.

US Naval Academy
52 King George St. *(410) 293-8687.* *tägl. 9–17 Uhr (Jan, Feb bis 16 Uhr; Vorlage des Reisepasses erforderlich).* *1. Jan, Thanksgiving, 25. Dez.* **www**.usna.edu

Maryland State House
State Circle. *(410) 974-3400.* *8.30–17 Uhr (vorher anrufen; Reisepass erforderlich).* *25. Dez.* *8, 11, 15 Uhr.*

William Paca House
186 Prince George St. *(410) 263-5553.* *tägl. 10–17 Uhr (im Winter nur Sa, So).* *Thanksgiving, 24., 25. Dez.*

Hammond Harwood House
19 Maryland Ave, nahe King George St. *(410) 263-4683 (-16).* *Apr–Okt: Di–So 12–17 Uhr.* *Wintersaison.*

Baltimore ❺

Chesapeake Bay, MD. *641 000.* *Inner Harbor West Wall (410-837-4636). Visitor services (877-BALTI-MORE).* **www**.baltimore.org

In der sympathischen Hafenstadt, der größten Stadt im Bundesstaat Maryland, gibt es viel zu sehen. Am besten beginnt man eine Besichtigungstour am Inner Harbor, dem wiederbelebten Hafengebiet der Stadt mit seinen Läden und Restaurants. Im Mittelpunkt steht hier das **National Aquarium** mit verschiedenen Ausstellungen sowie Becken für Seehunde und Delfinshows.

Spaziergänger auf der Promenade am Inner Harbor in Baltimore

Beim Hafen liegt auch das **Maryland Science Center**, wo man fast alle Exponate anfassen darf. Planetarium und IMAX®-Kino begeistern mit Filmen über Erde und Weltraum. Das **American Visionary Art Museum** zeigt eine Sammlung ungewöhnlicher Werke autodidaktischer Künstler, deren Materialien von Streichhölzern bis zu Perlen reichen.

In der Innenstadt liegt das **Baltimore Museum of Art** mit einer renommierten Sammlung moderner Kunst, darunter Werke von Matisse, Picasso, Degas und van Gogh. Das Museum besitzt auch Andy-Warhol-Werke sowie zwei Skulpturengärten mit Arbeiten von Rodin und Calder.

Die Sammlung der **Walters Art Gallery** zeigt Fabergé, Rubens und Monet sowie das Gemälde *Sappho und Alcaeus* (1881) von Alma-Tadema.

Little Italy ist ein interessantes Stadtviertel – nicht nur wegen der Restaurants, sondern auch wegen der Boccia-Spieler (Nähe Pratt und Stiles Street).

National Aquarium
501 E Pratt St, Pier 3, Nordseite am Inner Harbor. *(410) 576-3800. März–Okt: tägl. 9–17 Uhr (Fr bis 20 Uhr); Nov–Feb: tägl. 10–16 Uhr (Fr bis 20 Uhr). Bitte vorher anrufen; Zeiten können variieren. Thanksgiving, 25. Dez.*
www.aqua.org

Maryland Science Center
601 Light St. *(410) 685-5225. Mo–Do 9–17, Fr–So 9–19 Uhr. Thanksgiving, 25. Dez.*
www.mdsci.org

American Visionary Art Museum
800 Key Highway am Inner Harbor. *(410) 244-1900. Di–So 10–18 Uhr. Thanksgiving, 25. Dez.*

Baltimore Museum of Art
N Charles St und 31st St. *(443) 573-1700. Mi–So 11–17 Uhr (Sa, So bis 18 Uhr. 1. Jan, Memorial Day, 4. Juli, Thanksgiving, 25. Dez.*

Walters Art Museum
600 N Charles St. *(410) 547-9000. Mi–So 10–17 Uhr (1. Fr im Monat bis 20 Uhr). 1. Jan, Memorial Day, 4. Juli, Thanksgiving, 24., 25. Dez. an Wochenenden.*

Gettysburg National Military Park ❻

1195 Baltimore Pike, Gettysburg, Adams County, PA. *(717) 334-1124.* **Park** *tägl. 6–22 Uhr.* **Visitor Center** *tägl. 8–17 Uhr (im Sommer bis 18 Uhr). 1. Jan, Thanksgiving, 25. Dez.*
www.nps.gov/gett

Der 1500 Hektar große Park südlich von Gettysburg umfasst das Gelände der drei Tage dauernden Schlacht im Bürgerkrieg (1. bis 3. Juli 1863), der blutigsten auf amerikanischem Boden mit 51 000 Toten auf beiden Seiten. Die Führungen per Auto beginnt am Besucherzentrum. Der National Cemetery, wo Lincoln seine Rede hielt, liegt gegenüber.

Die auffallende Architektur des National Aquarium in Baltimore

Lincolns Rede in Gettysburg

Eigentlich war Edward Everett der Hauptredner bei der Einweihung des National Cemetery in Gettysburg am 19. November 1863. Man hatte Präsident Lincoln gebeten, anschließend »einige passende Worte« zu sagen. Seine nur zwei Minuten dauernde Rede mit nur 272 Wörtern ehrte die gefallenen Soldaten, rekapitulierte die Ziele im Bürgerkrieg und formulierte die Bedeutung der Demokratie: »eine Regierung des Volkes, vom Volk und für das Volk«. Da viele die Rede nicht hören konnten, glaubte Lincoln an einen Misserfolg. Doch der Abdruck der Rede trug zur Stärkung der Union bei. Heute kennt sie jedes Schulkind in den USA.

Abraham Lincoln

Frederick ❼

Frederick County, MD. *50 000. 19 E Church St (800-999-3613, 301-600-2888). tägl. 9–17 Uhr. 1. Jan, Thanksgiving, 25. Dez.*
www.fredericktourism.org

Das historische Zentrum Fredericks stammt aus der Mitte des 18. Jahrhunderts und wurde in den 1970er Jahren restauriert. Heute ist die charmante Kleinstadt ein Zentrum für Antiquitäten. Auch Läden, Lokale und Galerien liegen meist in Häusern aus dem 17. oder 18. Jahrhundert. Francis Scott Key, der Verfasser der Nationalhymne, liegt auf dem Mt. Olivet Cemetery.

Antietam National Battlefield ❽

Route 65, 16 km südlich von Hagerstown, Washington County, MD. (301) 432-5124. *Juni–Aug: tägl. 8.30–19 Uhr; Sep–Mai: tägl. 8.30–17 Uhr.* *1. Jan, Thanksgiving, 25. Dez.* **www**.nps.gov/anti

An dieser Stelle tobte am 17. September 1862 eine der brutalsten Schlachten des Bürgerkriegs: Es gab etwa 23 000 Tote, ohne dass eine Seite den Sieg davontrug. Ein Beobachtungsturm bietet einen Blick auf das Schlachtfeld. Der Antietam Creek plätschert unter der Burnside Bridge. General Lees Niederlage in Antietam veranlasste Lincoln zu seiner Emanzipationserklärung zur Aufhebung der Sklaverei. Das Besucherzentrum zeigt einen Film über die Schlacht.

John Browns Fort im Harpers Ferry National Historical Park

Harpers Ferry ❾

171 Shoreline Drive nahe Route 340, Harpers Ferry, Jefferson County, WV. *(304) 535-6298.* *tägl. 8–17 Uhr.* *1. Jan, Thanksgiving, 25. Dez.* *Frühling–Herbst.* **www**.nps.gov/hafe

Am Zusammenfluss von Shenandoah und Potomac liegt der Harpers Ferry National Historical Park versteckt in den Blue Ridge Mountains. Der Ort ist nach Robert Harper aus Philadelphia benannt, der hier 1761 die Fährverbindung über den Potomac einführte. Von den Maryland Heights bietet sich ein Ausblick bis zur Shenandoah Street nahe des durch John Brown bekannten Forts.

Der Abolitionist Brown wollte 1859 das Waffenarsenal erobern und einen Sklavenaufstand anzetteln – was fehlschlug. Dies war einer der Auslöser des Bürgerkriegs. Der Ort wurde 1944 Teil des National Historical Park.

Great Falls Park ❿

Georgetown Pike, Great Falls, Fairfax County, VA. *(703) 285-2966.* *tägl. (bis Sonnenuntergang).* *25. Dez.* **www**.nps.gov/gwmp/grfa

Der erste Blick auf die Stromschnellen unweit des Besucherzentrums ist atemberaubend. Der Potomac stürzt hier, an der Grenze zwischen Virginias Piedmont-Plateau und der flachen Küste, in eine zerklüftete Felsschlucht. Nur erfahrene Kanuten dürfen in den turbulenten Wassern raften.

Der Park ist von kilometerlangen Wanderrouten durchzogen. Manche zeigen Spuren des Handels auf dem Patowmack, Amerikas erstem Kanal aus dem 19. Jahrhundert. Es gibt historische und naturkundliche Führungen. Auf der anderen Seite, im Bundesstaat Maryland, befindet sich der C&O Canal National Historical Park (freier Eintritt für Besucher des Great Falls Park).

Stromschnellen im Great Falls Park

Red Fox Inn in Middleburg

Middleburg ⓫

Route 50, Loudoun County, VA. *600.* *Visitors' Center, 12 N Madison St (540-687-8888).* *tägl. 11–15 Uhr (Sa, So bis 16 Uhr).* **www**.middleburgonline.com

Die Geschichte des englischen Kleinods in Virginia begann 1728 mit einem Gasthof in der Ashby's Gap Road, der als Red Fox Inn noch heute existiert. Colonel John S. Mosby und General Jeb Stuart trafen sich hier zu den Strategieplanungen der Konföderierten. Die schöne Gegend ist für ihre Vollblutzucht bekannt. Einige Ställe sind bei der Hunt Country Stable Tour im Mai geöffnet.

Die Foxcroft Road windet sich an gepflegten Reiterhöfen vorbei. Östlich der Route 50 liegen die **Chrysalis Vineyards**. Auf der Plains Road im Westen kommt man zu den **Piedmont Vineyards**, eine Meile östlich findet sich die **Swedenburg Winery**. Alle drei Kellereien bieten Führungen und Weinproben an.

Chrysalis Vineyards
23876 Champe Ford Road nahe Route 50. *(540) 687-8222, 800-235-8804.* *tägl. 10–17 Uhr.* *1. Jan, Thanksgiving, 25. Dez.* **www**.chrysaliswine.com

Piedmont Vineyards
An der Route 626. *(540) 687-5528.* *Mo–Fr nach Vereinbarung; Sa, So 11–17 Uhr.* *wie oben.* **www**.piedmontwines.com

Swedenburg Winery
23595 Winery Lane. *(540) 687-5219.* *Mo–Fr nach Vereinbarung; Sa, So 11–17 Uhr.* *wie oben.* **www**.swedenburgwines.com

Steven F. Udvar-Hazy Center ⓬

Dulles International Airport, nahe der Kreuzung von Route 28 und 50, Chantilly, VA. *(703) 572-4118.* *Bus vom Dulles International Airport.* *tägl. 10–17.30 Uhr.* *25. Dez.* **www**.nasm.si.edu/udvarhazycenter

Fans von Raumschiff »Enterprise« und an Raketen, Satelliten und Flugzeugen Interessierte sind an diesem Ort richtig. Das Luftfahrtzentrum und Museum wurde im Dezember 2003 eröffnet – am 100. Jahrestag des ersten Flugs der Brüder Wright in einem motorgetriebenen Flugzeug. Benannt wurde das Gebäude nach seinem wichtigsten Sponsor.

Das Museum dokumentiert die Geschichte der Luftfahrt von den Anfängen bis heute. Das über 7000 Quadratmeter große Gebäude umfasst mehrere Hallen mit über 300 Flugzeugen und Raumkapseln. Vom Besucherturm aus kann man auch das Treiben auf dem Dulles Airport in aller Ruhe beobachten.

Zum Museum gehören ein IMAX®-Kino und eine Wall of Honor mit den Namen der Männer und Frauen, die bedeutende Leistungen für die amerikanische Luft- und Raumfahrt erbracht haben.

Skyline Drive ⓭

Der Skyline Drive führt durch die Blue Ridge Mountains im Shenandoah National Park. Das Gebiet wurde 1926 von der Regierung als Nationalpark ausgewiesen. Heute gibt es dort Rotwild, Truthühner, Bären und Rotluchse. Überall blühen Wildblumen, Azaleen und Berglorbeer. Viele Wanderrouten und 75 Aussichtspunkte bieten Ausblicke auf die Landschaft.

Pinnacles Overlook ①
Der Anblick des Old Rag Mountain mit seinen Granitfelsen ist einzigartig.

Whiteoak Canyon ②
Der Whiteoak Canyon Trail führt an sechs Wasserfällen vorbei.

Camp Hoover ④
Am Ende des Mill Prong Trail liegt das 40 Hektar große Anwesen von Präsident Herbert Hoover, das er als Wochenendhaus nutzte. 1933 stiftete er es dem Park.

Bearfence Mountain ⑤
Obwohl man beim Aufstieg auch Geröll überwinden muss, ist er nicht allzu schwierig. Lohn der Mühe ist ein atemberaubender Panoramablick auf die umliegende Landschaft.

Big Meadows ③
Auf dieser Wiese beim Besucherzentrum kann man gut Wild beobachten. Die Lichtung entstand wohl einst durch Blitzschlag oder Brandrodung.

Lewis Mountain ⑥
Der Ausblick vom Lewis Mountain zeigt das Shenandoah Valley im Frühling, wenn im satten Grün der Landschaft Wildblumen aufleuchten.

Legende

- Routenempfehlung
- Aussichtspunkt
- Andere Straße

Routeninfos

Start: *Norden: Front Royal, Mitte: Thornton Gap, Süden: Rockfish Gap.*
Länge: *168 km, Dauer 3–8 Stunden, je nach Stopps.*
Reisezeit: *Mitte Oktober ist die Gegend wegen des Herbstlaubs recht gut besucht. Wildblumen blühen im Frühling und Sommer.*
Kosten: *Maut von 10 US-$ pro Auto (7 Tage lang gültig).*

Charlottesville ⓮

Virginia. 41 000. *Charlottesville-Albemarle Convention and Visitors Bureau, Monticello Visitors Center, Route 20 S (434-293-6789, 877-386-1103; gebührenfrei).* **www**.pursuecharlottesville.com

Charlottesville war die Heimat von Thomas Jefferson und ist heute vor allem wegen der von ihm gegründeten University of Virginia und wegen seines Anwesens **Monticello** bekannt.

Jefferson war ein Mann der Aufklärung: Verfasser der Unabhängigkeitserklärung, US-Präsident, Plantagenbesitzer, Architekt, Erfinder und Winzer. Mit dem Bau von Monticello begann er 1769. Es dauerte 40 Jahre, um ihn zu vollenden. Monticello gilt als eines der bekanntesten Anwesen der USA. Die Eingangshalle, heute ein Museum, diente auch als Privatbibliothek mit gut 6700 Büchern.

Zum Grundbesitz zählen auch terrassierte Gemüsegärten, in denen Jefferson mit Gemüsearten experimentierte. Der Obelisk auf Jeffersons Grab ehrt ihn als »Vater der University of Virginia«. Die neoklassizistischen Bauten und der Campus können bei Führungen besichtigt werden.

Rund um Charlottesville gibt es Weingüter und Kellereien. Die Michie Tavern beim Virginia Wine Museum sieht noch aus wie im 18. Jahrhundert. Die Plantage Montpelier, gut 40 Kilometer nördlich, gehörte dem früheren US-Präsidenten James Madison.

Monticello
Route 53, 5 km südöstlich von Charlottesville. *(434) 984-9822. März–Okt: 8–17 Uhr; Nov–Feb: 9–16.30 Uhr. 25. Dez.* **www**.monticello.org

Fredericksburg ⓯

Virginia. *23 000. Fredericksburg Visitor Center, 706 Caroline St (800-678-4748). tägl. 9–17 Uhr (Memorial Day, Labor Day bis 19 Uhr). 1. Jan, 25. Dez.* **www**.visitfred.com

Fredericksburg ist wegen seiner historischen Innenstadt und vier Schlachtfeldern aus dem Bürgerkrieg, darunter The Wilderness, bekannt. Rising Sun Tavern und Hugh Mercer Apothecary Shop geben einen Eindruck vom früheren Leben des Hafens am Rappahannock River. Die **Kenmore Plantation** von George Washingtons Schwester bietet schöne Räume. Im Besucherzentrum gibt es Karten und Angebote für Kutschen- und Busfahrten.

Der elegante Speisesaal in Kenmore House

Kenmore Plantation
1201 Washington Ave. *(540) 373-3381. März–Okt: tägl. 10–17 Uhr; Nov, Dez: tägl. 10–16 Uhr. Jan, Feb, Thanksgiving, 24., 25., 31. Dez.* **www**.kenmore.org
George Washington's Ferry Farm 268 Kings Hwy. *(540) 370-0732. wie oben.*

Monticello, Charlottesville

Das im bewaldeten Vorland der Blue Ridge Mountains gelegene Meisterwerk im Palladio-Stil ließ Thomas Jefferson zwischen 1769 und 1809 bauen.

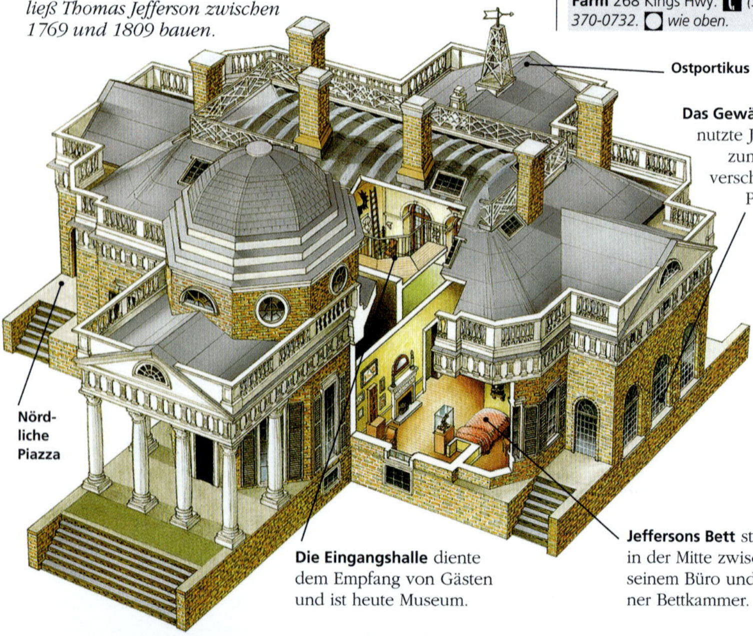

Richmond ⓰

Virginia. 198 000. *Richmond Metropolitan Convention and Visitors Bureau, 405 N 3rd St (804-783-7450, 888-RICHMOND; gebührenfrei). Mo–Fr 9–17 Uhr.*
www.visitrichmondva.com

Richmond, die alte Hauptstadt der Konföderation, besitzt Südstaatenflair. Bronzebildnisse der Bürgerkriegsgeneräle stehen an der Monument Avenue. Viktorianische Häuser und »Brownstones« zeugen vom Wohlstand auch nach dem Krieg.

Das **Museum of the Confederacy** zeigt Exponate aus dem Bürgerkrieg, darunter den Mantel und das Schwert von Robert E. Lee. Nebenan steht das restaurierte Weiße Haus der Konföderation. Einen Besuch lohnt auch das **Science Museum of Virginia**.

Das neoklassizistische State Capitol, in dem sich eine lebensgroße Skulptur George Washingtons befindet, entwarf Thomas Jefferson. Auf dem Hollywood Cemetery liegen u. a. die Präsidenten John Tyler und James Monroe begraben.

Statue von Robert E. Lee in Richmond

Museum of the Confederacy
1201 E Clay St. *(804) 664-1000. Mo–Sa 10–17, So 12–17 Uhr. 1. Jan, Thanksgiving, 25. Dez.*
www.moc.org

Science Museum of Virginia
2500 W Broad St. *(804) 864-1400. Di–Sa 9.30–17, So 11.30–17 Uhr. Thanksgiving, 25. Dez.*
www.smv.org

Chesapeake Bay ⓱

www.wwlandmarks.com

An der Chesapeake Bay gibt es historische Kleinstädte, Fischerdörfer, Seafood-Lokale, Strände und Felder. In Orten wie Cambridge und Easton ist die koloniale Vergangenheit spürbar. Das Chesapeake Bay Maritime Museum in St. Michaels zeigt das Leben gestern und heute in der Bucht. In Crisfield legen Ausflugsdampfer nach Smith Island ab: Dort scheint die Zeit stehen geblieben zu sein. Die Bewohner sprechen einen alten englischen Dialekt.

Chincoteague und Assateague ⓲

Chincoteague, Accomack County, VA. *4000.* Assateague, Accomack County, VA und MD *(unbewohnt).* **www**.nps.gov/asis *Chincoteague Chamber of Commerce, 6733 Maddox Blvd (757-336-6161).*
www.chincoteaguechamber.com

Beide Inseln bieten Natur pur. Chincoteague ist ein kleiner Ort auf der Halbinsel Delmarva (Delaware, Maryland und Virginia). Assateague bietet Strände und Wanderpfade, die sich durch Wälder und Marschen ziehen. Die Insel ist für ihre Wildpferde bekannt, die wohl von Pferden abstammen, die im 17. Jahrhundert hierhergebracht wurden. Im Unterholz und in den Salzwassermarschen auf Assateague Island leben über 300 Vogelarten. Im Herbst machen Wanderfalken und Schneegänse halt. Auch Monarchfalter kommen auf ihrer Wanderung im Oktober vorbei. In der Region gibt es mehrere Campingplätze. Der Strand eignet sich gut zum Schwimmen und Angeln. Das **Toms Cove Visitor Center** und das **Chincoteague Wildlife Refuge Center** erteilen Auskunft.

Toms Cove Visitor Center
(757) 336-6577.

Chincoteague Wildlife Refuge Center
(757) 336-6122.

Colonial Williamsburg ⓳

Siehe S. 168f.

Yorktown und Jamestown ⓴

York County und James City County, VA. *York County Public Information Office (757-890-3300).*

Das 1607 gegründete Jamestown war die erste dauerhafte britische Siedlung in Amerika. Es gibt 375 Hektar Marschland und Wälder, durchzogen von Wanderwegen. Ruinen der Kolonie und ein Museum lassen die Vergangenheit aufleben. Zudem gibt es einen Nachbau von James Fort und Rekonstruktionen der Schiffe der ersten Kolonisten in Originalgröße. Im Indianerdorf kann man die Kultur der Ureinwohner erleben. Yorktown war 1781 Schauplatz der Entscheidungsschlacht im Unabhängigkeitskrieg. Im **Colonial National Historical Park** gibt es Führungen zur Schlacht.

Historic Jamestown
(757) 229-1733. tägl. 8.30–16.30 Uhr. 1. Jan, 25. Dez.

Colonial National Historical Park
(757) 229-1733. tägl. 9–17 Uhr. 1. Jan, Thanksgiving, 25. Dez. **www**.nps.gov/colo

Historic Jamestown, ein Nachbau des kolonialen James Fort

Colonial Williamsburg ⑲

Kolonistenpaar

Als Hauptstadt von Virginia war Williamsburg von 1699 bis 1780 das Zentrum der treuen britischen Kolonie – doch nach 1780 begann der Abstieg. 1926 initiierte John D. Rockefeller ein umfassendes Restaurierungsprojekt: Heute ist mitten im modernen Williamsburg eine Stadt aus dem 18. Jahrhundert wiedererstanden. Schauspieler in Kleidung der Kolonialzeit ahmen das Leben der damaligen Stadtbewohner nach. Schmiede, Goldschmiede, Tischler und Bäcker zeigen ihr Handwerk. Auf den Straßen fahren Pferdekutschen.

Gerichtsgebäude
Der 1770/71 errichtete Bau war über 150 Jahre lang Sitz des County-Gerichtes.

★ Gouverneurspalais
Die Residenz wurde 1720 von Gouverneur Alexander Spotswood erbaut. Der rekonstruierte Bau erstrahlt nun wieder in altem, vorrevolutionärem Glanz.

0 Meter 200

0 Yards 200

Baumschule
Kostümierte Schauspieler bearbeiten in Colonial Williamsburg das Land mit alten Werkzeugen und denselben Techniken wie die damaligen Siedler.

Nicht versäumen

- ★ Gouverneurspalais
- ★ Kapitol
- ★ Robertsons Windmühle

★ Robertsons Windmühle
Hier wird täglich Handwerk der Kolonialzeit wie Korbflechten oder Fassbinden gezeigt. Wagen wie der abgebildete waren ein herkömmliches Transportmittel.

Druckerei
In dem Haus werden heute typische Lebensmittel aus dem 18. Jahrhundert wie Wein, Virginia-Schinken und Erdnüsse gelagert.

INFOBOX

Virginia.
421 N Boundary St.
Colonial Williamsburg (757-229-1000 oder 800-HISTORY; gebührenfrei).

www.visitwilliamsburg.com

Laden einer Modistin
Der von Margaret Hunter geführte Laden hatte ein breites Angebot: Bekleidung für Frauen und Kinder, Schmuck und Spielzeug.

Raleigh Tavern
Die Raleigh Tavern war ein wichtiger Treffpunkt. Der Nachbau des 1859 abgebrannten Originalgebäudes strahlt durchaus historisches Flair aus.

★ Kapitol
Das Kapitol ist der Nachbau des Originalgebäudes von 1705. Die Regierung war im West-, das Parlament im Ostflügel untergebracht.

LEGENDE

– – – Routenempfehlung

CAN-IT

Zu Gast in Washington, DC

Hotels

Wer von frühmorgens bis spätabends alle Attraktionen in Washington besichtigt, ist nachher so müde, dass er vielleicht keine größeren Ansprüche an seine Unterkunft stellt. Wer sich jedoch ein wenig Zeit nimmt und auch ausspannen möchte, sucht wohl eher ein Hotel mit vielen Annehmlichkeiten wie Pool, Wellness-Bereich, Gourmetrestaurant und Zimmerservice. Washington bietet eine Vielzahl von Unterkünften. Grundsätzlich sind Hotels nahe der Innenstadt und an der Mall teurer als außerhalb. Da Washington bei Urlaubern und Geschäftsreisenden gleichermaßen beliebt ist, hat die Stadt die zweithöchsten Hotelpreise der USA nach New York City. Allerdings bieten viele Hotels Rabatte und Preisnachlässe an, vor allem in der Nebensaison und an Wochenenden.

Hotelportier

Foyer des aufwendig eingerichteten Hilton Hotels

Reservierung

Viele Hotels bieten eine gebührenfreie Telefonnummer für Reservierungen. Man kann sich die Unterkunft auch vorab auf der Website des Hotels ansehen oder online buchen. Wenn Sie in einem B&B übernachten wollen, buchen Sie entweder über ein Reisebüro oder nehmen eine direkte Reservierung vor. Viele Hotels bieten frei gebliebene Zimmer mit Preisnachlass an. Einige Agenturen sind auf günstige Zimmerangebote spezialisiert, z. B. **Capitol Reservations/Discounter** und **Washington DC Accommodations**.

Hotelkategorien und Ausstattung

Ein Fünf-Sterne-Hotel bietet alles, was sich Reisende wünschen können: Zimmerservice, Wellness-Bereich, Bad mit Whirlpool, Parkservice sowie Zimmermädchen- und Butlerservice rund um die Uhr. Am anderen Ende des Preisspektrums liegen Hotels mit nur einem Stern, die zwar Fernseher und Telefon auf den Zimmern, aber oft das Bad auf dem Gang haben. In Washington finden Sie Hotels aller Preiskategorien.

Preisnachlässe

In Washington gibt es eigene Saisonzeiten: Während der Kirschblüte am Tidal Basin im April ist es unmöglich, ein einigermaßen bezahlbares Zimmer in der City zu finden. Im Juni ist die Stadt mit Schulgruppen überfüllt. Im Sommer besuchen zahlreiche Familien die Hauptstadt trotz sommerlicher Hitze. Auch der Labor Day im September und natürlich der Unabhängigkeitstag am 4. Juli sind beliebte Reisezeiten. Preisnachlässe werden jedoch im Winter, zwischen November und März, angeboten. Da die Hotelpreise zu Messen und Kongressen viel höher sind, gibt es vor allem Wochenendrabatte, oft zu einem Bruchteil dessen, was regulär zu zahlen ist.

Versteckte Preisaufschläge

Auf Hotelpreise werden in Washington 14,5 Prozent Steuern aufgeschlagen. Zudem berechnen die meisten Hotels die Benutzung des hoteleigenen Parkplatzes extra. Die Parkgebühren – meist zwischen zehn und 20 US-Dollar pro Nacht – kann man eventuell vermeiden: Es gibt Hotels mit kostenlosen Parkgaragen.

Hotelketten

Wenn Sie in einem Hotel von **Hilton**, **Holiday Inn** oder **Marriott** übernachten, können Sie sich auf ein hohes Maß an Service und Sauberkeit verlassen. Eine Alternative zu den großen Hotelketten sind die immer beliebter werdenden Boutique-Hotels, kleinere Häuser mit eigenem Charakter. Dazu gehört z. B. das Hotel George am Capitol Hill, ein modern-minimalistisches Haus. Das Haus beherbergt das Bis, eines der angesagten Restaurants in Washington. Das Henley Park bietet das Ambiente einer britischen Aristokratenresidenz – inklusive »afternoon tea«. Das Mor-

The George, ein Boutique-Hotel

◁ Restaurantbereich im Old Post Office Pavilion, Pennsylvania Avenue *(siehe S. 94)*

rison Clark Inn in der Massachusetts Avenue ist ein Herrenhaus voller viktorianischer Antiquitäten. Das Phoenix Park Hotel am Capitol Hill ist irisch geprägt. Hier verkehren häufig irischstämmige Politiker.

Geschäftsreisende

Die Hotels in Washington richten sich verstärkt auf die Bedürfnisse Geschäftsreisender ein. Modem und Faxgeräte und Internet-Zugang sind meist Standard. Auch ein Sekretariatsservice kann vom – oft mehrsprachigen – Personal vermittelt werden. **Meeting Solutions**, eine Abteilung von Washington DC Accommodations, kann Ihnen bei Hotelbuchungen in größerem Umfang für Kongresse oder Messen helfen.

Eingang des Hay-Adams-Hotels

Bed and Breakfast

Obwohl B&Bs in den USA nicht so sehr verbreitet sind wie in Europa, entdecken immer mehr Amerikaner (und ausländische Besucher) diese Übernachtungsart als Alternative zu den anonymen und teuren Hotels. **Bed-and-Breakfast Accommodations Ltd.** findet für Sie das passende Zimmer in einem Apartment, einem kleinen Hotel oder sogar in einem Privathaushalt. Die Agentur bietet 85 Unterkünfte, die Buchungsgebühr beträgt zehn US-Dollar. Auch Hotels in den Vorstädten nahe einer Metro-Station sind preisgünstiger.

Preisgünstige Unterkünfte

Günstige Unterkünfte für junge Leute bietet Hosteling International. Es liegt im Stadtzentrum, in der Nähe der meisten Sehenswürdigkeiten. Gäste sollten vorsichtig sein, wenn sie nach Einbruch der Dunkelheit in diese Gegend zurückkehren. Der Preis beträgt 25 US-Dollar pro Nacht für ein Bett in einem der nach Geschlechtern getrennten Schlafsäle. Eine weitere preiswerte Alternative sind die Campingplätze in den Vororten. Der nächste, von Kampgrounds of America zertifizierte Platz liegt in Millersville, Maryland, 27 Kilometer vom Stadtzentrum entfernt.

Behinderte Reisende

Fast alle großen, modernen Hotels sind behindertengerecht – B&Bs und Boutique-Hotels jedoch oft nicht. Man sollte vorher anrufen und sich, falls notwendig, nach Treppen, Fahrstühlen und Türmaßen erkundigen.

Mit Kindern reisen

Wer mit Kindern reist, sucht ein kinderfreundliches Haus. Viele Unterkünfte wie die **Embassy Suites** *(siehe S. 176)* oder die Georgetown Suites *(siehe S. 177)* haben Küchen oder Kochnischen sowie Wohnzimmer mit Schlafsofa, sodass Familien mehr Platz zur Verfügung steht. Das Courtyard by Marriott NW *(siehe S. 178)* bietet einen sicheren Pool und nachmittags kostenloses Gebäck. Da Kinder nach einem langen Sightseeing-Tag vielleicht schwimmen oder spielen möchten, sollte man eher ein teureres Hotel in der City als ein günstiges in den Vororten in Betracht ziehen. Die Hotelpreise außerhalb sind zwar verlockender, doch die lange Rückfahrt in der Rushhour kann anstrengend werden. Nur wenige Hotels wollen keine Kinder. Die meisten Häuser werden sich sehr um ihre kleinen Gäste bemühen und Tipps für Unternehmungen haben.

Portiers am Willard Hotel

Auf einen Blick

Preisnachlässe

Capitol Reservations/ Discounter
(800) 847-4832.
www.visitdc.com

Washington DC Accommodations; Meeting Solutions
(800) 554-2220.
www.wdcahotels.com

Hotelketten

Hilton
(800) 445-8667.
www.hiltonfamily.com

Holiday Inn
(800) 465-4329.
www.ichotelsgroup.com

Howard Johnson
(800) 406-1411.
www.howardjohnson.com

Marriott
(800) 228-9290.
www.marriott.com

Bed and Breakfast

Bed-and-Breakfast Accommodations Ltd.
(202) 328-3510 oder (877) 893-3233 (gebührenfrei).
www.bedandbreakfastdc.com

Mit Kindern reisen

Embassy Suites
1250 22nd St, NW.
(202) 857-3388.
www.washingtondcembassysuites.com

Hotelauswahl

Die aufgelisteten Hotels wurden aufgrund ihres guten Preis-Leistungs-Verhältnisses, ihrer Ausstattung und Lage ausgewählt. Sie sind nach Stadtteilen und innerhalb dieser nach Preisklassen geordnet. Sofern nicht anders angegeben, verfügen alle Zimmer über Klimaanlage und eigenes Bad. Die besten Angebote gibt es online.

PREISKATEGORIEN
Die Preisangaben gelten für ein Doppelzimmer pro Nacht, inklusive Frühstück, Steuern und Service:

$ unter 125 US-Dollar
$$ 125–175 US-Dollar
$$$ 175–275 US-Dollar
$$$$ 275–375 US-Dollar
$$$$$ über 375 US-Dollar

CAPITOL HILL

The Capitol Hill Suites — $

200 C St, SE (nahe 2nd St), 20003 Tel. *543-6000* FAX *547-2608* **Zimmer** 152 — **Stadtplan** 4 F5

Das Suitenhotel nahe dem Kapitol ging aus einem Apartmenthaus hervor. Es hat eine große, gemütliche Lobby und bietet kostenloses kontinentales Frühstück. Jede Suite hat eine kleine Küche oder eine Kochnische. Highspeed-Internet-Zugang auf den Zimmern ist möglich. **www.capitolhillsuites.com**

Carriage House on Capitol Hill — $$

3rd St, an der South Carolina Ave, SE, 20003 Tel. *877-893-3233* **Zimmer** 2 — **Stadtplan** 4 F4

Das B&B umfasst ein Haupthaus und ein Kutschenhaus aus der Zeit um 1900. Die Zimmer sind modern möbliert und mit einigen handverlesenen Antiquitäten versehen. Kontinentales Frühstück und zentraler Innenhof mit einem hübschen ummauerten Garten. **www.bedandbreakfastdc.com**

The Hotel George — $$$

15 E St, NW, 20001 Tel. *347-4200* FAX *347-4213* **Zimmer** 139 — **Stadtplan** 4 E3

Das Boutique-Hotel in der Nähe der Union Station zählt zu den modernsten der Stadt. Die großzügigen Zimmer mit großen Schreibtischen sind vor allem für Geschäftsreisende interessant. Zum Haus gehört auch ein schickes französisches Restaurant, das Bistro Bis *(siehe S. 186)*. Haustiere erlaubt. **www.hotelgeorge.com**

Hyatt Regency Washington Capitol Hill — $$$

400 New Jersey Ave, NW (nahe D St), 20001 Tel. *737-1234* FAX *737-5773* **Zimmer** 834 — **Stadtplan** 4 E3

Der Eingang zum Hyatt führt durch ein fünfstöckiges Atrium. WLAN-Anschluss. Suiten mit Blick aufs Kapitol. Park Promenande Restaurant, Perks Coffee Shop und Networks Lobby Bar. Kinder und Jugendliche unter 18 Jahren übernachten kostenlos. Nur gut zwei Blocks bis zur Union Station. **www.hyattregencywashington.com**

Liaison Capitol — $$$

415 New Jersey Ave, NW, 20001 Tel. *638-1616* FAX *638-0707* **Zimmer** 343 — **Stadtplan** 4 E3

Das Hotel in der Nähe des Smithsonian ist ideal, um sich aus den belebten Straßen um das Kapitol zurückzuziehen. Es ist sowohl für Familien als auch für Geschäftsreisende geeignet. Alle Zimmer haben Internet-Zugang. Swimmingpool und Fitness-Center, das 24 Stunden geöffnet hat. **www.affinia.com/liaison**

Maison Orleans Bed 'n Breakfast — $$$

414 5th St, SE, 20003 Tel. *544-3694* **Zimmer** 3 — **Stadtplan** 4 F5

Das schöne Reihenhaus im Federal-Stil (1902) ist mit Famlienmemorabilien aus den 1930er und 1940er Jahren dekoriert. Von der Terrasse sieht man auf Brunnen und einen Fischteich. WLAN im gesamten Haus. Das B&B liegt in einem ruhigen Wohnviertel in der Nähe des Eastern Market. **www.bbonline.com/dc/maisonorleans**

Phoenix Park Hotel — $$$$

520 N Capitol St, NW (nahe F St & N Capitol), 20001 Tel. *638-6900* FAX *393-3236* **Zimmer** 149 — **Stadtplan** 4 E3

Das nur einen Häuserblock von der Union Station entfernte Hotel bietet Zimmer, die im Stil irischer Herrenhäuser des 18. Jahrhunderts möbliert sind. Drei der Suiten haben Wendeltreppen, drei Balkone. Abends treten im Pub The Dubliner irische Künstler auf. Gutes irisches und amerikanisches Essen. **www.phoenixparkhotel.com**

THE MALL

Holiday Inn Capitol — $

550 C St, SW, 20024 Tel. *479-4000* FAX *479-4353* **Zimmer** 532 — **Stadtplan** 4 D5

Das Hotel liegt an der Metro-Station L'Enfant Plaza, einen Block vom National Air and Space Museum entfernt. Auf der Dachterrasse gibt es einen Pool. Im Smithson Restaurant werden amerikanische Speisen serviert (für Kinder unter zwölf Jahren in Begleitung eines Erwachsenen kostenlos). WLAN möglich. **www.holidayinncapitol.com**

Zeichenerklärung *siehe hintere Umschlagklappe*

L'Enfant Plaza Hotel $$$

480 L'Enfant Plaza, SW, 20024 *484-1000* FAX *646-4456* **Zimmer** *370* **Stadtplan** *3 C4*

Viele Zimmer des Drei-Sterne-Hotels bieten eine fantastische Aussicht. Es liegt in der Nähe des Smithsonian mit Zugang zur Metro. Das American Sea Grill-Restaurant bietet Steaks und Seafood. Ideal für Familien. Das Hotel hat ein Schwimmbad, auch Haustiere sind willkommen. **www.lenfantplazahotel.com**

Mandarin Oriental, Washington, DC $$$$$

1330 Maryland Ave, SW, 20024 *554-8588* FAX *554-8999* **Zimmer** *400* **Stadtplan** *3 C5*

Luxushotel mit exotischer Raumausstattung und unglaublichem Service. Genießen Sie Cocktails und Dim Sum oder Sushi zu Live-Musik in der Empress Lounge. Das Café Mozu bietet asiatisch inspirierte Küche. Das Haus liegt nahe den Smithsonian-Museen. Es gehört zu den zehn Top-Hotels weltweit. **www.mandarinoriental.com**

Penn Quarter

Henley Park Hotel $

926 Massachusetts Ave, NW, 20001 *638-5200* FAX *638-6740* **Zimmer** *96* **Stadtplan** *3 C2*

Das 1918 erbaute Hotel war ursprünglich ein feudales Apartmenthaus, in dem Senatoren und Kongressabgeordnete residierten. Die Bar bietet am Wochenende Live-Jazz, das Restaurant Cœur de Lion ist großartig. 24-Stunden-Zimmerservice. Vier Blocks von der Station Metro Center entfernt. **www.henleypark.com**

Hosteling International, Washington, DC $

1009 11th St, NW (nahe K St), 20001 *737-2333* FAX *737-1508* **Betten** *250* **Stadtplan** *3 C2*

In die Jugendherberge nahe der Station Metro Center kommen Gäste aus aller Welt. Die sauberen Zimmer sind geräumig und haben Klimaanlage. Gemeinschaftsküche, Waschküche, TV-Raum und Gepäckaufbewahrung vorhanden. Kontinentales Frühstück kostet extra. Nur MasterCard und Visa werden akzeptiert. **www.hiwashingtondc.org**

J. W. Marriott on Pennsylvania Avenue $$$

1331 Pennsylvania Ave, NW (nahe 14th St), 20004 *393-2000* FAX *626-6991* **Zimmer** *738* **Stadtplan** *3 B3*

Die säulengeschmückte Lobby bietet hübsche Sitzecken. Die eleganten Zimmer haben kabellosen Internet-Zugang. Viele Zimmer bieten einen schönen Blick auf die Stadt und auf das Washington Monument. In der Nähe von Weißem Haus, National Theatre und der Station Metro Center. **www.marriott.com/wasjw**

Morrison-Clark Inn $$$

1015 L St, NW (nahe Massachuset[illegible]), 20001 *898-1200* FAX *289-8576* **Zimmer** *54* **Stadtplan** *3 C2*

Der 1864 errichtete Gasthof umfasste ursprünglich zwei Häuser. Die Zimmer sind im viktorianischen Stil ausgestattet. Einige haben Marmorkamine. Das Hotel beherbergt auch ein preisgekröntes Restaurant. Eineinhalb Blocks vom Convention Center und der Metro. **www.morrisonclark.com**

Grand Hyatt Washington $$$$

1000 H St, NW (nahe 11th St), 20001 *582-1234* FAX *637-4781* **Zimmer** *888* **Stadtplan** *3 C3*

Zum aufwendigen Interieur des Grand Hyatt gehört eine Lagune mit Wasserfall. Sie umgibt eine Insel, auf der ein Pianist seine Künste zum Besten gibt. Sportsbar, Martini-Lounge, Café und Restaurant. Kabelloser Internet-Zugang in jedem Zimmer. Unterirdischer Zugang zur Station Metro Center. **www.grandhyattwashington.com**

Hotel Monaco Washington DC $$$$

700 F St, NW, 20004 *628-7177* FAX *628-7277* **Zimmer** *182* **Stadtplan** *3 C3*

Das prachtvolle Hotel ist im 1836 erbauten Old General Post Office untergebracht. Der Architekt war Robert Mills, der auch das Washington Monument entwarf. Das Haus liegt neben der National Portrait Gallery und dem MCI Center. Haustiere sind erlaubt. Das Restaurant Poste ist angenehm. **www.monaco-dc.com**

The Madison $$$$

1177 15th & M St, NW, 20005 *862-1600* FAX *785-1255* **Zimmer** *353* **Stadtplan** *3 B2*

Die georgianischen Zimmer des eleganten Hotels sind komfortabel-luxuriös. Sie sind mit sehr großen Schreibtischen ausgestattet. Ein Kunstgenuss für sich: das Wandbild *District in 1812* im Restaurant The Federalist. Vier Blocks nördlich des Weißen Hauses. **www.loewshotels.com**

The Westin Washington, DC City Center $$$$

1400 M St, NW (nahe Thomas Circle), 20005 *429-1700* FAX *785-0786* **Zimmer** *400* **Stadtplan** *3 B2*

Das Westin liegt vier Blocks von der Metro-Station McPherson entfernt. Es besitzt ein zentrales großes Atrium und bietet alle Annehmlichkeiten, die seine Geschäftsreisenden erwarten. Das Restaurant serviert amerikanische Küche. 24-Stunden-Fitness-Center. Haustiere willkommen. **www.westin.com**

Willard InterContinental Hotel $$$$

1401 Pennsylvania Ave, NW (nahe 14th St), 20004 *628-9100* FAX *637-7326* **Zimmer** *332* **Stadtplan** *3 B2*

Das historische Grandhotel *(siehe S. 95)* bietet luxuriöse Zimmer mit Marmorbädern und Highspeed-Internet-Zugang. Unter den früheren Gästen waren Mark Twain, Abraham Lincoln und Walt Whitman. Hier schrieb Martin Luther King seine Rede »I have a dream«. Zwei Häuserblocks vom Weißen Haus. **www.washington.intercontinental.com**

Stadtplan *siehe Seiten 224–229*

Weisses Haus und Foggy Bottom

George Washington University Inn — $

824 New Hampshire Ave, NW, 20037 337-6620 FAX 298-7499 **Zimmer** 95 — **Stadtplan** 2 E3

Das Hotel im Boutique-Stil besitzt eine Lobby aus Marmor. Alle Zimmer haben koloniales Dekor und sind mit Kühlschrank, Mikrowelle und Kaffeemaschine ausgestattet, manche sogar mit kompletter Küche. Highspeed-Internet-Zugang. Nahe der Universität, dem Kennedy Center und der Metro. **www.gwuinn.com**

Hotel Lombardy — $

2019 Pennsylvania Ave, NW (nahe I St), 20002 828-2600 FAX 872-0503 **Zimmer** 140 — **Stadtplan** 2 E3

Das europäisch angehauchte Boutique-Hotel hat mehrsprachiges Personal. Das Café Lombardy serviert europäisches Gourmet-Essen. Eine kleinere Speisekarte hält auch die Venetian Room Lounge bereit. Zwei Blocks von der Metro-Station Farragut West und drei Blocks vom Weißen Haus. **www.hotellombardy.com**

State Plaza Hotel — $

2117 E St, NW 800-551-2409 **Zimmer** 230 — **Stadtplan** 2 E4

Das Suiten-Hotel zwischen Weißem Haus und Kennedy Center bietet ein Café mit Tischen im Freien und ein Sonnendeck auf dem Dach. Die Suiten haben Küchen und Highspeed-Internet-Zugang. Extras: Schuheputzen und Bereitstellung der *Washington Post*. **www.stateplaza.com**

Embassy Suites Washington, DC — $$

1250 22nd St, NW, 20037 857-3388 FAX 293-3173 **Zimmer** 318 — **Stadtplan** 2 E2

Das Hotel mit Suiten, in denen bis zu fünf Personen Platz finden, ist für Familien geeignet. Im modernen Atrium gibt es einen Wasserfall, Säulen und Palmen. Frühstücksbüfett inklusive. In der Nähe der Läden und Restaurants von Dupont Circle. Swimmingpool und Fitness-Center. **www.washingtondc.embassysuites.com**

The Quincy — $$

1823 L St, NW, 20036 223-4320 FAX 293-4977 **Zimmer** 99 — **Stadtplan** 3 A2

Das Boutique-Hotel mit Suiten bietet verschiedene Kochgelegenheiten in den Apartments. Gäste haben Zugang zu Bally Fitness mit Fitness-Center und Pool. Der Service versorgt Gäste aus Mackey's Pub, einer irischen Restaurant-Bar. Frühstück nicht inklusive. Haustiere erlaubt. Highspeed-Internet-Zugang möglich. **www.quincysuites.com**

Beacon Hotel and Corporate Quarters — $$$

1615 Rhode Island Ave, NW (nahe 17th St), 20036 296-2100 FAX 331-0227 **Zimmer** 199 — **Stadtplan** 3 B2

Die gemütlichen Zimmer haben internationales Flair. Acht luxuriöse Turmsuiten und 60 weitere Suiten verfügen über komplett ausgestattete Küchen, Highspeed-Internet-Zugang und Web-TV. Das Beacon Bar & Grill Restaurant serviert den ganzen Tag über amerikanische Küche – vom Frühstück bis zum Abendessen. **www.beaconhotelwdc.com**

One Washington Circle — $$$

1 Washington Circle, NW, 20037 872-1680 FAX 887-4989 **Zimmer** 151 — **Stadtplan** 2 E3

Sowohl Geschäftsreisende als auch Urlauber quartieren sich in dem Suiten-Hotel mit Balkonzimmern ein. Das Hotel verfügt über einen Außenpool. Das Circle Bistro bietet mediterrane Küche. Die George Washington University ist von hier aus gut zu erreichen. **www.thecirclehotel.com**

Renaissance Mayflower Hotel — $$$

1127 Connecticut Ave, NW, 20036 347-3000 FAX 776-9182 **Zimmer** 657 — **Stadtplan** 2 F3

Das 1925 erbaute elegante Mayflower ist im National Register of Historic Places gelistet. Während des Essens zwischen 18 und 20 Uhr spielen Pianisten für die Gäste. Nahe der Metro-Station Farragut North und dem Weißen Haus. **www.marriott.com**

W Hotel — $$$

514 15th St, NW, 20004 661-2400 FAX 661-2425 **Zimmer** 317 — **Stadtplan** 3 B3

Das denkmalgeschützte Hotel, eines der ältesten der Stadt, hieß früher Hotel Washington. Nun ist es Teil der Starwood Resorts and Hotels-Gruppe. Es liegt zentral, nur einen Block vom Weißen Haus und drei Blocks von der Station Metro Center entfernt.

Capital Hilton — $$$$

1001 16th St, NW (nahe K St), 20036 393-1000 FAX 639-5784 **Zimmer** 544 — **Stadtplan** 3 B2

Das große, gut belegte Hotel hat eine einladende Lobby mit vielen Sitzgelegenheiten. Die besten Zimmer liegen in den oberen Stockwerken. Im Twigs Grill gibt es amerikanische Küche. Der City Club & Spa gehört zu Washingtons besten Fitness-Centern. Zwei Blocks vom Weißen Haus, nahe mehreren Metro-Stationen. **www.capitalhilton.com**

The Fairmont Washington, DC — $$$$

2401 M St, NW (nahe 24th St), 20037 429-2400 FAX 457-5010 **Zimmer** 415 — **Stadtplan** 2 E2

Die Gäste genießen das mit Pflanzen geschmückte Atrium und die luxuriösen Zimmer, aus manchen kann man den Innenhof und die Gärten überblicken. Der Service des Hauses ist tadellos. Das Restaurant Juniper bietet exzellente amerikanische Küche. Das Haus liegt in Gehweite von Georgetown. **www.fairmont.com**

Preiskategorien *siehe S. 174* **Zeichenerklärung** *siehe hintere Umschlagklappe*

The Westin Grand
$$$$

2350 M St, NW, 20037 429-0100 FAX 857-0127 **Zimmer** 267 **Stadtplan** 2 E2

CD-Player, Kaffeemaschinen, Minibar und luxuriöse Marmorbäder mit extratiefen Badewannen sind nur einige der Annehmlichkeiten auf den Zimmern des gut geführten Hotels. Das Westin Café serviert amerikanische Küche. Swimmingpool. Nach Absprache darf man Haustiere mitbringen. **www.westin.com/washington.dc**

Hay-Adams Hotel
$$$$$

800 16th St, NW (nahe H St), 20006 638-6600 FAX 638-2716 **Zimmer** 145 **Stadtplan** 3 B2

Von dem im Stil der italienischen Renaissance errichteten Hotel sieht man auf Lafayette Square und Weißes Haus. Einst waren es die beiden Häuser von John Hay und Henry Adams, beide angesehene Autoren und Diplomaten. Die schönen Zimmer mit ornamentalen Decken sind mit Antiquitäten eingerichtet. **www.hayadams.com**

The Jefferson
$$$$$

1200 16th St, NW (nahe M St), 20036 347-2200 FAX 331-7982 **Zimmer** 100 **Stadtplan** 2F2

Das 1923 erbaute Hotel liegt sehr zentral. Der Service ist absolut first class. Das renommierte Hotelrestaurant ist exzellent. Das Haus bietet eine grandiose Mischung aus raffiniertem Schliff und quasi präsidialer Vornehmheit inklusive aller Annehmlichkeiten. **www.jeffersondc.com**

St. Regis Washington
$$$$$

923 16th St, NW (nahe K St), 20006 638-2626 FAX 347-4758 **Zimmer** 175 **Stadtplan** 3 B2

Historisches Luxushotel mit europäischem Flair. Die elegante Einrichtung mit Antiquitäten, Kandelabern und kostbaren Tapeten erinnert an ein Renaissance-Palais. Die Gäste genießen die romantische Umgebung und das Essen im eleganten Restaurant. **www.stregis.com/washington**

GEORGETOWN

The Georgetown Inn
$

1310 Wisconsin Ave, NW, 20007 333-8900 FAX 333-8308 **Zimmer** 96 **Stadtplan** 1 C2

Kleines Boutique-Hotel im Stil des historischen Georgetown. Die großen Zimmer sind im Kolonialstil eingerichtet und bieten luxuriöse Bäder. Im Daily Grill sieht man Szenerien des alten Washington an den Wänden. Das Haus liegt mitten in Georgetown. **www.georgetowninn.com**

The Georgetown Latham Hotel
$$

3000 M St, NW (nahe 30th St), 20007 726-5000 FAX 337-4250 **Zimmer** 143 **Stadtplan** 2 D2

Erstklassiges Boutique-Hotel im europäischen Stil mit luxuriöser Lobby. Um den Pool liegen zweistöckige Suiten. Die Gäste haben kostenlos Zugang zu einem außerhalb gelegenen Fitness-Center. Super Service. Das Fünf-Sterne-Restaurant Citronelle bietet exzellente französische Küche. **www.thelathamhotelgeorgetown.com**

Hotel Monticello
$$

1075 Thomas Jefferson St, NW, 20007 337-0900 FAX 333-6526 **Zimmer** 47 **Stadtplan** 2 D3

Das Haus liegt unterhalb der M Street in der Nähe des C&O Canal. Die Lobby des Boutique-Hotels im georgianischen Stil zieren Antiquitäten (18. Jh.). Geräumige Zimmer, Einbett-Suiten und zweistöckige Penthouses. Kontinentales Frühstück inklusive. Parkplätze sind auf kleine bis mittelgroße Autos beschränkt. **www.monticellohoteldc.com**

Georgetown Suites
$$$

1111 30th St NW (nahe K St) & 1000 29th St, NW, 20007 298-7800 **Zimmer** 222 **Stadtplan** 2 D2

Für Gäste stehen Ein- und Zweibett-Suiten, Studios, Maisonettes und Penthouses zur Auswahl. Jede Suite hat eine komplette Küche mit Mikrowelle, Geschirrspüler und Eismaschine. Kontinentales Frühstück inklusive. Kostenlose Ortsgespräche. WLAN. **www.georgetownsuites.com**

Holiday Inn Georgetown
$$$

2101 Wisconsin Ave, NW, 20007 338-4600 FAX 333-6113 **Zimmer** 285 **Stadtplan** 1 C1

Das nördlich von Georgetown gelegene siebenstöckige Hotel ist traditionell dekoriert und bietet einen Swimmingpool. John F's Café serviert amerikanisches Essen und italienische Gerichte. Das Haus liegt in der Nähe von interessanten Läden und Restaurants. **www.higeorgetown.com**

Four Seasons Hotel
$$$$$

2800 Pennsylvania Ave, NW, 20007 342-0444 FAX 944-2076 **Zimmer** 211 **Stadtplan** 2 D3

Das moderne Äußere täuscht über die ehrwürdige Eleganz des Hotels hinweg. Exzellenter Service. Die geräumigen Zimmer sind mit Mahagonipaneelen, Antiquitäten und Blumen ausgestattet. Der Nachmittagstee wird auf der Garden Terrace serviert. In der Nähe von Läden, Restaurants und dem Washington Harbor. **www.fourseasons.com**

Ritz-Carlton Hotel
$$$$$

3100 South St, NW, 20007 912-4100 FAX 912-4199 **Zimmer** 86 **Stadtplan** 1 C3

Das historische Haus liegt in der Nähe von Washington Harbor und C&O Canal, ebenso in der Nähe der Läden, Bars und Restaurants von Georgetown. Dezent-luxuriöses Ambiente. Einige Zimmer gehen zum Wasser hin. Haustiere kann man gegen eine Gebühr mitbringen. Auch im Spa herrscht dezenter Luxus. **www.ritzcarlton.com**

Stadtplan *siehe Seiten 224–229*

ABSTECHER

ADAMS-MORGAN Adam's Inn
P $

1746 Lanier Pl, NW, 20009 ☎ *745-3600* FAX *319-7958* **Zimmer** *26*

Das im europäischen Stil gehaltene Gasthaus befindet sich in einem 100 Jahre alten Backsteinhaus in einer ruhigen Wohngegend. Einige Zimmer sind im Landhausstil eingerichtet, andere präsentieren sich viktorianisch. 16 der Zimmer haben Bad. Kontinentales Frühstück und Highspeed-Internet-Zugang. **www.adamsinn.com**

ADAMS-MORGAN Kalorama Guest House
P $

1854 Mintwood Pl, NW (Columbia Rd & 19th St), 20009 ☎ *667-6369* FAX *319-1262* **Zimmer** *29* **Stadtplan** *2 E1*

Das viktorianische Haus liegt in einer netten Wohngegend. Die Zimmer sind geschmackvoll eingerichtet. Kinder unter sechs Jahren sind nicht erwünscht. Der Schwester-Gasthof liegt 2700 Cathedral Avenue, Woodley Park (338-0860). Kontinentales Frühstück und WLAN. **www.kaloramaguesthouse.com**

DUPONT CIRCLE District Hotel
$

1440 Rhode Island Ave, NW, 20005 ☎ *232-7800* FAX *265-3725* **Zimmer** *58* **Stadtplan** *3 B1*

Das kleine Hotel liegt in der Nähe des Logan Circle und ist zu Fuß von Dupont Circle und U Street aus zu erreichen. Die Zimmer sind mit Kabel-TV ausgestattet, einige mit Kühlschränken. Das kontinentale Frühstück ist im Preis inbegriffen. Alle gängigen Kreditkarten werden akzeptiert. **www.districthotel.com**

DUPONT CIRCLE Hotel Madera
P 🍴 🏋 ♿ $

1310 New Hampshire Ave, NW (nahe 13th St), 20036 ☎ *296-7600* FAX *293-2476* **Zimmer** *82* **Stadtplan** *2 E2*

Das kleine Boutique-Hotel mit schönem Licht-Design liegt nahe Dupont Circle. Das Hotelrestaurant The Firefly Bistro serviert zeitgenössische amerikanische Küche. Von 17.30 bis 18.30 Uhr wird kostenlos Wein serviert. Tageskarten für ein Fitness-Center werden arrangiert. Haustiere willkommen. **www.hotelmadera.com**

DUPONT CIRCLE Tabard Inn
🍴 🏋 $

1739 N St, NW, 20036 ☎ *785-1277* FAX *785-6173* **Zimmer** *42* **Stadtplan** *2 F2*

Das Boutique-Hotel ist nach der Herberge in Chaucers *The Canterbury Tales* benannt und besteht aus drei Stadthäusern. Einige der Zimmer sind im viktorianischen Stil eingerichtet. Einige teilen sich ein Bad. Das Restaurant serviert exzellente amerikanisch-europäische Küche. Kostenloser Zugang zu einem Fitness-Center. **www.tabardinn.com**

DUPONT CIRCLE Topaz Hotel
P 🍴 🏋 ♿ $

1733 N St, NW, 20036 ☎ *393-3000* FAX *785-9581* **Zimmer** *99* **Stadtplan** *2 F2*

Das elegante, im europäischen Stil gehaltene Hotel ist modern eingerichtet, verströmt aber einen Hauch von Orient. Den Gästen wird ein Yoga-Programm angeboten. Das Topaz – Bar und Restaurant – bietet asiatische Cocktails und Speisen an. Haustiere erlaubt. Highspeed-Internet-Zugang. **www.topazhotel.com**

DUPONT CIRCLE The Churchill Hotel
P 🍴 🍸 ♿ $$

1914 Connecticut Ave, NW, 20009 ☎ *797-2000* FAX *462-0944* **Zimmer** *173* **Stadtplan** *2 E1*

Luxuriöses Hotel mit überwiegend europäischen Gästen. Das Churchill Hotel wurde 1906 als Apartmenthaus errichtet. Die Zimmer sind groß und sehr geschmackvoll eingerichtet. Das Restaurant The Chartwell Grill bietet amerikanische Küche. Highspeed-Internet-Zugang. **www.thechurchillhotel.com**

DUPONT CIRCLE The Dupont at the Circle Bed & Breakfast
P $$

1604 19th St, NW (nahe Dupont Circle), 20009 ☎ *332-5251* FAX *332-3244* **Zimmer** *9* **Stadtplan** *2 F2*

Das behagliche B & B beim Dupont Circle ist in zwei viktorianischen Häusern untergebracht. Die Zimmer sind mit Antiquitäten möbliert und haben Highspeed -Internet-Zugang. Zum Frühstück wird auch hausgemachtes Müsli angeboten. Tageskarten für das nahe Fitness-Center. Nur wenige Parkplätze. **www.dupontatthecircle.com**

DUPONT CIRCLE Jurys Washington Hotel
P 🍴 🍸 🏋 ♿ $$

1500 New Hampshire Ave, NW, 20036 ☎ *483-6000* FAX *328-3265* **Zimmer** *308* **Stadtplan** *2 F2*

Das irische Drei-Sterne-Hotel wird sowohl von Geschäftsreisenden als auch von Urlaubern frequentiert. Das Hotelrestaurant Dupont Grill bietet amerikanisches Essen. Das irische Pub Biddy Mulligan's ist ein beliebter Treffpunkt. **www.jurysdoyle.com**

DUPONT CIRCLE Courtyard by Marriott NW
P 🍴 ≋ 🍸 🏋 ♿ $$$

1900 Connecticut Ave, NW, 20009 ☎ *332-9300* FAX *328-7039* **Zimmer** *147* **Stadtplan** *2 E1*

Die Lobby des Holtels mit Standardzimmern ist mit dunklen Holzpaneelen verkleidet. Die Räumlichkeiten sind vor allem für Geschäftsreisende konzipiert. Am Nachmittag gibt es kostenloses Gebäck und Kaffee. Das Restaurant Clarets bietet amerikanische Küche. Swimmingpool. **www.marriott.com**

DUPONT CIRCLE Swann House
P ≋ 🏋 $$$

1808 New Hampshire Ave, NW, 20009 ☎ *265-4414* FAX *265-6755* **Zimmer** *9* **Stadtplan** *2 F1*

Das B&B ist in einem Haus untergebracht, das 1883 im Stil der Romanik erbaut wurde und voller Antiquitäten, aber auch moderner »Schätze« steckt. Swimmingpool im Innenhof. Nachmittags werden Erfrischungen angeboten. Kostenloses WLAN. **www.swannhouse.com**

Preiskategorien *siehe S. 174* **Zeichenerklärung** *siehe hintere Umschlagklappe*

DUPONT CIRCLE The Fairfax at Embassy Row $$$$

2100 Massachusetts Ave, NW, 20008 293-2100 FAX 293-0641 ***Zimmer** 259* **Stadtplan** 2 E2

Edles Hotel mit eleganter Ausstattung. Wegen seiner Lage im Botschaftsviertel zählt es viele Diplomaten zu seinen Gästen. In Gehweite zur Phillips Gallery und zum Dupont Circle. Die Restaurants Jockey Club und Fairfax Lounge servieren traditionelle amerikanische Küche. **www.luxurycollection.com**

DUPONT CIRCLE Mansion on O Street $$$$

2020 O Street, NW (nahe 20th St), 20036 496-2000 FAX 659-0547 ***Zimmer** 23* **Stadtplan** 2 E2

Die Ausstattung des Hauses ist vielseitig und reizvoll – teils viktorianisch, teils Avantgarde. Die Suiten haben WLAN und sind mit Kunstwerken ausgestattet. Frühstück im Preis inbegriffen. Ausweise für einen Sportclub sind erhältlich. Das Hotel akzeptiert mit Ausnahme von Diners Club alle gängigen Kreditkarten. **www.omansion.com**

WISCONSIN AVE Embassy Suites Hotel at the Chevy Chase Pavilion $$$

4300 Military Rd, NW (nahe Wisconsin & Western Ave), 20015 362-9300 FAX 686-3405 ***Zimmer** 198*

Das Suiten-Hotel liegt im beliebten Shopping-Center Chevy Chase und bietet damit zugleich eine große Auswahl an Läden. Der Zugang zur Metro-Station Friendship Heights befindet sich direkt im Komplex. Gleiches gilt für das renommierte Restaurant Cheesecake Factory und viele exzellente Fachgeschäfte. **www.embassysuitesdc.com**

WISCONSIN AVE Savoy Suites $$$

2505 Wisconsin Ave, NW, 20007 337-9700 FAX 337-3644 ***Zimmer** 150*

Die aparten Zimmer strahlen etwas Luxus aus. Laptops und WLAN stehen kostenlos zur Verfügung. Kostenloser Zugang zum nahen Washington Sports Club. Das Restaurant serviert amerikanische Speisen mit Abstechern ins Mediterrane. Donnerstagabends gibt es dazu Jazz. Shutte-Service zur Metro. **www.savoysuites.com**

WOODLEY PARK/CLEVELAND PARK Days Inn Connecticut Avenue $

4400 Connecticut Ave, NW, 20008 244-5600 FAX 244-6794 ***Zimmer** 155*

Angenehmes, preisgünstiges Hotel nördlich vom Cleveland Park und nahe der Metro-Station Van Ness. Saubere Standardzimmer. In der Nähe gibt es einige Restaurants, darunter das gleich nebenan gelegene Tesoro, das italienische Küche serviert. **www.dcdaysinn.com**

WOODLEY PARK/CLEVELAND PARK Omni Shoreham Hotel $$$

2500 Calvert St, NW, 20008 234-0700 FAX 265-7972 ***Zimmer** 834*

Das Vier-Sterne-Hotel hat eine schöne Art-déco-Lobby, große Räume und Bäder mit Marmorfußböden. Es befindet sich in einer vier Hektar großen Anlage, von der aus man über den Rock Creek Park blickt. Vom Swimmingpool kann man die herrliche Aussicht und den Service am besten genießen. **www.omnihotels.com**

WOODLEY PARK/CLEVELAND PARK Marriott Wardman Park Hotel $$$$

2660 Woodley Rd, NW, 20008 328-2000 FAX 234-0015 ***Zimmer** 1334*

Das ursprüngliche, von einer weiten Parklandschaft umgebene Apartmenthaus wurde ausgebaut und umfasst nun einen modernen Glaskomplex. Das Tagungshotel hat zwei Pools, mehrere Restaurants und große, gemütliche Zimmer. Die Anlagen sind sehr gepflegt. Die Metro-Station Woodley Park liegt ganz in der Nähe. **www.marriott.com**

AUSFLÜGE

ALEXANDRIA, VA Morrison House $$$

116 S Alfred St, 22314 703-838-8000 FAX 703-684-6283 ***Zimmer** 45*

Das einem Herrenhaus nachempfundene Hotel bietet schöne Zimmern mit Himmelbetten und italienischen Marmorbädern. Das elegante Restaurant Grille wartet mit einer abwechslungsreichen Speisekarte mit erlesenen Gerichte auf. Haustiere willkommen. **www.morrisonhouse.com**

ALEXANDRIA, VA Hotel Monaco Alexandria $$$$$

480 King St (nahe S Pitt St), 22314 703-549-6080 FAX 703-684-6508 ***Zimmer** 241* **Stadtplan** 3 C3

Das luxuriöse Vier-Sterne-Hotel liegt im Herzen von Old Town. Im Angebot sind stilvolle Zimmer und diverse Suiten und ein beliebtes Ausflugsrestaurant. Das Hotel bietet seinen Gästen einen Shuttle-Service zum Reagan National Airport. Haustiere willkommen. **www.monaco-alexandria.com**

ANNAPOLIS, MD Maryland Inn $$$

16 Church Circle, 21401 410-263-2641 FAX 410-268-3613 ***Zimmer** 44*

Das schöne, preisgekrönte Backsteinhaus am Fluss wurde in den 1760er Jahren erbaut. Die viktorianischen Zimmer sind gemütlich, das Restaurant The Treaty of Paris ist einladend. Reservierungen über Historic Inns of Annapolis, die auch das Governor Calvert House und das Robert Johnson House betreiben. **www.historicinnsofannapolis.com**

ARLINGTON, VA Crystal City Marriott $$$

1999 Jefferson Davis Hwy (nahe S 20th St), 22202 703-413-5500 FAX 703-413-0192 ***Zimmer** 333*

Die Lobby des Hauses hat einen Marmorboden und Art-déco-Inventar. Die Zimmer sind elegant. Das Hotel bietet einen Shuttle-Service zum Reagan National Airport, von dem es nur wenige Minuten entfernt liegt. Das CC Bistro serviert amerikanische und italienische Gerichte. Highspeed-Internet-Zugang. **www.crystalcitymarriott.com**

Stadtplan *siehe Seiten 224–229*

ARLINGTON, VA Hyatt $$$

1325 Wilson Blvd, 22209 ☎ *703-525-1234* FAX *703-908-4790* **Zimmer** *317*

Zum Hyatt gelangt man nach einem kurzen Spaziergang über die Key Bridge nach Georgetown oder nach einer 15-minütigen Metro-Fahrt von der Mall aus. Aus den oberen Zimmern sieht man auf den Potomac. Das moderne stilvolle Hotel bietet ein gutes Restaurant. Auch in der Nähe liegen viele Lokale. WLAN. **www.arlington.hyatt.com**

ARLINGTON, VA Ritz-Carlton Pentagon City $$$$$

1250 S Hayes St, 22202 ☎ *703-415-5000* FAX *703-415-5061* **Zimmer** *366*

Das Hotel bietet einen Mix aus Modernität und klassischer Eleganz. Nachmittagstee wird zwischen 14 und 16.30 Uhr serviert. Das Vier-Sterne-Hotel liegt in der Nähe der Metro und der Pentagon City Mall, etwa anderthalb Kilometer vom Reagan National Airport entfernt. WLAN. **www.ritzcarlton.com**

BALTIMORE, MD Pier 5 $$$$

711 Eastern Ave, 21202 ☎ *410-539-2000* FAX *410-783-1469* **Zimmer** *66*

Das Hotel erstrahlt in den Farben Orange und Purpurrot. Besonders wunderlich ist etwa die Austin Powers Suite. Das Haus liegt am Wasser in der Nähe des National Aquarium. Das Mitbringen kleiner Haustiere kostet eine Extragebühr. Jedes Zimmer bietet WLAN. Gegen eine kleine Gebühr kann man das nahe Fitness-Center mit Pool nutzen.

BALTIMORE, MD Renaissance Harborplace Hotel $$$$

202 E Pratt St, 21202 ☎ *410-547-1200* FAX *410-539-5780* **Zimmer** *622*

Die Zimmer bieten eine schöne Aussicht auf den Hafen oder in den Innenhof des Vier-Sterne-Hotels. Das Personal ist sehr aufmerksam. Das exzellente Restaurant Watertable bietet Aussicht aufs Wasser und ist auf Seafood von der Chesapeake Bay spezialisiert. **www.renaissancehotels.com**

BALTIMORE, MD Peabody Court, a Clarion Hotel $$$$$

612 Cathedral St, 21201 ☎ *410-727-7101* FAX *410-789-3312* **Zimmer** *104*

Das stilvolle Boutique-Hotel hat eine Renaissance-Fassade, eine gut ausgestattete Lobby und einen exzellenten Service. Es liegt in der Nähe des Walters Art Museum in hübscher Umgebung. Im Restaurant George's kann man edel dinieren. **www.peabodycourthotel.com**

BERKELEY SPRINGS, WV Cacapon Resort State Park $

818 Cacapon Lodge Dr, 25411 ☎ *304-258-1022* FAX *304-258-5323* **Zimmer** *48*

Gäste können hier zwischen modernen Zimmern oder rustikalen Blockhütten wählen und wandern, angeln, reiten oder Golf spielen. Das Anwesen liegt zwei Stunden von Washington und 16 Kilometer von Berkeley Springs entfernt, einer historischen Stadt, die seit der Kolonialzeit als Kurort bekannt ist. **www.cacaponresort.com**

BERLIN, MD Merry Sherwood Plantation $

8909 Worcester Highway, 21811 ☎ *410-641-2112* **Zimmer** *8*

Das B&B liegt in einem restaurierten Herrenhaus, das um 1850 im Stil der italienischen Renaissance errichtet wurde. Die viktorianisch eingerichteten Zimmer haben Kamine. Zum Gourmet-Frühstück gibt es u. a. hausgemachte Muffins. Kein TV, kein Telefon. Nach Washington, DC sind es etwa zweieinhalb Stunden. **www.merrysherwood.com**

BETHESDA, MD Hyatt Regency Bethesda $$$

1 Bethesda Metro Center, 20814 ☎ *301-657-1234* FAX *657-6453* **Zimmer** *390*

Das luxuriöse Hotel liegt in einem der Vororte, direkt oberhalb einer Metro-Station der Red Line, mit der man rasch ins Zentrum von Washington, DC gelangt. Kinos, viele Restaurants und einige Buchläden liegen in Gehweite. **www.hyattregency.com**

CHARLOTTESVILLE, VA The Boar's Head Inn $$

Route 250 West, 22903 ☎ *434-296-2181* FAX *434-972-6024* **Zimmer** *171*

Das romantische Hotel liegt in einer schönen ländlichen Gegend nahe den Ausläufern der Blue Ridge Mountains. Es gibt zwei Seen auf dem Anwesen. Außerdem: 18-Loch-Golfplatz, Tennisplätze, Angelmöglichkeiten, vier Pools und Wellness-Center. The Old Mill Room, die einstige Scheune, serviert exzellentes Essen. **www.boarsheadinn.com**

CHINCOTEAGUE, VA Refuge Inn $$

7058 Maddox Blvd, 23336 ☎ *757-336-5511* FAX *757-336-6134* **Zimmer** *72*

Der Gasthof liegt in der Nähe von National Wildlife Refuge und National Seashore. Das gemütliche Ambiente, die preisgünstigen Zimmer und die freundliche Atmosphäre sind ideal für Familien. Zwei der Suiten verfügen über eine Küche. Kontinentales Frühstück wird angeboten. **www.refugeinn.com**

FREDERICKSBURG, VA Kenmore Inn $$

1200 Princess Anne St, 22401 ☎ *540-371-7622* FAX *540-735-1772* **Zimmer** *9*

Der Gasthof in einem 1793 errichteten Haus mit Möbeln im Kolonialstil liegt zwei Häuserblocks vom Zentrum Fredericksburgs entfernt. Die meisten Räumen haben Kamine. Im Kerzenlicht des Speisesaals kann man Spezialitäten aus Virginia testen, im Pub gibt es leichtere Kost. **www.kenmoreinn.com**

GETTYSBURG, VA Baladerry Inn Bed & Breakfast $$

40 Hospital Rd, 17325 ☎ *717-337-1342* **Zimmer** *10*

Das behagliche Baladerry Inn gibt es seit 1812. Im Bürgerkrieg *(siehe S. 21)* diente es als Krankenhaus. In den beiden Haupthäusern gibt es fünf Zimmer, hinzu kommen fünf Kutschenhäuschen, einige mit offenen Kaminen. Hier wird den Gästen ein Drei-Gänge-Gourmet-Frühstück im Country-Stil serviert. **www.baladerryinn.com**

Preiskategorien *siehe S. 174* **Zeichenerklärung** *siehe hintere Umschlagklappe*

LURAY, VA Big Meadows and Skyline Lodges $

P O Box 727 (Skyline Drive), 22835 540-999-2221 FAX 540-999-2011 **Zimmer** 97

Die Anlage befindet sich am Milepost 51 des landschaftlich reizvollen Skyline Drive im Shenandoah National Park. Die rustikalen Unterkünfte – Blockhütten, Suiten oder Gästezimmer in der Lodge – bieten eine wunderschöne Aussicht auf den Wald und das Tal. *Geschlossen: Nov–Anfang April.* **www.visitshenandoah.com**

MIDDLEBURG, VA The Red Fox Inn $$

2 East Washington St, 20117 540-687-6301 FAX 540-687-6053 **Zimmer** 23

Das Hotel an der Hauptstraße von Middleburg wurde 1728 erbaut. Alle Zimmer zeigen Jagdmotive, sind unterschiedlich ausgestattet und mit Antiquitäten bestückt – einige haben Himmelbetten. Kontinentales Frühstück inklusive. Das romantische Restaurant ist das Relikt einer Taverne (18. Jh.). Großartiges Essen. **www.redfox.com**

MIDDLETOWN, VA The Wayside Inn $

7783 Main St, 22645 540-869-1797 FAX 540-869-6038 **Zimmer** 24

Das reizende Hotel im Shenandoah Valley wird seit 1797 betrieben. Jedes Zimmer ist mit schönen Antiquitäten möbliert. Im Speiseraum serviert man regionale Küche im Schein des Kaminfeuers. Das nahe Wayside Theater bietet Unterhaltung. Nach Washington, DC fährt man anderthalb Stunden mit dem Auto. **www.alongthewayside.com**

PARIS, VA The Ashby Inn and Restaurant $$$

692 Federal St, 20130 540-592-3900 FAX 540-592-3781 **Zimmer** 10

Aus einigen Zimmern des 1829 erbauten Gasthofs hat man einen schönen Blick auf die Ausläufer der Blue Ridge Mountains. Das Restaurant ist exzellent. Das kleine Dorf Paris liegt 19 Kilometer von Middleburg und eine Autostunde von Washington entfernt. AmEx, MasterCard und Visa werden akzeptiert. **www.ashbyinn.com**

RICHMOND, VA The Berkeley Hotel $$

1200 East Cary St, 23219 804-780-1300 FAX 804-648-4728 **Zimmer** 55

Bezauberndes Hotel mit schönen traditionellen Möbeln im Zentrum von Richmond. Besonders begehrt sind die Zimmer mit Balkon. Das Hotelrestaurant The Dining Room ist auf regionale Küche spezialisiert. Highspeed-Internet-Zugang. **www.berkeleyhotel.com**

RICHMOND, VA The Jefferson $$$

101 W Franklin St, 23220 804-788-8000 FAX 804-225-0334 **Zimmer** 262

Das älteste Hotel der Gegend, heute ein fünf Sterne-Haus, wurde 1895 erbaut. Es strahlt europäisches Flair und Südstaaten-Charme aus. Die Lobby hat eine fantastische Bleiglas-Decke. Es gibt zwei exzellente Restaurants. Das Haus liegt zentral, in der Nähe des historischen Zentrums und der Shopping-Meile. **www.jeffersonhotel.com**

SHEPHERDSTOWN, WV Bavarian Inn $

164 Shepherd Grade Road, 25443 304-876-2551 FAX 304-876-9355 **Zimmer** 72

Der AAA-Gasthof liegt in einem malerischen Städtchen, etwa 24 Kilometer von Harpers Ferry entfernt. Die individuell eingerichteten Zimmer haben europäisches Flair – manche bieten Kamin, Himmelbett oder eine herrliche Aussicht auf den Potomac. Ausgezeichnete deutsche Küche. **www.bavarianinnwv.com**

TILGHMAN ISLAND, MD Chesapeake Wood Duck Inn $$

21490 Gibsontown Rd, nahe Dogwood Harbor, 21671 410-886-2070 FAX 413-677-7526 **Zimmer** 7

Das B&B ist AAA-prämiert und hat den Mobil-Preis erhalten. Das Haus von 1890 liegt am Wasser und ist ausgesprochen gastfreundlich. Innovative Küche. Samstags wird für Gäste nach Bestellung ein Drei-Gänge-Gourmet-Frühstück und ein Vier-Gänge-Abendessen angeboten. **www.woodduckinn.com**

TREVILIANS, VA Prospect Hill Plantation Inn $$$

2887 Poindexter Rd (nahe Charlottesville), 23093 540-967-0844 FAX 540-967-0102 **Zimmer** 13

Der Gasthof liegt auf einer alten, 20 Hektar großen Plantage, etwa 24 Kilometer östlich von Charlottesville. Das Haus wurde 1732 errichtet. Alle Zimmer haben Kamine. Frühstück und Abendessen sind im Preis inbegriffen. Einige Zimmer sind behindertengerecht eingerichtet. **www.prospecthill.com**

WASHINGTON, VA Inn at Little Washington $$$$$

Middle & Main Ss, 22747 540-675-3800 FAX 540-675-3100 **Zimmer** 18

In dem fantasievollen Fünf-Sterne-Hotel im schönen Shenandoah Valley gleicht kein Zimmer dem anderen. Das weltberühmte Hotelrestaurant bietet mit exzellenten Menüs zum Festpreis eine kulinarische Erfahrung der Extraklasse. Unter der Woche gibt es Preisnachlässe. AmEx, MasterCard und Visa. **www.theinnatlittlewashington.com**

WILLIAMSBURG, VA Colonial Houses $$$

305 S England St, 23187 757-229-1000 FAX 757-220-7096 **Zimmer** 26

Das restaurierte Anwesen aus dem 18. Jahrhundert verfügt über moderne Zimmer oder ganze Häuser (ohne Küche). Doch Gäste können die Einrichtungen des nahen Williamsburg Inn – Restaurant, Parkplätze und Swimmingpool – nutzen. Drei Zimmer sind behindertengerecht ausgestattet. **www.colonialwilliamsburg.com**

WILLIAMSBURG, VA The Williamsburg Inn $$$$

136 East Francis St, 23187 757-229-1000 FAX 757-220-7096 **Zimmer** 62

Das berühmte Hotel im Regency-Stil liegt im historischen Zentrum und bietet allen modernen Luxus. Im Regency Room kann man edel dinieren. Nachmittagstee wird stilvoll im Terrace Room serviert. Golf-, Cricket- und Tennisplätze vorhanden. **www.colonialwilliamsburg.com**

Restaurants

Der angesehene Gastgeber Joseph Alsop lud in den 1960er Jahren regelmäßig zu aufwendigen Abendessen in sein Haus in Georgetown ein. Als man ihn fragte, weshalb er so oft Dinnerpartys veranstalte, erwiderte er, dass Washington einfach keine guten Restaurants hätte. Heute können die Restaurants der Stadt mit denen in New York City in allen Varianten und Preiskategorien mithalten. Dass in Washington alle erdenklichen Kochtraditionen – von Äthiopien bis Vietnam – vertreten sind, liegt an den kosmopolitischen Einwohnern. Auch die Auswahl an Seafood, oft frisch aus der Chesapeake Bay, ist exzellent: Krustentiere werden vor allem nahe der Küste angeboten.

Fassade von Ben's Chili Bowl

Café-Restaurant Matisse

Restaurantwahl

Die Restaurants spiegeln das Leben im jeweiligen Stadtviertel wider: In Adams-Morgan gibt es eine Mischung von Spezialitätenrestaurants aus aller Welt (vor allem salvadorianische und äthiopische Küche) sowie neueste Kochtrends. Perry's, Cashion's Eat Place sowie Felix Restaurant and Bar bieten eine fantasievolle Mischung aus asiatischer und französischer Kochkunst, die Gäste sind jung und trendy. Nur einige Gehminuten von der Mall entfernt liegt die überschaubare Chinatown mit einigen der besten Restaurants, ideal für Familien. Die Gerichte sind günstig und familiengerecht portioniert.

Neben Chinatown liegt das Penn Quarter rund um die Seventh Street. Schicke Lokale wie das Capital Grille, das Elephant and Castle und der Old Ebbitt Grill haben sich in den restaurierten Gebäuden aus dem frühen 19. Jahrhundert eingerichtet.

In Georgetown gibt es eine Mischung aus teuren und günstigen Restaurants. Auch hier sind indische und vietnamesische Restaurants am erschwinglichsten. Nördlich des Weißen Hauses und südlich von Dupont Circle liegen Restaurants, die vor allem bei Geschäftsleuten beliebt sind. Ethnische Küche ist auch hier am billigsten. Fast alle Restaurants in Washington sind klimatisiert.

Reservierung

Reservierungen sind für beliebte Restaurants erforderlich. Trend-Restaurants sind manchmal wochenlang im Voraus ausgebucht. Viele Lokale sind jedoch auch auf Gäste ohne Reservierung vorbereitet. Wie in den USA üblich, wird man eventuell auf eine Warteliste gesetzt. Man kommt dann zur vereinbarten Zeit wieder oder wartet so lange an der Bar, bis ein Tisch frei wird.

Preise

Die Preisspanne in den Restaurants reicht von sehr günstig bis zu extrem teuer. Die Preise variieren je nach Standort, Küche und Einrichtung des Restaurants. Die meisten Lokale akzeptieren Kreditkarten, Straßenverkäufer und Fast-Food-Ketten allerdings meist nur Bargeld. Bedienungen erwarten ein Trinkgeld von 15 Prozent. Manche Restaurants empfehlen sogar 20 Prozent. Das Trinkgeld wird fast nie auf die Rechnung aufgeschlagen – allenfalls bei größeren Gesellschaften werden automatisch 15 Prozent Trinkgeld zur Rechnung hinzuaddiert.

Im Gegensatz zu vielen europäischen Städten gibt es in den meisten Washingtoner Restaurants keine fixen Menüs: Gerichte und Beilagen werden meist à la carte, d.h. einzeln, bestellt.

Ein Abendessen mit Getränk und Trinkgeld kostet im Durchschnitt zwischen 20 und 40 US-Dollar. Allerdings sind vor allem indische, äthiopische, chinesische und vietnamesische Restaurants oft erheblich günstiger. Dasselbe Gericht kostet übrigens zur Mittagszeit bis zu einem Viertel weniger als abends.

Ein amerikanisches Frühstück mit Schinken, Eiern, Kaffee und Saft kostet normalerweise unter zehn US-Dollar. Viele Hotels bieten ein kleines, kostenloses »Continental Breakfast« (Brötchen, Kaffee and Saft) an.

Beaux-Arts-Speisesaal des B. Smith's in der historischen Union Station

Wandgemälde an der Madam's Organ Bar in Adams-Morgan

Öffnungszeiten

Nur wenige Restaurants haben ganztägig oder gar rund um die Uhr geöffnet. Ausnahmen sind die großen Hotelrestaurants. Die meisten Lokale schließen zwischen Mittag- und Abendessen. Es gibt auch meist keine saisonbedingten Schließungen – viele Restaurants haben (bis auf den 25. Dezember) das ganze Jahr über geöffnet. Einige haben sonntags oder montags Ruhetag. Es empfiehlt sich, vorher anzurufen. Restaurants, die zwischen fünf und sechs Uhr abends öffnen, sind zwischen sieben und acht Uhr am vollsten. Letzter Einlass ist dann oft um neun Uhr. Bars sind bis zwei Uhr morgens geöffnet. Die Metrorail fährt nur freitags und samstags so lange.

Alkohol

Restaurants dürfen nur mit gesetzlicher Schankgenehmigung Alkohol ausschenken – deshalb gibt es in einigen keinen Alkohol. Andere Restaurants bieten zwar Bier und Wein an, jedoch keine Spirituosen oder Cocktails.

Bars servieren nur selten Essen, abgesehen von kleineren Speisen. Andere Restaurants haben einen Essbereich und eine eigene Bar. Gäste dürfen keine eigenen alkoholischen Getränke in ein Restaurant mitbringen.

Das Mindestalter für Alkoholgenuss liegt in Washington, DC, Maryland und Virginia bei 21 Jahren. Halten Sie im Zweifelsfall Ihren Reisepass oder Führerschein bereit.

Rauchen

Im District of Columbia ist das Rauchen in Restaurants und öffentlichen Gebäuden verboten. Im April 2006 trat das Smoke-free Workplace-Gesetz in Kraft, das seit Januar 2007 auch für Restaurants gilt. Zuwiderhandlungen können einige Hundert Dollar kosten.

Etikette

Die Kleidung variiert von freizeitorientiert (kurze Hosen, T-Shirts und Turnschuhe) bis hin zu korrekter Bekleidung. In einigen Restaurants herrscht für Herren Jacket- und Krawattenzwang (notfalls halten Restaurants auch einige bereit). Als Grundregel gilt: Der Dresscode ist umso strenger, je teurer das Restaurant ist. Auch einige Bars haben strikte Regeln. Die meisten Lokale akzeptieren jedoch legere, »ordentliche« Kleidung.

Essensangebot

Washington bietet eine sehr breite Palette an Gerichten und Speisen an. Wie in den meisten Städten der USA gibt es außerordentlich viele Fast-Food-Restaurants. Ketten wie McDonald's, Burger King und Wendy's verkaufen überall auf der Welt dieselben Gerichte, nicht nur Familien können sich dort relativ preisgünstig versorgen. Die Hotdog-Verkäufer an der Mall sind eine Alternative. Abgesehen von Fast Food gibt es Küchen aus aller Welt, u.a. französische, chinesische, äthiopische und vietnamesische Restaurants.

Mit Kindern essen

Der Grad der Kinderfreundlichkeit eines Lokals zeigt sich daran, ob es einen Kinderteller oder Hochstühle für kleine Kinder anbietet. Falls man edler essen möchte, empfiehlt sich eventuell eine Reservierung für einen möglichst frühen Zeitpunkt, wenn das Restaurant noch nicht so voll ist.

Tony and Joe's Bar am Washington Harbor

Behinderte Reisende

Generell sind Restaurants in älteren Stadtvierteln wie Dupont Circle seltener behindertengerecht als moderne Etablissements in der K Street. Alle Smithsonian-Museumsrestaurants sind für Rollstuhlfahrer zugänglich. Es gibt noch keine generellen Vorschriften, das Lokale behindertengerecht sein müssen.

Straßenimbiss mit Hotdogs, Brezen (»pretzels«), Eis und Getränken

Spezialitäten in Washington, DC

Die US-Hauptstadt steht für Meinungsfreiheit und für Meinungsvielfalt – das gilt auch für kulinarische Präferenzen. Manche Washingtoner schätzen ein Chateaubriand zu Mittag, andere zieht es zu den Restaurants der nahen Chesapeake Bay, in denen des köstliches Seafood gibt. Wieder andere lieben das kosmopolitische Flair und gehen regelmäßig in Ethno-Lokale. Wie auch immer – alle sind sich darin einig, dass das Essen die Vielfalt der Stadt widerspiegelt. Dabei nutzen die Köche Washingtons sowohl den Fang aus dem Atlantik als auch die saisonalen Produkte von den Farmen in Maryland und Virginia.

Beim Anrichten eines Gerichts im Kinkead's ***(siehe S. 189)***

Power Dining

Seinem Image gemäß gibt es in Washington, DC viele »Power Dining«-Restaurants, in denen sich Business-Leute, Lobbyisten, Experten und Juristen zu Steaks und Cocktails treffen. In dem renommierten Steakhäusern gehen auch Kongressabgeordnete ein und aus.

Globale Kulinarik

Die Hauptstadt der Vereinigten Staaten zog schon immer Politiker und Würdenträger aus anderen Bundesstaaten und aus aller Welt an. So hielten kulinarische Gepflogenheiten vieler Regionen und Länder hier Einzug. Flüchtlinge aus El Salvador, Äthiopien und Kambodscha ließen sich in der Stadt nieder und führten die weltoffenen Städter an fremde Aromen und Gerichte heran. In ethnisch ganz unterschiedlichen Vierteln wie Adams-Morgan oder Mount Pleasant ist es völlig normal, dass afrikanische, asiatische und südamerikanische Restaurants direkt nebeneinanderliegen.

Auswahl an Schal- und Krustentieren aus der Chesapeake Bay

Typische Gerichte

Maryland *crab cakes*

Die Einzigartigkeit der Stadt macht es schwierig, einzelne, für sie typische Gerichte hervorzuheben. Die *Washington Post* machte sich vor einiger Zeit für den »half-smoke« stark, eine mild-würzige Mischung aus Hotdog und geräucherter Wurst mit Chili und Käse, die an einigen Straßenständen verkauft wird. Ben's Chili Bowl *(siehe S. 192)* ist der bekannteste Lieferant dieses Klassikers und ein Lieblingslokal des Comedian Bill Cosby. Auch die Maryland Blue Crabs sind beliebt. Sie werden zu *crab cakes* und scharfen She-Crab-Suppen verarbeitet. Geradezu ein politisches Gericht ist die Senate Navy Bean Soup, die seit über 100 Jahren täglich im Senate Dining Room serviert wird – ein einfaches Gericht, das aber auch von einflussreichen Politikern geschätzt wird.

Senate Navy Bean Soup
Weiße Bohnen und Schinken sind wichtige Bestandteile der einfachen, aber herzhaften Suppe.

Restaurantauswahl

Die folgenden Restaurants aus verschiedenen Preiskategorien wurden wegen ihrer hervorragenden Küche, ihres guten Angebots und ihrer interessanten Lage ausgewählt. Sie sind nach Stadtteilen und innerhalb dieser nach Preisklassen alphabetisch aufgelistet. Den Stadtplan finden Sie auf den Seiten 224–229.

PREISKATEGORIEN
Die Preise gelten für ein Drei-Gänge-Menü pro Person mit einem Glas Wein (falls erhältlich), Gedeck, Steuern und Service:
€ unter 20 US-Dollar
€€ 20–30 US-Dollar
€€€ 30–45 US-Dollar
€€€€ 45–60 US-Dollar
€€€€€ über 60 US-Dollar

Capitol Hill

Market Lunch — $

Eastern Market, 306 7th St, SE (nahe C St), 20003 ☎ *547-8444* — **Stadtplan** 4 F4

Die Speisekarte umfasst regionale Gerichte und delikate Seafood-Spezialitäten, z. B. *crab cakes* und Krabbensandwiches sowie Süßwasserfische und leckere Salate. Frühstück und Mittagessen im Cafeteria-Stil sind einfach, aber schmackhaft. Am Sonntagvormittag muss man oft lange warten. *Geschlossen: Mo.*

America — $$

Union Station, 50 Massachusetts Ave, NE, 20002 ☎ *682-9555* — **Stadtplan** 4 E3

Das Restaurant befindet sich in der Union Station und bietet eine großartige Aussicht auf das Kapitol. Serviert werden regionale Speisen. Das Dessert Death by Chocolate zählt zu den Favoriten auf der 200 Gerichte listenden Speisekarte. Das enorm große Restaurant erstreckt sich über zwei Stockwerke.

Bullfeathers — $$

410 1st St, SE, 20003 ☎ *543-5005* — **Stadtplan** 4 E5

Pub und Café mit Außentischen im viktorianischen Stil. Das Lokal ist bei Kongressangestellten und den Einwohnern des Viertels beliebt – es soll »die besten Burger auf dem Hügel« servieren. Wenn man nach dem merkwürdigen Namen »Bullfeathers« fragt, heißt es, dies sei das Lieblingsschimpfwort von Präsident Teddy Roosevelt gewesen.

Capitol Hill Brewing Company — $$

2 Massachusetts Ave, NE (nahe 1st St), 20002 ☎ *842-2337* — **Stadtplan** 4 E3

Das Bar-Restaurant oberhalb des National Postal Museum serviert gutes Pub-Essen und bietet eine preisverdächtig große Auswahl an Bieren an. Am Abend kann auf dem Grundstück gegenüber kostenlos geparkt werden, tagsüber auf dem Gelände der Union Station oder auf der Straße.

Hawk and Dove — $$

329 Pennsylvania Ave, SE, 20003 ☎ *543-3300* — **Stadtplan** 4 F4

Die älteste Irish Bar der Stadt bietet eine typisch amerikanische Speisekarte mit guten Burgern und Pasta-Gerichten. Hier trifft sich ein interessantes Völkchen aus »normalen« Bürgern und Politikern. Es gibt 17 Fernseher mit Satellitenprogrammen. Das Hawk and Dove serviert auch Kinderportionen.

Taverna the Greek Islands — $$

305 Pennsylvania Ave, SE, 20003 ☎ *547-8360* — **Stadtplan** 4 F4

Hühnchen, Moussaka, Lamm mit Artischocken und Gyros sind die Klassiker in der Taverna the Greek Islands, ein Restaurant mit typisch griechischem Ambiente, Dartscheiben und Billardtischen. Einfacher Mittagstisch. Weiße Tischdecken und Kerzen sorgen für formelleres Ambiente beim Abendessen. *Geschlossen: So.*

Tortilla Coast — $$

400 1st St, SE, 20003 ☎ *546-6768* — **Stadtplan** 4 F5

Gutes Essen und freundliche Atmosphäre. Auf der Speisekarte ist vor allem Tex-Mex zu finden, aber es gibt auch einige traditionelle amerikanische Gerichte. Unschlagbar sind die Burritos und die Margaritas. Bestellen Sie »frozen« Margaritas in der Kanne – wie die hiesigen Politiker. *Geschlossen: So.*

Tunnicliff's — $$

222 7th St, SE (gegenüber dem Eastern Market), 20003 ☎ *544-5680* — **Stadtplan** 4 F4

Das Restaurant zieht ein gemischtes lockeres Publikum an. Der beliebte Sonntagsbrunch im Tunnicliff's bietet Eggs Chesapeake (*crab cakes* mit zwei pochierten Eiern), aber auch Erdnussbutter und Pizza. Auf dem Innenhof kann man schön sitzen.

B. Smith's — $$$

Union Station, 50 Massachusetts Ave, NE, 20002 ☎ *289-6188* — **Stadtplan** 4 E3

Der kunstvoll ausgestattete frühere »Presidential Waiting Room« der Union Station ist jetzt eine der besten Adressen für Südstaaten-Gerichte. Das *swamp thang* (Shrimps, Krebse und Jakobsmuscheln in Sahne-Sauce auf einem Bett aus Kohlblättern) ist die Spezialität des Hauses. Freitag- und samstagabends spielt ein Jazz-Trio.

Zeichenerklärung *siehe hintere Umschlagklappe*

The Monocle

$$$

107 D St, NE, 20002 546-4488 **Stadtplan** *4 E3*

Die Institution in Capitol Hill ist bei Senatoren und ihren Mitarbeitern beliebt. Im Monocle wurden schon viele Bündnisse geschmiedet. Steaks und *crab cakes* sind Spezialitäten des Hauses. Da es in der Nähe des Senats und des Kapitols liegt und entsprechend stark frequentiert wird, sollten Sie reservieren. Parkservice.

Two Quail

$$$

320 Massachusetts Ave, NE, 20002 543-8030 **Stadtplan** *4 F3*

Das amerikanische Bistro mit seiner eklektischen Ausstattung wurde zum romantischsten in Washington gekürt. The Two Quail (zwei Wachteln) ist das namensgebende Gericht des Hauses. Lamm, Lachs und hausgemachte Desserts sind auch sehr gut. *Geöffnet: Mo–Fr mittags und tägl. abends.*

Bistro Bis

$$$$

15 E St, NW, 20001 661-2700 **Stadtplan** *4 E3*

In dem schicken, modernen Restaurant wird französisches Essen mit amerikanischem Touch serviert. Das Bistro Bis liegt neben dem Senat und zieht entsprechende Gäste an. Enten-Confit und Lachs Provençal sind sehr empfehlenswert. Parkservice ab 17.30 Uhr.

The Mall

The Atrium Café

$

National Museum of Natural History, Constitution Ave &10th St, NW, 20560 633-1000 **Stadtplan** *3 C4*

Das Atrium des National Museum of Natural History ist sechs Stockwerke hoch. Der große Essbereich im Erdgeschoss des Museums hält eine große Speisenauswahl bereit, darunter Pizzas, Sandwiches, Suppen, warme Vorspeisen, Salate und traumhaft Desserts. *Geöffnet: nur mittags.*

Cascade Café

$

National Gallery of Art, Halle zum Tunnel, Constitution Ave, NW, 20565 216-5966 **Stadtplan** *4 D4*

Eine gute Alternative für hungrige Museumsbesucher. Das Café bietet schnelles und günstiges Essen vom Büfett. Die »offene Küche« des Cascade bietet den zusätzlichen Genuss, die Zubereitung des Essens zu verfolgen. Nebenan gibt es eine Espresso-Bar und eine Eisdiele. *Geöffnet: nur mittags.*

Mitsitam Café

$

National Museum of the American Indian, Independence Ave & 4th St, SW, 20560 633-7038 **Stadtplan** *4 D4*

Mitsitam heißt in der Sprache der Piscataway »Lasst uns essen!«. Das Büfett-Café hat eine interessante Speisekarte mit Gerichten, die von den Indianern der Nordwestküste, der Great Plains, den Wäldern im Norden sowie den Ureinwohnern aus Mittel- und Südamerika stammen. *Geöffnet: nur mittags.*

Pavilion Café

$

Sculpture Garden, neben National Gallery West Building, 7th St, NW, 20565 289-3360 **Stadtplan** *4 D4*

Das Café mit Tischen im Freien bietet eine herrliche Aussicht auf den Sculpture Garden und – im Winter – auf die Eislaufbahn. Zur Auswahl stehen u. a. Gourmetpizzas, Wraps und heiße Schokolade. Kinderteller erhältlich. *Geöffnet: Mo–Sa 10–16.30, So 11–17 Uhr (während der Eislauf-Saison bis 21 Uhr).*

CityZen

$$$$$

Mandarin Oriental Hotel, 1330 Maryland Ave, SW, 20024 787-6006 **Stadtplan** *3 C5*

Das 70 Plätze umfassende Restaurant des schicken Mandarin Oriental Hotel bietet ein exquisites Esserlebnis. Jedes Gericht wird fantasievoll zubereitet und liebevoll serviert. Chefkoch Eric Ziebold war acht Jahre lang im weltberühmten French Laundry in Napa Valley tätig. *Abendessen nur Di und Sa.*

Penn Quarter

Courtyard Café

$

8th St & F St, NW 633-8300 **Stadtplan** *3 C3*

Das Café im American Art Museum ist ein schöner luftiger Raum, der den Eindruck vermittelt, dass man im Freien sitzt. Das Café hat saisonale Angebote amerikanischer Speisen und verwendet, wann immer möglich, Bioprodukte. Suppen, Salate, Sandwiches, Panini und Desserts. *Geöffnet: 11.30–18.30 Uhr.*

Full Kee

$

509 H St, NW, 20001 371-2233 **Stadtplan** *4 D3*

Die kantonesischen Nudeln, Wantans und Suppen in diesem eher spärlich eingerichteten China-Restaurant sind ausgezeichnet. Das Full Kee ist der richtige Ort, um schnell einen günstigen Imbiss vor einem Besuch des Verizon Center einzunehmen. Das Lokal ist bei Einheimischen und Besuchern beliebt.

Nirvana $

1810 K St, NW, 20016 ☎ *223-5043* **Stadtplan** *2 F3*

Das Mittagsbüfett im Nirvana wechselt täglich und präsentiert dabei verschiedene Regionen Indiens. Die südindischen *dosas* (knusprige dünne Pfannkuchen) werden mit Gemüse und Basmati-Reis gefüllt und dann mit Tamarinde, Nüssen und Rosinen ergänzt. *Geöffnet: tägl. mittags und abends.*

District Chophouse and Brewery $$

509 7th St, NW, 20004 ☎ *347-3434* **Stadtplan** *3 C3*

Das angesehene Lokal gibt mit einer Zigarrenbar, Billardtischen und Swing-Klängen den Stil und das Ambiente der 1940er Jahre wieder. Große Portionen. Die Steaks, Burgers und Pizzas werden mit Bier hinuntergespült, das hier gebraut wird. Das Haus beliefert auch Sportfans im Verizon Center.

Fadó Irish Pub $$

808 7th St, NW, 20001 ☎ *789-0066* **Stadtplan** *3 C3*

Das Fadó ist ein authentisches Irish Pub, dessen Einrichtung aus Irland stammt. Es gibt typisch irische Gerichte und Fusionsküche. Donnerstagabends wird zeitgemäßer Irish Rock dargeboten. Bei Live-Sportübertragungen von Hurling bis Gaelic Football wird am Fernseher mitgefiebert. Das Lokal liegt in der Nähe des Verizon Center.

Hard Rock Café $$

999 E St, NW (nahe 10th St), 20004 ☎ *737-7625* **Stadtplan** *3 C3*

Hier gibt es alle typisch amerikanischen Gerichte wie Burger, Sandwiches und Salate. Videos, Musik und Erinnerungsstücke machen die zwei Stockwerke des Restaurants der weltweiten Kette zu einer Besucherattraktion, in der es manchmal etwas hektisch zugeht. Bleiglasfenster ehren die Größen der Rockmusik.

Jaleo $$

480 7th St, NW, 20004 ☎ *628-7949* **Stadtplan** *3 C3*

Das spanische Tapas-Restaurant mit bunter Speisekarte und entsprechender Ausstattung liegt nicht weit von den Denkmälern und nur einen Steinwurf vom Verizon Center entfernt. Hochgelobt werden der Auberginen-Flan und die sautierten Shrimps.

Old Ebbitt Grill $$

675 15th St, NW, 20005 ☎ *347-4801* **Stadtplan** *3 B3*

Das peppige amerikanische Grillrestaurant ist voller Einheimischer und Besucher. Hier taucht man ein in die Szene der Stadt und isst sehr gute Seafood-, Nudel- und Steakgerichte. Bar und Weinkarte sind exzellent. Die *crab cakes* und die Forelle mit Parmesan sind Spezialitäten des Hauses.

Austin Grill $$$

750 E St, NW, 20004 ☎ *393-3776* **Stadtplan** *3 C3*

Im Austin Grill herrscht eine ausgelassene Atmosphäre. Die Musik ist laut, an den Wänden hängen Kojoten und Cowboys. Das Tex-Mex-Lokal ist authentisch – die Betreiber fahren mehrmals pro Jahr nach Austin, Texas, um auf dem Laufenden zu bleiben. Zur Happy Hour (Mo–Fr 14–19 Uhr) kosten Margaritas fünf, Fassbier vier Dollar.

Elephant and Castle $$$

1201 Pennsylvania Ave, NW, 20004 ☎ *347-7707* **Stadtplan** *3 C3*

Hier begleiten britische Getränke wie Fuller's Porter Draught, Boddington's Cream Ale und Strongbow Cider traditionelles britisches Essen, etwa Yorkshire Pudding mit Roastbeef, Shepherd's Pie und *bangers and mash* (Würste mit Kartoffelbrei). Typisch britisches Pub mit Sitznischen in dunklem Holz. Auch der Thekenbereich ist einladend.

Zaytinya's $$$

701 9th St, NW (nahe G St), 20001 ☎ *638-0800* **Stadtplan** *3 C3*

Das romantische Restaurant mit einer auffallend modernen Ausstattung bietet eine fantastische Auswahl an griechischen, türkischen und libanesischen Gerichten (Mezze) mit sehr guten vegetarischen Optionen. Das Ambiente ist anspruchsvoll, freundlich und einladend – ein beliebter Treffpunkt der Washingtoner.

Ceiba $$$$

701 14th St, NW, 20005 ☎ *393-3983* **Stadtplan** *3 B3*

Das lateinamerikanische Lokal sieht aus wie eine Hazienda und bietet südamerikanische Gerichte, darunter die traditionelle Suppe aus schwarzen Bohnen, Shrimps-Spieße mit Ananas-Salsa und mit Entenfleisch gefüllte Empanadas (die Spezialität des Hauses). Als Dessert gibt es den famosen Guaven-Käsekuchen. *Geschlossen: So.*

Oceanaire $$$$

1201 F St, NW, 20004 ☎ *347-2277* **Stadtplan** *3 C3*

Der »Ozeandampfer«, ein vielleicht etwas niedliches Modell aus den 1930er Jahren, ist ein populärer Klassiker, wohl vor allem wegen des exzellenten Seafoods. Austern werden schon mal aus Neuseeland eingeflogen, dazu gibt es ein Boot voller australischer Hummer. Parkservice. *Geschlossen: Sa und So mittags.*

Rasika $$$$

633 D St, NW, 20004 ☎ *637-1222* **Stadtplan** *4 D3*

Einer der Top-Inder in Washington, DC. Um die Bandbreite der Gerichte zu erahnen, sollten Sie das Vier- bzw. Sechs-Gänge-Chef-Menü (55 und 75 US-Dollar) ordern. Wer es gern leichter mag, nimmt ein Tandoori-Gericht. Das Design des Lokals ist dezent-glamourös. *Geschlossen: Sa und So mittags.*

Stadtplan *siehe Seiten 224–229*

Tenpenh $$$$

1001 Pennsylvania Ave, NW (nahe 10th St), 20004 ☎ 393-4500 **Stadtplan** *3 C3*

Das Tenpenh bietet vielseitige Fusionsgerichte, meist südostasiatische Küche mit amerikanischem Touch. Gehobenes, modernes Ambiente. Die Ausstattung stammt aus Vietnam und anderen südostasiatischen Ländern. *Geöffnet: Mo–Fr mittags und abends, Sa nur abends.*

Zola $$$$

800 F St, NW, 20004 ☎ 654-0999 **Stadtplan** *3 C2*

Anspruchsvolle amerikanische Küche in einer gestylten Umgebung mit Separees, wie es sich für das Spy Museum gehört, dem das Restaurant angegliedert ist. Die abwechslungsreiche Speisekarte bietet Gerichte wie Fondue mit Rauchbier und Cheddar-Käse, gebratenen Ahi-Thunfisch und Confit von der Hudson Valley-Ente. Edle Weinkarte.

Capital Grille $$$$$

601 Pennsylvania Avenue, NW, 20004 ☎ 737-6200 **Stadtplan** *4 D3*

Bei der fantastischen Speisekarte ist es kein Wunder, dass die Mächtigen und Reichen hier Schlange stehen. Schon Hummer und Austern führen in Versuchung, doch die abgehangenen Steaks sind das Größte. Mahagonitäfelungen und Art-déco-Leuchter prägen das Ambiente. Exklusive Weinkarte. Parkservice am Abend. *Geschlossen: So mittags.*

Fogo de Chao $$$$$

1101 Pennsylvania Avenue, NW, 20004 ☎ 347-4668 **Stadtplan** *3 C3*

Dunkles Holz, Naturstein und Wandbilder, die das Landleben in Brasilien zeigen, sind in auffälliges Lichtdesign getaucht. Probieren Sie die leckeren Sünden, die von warmem Käsebrot, frittierten Bananen, knusprigen Polentaschnitten und herzhaftem Kartoffelstampf begleitet werden. Parkservice am Abend. *Geschlossen: Sa und So mittags.*

Poste Brasserie $$$$$

Hotel Monaco, 555 8th St, NW, 20004 ☎ 783-6060 **Stadtplan** *3 C3*

Das Lokal war früher Teil des Old General Post Office, des ersten komplett in Marmor gehaltenen Gebäudes in Washington. Die Speisekarte hat einen leicht französischen Einfluss (Wild, Kaninchen, Felsenbarsch), aber nur eine kleine vegetarische Auswahl. Es gibt eine Bar, ein Separee und einen Innenhof, in dem man bei gutem Wetter speist.

The Source $$$$$

575 Pennsylvania Ave, NW, 20001 ☎ 637-6100. **Stadtplan** *4 D4*

Wolfgang Pucks Lokal bietet asiatisch beeinflusste Gerichte, darunter Spanferkel und Krebs-Tempura. Das siebengängige Probiermenü kostet zwischen125 und 200, das dreigängige Mittagsmenü nur 35 US-Dollar. Die Lounge im Untergeschoss serviert kleine Gerichte, etwa Rindfleisch mit Räucherzwiebelmarmelade. *Geschlossen: So.*

Weisses Haus und Foggy Bottom

Café des Artistes Gallery $

Corcoran Gallery of Art, 500 17th St, NW, 20006 ☎ 639-1786 **Stadtplan** *3 A3*

Das angenehme Café liegt im Erdgeschoss der Corcoran Gallery of Art und hat mittags geöffnet (Abendessen gibt es nur donnerstags). Ein Gospel-Brunch mit Live-Musik findet sonntags von 10.30 bis 14 Uhr (23 US-Dollar) statt. *Geschlossen: Mo und Di.*

Teaism $

800 Connecticut Ave, NW (nahe H St), 20006 ☎ 835-2233 **Stadtplan** *3 B2*

Man kann hier eine exquisite Auswahl an Tee, aber auch ein gutes Angebot an asiatisch inspirierten Gerichten in gemütlicher Umgebung genießen. Die Speisekarte bietet Currys, Bento-Lunchboxen und Salate. Hierher geht man, um zu essen oder einfach nur Tee zu trinken. *Geöffnet: Mo–Freitag 7.30–5.30 Uhr.*

Aroma $$

1919 I St, NW, 20006 ☎ 833-4700 **Stadtplan** *2 E3*

Das nordindische Restaurant ist ein echter Geheimtipp in Washington, DC. Es ist leger, aber dennoch elegant und offeriert exzellentes Essen. Das Aroma bietet an Samstagen ein »All-you-can-eat«-Mittagsbüfett zu einem angemessenen Preis. *Geschlossen: So.*

Luigi's $$

1132 19th St, NW, 20036 ☎ 331-7574 **Stadtplan** *2 E2*

Die nette Trattoria mit den rot-weiß karierten Tischdecken ist eines der ältesten italienischen Restaurants der Stadt. Die umfangreiche Speisekarte bietet eine große Auswahl an Pizzas mit 40 verschiedenen Belägen, Pasta-Gerichte und sehr gutes Tiramisu.

600 Restaurant at the Watergate $$$

600 New Hampshire Ave, NW, 20037 ☎ 337-5890 **Stadtplan** *2 D4*

Die Speisekarte bietet leckere Steaks oder Lammkarree. Die dreigängigen Menüs inklusive nichtalkoholischer Getränke starten bei 29 US-Dollar. Im Sommer sitzt man auf der Gartenterrasse und blickt auf den Potomac. Wegen der Lage beim Kennedy Center ist das Lokal ideal für ein frühes Dinner vor dem Konzert. *Geschlossen: Sa, So.*

Preiskategorien *siehe S. 185* **Zeichenerklärung** *siehe hintere Umschlagklappe*

Firefly
$$$

1310 New Hampshire Ave (Dupont Circle), NW, 20036 861-1310 **Stadtplan** 3 A1

In dem behaglichen, täglich geöffneten Restaurant in einem kleinen, sanft beleuchteten Raum mit Birkenzweigen an den Wänden gibt es Hausmacherkost. Auf der Speisekarte: Hühnersuppe mit Buchweizennudeln, Brathähnchen mit Tortillas, Salsa und Käse sowie hausgemachte Pasta.

Georgia Brown's
$$$

950 15th St, NW 20005 393-4499 **Stadtplan** 3 B3

Liebhaber von Carolina Shrimps, Grits (Maisgericht), Gumbos oder gebratenen grünen Tomaten sollten hierherkommen. In der einladenden, aber hektischen Umgebung wird echte Südstaaten-Küche mit Stil serviert. Beim Sonntagsbrunch unterhält ein Jazz-Trio die Gäste.

Primi Piatti
$$$

2013 I St, NW, 20006 223-3600 **Stadtplan** 2 E3

Das lebhafte norditalienische Restaurant bietet eine große Auswahl an Pasta- und Fleischgerichten. Der Service ist freundlich, das Essen und die Weinkarte sind solide, die Atmosphäre ist so ausgelassen wie kultiviert. *Geschlossen: Sa mittags und So.*

Trattoria Nicola's
$$$

1250 22nd St, NW, 20037 449-4011 **Stadtplan** 2 E2

Probieren Sie die Kalbsschnitzelchen in Weißwein mit Limonen und Knoblauch – oder wählen Sie ein Pizza- oder Pasta-Gericht. Martinis gibt es an der Bar. Im einladenden Ambiente wird jedes der Gerichte wie ein kleines Kunstwerk angerichtet. Romantische Sitzecken tragen zum Flair bei. Das Mittagsbüfett ist sein Geld wert.

Bombay Club
$$$$

815 Connecticut Ave, NW, 20006 659-3727 **Stadtplan** 2 F3

Der aufmerksame Service und die formelle Atmosphäre vermitteln einen Eindruck von den Gepflogenheiten der Hautevolee Washingtons. Spezialitäten: Lachs-Tandoori und Brathähnchen mit grünem Chili. Ein Pianist spielt jeden Abend Klassik. *Geöffnet: Mo–Fr mittags, Sonntagsbrunch, tägl. abends.*

Galileo
$$$$

1110 21st St, NW, 20036 293-7191 **Stadtplan** 2 E3

Galileo gehört zu den renommiertesten Italienern der Stadt. Das Restaurant ist für seine edlen Gerichte bekannt. Chefkoch Roberto Donnas Ruhm beruht auf einer innovativen, täglich wechselnden Speisekarte. Lecker: die hausgemachten Pasta-Gerichte (Linguini mit Hummer), die Risottos und Wildgerichte. Gute Weinauswahl.

Kinkead's
$$$$

Red Lion Row, 2000 Pennsylvania Ave, NW, 20006 296-7700 **Stadtplan** 2 E3

Von dieser amerikanischen Brasserie kann man nicht enttäuscht sein. Sie bietet exzellente Seafood-Gerichte, die feinsten der Stadt. Bob Kinkeads Kreationen wie Lachs im Mantel mit Koriander werden von wundervollen Weinen aus der langen Weinkarte begleitet. Jeden Abend unter der Woche gibt es Live-Jazz.

Occidental
$$$$

1475 Pennsylvania Ave, NW (nahe 14th St), 20004 783-1475 **Stadtplan** 3 B3

Elegantes Lokal mit abwechslungsreicher Speisekarte und einer exzellenten Auswahl an Seafood-Gerichten. Es liegt nur einige Blocks vom Weißen Haus entfernt und ist daher ein guter Ort, um Leute zu beobachten. Fotos der Mächtigen aus Vergangenheit und Gegenwart zieren die Wände. *Geschlossen: So.*

Renaissance Mayflower, Café Promenade
$$$$

1127 Connecticut Ave, NW (nahe Desales St), 20036 347-3000 **Stadtplan** 3 A2

Das mediterran beeinflusste Café Promenade bietet eine Speisekarte mit einer großen Auswahl an Gerichten aus Spanien, Griechenland, Frankreich und Italien. Auch Spezialitäten wie *crab cakes* und Red Snapper werden angeboten. Freitags gibt es ein Seafood-Büfett und sonntags Brunch. Reservierungen erbeten.

Roof Terrace Restaurant and Bar
$$$$

Kennedy Center, New Hampshire Ave & Rock Creek Pkwy, 20037 416-8555 **Stadtplan** 2 D4

Theaterbesucher können hier zeitgemäße amerikanische Gerichte wie Lachs, *crab cakes* und Pekannusstorte zusammen mit einer fabelhaften Aussicht auf die Skyline genießen. Die Küche des Roof Terrace bietet auch Desserts wie Crème brûlée an. Hervorragender Brunch am Sonntag.

Olives
$$$$$

1600 K St, NW, 20006 452-1866 **Stadtplan** 3 B2

Dunkles Holz, samtüberzogene Sitzbänke und gedämpftes Licht erzeugen in diesem mediterranen Restaurant eine warme und einladende Atmosphäre. Der weltbekannte Chefkoch Todd English fügt den fantasievollen und schön angerichteten Speisen eine toskanische Note hinzu. *Geschlossen: Sa mittags und So.*

Vidalia
$$$$$

1990 M St, NW 20036 659-1990 **Stadtplan** 3 A2

Im Vidalia herrscht eine spezielle kosmopolitische Atmosphäre – man kann sie auch angeberisch nennen. Das Vier-Sterne-Restaurant im Hotel George bietet superbe amerikanische Küche mit südlichem Akzent. Parkservice am Abend. *Geöffnet: Mo–Fr mittags, tägl. abends.*

Georgetown

Patisserie Poupon $
1645 Wisconsin Ave, NW, 20007 342-3248 **Stadtplan** *1 C2*

Helles, charmantes Café mit den besten Backwaren in Washington, DC. Die Suppen, Quiches und Salate ziehen die gesamte Umgebung an. Im hinteren Teil des Restaurants befindet sich eine Kaffeebar. Zur Mittagszeit ist es oft sehr voll. *Geschlossen: Mo.*

Café Bonaparte $$
1522 Wisconsin Ave, NW, 20007 333-8830 **Stadtplan** *1 C2*

Mit seinen hellgelben Wänden und den Schwarz-Weiß-Fotos von Europa wirkt das Café Bonaparte warm-gemütlich. Einwohner aus dem Viertel und Studenten kommen wegen der französischen Crêpes, Suppen und Salate hierher oder um den Nachmittag bei Cappuccino an einem Fenster mit Blick auf die Wisconsin Avenue zu verbringen.

Café Divan $$
1834 Wisconsin Ave, NW (nördlich der S St), 20007 338-1747 **Stadtplan** *1 C1*

Die Mezze-Auswahl eignet sich gut für ein Mittagessen. Das Café Divan hat einen Speiseraum mit Erkerfenstern für ein gemütliches Mahl sowie Essen zum Mitnehmen. Die Spezialitäten sind Lamm, Huhn, Fisch, Seafood und *pides* (türkische Pizza mit dünnem knusprigem Boden und acht verschiedenen Belägen).

Café la Ruche $$
1039 31st St, NW, 20007 965-2684 **Stadtplan** *2 D3*

Ein typisches Pariser Bistro mit angenehmer Atmosphäre, die sich gut zum Plausch mit Freunden eignet. Es gibt eine große Auswahl an Gerichten, darunter Regenbogenforelle, Muscheln niçoise und Backwaren sowie einen exzellenten Brunch. Montag- und dienstagabends spielt ein Gitarrist.

Clyde's of Georgetown $$
3236 M St, NW, 20007 333-9180 **Stadtplan** *1 C2*

Die Washingtoner Institution, die vor 40 Jahren eröffnet wurde, erfreut sich immer noch größter Beliebtheit. Wie viele andere amerikanische Restaurants bietet das Clyde's Hamburger und Seafood, obwohl es behaupten könnte, den Sonntagsbrunch erfunden zu haben. Laut und voll, aber immer gutes Essen.

Pizzeria Paradiso $$
3282 M St, NW (nahe 33rd St), 20007 337-1245 **Stadtplan** *1 C2*

Die lebhafte, freundliche Atmosphäre macht die Pizzeria zu einer guten Wahl. Sie macht angeblich die beste Pizza in DC – mit dünnem knusprigem Boden nach neapolitanischer Art aus dem Holzkohleofen. Im Basement gibt es einen Raum für Gruppen. Alle Kreditkarten außer American Express. Große Auswahl an Bier (in Flaschen und vom Fass).

Zed's Ethiopian Cuisine $$
1201 28th St, NW, 20007 333-4710 **Stadtplan** *1 C2*

Das äthiopische Restaurant ist bei Vegetariern beliebt. Es bietet traditionelle *wats* (rote Pfeffersaucen), *alechas* (Eintöpfe) und *injera* (Brot). Die Atmosphäre ist ruhig und romantisch, das Dekor äthiopisch mit entsprechenden Textilien, Malereien und Holzschnitzereien.

Bistro Français $$$
3128 M St, NW, 20007 338-3830 **Stadtplan** *1 C2*

Das reizende französische Bistro im Herzen von Georgetown serviert traditionelle Gerichte. Die Speisekarte bietet Coquilles St-Jacques oder Sirloinsteak mit Knochenmark in Pfeffersauce. Das Menü zum Festpreis (19,95 US-Dollar) wird von 17 bis 19 Uhr und von 22.30 bis 1 Uhr inklusive eines Glases Hauswein serviert.

Café Milano $$$
3251 Prospect St, NW (nahe Wisconsin Ave), 20007 333-6183 **Stadtplan** *1 C2*

Das Café Milano ist für seine lebhafte Atmosphäre, die exzellente Weinkarte, das gute Essen und als Ort, um Prominente zu beobachten, bekannt. Die Speisekarte bietet hausgemachte Pasta. Es gibt einen Hauptspeiseraum, aber auch kleinere Räume, die für private Partys genutzt werden können, sowie zwei Höfe für ein Dinner im Freien.

Curry Club $$$
1734 Wisconsin Ave, NW, 20007 625-9090 **Stadtplan** *1 C1*

Das Lokal liegt in einem roten Reihenhaus und erstreckt sich über zwei Etagen. Romantische Einrichtung mit Sitzbänken, die mit Seidenkissen bedeckt sind. Das Essen ist sorgfältig zubereitet und liebevoll angerichtet. Günstiges Mittagsmenü zum Festpreis. *Geöffnet: Di–Sa abends.*

Leopold's Kafe $$$
3318 M St, NW, 20007 965-6005 **Stadtplan** *1 C3*

Das wundervolle Café liegt versteckt in der Cady's Alley und ist vor allem für seine europäischen Backwaren bekannt – obwohl es auch Frühstück, Mittag- und Abendessen gibt. Das Wiener Schnitzel mit Kartoffelsalat ist, wie es sein sollte. Man kann sich natürlich auch der Kuchenauswahl hingeben. Alle süßen Sünden sind kleine Kunstwerke.

Preiskategorien *siehe S. 185* **Zeichenerklärung** *siehe hintere Umschlagklappe*

Mendocino Grill and Wine Bar
$$$

2917 M St, NW, 20007 333-2912 **Stadtplan** 2 D2

Chefkoch Koslow kommt von der klassischen französischen Kochtradition und serviert entsprechende Köstlichkeiten. Auf der Karte: Schwarzer Sägebarsch in Muschelbrühe mit Safran und Fenchel, Yellowtail (Stachelmakrele) mit gratiniertem Ingwer und Tarowurzel oder Hirschkoteletts im »dunklen Mantel«. Ausgezeichnete Weinkarte.

Paolo's
$$$

1303 Wisconsin Ave, NW (nahe N St), 20007 333-7353 **Stadtplan** 1 C2

Das Restaurant im italienisch-kalifornischen Stil ist genauso trendy und international wie Georgetown. Ein guter Platz, um Leute zu beobachten, während man einen leichten Salat, ein Pasta-Gericht oder eine Pizza genießt. Sonntags gibt es von 10.30 bis 15 Uhr Brunch. Happy-Hour-Häppchen erhält man werktags von 16 bis 19 Uhr.

Sequoia
$$$

Washington Harbor, 3000 K St, NW (nahe 30th St), 20007 944-4200 **Stadtplan** 2 D3

Das »In«-Restaurant verbindet amerikanische Küche mit der fabelhaften Aussicht auf den Potomac und die Skyline. Besonders angenehm sitzt man im großen Außenbereich. Der Brunch ist exzellent. Parkmöglichkeiten gibt es im Parkhaus in der K Street gegenüber. Eine Jazzband spielt jeden zweiten Mittwoch.

1789
$$$$

1226 36th St, NW (nahe Prospect St), 20007 965-1789 **Stadtplan** 1 B2

Ris Lacoste, einer der Rangältesten unter den Restaurant-Chefs von Washington, ist sehr kreativ bei der Kombination saisonaler Zutaten. In vier Speiseräumen eines Stadthauses im Federal-Stil wird exzellente, moderne amerikanische Küche serviert. Die Einrichtung ist gemütlich und verströmt behagliches Landhausflair. *Geöffnet: tägl. abends.*

Bistrot Lepic and Wine Bar
$$$$

1736 Wisconsin Ave, NW, 20007 333-0111 **Stadtplan** 1 C1

Das Bistro auf den zwei Stockwerken eines hellgelben Backsteinhauses bietet mit die beste französische Küche der Stadt. Der romantische Ort ist recht beliebt. Die Weinbar, die unter den Top 10 in den USA rangiert, bietet kleine Gerichte zu angemessenen Preisen an. Freundlicher Service.

Blue Duck Tavern
$$$$

24 & M St, NW, 20037 419-6755 **Stadtplan** 2 E2

Das Restaurant des Park Hyatt besitzt dunkles warmes Holzinterieur. Unter den handgefertigten Möbeln ist auch eine fast neun Meter lange Abgeordnetenbank. Auf der Karte finden sich amerikanische Speisen aus Bioprodukten, meist traditionelle Gerichte, die aus guten saisonalen Produkten der Umgebung zubereitet werden.

Hook
$$$$

3241 M St, NW, 20037 625-4488 **Stadtplan** 2 E2

Das Hook bietet täglich ein anderes Fischgericht, das mit Gemüse und Bohnenpüree, Kräuteröl und Vinaigrette serviert wird. Für alle, die kein Seafood mögen, gibt es auch täglich ein neues Fleischgericht. Esoterische Weinkarte und traumhafte Desserts. Samstags und sonntags gibt es Brunch. *Geschlossen: Mo mittags.*

Tony & Joe's Seafood Place
$$$$

Washington Harbor, 3000 K St, NW (nahe 30th St), 20007 944-4545 **Stadtplan** 2 D3

Die Außenterrasse oberhalb des Potomac ist ein wunderbarer Ort, um den Nachmittag oder Abend zu verbringen. Das Seafood ist einfach zubereitet, aber immer frisch und delikat. Eine Jazz-Combo spielt donnerstag- bis samstagabends und auch beim Sonntagsbrunch.

Citronelle
$$$$$

Latham Hotel, 3000 M St, NW (nahe 30th St), 20007 625-2150 **Stadtplan** 2D2

Das preisgekrönte Restaurant offeriert edle französische Gerichte wie Entenbrust mit Apfelrisotto, Chateaubriand mit Gemüseperlen und Syrah-Sauce oder Seeohren von der Monterey Bay mit Kaviarcreme. Dreigängige Menüs gibt es zum Festpreis ab 95 US-Dollar. Das neungängige Probiermenü kostet 150 US-Dollar.

Abstecher

ADAMS-MORGAN Madam's Organ
$$

2461 18th St, NW (nahe Columbia Rd), 20009 667-5370

Das beliebte Nachtlokal ist eine Mischung aus Soul-Food-Etablissement und Bluesbar. Zu essen gibt es Salate, Grillhähnchen, Burger, *pulled pork* (im Smoker langsam gegrilltes Schweinefleisch) und Chili, aber auch Speisen wie Schwarzaugenbohnen und glasierte Yamswurzeln. Jede Nacht spielen Bands Bluegrass, R&B und Blues.

ADAMS-MORGAN Bistro Napoleon
$$$

1847 Columbia Rd, NW, 20009 299-9630

In dem eleganten Speiseraum mit dunklem Holz und Leder wird französisches Essen serviert. Rote Wände und Lüster sorgen für Romantik. Genießen Sie die leckeren Vorspeisen, delikaten Desserts und Champagnercocktails. Donnerstags, freitags und samstags gibt es ab 22 Uhr Musik (live oder DJ) und jeden zweiten Dienstag französische Filme.

ADAMS-MORGAN Cashion's Eat Place $$$

1819 Columbia Rd, NW, 20009 797-1819

Neue amerikanische Küche mit europäischem Touch und eine preisgekrönte Weinkarte sind die größten Attraktionen des Cashion's Eat Place. Die Atmosphäre mit gedämpftem Licht ist romantisch, das Personal ist freundlich. Das Lokal hat nur abends geöffnet – außer für den Sonntagsbrunch. *Geschlossen: Mo.*

DUPONT CIRCEL Bread and Chocolate $

2301 M St, NW, 20037 833-8360 **Stadtplan** *2 E2*

Das geräumige Restaurant bietet französische Speisen, darunter auch Zwiebelsuppe. Es gibt zudem eine gute Auswahl an Quiches und delikaten Pasteten sowie frisch gebackene Tartes und Brote. Sonntags trifft man sich zum Brunch. Freundlicher Service.

DUPONT CIRCLE Iron Gate Inn $$

1734 N St, NW, 20036 737-1371 **Stadtplan** *3 A2*

Es ist schwer, einen romantischeren Ort bei gleichem Preis-Leistungs-Verhältnis zu finden. Der Innenbereich ist warm und gemütlich mit Kaminen, der Garten wunderschön. Das Essen wird fantasievoll zubereitet und liebevoll angerichtet serviert. Mittagessen gibt es montags bis freitags, Abendessen montags bis samstags.

DUPONT CIRCLE Hank's Oyster Bar $$$

1624 Q St, NW, 20009 462-4265 **Stadtplan** *3 B1*

Hier kann man jeden Abend zwischen fünf Sorten von Austern wählen. Daneben gibt es Hausmacherkost wie Rippchen mit Molasse, gegrillte Ipswich-Muscheln und panierte Shrimps oder aber Jakobsmuscheln und in Sojasauce marinierten Skilfisch (Kohlenfisch). Die absolute Spezialität des Hauses ist allerdings das Austern-Barbecue.

DUPONT CIRCLE Pesce $$$

2016 P St, NW, 20036 466-3474 **Stadtplan** *2 E2*

Die französisch-italienische Speisekarte wechselt täglich, bietet aber immer delikate Seafood-Gerichte. Fabelhafte Weinkarte. Die blanken Steinwände, Kunst mit maritimen Themen und eine behagliche Bar tragen zum Charme des Lokals bei. Mittagessen gibt es montags bis freitags, Abendessen montags bis samstags.

DUPONT CIRCLE Tabard Inn $$$

1739 N St, NW, 20036 785-1277

Die Speisekarte dieses historischen Gasthofs hat immer eine delikate Überraschung auf Lager. Der Garten ist schön, das kurios dekorierte Lokal bietet einige einladende Winkel. Parkservice freitag- und samstagabends. Sonntags gibt es Brunch. An Sonntagen ist von 19.30 bis 22.30 Uhr ein Jazz-Duo zu hören.

DUPONT CIRCLE Nora's $$$$

2132 Florida Ave, NW (Ecke R St), 20008 462-5143 **Stadtplan** *2 E1*

Ein treuer Anhänger der Küche Washingtons. Für die abwechslungsreiche Speisekarte zeitgemäßer amerikanischer Gerichte werden saisonale Zutaten aus biologischem Anbau verwendet. Die Einrichtung ist gemütlich, hübsch sind die Quilts der Amish und Mennoniten an den Wänden. *Geschlossen: mittags und So.*

DUPONT CIRCLE Obelisk $$$$$

2029 P St, NW, 20036 872-1180 **Stadtplan** *2 E2*

Hier gibt es ein traditionelles italienisches Fünf-Gänge-Menü mit zeitgenössischem Touch zum Festpreis. Dieses erstklassige Restaurant mit zwölf Tischen wirkt dezent, die Speisekarte wechselt täglich. Reservierungn erbeten. Abendessen gibt es nur dienstags bis donnerstags. American Express wird nicht akzeptiert. *Geschlossen: So und Mo.*

PALISADES Blacksalt Fishmarket and Restaurant $$$$$

4883 MacArthur Blvd, NW, 20007 342-9101

Angesagtes Seafood-Lokal: stylish, aber ansprechend. Auf der Karte: vom geschmorten Baby-Oktopus und gedämpften Jakobsmuscheln bis zu über Holz gegrillten Sardinen und delikaten Eintöpfen. Das Probiermenü kostet 85 US-Dollar. Sonntagsbrunch. Es gibt einen kleinen Fischverkauf, falls Sie einige Gerichte zu Hause nachkochen wollen.

U STREET/SHAW Ben's Chili Bowl $

1213 U St, NW, 20009 667-0909

Ben's Chili Bowl ist jedem bekannt, der gutes, kalorienreiches Essen liebt. Bill Cosby gehört zu den treuen Fans. Die Chili Dogs sind im ganzen Land bekannt, die Milkshakes ein Hit. Sehr beliebt sind Lachskuchen, Maisgrütze, *scrapple* (Art Schweinehackbraten) und Blaubeerpfannkuchen, die zum Frühstück (6–11 Uhr) angeboten werden.

U STREET/SHAW Coppi's Organic $$$

1414 U St, NW, 20009 319-7773

Das kleine, nur abends geöffnete Restaurant bietet Pizza und Pasta mit Zutaten aus biologischem Anbau. Die täglich wechselnde Speisekarte umfasst eine Auswahl an Antipasti, Fleisch- und Fischgerichten sowie Desserts. Bilder von Radsportlern schmücken die Wände.

WISCONSIN AVENUE 2 Amy's $

3715 Macomb St, NW (nahe Wisconsin Ave), 20016 885-5700

Die hier angebotene Pizza hat DOC-Status – sie ist von der italienischen Regierung als authentisch neapolitanische Pizza anerkannt. Es gibt eine große Auswahl an Belägen. Gute Weinauswahl. Auch wenn es an Wochenenden überfüllt ist, lohnt sich das Warten. Nur MasterCard und Visa werden akzeptiert.

Preiskategorien *siehe S. 185* **Zeichenerklärung** *siehe hintere Umschlagklappe*

WISCONSIN AVENUE Busara $$

2340 Wisconsin Ave, NW (südlich der Calvert St), 20007 ☎ 337-2340

Das Busara hat ein gepflegtes Interieur und einen schönen Garten, sodass man die gute Auswahl an Thai-Gerichten genießen kann. Die Speisekarte bietet Grüne Currys, gegrilltes Seafood und vegetarische Optionen. Spezialitäten des Hauses sind Thai-Bouillabaisse in Kokosnussmilch und Pad Thai (traditionelles Nudelgericht).

WISCONSIN AVENUE Cactus Cantina $$

3300 Wisconsin Ave, NW (nahe Macomb St), 20016 ☎ 686-7222

Witzig, aber oft überlaufen. Das mexikanische Restaurant serviert großartiges, preisgünstiges Essen. Es ist bei Familien beliebt, die Atmosphäre ist immer herzlich. Die Zutaten für *mesquite chicken*, gebratene Shrimps, Schweinerippchen und gemischte Platten sind immer frisch.

WISCONSIN AVENUE Café Deluxe $$

3228 Wisconsin Ave (nahe Macomb St), 20016 ☎ 686-2233

Im Café Deluxe erhalten Sie ein gutes Essen, aber Sie werden eventuell warten müssen. Große Fenster, holzgetäfelte Nischen und eine hübsche Bar machen es zu einem netten Restaurant. Sonntags gibt es Brunch. Akzeptiert werden American Express, MasterCard und Visa.

WISCONSIN AVENUE Heritage India $$

2400 Wisconsin Ave, NW, 20007 ☎ 333-3120

Elegantes indisches Restaurant im zweiten Stock in der Wisconsin Avenue. Es gibt Platten mit einer großen Vielfalt an Häppchen. Sowohl vegetarische wie auch nicht vegetarische Speisen stehen zur Auswahl. Lecker: Baingan Mirch Ka Salan (Auberginen und Paprika in Sesamsauce). Spezialität des Hauses ist das feurige Lamm-Vindaloo.

WISCONSIN AVENUE Krupin's $$

4620 Wisconsin Ave, 20016 ☎ 686-1989

Im hellen, gut beleuchteten Krupin's (nördlich der Metro-Station Tenleytown) kommen Delikatessen-Häppchen im New Yorker Stil auf den Tisch, darunter Reuben-Sandwich, Matzebällchen-Suppe und Plinsen. An Kreditkarten werden American Express, MasterCard und Visa akzeptiert.

WISCONSIN AVENUE Tabaq Bistro $$$

1336 U St, NW, 20009 ☎ 265-0965

Im Tabaq Bistro sieht man Washington aus der Vogelperspektive. Bei schönem Wetter wird das Glasdach eingefahren. Trendsetter kommen wegen der Cocktails und der mediterranen Küche, in der Lammkeulen und Rindermedaillons die Highlights sind. Am Wochenende gibt es Brunch (11–16 Uhr). Freitag- und samstagabends legt ein DJ auf.

WISCONSIN AVENUE Matisse Café Restaurant $$$$

4934 Wisconsin Ave, NW (nahe Fessenden St), 20016 ☎ 244-5222

Das Lokal an der nördlichen Wisconsin Avenue bietet ein attraktives Dekor, das von Matisse inspiriert ist, sowie innovatives französisches Essen. Der sonntägliche Brunch ist exzellent. Mittagessen gibt es dienstags bis freitags, Abendessen täglich.

WOODLEY PARK/CLEVELAND PARK Alero Restaurant $$

3500 Connecticut Ave, NW (nahe Ordway St), 20008 ☎ 966-2530

Das mexikanische Restaurant bietet eine ansprechende Mischung aus gutem Essen, angemessenen Preisen und freundlichem Personal. An den Tischen im Freien kann man angenehm sitzen, aber auch im Restaurant ist es sehr gemütlich. Alle gängigen Kreditkarten außer Discover und Diners Club werden akzeptiert.

WOODLEY PARK/CLEVELAND PARK Indique $$

3512 Connecticut Ave, NW, 20008 ☎ 244-6600

Bei einem Besuch im Indique kann man eine einmalige Auswahl exzellenter südindischer Gerichte probieren. Das zweistöckige Restaurant hat eine erstaunlich moderne Einrichtung und eine überaus einladende Atmosphäre. Auch der lebhafte Barbereich ist anziehend. Parkservice von donnerstags bis sonntags.

WOODLEY PARK/CLEVELAND PARK Ivy's Place $$

3520 Connecticut Ave, NW, 20008 ☎ 363-7802

Das 1982 eröffnete, behagliche Restaurant war das erste indonesische Lokal in Washington, DC. Es serviert milde und scharfe Gerichte. Freundlicher Service. Auf der Speisekarte findet sich *rijsttafel*, die indonesische Reistafel, eine Auswahl mit Reis und mehreren verschiedenen Gerichten für zwei oder mehr Personen.

WOODLEY PARK/CLEVELAND PARK Lebanese Taverna $$

2641 Connecticut Ave, NW, 20008 ☎ 265-8681

Das lebhafte, oft überfüllte Restaurant mit einer Einrichtung im Stil des Nahen Ostens bietet eine große Auswahl an Gerichten. Die Lebanese Taverna ist vor allem bei Familien beliebt, denn sie bietet opulente Platten mit vegetarischen oder nicht vegetarischen Gerichten. Es gibt auch eine interessante Weinkarte.

WOODLEY PARK/CLEVELAND PARK Nam-Viet $$

3419 Connecticut Ave, NW, 20008 ☎ 237-1015

Das Nam-Viet soll eines der besten vietnamesischen Restaurants in der Gegend sein. Es bietet eine überwältigende Speisekarte, die auch vegetarische Gerichte umfasst. Spezialitäten des Hauses sind Shrimps nach Nam-Viet-Art und der Vorspeisen-Grillteller Nam-Viet.

Stadtplan *siehe Seiten 224–229*

WOODLEY PARK/CLEVELAND PARK Spice's $$

3333 Connecticut Ave, NW, 20008 686-3833

Das Spice's bietet eine große Auswahl asiatischer Gerichte aus verschiedenen Ländern, die Hälfte der Speisekarte besteht aus Sushi-Gerichten. Das Restaurant zieht viele junge Leute an, die preiswert gut essen möchten. Das würzige Ingwer-Hühnchen und das schmackhafte Rindfleisch mit Mandarinenschalen sind wahre Gaumenfreuden.

WOODLEY PARK/CLEVELAND PARK Lavandou $$$

3321 Connecticut Ave, NW, 20008 966-3003

Wenn man das kleine, charmante Restaurant betritt, fühlt man sich wie in Südfrankreich. Die Speisekarte bietet Gerichte aus der Provence, die Weinkarte über 90 Weine – für jedes Seafood-Gericht und jede Suppe findet man den jeweils idealen Tropfen. Mittagessen gibt es montags bis freitags, Abendessen täglich.

WOODLEY PARK/CLEVELAND PARK Petits Plats $$$

2653 Connecticut Ave, NW, 20008 518-0018

Das reizende Restaurant im Woodley Park Townhouse hat einige kleine Speisezimmer und fünf Kamine. Es ist genau das Richtige für ein gemütliches Mittagessen oder ein Candle-Light-Dinner. Das preisgünstige Bistro bietet auch Shrimps- und Muschelgerichte nach provenzalischer Art und delikate Crêpes.

WOODLEY PARK/CLEVELAND PARK Ardeo $$$$

3311 Connecticut Ave, NW, 20008 244-6750

Das schicke amerikanische Restaurant offeriert interessante und innovative Gerichte. Zu den Spezialitäten gehört der Black-Angus-Sirloin-Burger mit Cheddar-Käse und Pommes frites. Bardeo, eine Weinbar gleich nebenan, bietet kleine Gerichte wie Tapas und Panini sowie Weinproben.

AUSFLÜGE

ALEXANDRIA, VA Gadsby's Tavern $$

138 N Royal St, 22314 703-548-1288

In der historischen Taverne von 1792 verkehrten Washington und Jefferson. Die Bedienungen tragen hier Kleidung im Stil der Kolonialzeit, das Dekor ist auf das 18. Jahrhundert getrimmt. Auf der Karte stehen traditionelle Gerichte aus Virginia wie Ente, Hochrippe, Seafood und Fleischpasteten. Freitag- und samstagabends gibt es Live-Musik.

ALEXANDRIA, VA Le Refuge $$$$

127 N Washington St, 22314 703-548-4661

Gegenüber der Christ Church liegt dieses kleine familiengeführte Restaurant, das wundervolle französische Gerichte serviert, etwa Bouillabaisse und – je nach Saison – Taschenkrebse. Alle gängigen Kreditkarten außer Discover werden akzeptiert. *Geschlossen: So*

ANNAPOLIS, MD Middleton Tavern Oyster Bar & Restaurant $$$

2 Market Space, 21401 410-263-3323

Das alte Middleton Tavern Oyster Bar & Restaurant von 1750 steht gegenüber dem Hafen und bietet auch Tische im Freien. Es ist ein beliebter Treffpunkt mit perfekter Aussicht. Zu den Austern trinkt man Bier. Auch auf der Speisekarte: *crab cakes*, Seafood und Nudelgerichte. An den Wochenenden hat es auch mittags geöffnet.

ARLINGTON, VA Grand Cru $$$

4401 Wilson Blvd, 22203 703-243-7900

Das winzige Café gehört zu einem Weinladen. Man kann im hübschen Innenhof mit Bäumen und Brunnen oder aber im behaglichen Speiseraum essen. Kleine, aber feine Karte, etwa Entenbrust und Filet mignon. Zum Nachtisch gibt es Schoko-Fondue und Crème brûlée. Auf der Weinkarte finden sich einige edle Tropfen.

ARLINGTON, VA Willow $$$$

4301 North Fairfax Drive, 22203 703-465-8800

Das trendige Restaurant serviert europäische Küche mit französischem und italienischem Schwerpunkt. Das Filet mignon in Pfefferkruste mit Spinat-Tarte, Pilzen in Rotweinsauce und Zwiebelringen ist sensationell gut. Gleiches gilt für Suppen und Desserts. Einladendes Innendesign und guter Service. Hübscher Barbereich für den Cocktail davor.

BALTIMORE, MD Obrycki's Crab House $$

1727 East Pratt St, 21231 410-732-6399

Das Seafood-Restaurant hat nur während der Saison geöffnet. Obrycki's Crab House liegt in Fells Point, einem historischen Viertel in der Innenstadt von Baltimore. Die Spezialität des Hauses sind gedämpfte Blaukrabben. *Geschlossen: Nov – Mitte März.*

BETHESDA, MD Mon Ami Gabi $$$

7239 Woodmont Ave (nahe Bethesda Ave), 20814 301-654-1234

Das Mon Ami Gabi liegt in der Restaurant-Zeile von Bethesda. Es ist eine gute Wahl für traditionelle französische Küche, die in lockerer Atmosphäre serviert wird. Zur Auswahl stehen u. a. Steak frites, Bouillabaisse, Crêpes und Quiches. Dienstag- und donnerstagabends gibt es Live-Jazz. Abends wird Parkservice angeboten.

Preiskategorien *siehe S. 185* **Zeichenerklärung** *siehe hintere Umschlagklappe*

BETHESDA, MD Persimmon $$$$

7003 Wisconsin Ave, 20815 ☎ *301-654-9860*

Das als eines der besten Restaurants in Bethesda gehandelte Persimmon ist ein amerikanisches Bistro mit einer gemütlichen, romantischen Atmosphäre. Parken kann man in der Straße und auf dem öffentlichen Parkplatz hinter dem Haus. Mittagessen gibt es montags bis freitags, Abendessen täglich. Sonntagsbrunch (11–14 Uhr).

CHARLOTTESVILLE, VA Michie Tavern $

683 Thomas Jefferson Parkway, 22902 ☎ *434-977-1234*

Zwangloses Essen (Büfett) mit kolonialem Touch – das Personal trägt Kleidung der damaligen Zeit. Die Einrichtung ist rustikal. Machen Sie einen Rundgang durch den 200 Jahre alten Gasthof und die Außengebäude. Die herzhaften Gerichte basieren auf Rezepten aus dem 18. Jahrhundert, etwa das Southern Fried Chicken. Nur mittags geöffnet.

GETTYSBURG, VA Farnsworth House B & B $$

401 Baltimore St, 17325 ☎ *717-334-8838*

Das Gasthaus hat die Zeit des Bürgerkriegs zum Thema. Das Personal ist wie zu jener Zeit gekleidet, die Speisekarte bietet Gerichte von damals, etwa Wildpastete, *spoonbread* (Löffelbrot), Süßkartoffelauflauf und Kürbiskrapfen. Der Speiseraum ist für Rollstühle nicht zugänglich. Gelegentlich gibt es Live-Musik.

MIDDLEBURG, VA The Coach Stop $

9 East Washington St (Route 50), 22117 ☎ *540-687-5515*

The Coach Stop in der Hauptstraße von Middleburg bietet Frühstück, Mittagessen und Abendessen. Das Restaurant vermittelt eine entspannte Atmosphäre und ist bei den Einheimischen beleibt. Die umfangreiche Speisekarte beinhaltet z. B. Hamburger, *crab cakes* und Milkshakes.

MIDDLEBURG, VA Red Fox Inn $$$$

2 East Washington St, 22117 ☎ *540-687-6301*

Der 1728 erbaute Gasthof hat den Stil einer Taverne aus dem 18. Jahrhundert beibehalten. Das Flair ist anheimelnd. Gleichwohl kann man hier elegant speisen. Gästen wird eine Weinkarte vorgelegt, die die Topfen der lokalen Kellereien umfasst. Im Sommer gibt es dienstagabends Live-Musik.

PARIS, VA The Ashby Inn $$$$

692 Federal St, 20130 ☎ *540-592-3900*

Das Lokal hat den Ruf, das beste Restaurant der Region zu sein. Kleine Speisekarte mit exzellent zubereiteten Gerichten. Der 1829 erbaute Gasthof des kleinen Paris mit Blick auf die Blue Ridge Mountains liegt etwa eine Stunde Autofahrt von Washington entfernt. AmEx, MasterCard und Visa werden akzeptiert.

POTOMAC, MD Old Angler's Inn $$$$

10801 MacArthur Blvd (nahe Great Falls), 20854 ☎ *301-365-2425*

Das bizarre Restaurant im Pub-Stil liegt etwas außerhalb des Orts. In dem gemütlichen Lokal beim C&O Canal kann man sein Essen am Kamin genießen. Auch der Außenbereich ist romantisch. Es gibt inspirierte amerikanische Küche. Bei schönem Wetter kann man auf der Steinterrasse dinieren. *Geschlossen: Mo.*

SHEPHERDSTOWN, WV Yellow Brick Bank $$$

201 E German St, 25443 ☎ *304-876-2208*

Das bezaubernde, in einer ehemaligen Bank untergebrachte Restaurant serviert anspruchsvolle Küche. Jedes Gericht wird individuell zubereitet. Freitags und samstags ab 21 Uhr spielt ein Jazz-Pianist. Von Washington aus erreicht man das Lokal nach etwa anderthalb Stunden Autofahrt.

ST. MICHAELS, MD The Crab Claw $$

304 Mill St beim Navy Point (Route 33 West), 21663 ☎ *410-745-2900*

Das nur während der Saison geöffnete Seafood-Restaurant liegt direkt am Hafen und bietet seinen Gästen Aussicht auf die Fischerboote. Maryland-Blaukrabben sind die Spezialität des Hauses, aber auch viele andere Gerichte, die auf Shrimps, Hummer und Venusmuscheln basieren. *Geschlossen: Dez–Feb.*

WASHINGTON, VA Inn at Little Washington $$$$$

389 Main St, 22747 ☎ *540-675-3800*

Das Fünf-Sterne-Restaurant, eines der höchstgelobten der Welt, bietet vielseitige, regional orientierte amerikanische Gerichte. Die Küche wurde detailgetreu der Molkerei von Windsor Castle nachgebaut. Von Washington, DC aus braucht man etwa 90 Minuten mit dem Auto. Reservierung erforderlich.

WILLIAMSBURG, VA Christiana Campbell's Tavern $$

Waller St (nahe dem Kapitol), 23187 ☎ *757-229-2141*

Das alte Gasthaus in Colonial Williamsburg bietet Seafood-Spezialitäten. Die Speisekarte offeriert Krabbeneintopf mit Sherry, *crab cakes* und *sea pye* (aus Krabben, Shrimps, Hummer und Sahne) mit Löffelbrot oder Süßkartoffel-Muffins als Beilage.

WILLIAMSBURG, VA Williamsburg Inn $$$$$

136 East Francis St, 23185 ☎ *757-229-2141*

Das edle Restaurant im Museumsviertel Colonial Williamsburg bietet eine exzellente Speisekarte und eine ebensolche Weinkarte. Jeden Abend gibt es Live-Musik, freitags und samstags auch Tanz nach dem Dinner. Sonntags findet ein Jazz-Brunch statt. Durchgängig guter Service.

Shopping

Die große Auswahl an Läden macht das Shopping in der US-Hauptstadt zu einem wahren Vergnügen. Souvenirs findet man überall – auch in Modeboutiqen, Delikatessenläden oder Museumsshops. Die vielen Museumsshops in der Mall und auch sonst in der Stadt verkaufen eine ganze Palette an ungewöhnlichen Mitbringseln, darunter auch Drucke von Gemälden und Nachbildungen von Artefakten aus aller Welt. In den vielen Shopping Malls und Department Stores der Stadt kann man Stunden verbringen, doch Georgetown bietet Besuchern sicher das lebendigste Einkaufserlebnis. Hier gibt es schicke Boutiquen und verlockende Läden, die von Antiquitäten bis zu Haarfärbemitteln, vom Schnäppchen für einen Dollar bis zu unbezahlbaren Kunstwerken alles bieten.

Kapitol aus Stroh

Osthalle der Shopping Mall Union Station

Öffnungszeiten

Die meisten Kaufhäuser, Shopping Malls und andere Ladenzentren sind montags bis samstags zwischen 10 und 20 oder 21 Uhr geöffnet, sonntags von 12 bis 18 Uhr. Kleine Läden und Boutiquen öffnen sonntags meist von 12 bis 18 Uhr, während der Woche von 10 bis 18 oder 19 Uhr. Viele Supermärkte und kleinere Lebensmittelläden haben häufig noch länger offen, Ähnliches gilt für die meisten Drogerien/Apotheken (Drugstores).

An den Ständen auf dem Eastern Market findet jeder etwas

Bezahlung

Man kann seinen Einkauf bar, mit Reiseschecks (ausgestellt in US-Dollar) oder auch mit Kreditkarte bezahlen. In den USA sind Visa und MasterCard am weitesten verbreitet, American Express wird meist auch akzeptiert. Zu allen Rechnungen kommt eine Steuer von 5,75 Prozent hinzu.

Schlussverkäufe

Kaufhäuser wie **Macy's** im Penn Quarter oder **Nordstrom** in Arlington bieten »Sales« vor allem an Feiertagen wie Memorial Day, 4. Juli, Labor Day und Columbus Day an. Preisgünstige Elektronikartikel, Schmuck, Schuhe und Bekleidung oder Kochutensilien werden in der Zeitung inseriert. Heimtextilien sind üblicherweise im Januar herabgesetzt.

Museumsshops

Alle Museumsshops in der Mall verkaufen eine vielfältige Auswahl an Produkten. Der Shop in der **National Gallery of Art** hat Kunstreproduktionen, Bücher, Spiele und Spielzeug. Der Museumsshop im **Museum of African Art** bietet u. a. afrikanische Textilien, Keramiken und Korbarbeiten, Musikinstrumente und Bücher an.

Den größten Laden der Smithsonian-Museen findet man im **National Museum of American History**, wo es Kunsthandwerk, Reproduktionen, T-Shirts, Utensilien mit »Star-Spangled Banner«-Motiv, aber auch ein großes Sortiment an Büchern zur Geschichte der USA gibt. Verkauft werden auch Aufnahmen aus den 1940er bis zu den 1970er Jahren, darunter Doo Wop, Motown und Disco der diversen Smithonian Labels (auch online bestellbar).

In der Nähe des Weißen Hauses sind zwei Museumsläden einen Besuch wert: In der **Renwick Gallery** werden zeitgenössische Glas-, Holz-, Stoff-, Metall- und Keramikarbeiten sowie Seidenschals und Gobelintaschen verkauft. Der Laden des **Decatur House Museum** bietet Produkte, die mit der Geschichte, Kunst und Architektur Washingtons zusammenhängen.

Ein gutes Buchsortiment über Architektur, Design und Denkmalschutz, aber auch Spielzeug, Krawatten, Rahmen und Geschenke lohnen den Abstecher in den Museumsshop des **National Building Museum** am Judiciary Square.

Eingang zu Hecht's, heute Macy's, in der G Street, NW

Shopping Malls und Department Stores

In Washingtons Innenstadt gibt es einige kleinere Shopping Malls, z. B. Georgetown Park und Union Station. Im **Georgetown Park** sind Einzelhandelsgeschäfte in einem viktorianisch gestalteten Bau untergebracht. Das Zentrum liegt an der Kreuzung Wisconsin Avenue und M Street, mitten in Georgetown. Die glanzvoll restaurierte **Union Station** am Capitol Hill *(siehe S. 53)* bietet 130 Läden und Restaurants auf drei Stockwerken in ansprechendem Ambiente. Es gibt neben Markengeschäften auch eine breite Auswahl an Mode-, Geschenk-, Schmuck- und Kunsthandwerksläden.

An der oberen Wisconsin Avenue im Stadtviertel Friendship Heights stößt man auf zwei kleinere Einkaufszentren: **Mazza Gallerie** und **Chevy Chase Pavilion**. Beide haben sowohl eine gute Metro-Anbindung als auch ausreichend Parkplätze. Hier finden sich u. a. Bloomingdales oder Lord and Taylor.

Die großen Shopping Malls befinden sich in den Vororten von Maryland und Virginia. Das **Fashion Center at Pentagon City** ist gut mit der Metro erreichbar. Schnäppchenjäger sollten die 230 Outlet-Läden der **Potomac Mills**, 48 Kilometer südlich von Washington an der I-95, aufsuchen.

Galerien und Kunsthandwerk

Eine wahre Fülle an Galerien und Kunsthandwerksläden findet man in den drei Stadtvierteln Georgetown, Dupont Circle und Adams-Morgan. Hier kann man stundenlang durch die Ladenszenerie bummeln und sich die ausgestellten Objekte ansehen.

Arbeiten verschiedener regionaler Künstler werden bei **Addison/Ripley Fine Arts** in Georgetown verkauft. Einige der besten Keramikprodukte gibt es in den Läden von **Appalachian Spring** in Georgetown und in der Union Station. Auf dem **Eastern Market** am Capitol Hill verkaufen die bunt gemischten Stände vor allem am Wochenende Antiquitäten und ethnisches Kunsthandwerk. Kunstliebhaber sollten die 7th Street, NW, zwischen D Street und Verizon Center erkunden: Hier verkauft u. a. die **Zenith Gallery** Skulpturen wie auch zeitgenössische Kunst zu Preisen zwischen 50 und über 50 000 US-Dollar. Das **Torpedo Factory Art Center** in Alexandria außerhalb der City ist eine der ersten Adressen für Kunst und Kunsthandwerk.

Logo des Torpedo Factory Art Center

Souvenirs

Souvenirs und Andenken aus Washington gibt es in Hülle und Fülle bei Political Americana und Made in America, zwei Läden in der **Union Station**. Auch im **Old Post Office Pavilion** nahe der Station Metro Center kann man Andenken kaufen. Die Geschenkeläden im **Kennedy Center** bieten Geschenke und Bücher über darstellende Künste und generell über Washington an. Wer ungewöhnliche oder religiöse Mitbringsel sucht, sollte in den Museums- und Buchladen der **Washington National Cathedral** im Basement der Kathedrale oder das Herb Cottage gehen, eine renovierte Taufkapelle auf dem Gelände.

Bekleidung

In der Wisconsin Avenue und in der M Street in Georgetown findet man zahlreiche Kleiderläden, darunter viele der üblichen amerikanischen Ketten wie **The Gap**. Wer etwas ausgefallenere Mode sucht, sollte bei **Urban Outfitters** vorbeischauen. **Eddie Bauer** befindet sich nach dem Umzug nun etwas außerhalb in der Pentagon City Mall in Arlington.

Zu den vielen Boutiquen für schicke Bürokleidung zählt **Betsey Johnson**. Die international erfolgreiche Kette **H&M** bietet Bekleidung für Damen, Herren und Kinder. Im Stadtviertel Friendship Hights gibt es jede Menge Modeboutiquen.

Delikatessen

Für Liebhaber ungewöhnlich leckerer oder auch exotischer Lebensmittel gibt es in Washington, DC diverse Feinkostläden. Dazu gehört **Dean & Deluca** in Georgetown, der eine hervorragende Auswahl an Delikatessen und viele amerikanische und europäische Weine anbietet. Außerdem kann man das Angebot im Café des Ladens gleich probieren.

Old Post Office Pavilion

Antiquitätenladen in Frederick

Antiquitäten

In den zahlreichen Antiquitätenläden Washingtons kann man so manchen verborgenen Schatz entdecken. In der Wisconsin Avenue, zwischen P und S Street, aber auch in der M und O Street gibt es rund 20 Antiquitätengeschäfte. Einige haben sich auf kostspielige Artikel spezialisiert, andere bieten vor allem Drucke, Leuchten, Silber, Parfümflakons oder einfach nur faszinierenden Schnickschnack an.

In Adams-Morgan und rund um den Dupont Circle gibt es gleichfalls viele Antiquitätenläden. **Brass Knob Architectural Antiques** in der 18th Street ist wegen seiner Vielfalt an skurrilen Fundstücken, etwa Badewannen mit Löwenfüßen und ungewöhnliche alte Leuchten, einen Abstecher wert. Diesen Laden verlässt man garantiert mit einem schon lange gesuchten Stück – ob es nun ein Kristalllüster oder ein Eisentor ist.

Außerhalb der Innenstadt liegen einige Antik-Center. In Kensington (Maryland) und Old Town Alexandria (Virginia) findet man viele Antiquitätenläden. **Studio Antiques** in Alexandria ist auf Möbel der amerikanischen Empire- und Federal-Epoche spezialisiert. In Frederick (Maryland) locken die 100 Läden im riesigen **Emporium Antiques**. Sie verkaufen von Möbeln über Haushaltswaren bis hin zu Schmuck alles.

Bücher und Musik

Leseratten werden sich über die zahlreichen Buchhandlungen der Stadt freuen, in denen man stundenlang mit Begeisterung stöbern kann. Neben den großen Buchhandelsketten wie **Barnes and Noble** gibt es viele gut sortierte, unabhängige Buchläden und Antiquariate, vor allem rund um den Dupont Circle, darunter **Kramerbooks & Afterwords Café**. Dort kann man das gerade gekaufte Buch bei einer Tasse Kaffee in aller Ruhe lesen. Es gibt auch ein Restaurant. **Second Story Books** ist Washingtons größtes Antiquariat.

Etwas weiter nördlich, in der Connecticut Avenue, befindet sich **Politics & Prose Bookstore**, eine sehr beliebte Buchhandlung mit Café. Hier kann man das erfahrene Personal um Rat fragen, nach Herzenslust in den langen Regalen stöbern oder eine Lesung besuchen. Die Termine der häufig gut besuchten Lesungen findet man in der Sonntagsbuchbeilage der *Washington Post*.

Filialen von **Borders** verkaufen, ebenso wie Olsson's, preiswerte Bücher und CDs. Gleichfalls in der Connecticut Avenue bietet **Melody Record Shop** CDs zu Schnäppchenpreisen an.

Schaufenster von Olsson's Books and Records

Verschiedenes

Die vielen Department Stores in und um Washington, DC, etwa **Macy's** und **Neiman-Marcus**, bieten alle qualitativ hochwertige Haushaltswaren an – von Bettwäsche über Besteck bis zu Geschirr. Sie können auch Sonderwünsche ihrer Kunden bestellen.

Wake Up Little Suzie bietet ungewöhnliche und einzigartige Geschenke an, darunter von Hand hergestellte Bücher, Schmuck und Mobiles. Auch **Chocolate Moose** in der M Street ist eine Fundgrube für außergewöhnliche Dinge, z. B. für spezielle Keramik, edle Schokolade, Schmuck und Kinderspielzeug. Wer sich für Landkarten und Reiseführer interessiert, sollte beim **ADC Map and Travel Center** vorbeischauen. Der Laden hält über 5000 Karten aus aller Welt bereit, dazu Globen, Reise- und Sprachführer.

Schicke und moderne Produkte für Innendesign, von Küchenutensilien bis zu Möbeln, findet man bei **Crate & Barrel** in Spring Valley und in der **Pottery Barn** in Georgetown. In Georgetown liegt auch der Laden **Restoration Hardware**, in dem vom dekorativen Türknauf über Gartenzubehör und -laternen bis hin zu altmodischem Spielzeug und schweren Eichenmöbeln im Missionsstil (der aus der Arts-und-Crafts-Bewegung stammt) alles Mögliche und Unmögliche verkauft wird.

Auf einen Blick

Shopping Malls, Department Stores

Chevy Chase Pavilion
5335 Wisconsin Ave, NW.
☎ *686-5335.*

Fashion Center at Pentagon City
1100 South Hayes St, Arlington, Virginia.
☎ *(703) 415-2400.*

Georgetown Park
3222 M St, NW. **Stadtplan** 1 B2. ☎ *342-8190.*

Macy's
12th und G St, NW.
Stadtplan 3 C3.
☎ *628-6661.*

Mazza Gallerie Mall
5300 Wisconsin Ave, NW.
☎ *966-6114.*

Neiman-Marcus
Mazza Gallerie.
Stadtplan 1 B1.
☎ *966-9700*

Nordstrom
Fashion Center at Pentagon City.
☎ *(703) 415-1121.*

Potomac Mills
Dale City, VA.
☎ *(703) 490-8510.*

Union Station Shops
40 Massachusetts Ave, NE.
Stadtplan 4 E3.
☎ *371-9441.*

Galerien und Kunsthandwerk

Addison/Ripley Fine Arts
1670 Wisconsin Ave, NW.
Stadtplan 1 C2.
☎ *338-5180.*

Appalachian Spring
1415 Wisconsin Ave, NW.
Stadtplan 1 C2.
☎ *337-5780.*

Eastern Market
225 7th St, SE.
Stadtplan 4 F4.

Torpedo Factory Art Center
105 N Union Street, Alexandria, VA.
☎ *(703) 838-4565.*

Zenith Gallery
413 7th St, NW.
Stadtplan 3 C2.
☎ *783-2963.*

Antiquitäten

Brass Knob Architectural Antiques
2311 18th St, NW.
Stadtplan 3 A1.
☎ *332-3370.*

Emporium Antiques
112 E Patrick St, Frederick, MD.
☎ *(301) 662-7099.*

Georgetown Flea Market
Wisconsin Ave, zwischen S und T St, NW.
Stadtplan 1 C3.

Studio Antiques
524 N Washington St., Alexandria, VA.
☎ *(703) 548-5188.*

Souvenirs

Kennedy Center
New Hampshire Ave und Rock Creek Parkway, NW.
Stadtplan 2 D4.
☎ *416-800.*

Old Post Office Pavilion
Pennsylvania Ave und 12th St, NW.
Stadtplan 3C3.
☎ *289-4224.*

Washington National Cathedral
Massachusetts und Wisconsin Ave, NW.
☎ *537-6267.*

Bücher und Musik

Barnes and Noble
3040 M St, NW.
Stadtplan 2 D2.
☎ *965-9880.*

Borders
1800 L St, NW.
Stadtplan 2 E3.
☎ *466-4999.*

Kramerbooks & Afterwords Café
1521 Connecticut Ave, NW. **Stadtplan** 2 E2.
☎ *237-7481.*

Melody Record Shop
1623 Connecticut Ave, NW. **Stadtplan** 2 E2.
☎ *232-4002.*

Politics & Prose Bookstore
5015 Connecticut Ave, NW. **Stadtplan** 2 E2.
☎ *364-1919.*

Second Story Books
2000 P Street, NW.
Stadtplan 1B1.
☎ *659-8884.*

Museumsshops

Decatur House Museum
1610 H St, NW.
Stadtplan 3 A3.
☎ *842-1856.*

National Building Museum
401 F St, NW.
Stadtplan 4 D3.
☎ *272-2448.*

National Gallery of Art
Constitution Ave nahe der 6th St, NW.
Stadtplan 4 D4.
☎ *842-6475.*

National Museum of African Art
950 Independence Ave, SW. **Stadtplan** 3 C4.
☎ *786-2147.*

National Museum of American History
In der Mall zwischen 12th und 14th St, NW.
Stadtplan 3 B4.
☎ *357-1528.*

Renwick Gallery
17th und Pennsylvania Ave, NW.
Stadtplan 3 A3.
☎ *357-1445.*

Bekleidung

Betsey Johnson
3029 M Street, NW.
Stadtplan 1 C2.
☎ *338-4090.*

Eddie Bauer
Pentagon City Mall, Arlington, VA.
☎ *(703) 418-6112.*

The Gap
Tyson Corner Mall, McLean, VA.
☎ *(703) 893-4483.*

The Gap
1120 Connecticut Ave, NW. **Stadtplan** 3 A2.
☎ *429-0691.*

H&M
Georgetown Park (Wisconsin Ave und M St, NW).
Stadtplan 1 C2.
☎ *298-6792.*

Urban Outfitters
3111 M St, NW.
Stadtplan 1 C2.
☎ *342-1012.*

Delikatessen

Dean & Deluca
3276 M St, NW.
Stadtplan 1 C2.
☎ *342-2500.*

Verschiedenes

ADC Map and Travel Center
1636 I (Eye) St, NW.
Stadtplan 2 F3.
☎ *628-2608.*

Chocolate Moose
1743 L St, NW.
Stadtplan 2 F2.
☎ *463-0992.*

Crate & Barrel
4820 Massachusetts Ave, NW. ☎ *364-6500.*

Pottery Barn
3077 M St, NW.
Stadtplan 1 C2.
☎ *337-8900.*

Restoration Hardware
1222 Wisconsin Ave, NW.
Stadtplan 1 C2.
☎ *625-2771.*

Wake Up Little Suzie
3409 Connecticut Ave, NW. ☎ *244-0700.*

Unterhaltung

Besucher von Washington, DC werden in der Stadt immer ein genügend großes Angebot an Unterhaltung finden. Ob man vor dem Washington Monument Drachen steigen lässt oder ein Konzert im Kennedy Center besucht: In dieser kosmopolitisch geprägten Stadt gibt es für jeden etwas. Wer Swing tanzen will, wird ein Lokal dafür finden, auch Salsa, Jazz oder Rhythm 'n' Blues ist in vielen Clubs zu hören. Outdoor-Fans können auf den Fahrradwegen im Rock Creek Rad fahren oder mit dem Kanu eine Bootstour auf dem Potomac unternehmen. Wer es gern weniger sportlich mag, kann sich einen guten Film im Smithsonian ansehen. Auch Theaterliebhaber finden ein sehr breites Angebot vor – es reicht von Shakespeare über renommierte Theaterensembles bis hin zu den Musicals vom Broadway. Washington bietet Veranstaltungen für jeden Geldbeutel. Übrigens: In keiner anderen Stadt der Vereinigten Staaten gibt es so viele kostenlose Angebote.

Baseballspieler

Fassade des John F. Kennedy Center for the Performing Arts

Information

Informationen über Kultur und Unterhaltung finden Sie vor allem in der Wochenend-Beilage der Freitagsausgabe der *Washington Post*. Dort sind Konzerte, Theaterstücke, Kinofilme, Veranstaltungen für Kinder, Sport, Feste und Festivals aufgelistet. Auf der Website der *Washington Post* gibt es den Führer *Style Live*. Die »Where & When«-Seiten im Monatsmagazin *Washingtonian* enthalten ebenfalls eine aktuelle Übersicht.

Tickets

Karten können Sie an den Theaterkassen oder per Telefon, Fax und oft über das Internet reservieren bzw. kaufen. Tickets für Veranstaltungen im **Kennedy Center** sind telefonisch bei **Instant Charge** erhältlich. Karten für das Verizon Center, den Nissan Pavilion und das Warner Theater verkauft **Ticketmaster**, Karten für Arena, Lisner Auditorium, Ford's Theatre, Merriweather Post Pavilion, Mammoth gibt es bei www.tickets.com

Verbilligte Karten

Die meisten Theater bieten Gruppenrabatt an. Viele verkaufen verbilligte Karten an Studenten und Rentner am Tag der Vorstellung. Karten zum halben Preis für Vorstellungen desselben Tages können Sie direkt bei **Ticketplace** (407 7th St, NW) kaufen.

Außerdem bieten Theater auch eigene Sonderpreise an. Die Arena verkauft eine limitierte Anzahl von »Hottix«-Karten für Plätze zum halben Preis 30 bis 90 Minuten vor Beginn der Vorstellung. Das Shakespeare Theatre bietet Senioren für Vorstellungen donnerstags bis sonntags einen Rabatt von 20 Prozent und einen Nachlass von 50 Prozent für Studenten eine Stunde vor Beginn der Vorstellung. Das Kennedy Center hält eine begrenzte Zahl von Karten zum halben Preis für Studenten, Senioren und behinderte Besucher bereit. Am Veranstaltungstag gehen ab 12 Uhr Tickets zum halben Preis in den allgemeinen Verkauf. Falls eine Show ausverkauft ist, sind manchmal preisgünstige Stehplätze erhältlich.

Eingang zum Shakespeare Theatre in der 7th Street

Kostenlose Events

Die Tageszeitungen veröffentlichen kostenlose Vorträge, Konzerte, Führungen in Museen und Sammlungen, Filme, Lesungen und Shows. Nationale und internationale Künstler treten jeden Abend um 18 Uhr auf der Millennium Stage im Kennedy Center kostenlos auf.

Das **National Symphony Orchestra** bietet kostenlose Kon-

Konzert im Innenhof der National Gallery of Art

zerte unter freiem Himmel auf der West Lawn des Kapitols am Labor-Day-Wochenende, am Memorial-Day-Wochenende und am Unabhängigkeitstag. Im Sommer geben die **United States Marine Band** und die **US Army Band** kostenlose Konzerte. Zwischen Oktober und Juni veranstaltet die **National Gallery of Art** jeden Sonntagabend um 19 Uhr kostenlos Konzerte im West Garden Court. Kostenlose Vorträge und Gespräche bieten regelmäßig die **Library of Congress** und die National Gallery of Art an.

Open-Air-Veranstaltungen

In den Sommermonaten treten jeden Abend im **Wolf Trap Farm Park for the Performing Arts** weltberühmte Künstler auf. Der Veranstaltungskalender bietet für jeden etwas – Oper, Jazz, Musical, Ballett, Folk- oder Country-Musik. Man kann dabei übrigens auf dem Rasen picknicken.

Im Sommer gibt es donnerstagabends ab 18.30 Uhr Konzerte im **National Zoo** am Lion Tiger Hill.

Wer die Stadt im Juni besucht, der sollte sich das **Shakespeare Theatre Free for All** im Carter Barron Amphitheater im Rock Creek Park nicht entgehen lassen.

Die *Washington Post* führt für die Sommerwochenenden alle Festivals auf: Am ersten Maiwochenende veranstaltet die **Washington National Cathedral** den »Flower Mart«, ein Fest mit altertümlichen Karussells, Kinderspielen, Kunsthandwerk und Essen. Das **Smithsonian Folklife Festival**, ein zweiwöchiges Spektakel in der Mall zwischen Ende Juni und Anfang Juli, präsentiert viele Folklorekünstler aus aller Welt. Weitere Veranstaltungen sind im Kapitel »Das Jahr in Washington, DC« *(siehe S. 36–39)* aufgelistet.

Behinderte Besucher

Alle großen Theater in Washington, DC sind behindertengerecht. Informationen über den Zugang für Rollstuhlfahrer zum Kennedy Center gibt es auf der Website des Zentrums.

Viele Bühnen, z. B. das Kennedy Center, das Ford's Theatre, das Shakespeare Theatre und die Arena Stage, bieten Hörhilfen und auch einige Vorstellungen mit Zeichensprache an. Spezielle TTY-Telefonnummern für Schwerhörige sind in der Wochenend-Beilage der *Washington Post* aufgeführt.

Die National Gallery of Art hält Hörhilfen bei Vorträgen bereit. Führungen in Zeichensprache sind nach Voranmeldung (drei Wochen) möglich. Am Concourse Sales Shop gibt es TDD-Geräte für gehörlose Besucher. Für Sehbehinderte bietet die Arena Stage gesprochene Inhaltsangaben, Tastführungen durch das Bühnenbild sowie Programmhefte in vergrößtertem Druck und Braille-Blindenschrift an.

Auf einen Blick

Information

Washington Post
www.washingtonpost.com

Tickets

John F. Kennedy Center for the Performing Arts
New Hampshire Ave am Rock Creek Parkway, NW.
Stadtplan 2 D4.
Tickets über Instant Charge
467-4600 oder (800) 444-1324.
www.kennedy-center.org

Ticketmaster
397-7328.
www.ticketmaster.com

Tickets.com
(800) 955-5566.
www.tickets.com

Verbilligte Karten

Ticketplace
407 7th St, NW.
Stadtplan 3 D3.
www.ticketplace.org

Kostenlose Events

Library of Congress
1st St und Independence Ave, SE.
Stadtplan 4 F4.
707-5503.
www.loc.gov

National Gallery of Art
Constitution Ave, nahe 6th St, NW.
Stadtplan 4 D4.
737-4215.
www.nga.gov

National Symphony Orchestra
467-4600.

US Army Band
(703) 696-3399.
www.usarmyband.com

US Marine Band
433-4011.
www.marineband.usmc.mil

Open-Air-Veranstaltungen

National Zoo
3001 Connecticut Ave, NW.
673-4888.
www.si.edu/natzoo

Shakespeare Theatre Free for All
Carter Barron Amphitheater, 16th St und Colorado Ave, NW.
334-4790. www.shakespearetheatre.org

Smithsonian Folklife Festival
633-1000.

Washington National Cathedral
Massachusetts und Wisconsin Ave, NW.
537-6200. www.nationalcathedral.org

Wolf Trap Farm Park for the Performing Arts
1551 Trap Rd, Vienna, VA.
(703) 255-1868.
(877) 965-3872.
www.wolftrap.org

Kulturelle Events

Washington lädt abends zum Ausgehen ein: Ein Abendessen in einem Seafood-Lokal am Ufer des Potomac, anschließend ein Theaterbesuch in der Arena Stage, Washingtons ältestem Repertoiretheater. Oder: Tanzen in einer der neuen Discos an der U Street, Jazz in Georgetown, ein Kaffee nachts in einer Cafébar am Dupont Circle, eine Opernpremiere im Kennedy Center und ein letzter Drink im West End. Wer lieber in der Innenstadt bleibt, schaut sich im Warner oder im National die besten Broadway-Produktionen an.

Programmtafel an der Fassade des Warner Theatre in der 13th Street

Kino und Theater

Unabhängige Produktionen und fremdsprachige Filme, aber auch alte Filmklassiker gibt es im **Landmark's E Street Cinema**. Im **Kennedy Center** finden Filmfestivals statt. Museen wie die **National Gallery of Art** begleiten ihre Ausstellungen mit Filmen. Die **Library of Congress** bietet im Kontext von Ausstellungen eine kostenlose Dokumentar- und Spielfilmreihe im Mary Pickford Theater an. Das DC Film Festival findet im Lincoln Theatre statt.

Theaterensembles, die auf Tournee in ganz Amerika sind, treten im **Kennedy Center**, im **Warner Theatre** und im **National Theatre** auf. Etwas kleiner ist die Bühne im **Ford's Theatre**. Die **Arena Stage** bietet anerkanntes Repertoiretheater. **The Studio** und das **Woolly Mammoth Theatre** bringen zeitgenössische Werke auf die Bühne.

Das **Shakespeare Theatre** präsentiert seine Stücke in einem modernen, eleganten Rahmen. Spanischsprachige Stücke sind im **Gala Hispanic Theater** zu sehen.

Oper und klassische Musik

Die im Kennedy Center beheimatete **Washington Opera Company** zählt zu den kulturellen Juwelen Washingtons. Zwar sind viele Vorstellungen ausverkauft, doch manchmal gibt es noch Restkarten für Stehplätze. Das **National Symphony Orchestra** spielt klassische und zeitgenössische amerikanische Werke. In der Stadt treten regelmäßig verschiedene Ensembles und Chöre auf. Die **Washington Performing Arts Society** engagiert regelmäßig international anerkannte Ensembles.

Bühne des renommierten Shakespeare Theatre

Live-Musik und Tanz im Kennedy Center

Tanz

Das Kennedy Center bietet jedes Jahr eine großartige Ballett- und Tanzsaison mit Erfolgsproduktionen von einigen der weltweit renommiertesten Ensembles wie dem Bolschoi, dem American Ballet Theater, dem Royal Swedish Ballet und dem Dance Theater of Harlem.

Der **Dance Place** präsentiert seine eigenen, regelmäßig aber auch internationale Ensembles für modernen und neuen Tanz.

Wer selbst tanzen möchte, kann dies im **Glen Echo Park** tun, wo sich Gäste zwischen sieben und 70 Jahren bei Swing-Tanzabenden oder beim *line dancing* vergnügen. Auch im Kennedy Center gibt es gelegentlich Tanzveranstaltungen mit Live-Musik.

Rock, Jazz und Blues

Die »größten Namen und heißesten Newcomer« des Jazz kann man im Kennedy Center Terrace Theater erleben: Oscar Brown, Jr., Phil Woods, Ernie Watts und andere traten hier schon auf. Internationale Blues- und Jazz-Stars sehen auch in der **Blues Alley** in Georgetown vorbei. **Madam's Organ** in Adams-Morgan ist einer der besten R&B-Clubs der Stadt.

Stars der Rock- und Jazzszene treten im **Verizon Center** *(siehe S. 102)*, im **Merriweather Post Pavilion** in Columbia (Maryland) oder im **Nissan Pavilion** in Manassas (Virginia) auf.

Clubs, Bars und Cafés

Rund um die U Street tobt das Nachtleben in den Clubs und Discos, vor allem im **930 Night Club**.

Salsa wird im **Rumba Café** in Adams-Morgan gespielt. Wer eine Zigarre und einen Martini genießen möchte, sollte auf jeden Fall die **Ozio Martini & Cigar Lounge** in der Innenstadt besuchen. Irische Musik wird in **Ireland's Four Provinces** in Cleveland Park angeboten. Im **Black Cat** gibt es Live-Musik. Billardsaloons sind ebenso beliebt wie die Coffee Bars. **Cosi Dupont North** beim Dupont Circle bietet Kaffee und Cocktails.

Schwules Nachtleben

Viele Schwulenbars liegen um den Dupont Circle. Junge Leute treffen sich bei **JR's Bar and Grill**. **The Fireplace** ist beliebt und hat sehr lange geöffnet. Ein gutes Essen gibt es bei **Annie's Paramount Steak House**.

Im Rumba Café

Auf einen Blick

Kinos und Theater

Arena Stage
1800 S Bell St, Crystal City, Arlington, VA.
☎ *488-3300.*
www.arenastage.org

Ford's Theatre
511 10th St, NW.
Stadtplan 3 C3.
☎ *347-4833.*
www.fordstheatre.org

Gala Hispanic Theater
3333 14th St, NW.
☎ *234-5510.*

Kennedy Center
New Hampshire Ave & Rock Creek Parkway, NW.
Stadtplan 2 D4.
☎ *467-4600 oder (800) 444-1324.*
www.kennedy-center.org

Landmark's E Street Cinema
Lincoln Square Building, nahe 555 11th St, NW.
Stadtplan 3 C3.
☎ *452-7672.*

Library of Congress
Mary Pickford Theater, Madison Building, 101 Independence Ave, SE. **Stadtplan** 4 E4.
☎ *707-5677.*
www.loc.gov

National Gallery of Art
Constitution Ave nahe 6th St, NW. **Stadtplan** 4 D3.
☎ *737-4215.*
www.nga.org

National Theatre
1321 Pennsylvania Ave, NW. **Stadtplan** 3 B3.
☎ *628-6161.*
www.nationaltheatre.org

Shakespeare Theatre
450 7th St, NW.
Stadtplan 3 C3.
☎ *547-1122.* **www**.shakespearetheatre.org

Signature Theatre
4200 Campbell Ave, Springfield, VA.
☎ *(571) 527-1860.*
www.signature-theatre.org

The Studio Theatre
1333 P St, NW.
Stadtplan 3 B1.
☎ *332-3300.*
www.studiotheatre.org

Warner Theatre
13th St (zwischen E St und F St), NW.
Stadtplan 3 C3.
☎ *783-4000.*
www.warnertheatre.com

Woolly Mammoth Theatre
641 D St, NW.
Stadtplan 3 C3.
☎ *393-3939.*
www.woollymammoth.net

Oper und klassische Musik

National Symphony Orchestra
☎ *467-4600.*
www.kennedy-center.org

Washington Performing Arts Society
☎ *833-9800.*
www.wpas.org

Tanz

Dance Place
3225 8th St, NE.
☎ *269-1600.*

Glen Echo Park
Spanish Ballroom, 7300 MacArthur Blvd, Glen Echo, MD.
☎ *(301) 320-1400.*

Rock, Jazz und Blues

Blues Alley
1073 Wisconsin Ave, NW.
Stadtplan 1 C3.
☎ *337-4141.*

Madam's Organ
2461 18th St, NW.
Stadtplan 2 F1.
☎ *667-5370.*

Merriweather Post Pavilion
Columbia, MD.
☎ *(420) 715-550.*
www.merriweathermusic.com

Nissan Pavilion
7800 Cellar Door Drive, Bristow, VA.
☎ *(703) 754-6400*

Clubs, Bars und Cafés

930 Night Club
815 V St, NW.
Stadtplan 2 F1.
☎ *265-0930.*
www.930.com

Black Cat
1811 14th St, NW.
Stadtplan 3 B3.
☎ *667-4490.*

Cosi Dupont North
1647 20th St, NW.
Stadtplan 3 A1.
☎ *332-6364.*

Ireland's Four Provinces
3412 Connecticut Ave, NW. ☎ *244-0860.*
www.irelandsfourprovinces.com

Ozio Martini & Cigar Lounge
1813 M St, NW.
Stadtplan 3 A1.
☎ *822-6000.*
www.oziodc.com

Rumba Café
2443 18th St, NW.
☎ *588-5501.*
www.rumbacafe.com

Schwules Nachtleben

Annie's Paramount Steak House
1609 17th St, NW.
Stadtplan 2 F2.
☎ *232-0395.*

The Fireplace
2161 P St, NW.
Stadtplan 2 E2.
☎ *293-1293.*
www.fireplacedc.com

JR's Bar and Grill
1519 17th St, NW.
Stadtplan 2 F2.
☎ *328-0090.*
www.jrswdc.com

Sport und Aktivurlaub

Wer in Washington lebt, ist meist mehr als acht Stunden beschäftigt – ob im Senat, in den Büros einer Bundesbehörde oder in einer Redaktion. Zum Ausgleich nimmt man hier Sport und Outdoor-Aktivitäten sehr ernst. Man kann seine Zeit im Freien verbringen oder sich den Fans im Nationals Park Stadium oder im Verizon Center anschließen. In der Mall, bei den Monumenten und in den Parks der Stadt trifft man auf Jogger, Radfahrer und Inline-Skater.

Radfahrer genießen das schöne Wetter in Washington

Sportstadien

Wer ein Spiel der NHL Capitals (National Hockey League), der NBA Wizards (National Basketball Association) oder der WNBA Mystics (Women's National Basketball Association) sehen will, kann Karten im **Verizon Center** kaufen, dem imposanten Sportstadion, das im Dezember 1997 eröffnet wurde.

Je nach Saison kann man Disney on Ice, die Harlem Globetrotters oder den Ringling Brothers Circus sehen. Ein Besuch der National Sports Gallery im Verizon Center mit Devotionalien des US-Sports und interaktiven Spielen ist ebenfalls lohnenswert. Im Center gibt es zudem viele Restaurants, alternativ bietet sich ein Lokal im nahen Chinatown an.

Ohne Saisonkarte ist es sehr schwierig, ein Ticket für ein Spiel des Footballteams von Washington, den Redskins, im **FedEx-Field**-Stadion zu bekommen. Man kann jedoch auf eine der zahlreichen Sportbars ausweichen und das Spiel dort im Fernsehen verfolgen. DC United spielt Fußball im **RFK Stadium**. Auch Collegesport ist sehr populär. Beliebt sind die **Georgetown Hoyas** oder die **Maryland Terrapins**. Baseballfans pilgern zur Unterstützung der Washington Nationals ins **Nationals Park Stadium**, das 2008 eröffnet wurde.

Ein Spieler der Redskins

Angeln und Boot fahren

Für eine Stunde oder auch den ganzen Tag auf dem Potomac sollte man sich an **Fletcher's Boat House** in der Canal Road, NW wenden. Benötigt wird eine relativ preiswerte Angelerlaubnis (für Personen zwischen 16 und 64 Jahren), um zu angeln – vom Ufer aus oder auf einem der Ruderboote bzw. Kanus, die man stundenweise mieten kann. In Georgetown gibt es mehrere Vermieter, z. B. **Thompson Boat Center** und **Jack's Boat House**. Fletcher's verkauft auch Proviant. Unweit von Thompson oder Jack's gibt es Cafés und Restaurants.

Tausende von Fans jubeln im RFK Stadium ihren Mannschaften zu

Radsport

Der Rock Creek Park ist eine der grünen Oasen der Stadt und lässt das Großstadtleben schnell vergessen. Am Wochenende ist der Park für den Verkehr gesperrt und deshalb ideal zum Radfahren. Eine andere beliebte Route ist der Capital Crescent, der am C&O-Canal-Pfad in Georgetown beginnt und bis nach Maryland führt.

Einer der schönsten Radwege der Gegend führt auf 26 Kilometer Länge bis nach Mount Vernon. Fahrräder verleihen Fletcher's Boat House, Thompson Boat Center, **Bike and Roll** oder **Big Wheels** in Georgetown. Karten und weitere Routeninfos gibt es bei der **Washington Area Bicyclist Association** oder in Fahrradverleihgeschäften.

Tennis, Golf und Reiten

Mehrere Stadtparks verfügen über Tennisplätze, die man jedoch nicht vorbestellen kann. Zwei Vereine nehmen auch Reservierungen entgegen: **East Potomac Tennis Center** am Hains Point und **Washington Tennis Center**. Beide haben Hallen- und Außenplätze.

Möchten Sie mit Blick auf wichtige Sehenswürdigkeiten entspannt golfen, sollten Sie **East Potomac Golf Course & Driving Range** testen, wo es auch eine Minigolfanlage gibt. Öffentliche Golfplätze sind **Langston Golf Course** am Anacostia River und **Rock Creek Golf Course** mitten im

Rock Creek Park. Am dortigen **Rock Creek Park Horse Center** können Sie auch geführte Pferdeausritte buchen.

Parks

Eine erstaunliche Vielfalt an Bäumen und Pflanzen kann man das ganze Jahr über im **National Arboretum** *(siehe S. 144)* erleben. Es erstreckt sich auf 111 Hektar im Nordosten von Washington. Spezielle Abteilungen wie die National Bonsai Collection mit ihren Miniaturpflanzen lohnen zu jeder Jahreszeit einen Besuch. Um die schönste Blütezeit zu erleben, sollten Sie zwischen Ende März und Anfang April die blühenden Sträucher, die bezaubernden Kamelien und Magnolien oder von Ende April bis Anfang Mai die intensiven Farben der Azaleen, Hartriegel und Rhododendren genießen. An einer 490 Meter langen Route können sehbehinderte Besucher Pflanzen ertasten.

Eine Alternative zum Arboretum sind die **Kenilworth Aquatic Gardens**, auf deren Teichen über 100 000 Seerosen, Lotusblumen und andere Pflanzen gedeihen. Es ist empfehlenswert, die Gärten am frühen Morgen, wenn die Sonnenstrahlung noch nicht sehr intensiv ist, zu besuchen. Dann sind die Blüten geöffnet. Entlang den Fußwegen sieht man oft Frösche und Schildkröten. An den Sommerwochenenden werden Touren durch die Gärten angeboten. Für ein gemütliches Picknick im Grünen eignet sich der **Dumbarton Oaks Park** in Georgetown, vor allem zur Blütezeit der Wildblumen, oder auch der **Montrose Park** direkt neben Dumbarton Oaks. Dort kann man dem vielstimmigen Vogelgezwitscher lauschen und sich ins Labyrinth aus Buchsbaumgehölzen wagen.

National Arboretum – eine blühende Oase der Entspannung

Auf einen Blick

Sportstadien

FedEx Field
Arena Drive, Landover, MD. ☎ *(301) 276-6000.* **www**.redskins.com

Georgetown Hoyas
☎ *687-4692.*

Maryland Terrapins
☎ *(800) 462-8377.*

Nationals Park Stadium
1500 South Capitol St, SE. ☎ *888-632-NATS (6287).*

RFK Stadium
2400 East Capitol St, SE. ☎ *547-9077.*

Verizon Center
601 F St, NW. **Stadtplan** 4 D3. ☎ *628-3200.*

Angeln und Boot fahren

Fletcher's Boat House
4940 Canal Rd, NW. **Stadtplan** 1 A2. ☎ *244-0461.*

Jack's Boat House
3500 Water St, NW. **Stadtplan** 2 D2. ☎ *337-9642.*

Thompson Boat Center
Rock Creek Parkway und Virginia Ave, NW. **Stadtplan** 2 D3. ☎ *333-9543.* **www**.thethompson boatcenter.com

Radsport

Big Wheel Bikes
1034 33rd St, NW. **Stadtplan** 1 C2. ☎ *337-0254.* **www**.bigwheelbikes.com

Bike and Roll
1100 Pennsylvania Ave, NW. **Stadtplan** 3 C3. ☎ *842-BIKE (2453).* **www**.bikethesites.com

Washington Area Bicyclist Association
1803 Connecticut Ave, NW. **Stadtplan** 3 A2. ☎ *518-0524.* **www**.waba.org

Tennis, Golf und Reiten

East Potomac Golf Course
972 Ohio Drive, SW am Hains Point. **Stadtplan** 3 A5. ☎ *554-7660.* **www**.golfdc.com

East Potomac Tennis Center
1090 Ohio Drive, SW am Hains Point. **Stadtplan** 3 A5. ☎ *554-5962.* **www**.eastpotomactennis.com

Langston Golf Course
26th St und Benning Rd, NE. ☎ *397-8638.*

Rock Creek Golf Course
1600 Rittenhouse St, NW. ☎ *882-7332.*

Rock Creek Park Horse Center
Military und Glover Rd, NW. ☎ *362-0118.* **www**.rockcreekhorse center.com

Rock Creek Tennis Center
16th und Kennedy St, NW. ☎ *722-5949.* **www**.rockcreektennis.com

Parks

Dumbarton Oaks Park
Eingang an der Lovers Lane, nahe R St und 31st St, NW. **Stadtplan** 1 C1.

Kenilworth Park and Aquatic Gardens
1550 Anacostia Ave, NE. ☎ *426-6905.*

Montrose Park
R St und 31st St, NW. **Stadtplan** 2 D1.

National Arboretum
24th und R St, NE. ☎ *245-2726.* **www**.usna.usda.gov

Washington, DC mit Kindern

Für Kinder kann der Besuch der vielen Denkmäler von Washington ein aufregendes und unvergessliches Erlebnis sein. Man kann mit ihnen im Fahrstuhl zur Spitze des Washington Monument fahren und dann die Treppen hinuntergehen. Kleine Kinder lieben es, die Enten am Reflecting Pool oder in den Constitution Gardens zu füttern. Das Jefferson Memorial ist auch bei einer Tretbootfahrt auf dem Tidal Basin zu sehen. Bevor man Washington verlässt, sollte man die Denkmäler einmal im Abendlicht bewundern.

Kinder vor dem National Museum of Natural History

Information

Hinweise zu Veranstaltungen für Kinder sind jeden Freitag unter »Saturday's Child« in der Wochenend-Beilage der *Washington Post* aufgeführt.

Essen für Kinder gibt es überall in der Stadt, ob warm oder kalt. Das Angebot reicht von Hotdogs an den vielen Ständen entlang der Mall bis hin zur aufregenden »Weltraumnahrung« (wie etwa gefriergetrocknete Eiscreme) im Geschenkladen des **National Air and Space Museum** *(siehe S. 62–65)*.

Seelöwe im National Zoological Park

Outdoor-Aktivitäten

Eine Reise in die Vergangenheit ist die Fahrt auf der *Georgetown*, einem von Mauleseln gezogenen Schleppkahn auf dem C&O Canal (von April bis Mitte Oktober, Auskunft erteilt das **C&O Canal Visitor Center**). Park Ranger in Kleidern aus dem 19. Jahrhundert machen das Erlebnis noch aufregender.

Die bewaldete Parkanlage des **National Zoological Park** *(siehe S. 138f)* bietet sich für ausgedehnte Spaziergänge an. Man kann bei der Elefantendressur, der Panda-Fütterung und der Seelöwen-Show zusehen. Eine willkommene Abwechslung zu den Museen in der Mall bietet eine Fahrt auf dem **Carousel on the Mall** vor dem Arts and Industries Building. Auch das Karussell im **Glen Echo Park** von 1921 macht Spaß. Zwischen Dezember und März kann man auf der Eisbahn am **National Gallery of Art Sculpture Garden** oder auf der **Pershing Park Ice Rink** in der Pennsylvania Avenue Schlittschuh laufen.

Museen

Das Discovery Center, ein ausgedehnter, sehr informativer Komplex mit einem IMAX®-Kino, befindet sich im **National Museum of Natural History** *(siehe S. 70f)*. Wer den Weltraum selbst »erleben« möchte, kann »To Fly« ansehen und das spannende Albert-Einstein-Planetarium im **National Air and Space Museum** besuchen. Die **National Gallery of Art** *(siehe S. 58–61)* veranstaltet eine Reihe von Kinderfilm- und Familienprogrammen. Kinder können über Gemälde reden und an praktisch orientierten Projekten teilnehmen.

Das **National Museum of the American Indian** *(siehe S. 68f)* bietet eine Reihe von Veranstaltungen für die ganze Familie, darunter auch Filme. Auch das **National Postal Museum** *(siehe S. 53)* mit Exponaten zum Anfassen eignet sich für Kinder.

Führung für Kinder in Cedar Hill, dem Haus von Frederick Douglass

Kindertheater

Das Ripley Center des Smithsonian beherbergt das **Discovery Theater** mit einem Puppentheater. Auch im **Adventure Theater** im Glen Echo Park werden Marionetten- oder Märchenproduktionen aufgeführt. Theaterproduktionen für Kinder sind auch auf der **BAPA Imagination Stage** in Bethesda (Maryland) nördlich von Washington, DC zu sehen. Das **Kennedy Center** *(siehe S. 118f)* und der **Wolf Trap Farm Park for the Performing Arts** erteilen Auskunft über Veranstaltungen für Kinder.

Geschichte(n)

Kinder und Jugendliche, die sich für amerikanische Geschichte interessieren, werden von einem Besuch in

Cedar Hill, dem Haus von Frederick Douglass in Anacostia, begeistert sein.

Eine Führung durch **Ford's Theatre** *(siehe S. 96)*, in dem der Anschlag auf Präsident Lincoln verübt wurde, und durch das Haus auf der anderen Straßenseite, wo er starb, eignet sich für Jugendliche.

Die **Washington National Cathedral** *(siehe S. 142f)* verteilt eine kostenlose Broschüre, mit der Kinder dann auf eine Schnitzeljagd gehen, um zu bestimmten Skulpturen, Glasfenstern und Wasserspeiern zu gelangen. Das National Building Museum *(siehe S. 103)* bietet samstags spezielle Kinderprogramme.

Geschenke

Die **Discovery Channel Stores** in der Union Station und im Fashion Central, Pentagon City, verkaufen diverse interessante Dinge, darunter Wissenschaftssets, Fossilien, Bücher und Globen.

Die Museumsshops des **National Museum of Natural History** *(siehe S. 70f)* dürfte Kinder entzücken. Er bietet Bücher, naturwissenschaftliches Spielzeug, maritime Spiele, Dinosaurier und (natur-)wissenschaftliche Baukästen, die es Kindern erlauben, einige der »Wunder« aus den Ausstellungen zu Hause nachzubilden.

Dinosaurier-Halle im National Museum of Natural History

Auf einen Blick

Information

National Air and Space Museum
6th St & Independence Ave, SW. **Stadtplan** 4 D4. ☎ *633-1000.*

National Museum of American History
Constitution Ave zwischen 12th und 14th St, NW. **Stadtplan** 3 B4. ☎ *633-1000.*

Outdoor-Aktivitäten

C&O Canal Visitor Center
1057 Thomas Jefferson St, NW. **Stadtplan** 2 D3. ☎ *653-5190.*

Carousel on the Mall
Arts and Industries Building, 900 Jefferson Drive, SW. **Stadtplan** 3 B4. ☎ *357-2700.*

Glen Echo Park Carousel
7300 MacArthur Blvd, Glen Echo, MD. ☎ *(301) 320-1400 oder (301) 634-2222.* **www**.glenechopark.org

National Gallery of Art Sculpture Garden Rink
7th St und Constitution Ave, NW. **Stadtplan** 4 D4. ☎ *842-1310.*

National Zoological Park
3001 Connecticut Ave. ☎ *673-4888.*

Pershing Park Ice Rink
Pennsylvania Ave und 14th St, NW. **Stadtplan** 3 B3.

Museen

National Air and Space Museum
6th St und Independence Ave, SW. **Stadtplan** 4 D4. ☎ *633-4629 (IMAX®- Filmprogramm).*

National Gallery of Art
Constitution Ave zwischen 3rd St und 7th St, NW. **Stadtplan** 4 D3. ☎ *789-4995 (Kinderfilmprogramm).* ☎ *789-3030 (Familienprogramm).*

National Museum of American History
Constitution Ave zwischen 12th und 14th St, NW. **Stadtplan** 3 B4. ☎ *633-1000.*

National Museum of the American Indian
4th St und Independence Ave, SW. **Stadtplan** 4 D4. ☎ *633-1000.* **www**. americanindian.si.edu

National Museum of Natural History
10th St und Constitution Ave, NW. **Stadtplan** 3 C4. ☎ *633-1000 (allgemeine Auskunft).* ☎ *633-4629 (IMAX®-Filmprogramm).*

National Postal Museum
2 Massachusetts Ave, NE. **Stadtplan** 4 E3. ☎ *633-1000.*

Kindertheater

Adventure Theater
7300 MacArthur Blvd, Glen Echo Park, Md. ☎ *(301) 634-2270.*

BAPA Imagination Stage
4908 Auburn Ave, Bethesda, MD. ☎ *(301) 280-1660.* **www**.imagination stage.org

Discovery Theater
1100 Jefferson Drive, SW. **Stadtplan** 3 C4. ☎ *633-8700.* **www**. discoverytheater.org

Wolf Trap Farm Park for the Performing Arts
1551 Trap Rd, Vienna, VA. ☎ *(703) 255-1900.* **www**.wolftrap.org

Geschichte(n)

Ford's Theatre
511 10th St, NW. **Stadtplan** 3 C3. ☎ *347-4833.* **www**.fordstheatre.org

Frederick Douglass National Historic Site
1411 W St, SE. ☎ *426-5961.* **www**.nps.gov/history/ museum/exhibits/douglass

Washington National Cathedral
Massachusetts und Wisconsin Ave, NW. ☎ *537-2934 (Schnitzeljagd).* **www**. nationalcathedral.org

Geschenke

Discovery Channel Store
Union Station. ☎ *842-3700.*

National Museum of Natural History (Museumsshops)
Constitution Ave zwischen 12th St und 14th St, NW. **Stadtplan** 3 C4. ☎ *633-2060.*

GRUND-INFORMATIONEN

Praktische Hinweise

Washington, DC ist das politische Zentrum der USA. Die Stadt ist ausgesprochen besucherfreundlich. An nationalen Feiertagen – und falls es politisch notwendig ist – scheint Washington allerdings geschlossen zu sein. Nicht nur der amerikanische Präsident residiert in Washington, DC, sondern auch hochrangige Staatsgäste sind oft zu Besuch. Wegen der Straßensperrungen kommt es dann zu Verkehrsstaus und Verspätungen. Frühling und Herbst sind die besten Zeiten für einen Besuch, da es im Sommer sehr heiß und im Winter sehr kalt sein kann.

Logo eines Touranbieters

Besucherzentrum an der Ellipse, in der Nähe des Weißen Hauses

Einreise und Zoll

Seit dem 26. Juni 2005 besteht das Visa Waiver Program (VWP) für visumfreies Reisen in die USA. Es gilt u.a. für deutsche, österreichische und Schweizer Staatsbürger für einen Aufenthalt von bis zu 90 Tagen. Erforderlich für die Einreise ohne Visum ist ein maschinenlesbarer Reisepass (Pässe, die nach dem 26. Oktober 2005 ausgestellt wurden, brauchen ein digitales Lichtbild, Pässe nach dem 26. Oktober 2006 einen Chip mit biometrischen Daten).

Auch Kinder benötigen einen maschinenlesbaren Pass (Kinderausweis oder Eintrag im Pass der Eltern werden nicht akzeptiert).

Personen, die mit dem VWP einreisen, müssen ihre grünen I-94-Karten behalten, bis sie aus den USA ausreisen.

Seit 2004 werden von allen Reisenden bei der Einreise digitale Fingerabdrücke genommen und ein digitales Foto erstellt. Seit Oktober 2006 muss man vor Reiseantritt ein »Flug-Formular« ausfüllen (bei Ihrer Fluglinie). Seit Januar 2009 muss man spätestens 72 Stunden vor Reiseantritt online eine gebührenfreie Einreiseerlaubnis einholen (https://esta.cbp.dhs.gov).

Hinweise zu aktuellen Zollvorschriften finden Sie unter www.cbp.gov/xp/cgov/travel/

Information

Bei der **Washington, DC Convention and Visitors Association** erhält man viele Infos über Sehenswürdigkeiten, Veranstaltungen, Unterkunft und Führungen. Kontaktieren Sie sie am besten schon vor Antritt der Reise.

Öffnungszeiten

Institutionen, Banken und Läden in Washington haben meist von 9 bis 17 Uhr geöffnet, Shopping Malls und Department Stores oft länger (oder zumindest an bestimmten Wochentagen länger). Sonntags kann man nur eingeschränkt einkaufen, obwohl die meisten Tankstellen und auch die Supermärkte 24 Stunden geöffnet haben. An Feiertagen sind die meisten Läden geschlossen.

Trinkgeld

In den USA wird für viele Dienstleistungen ein Trinkgeld erwartet: In Restaurants sind 15 bis 20 Prozent der Rechnung üblich, am Flughafen und im Hotel gibt man einen US-Dollar pro Gepäckstück. Der Parkservice erhält zwei US-Dollar. Barkeeper rechnen mit 50 Cents bis einem US-Dollar pro Getränk. Friseure und Taxifahrer erhalten zehn bis 15 Prozent.

Steuern

In Washington und Umgebung werden Steuern auf Hotel- und Restaurantrechnungen, auf Eintrittskarten und einige Lebensmittel sowie auf die meisten anderen Waren aufgeschlagen. Die Sales Tax beträgt 5,75, die Hotelsteuer 14,5 Prozent.

Alkohol und Zigaretten

Alkohol gibt es in Läden sowie in Lokalen, Bars und Clubs mit Ausschankgenehmigung. Das gesetzliche Mindestalter für Alkoholkonsum liegt bei 21 Jahren – im Zweifelsfall müssen Sie den Pass vorlegen. Im District in Columbia ist es verboten, Alkohol an öffentlichen Orten zu trinken oder offen im Auto zu haben. Alkohol am Steuer ist verboten – die Strafen bei Zuwiderhandlung sind hoch. Zigaretten werden nur an über 18-Jährige verkauft. Rauchen ist in öffentlichen Gebäuden, Verkehrsmitteln, Restaurants und Bars verboten.

US-Standard-Stecker

Elektrizität

Die Stromspannung beträgt in den USA 110 Volt. Für europäische Geräte braucht man einen Adapter.

◁ **Blick auf die Pennsylvania Avenue bei Nacht mit dem Kapitol *(siehe S. 50f)* im Hintergrund**

Der internationale Studentenausweis wird in den USA anerkannt

Studenten

Mit dem internationalen Studentenausweis (ISIC) erhalten Studenten Ermäßigungen auf Fahrten und zahlen für Kinos, Museen, Theater und einige Attraktionen weniger Eintritt. Den ISIC-Ausweis sollte man vor Reisebeginn beim Studentenwerk der jeweiligen Universität oder über das Internet besorgen. Viele wertvolle Informationen liefert das *ISIC Student Handbook*.

Mit Kindern reisen

Washington ist eine sehr kinderfreundliche Stadt. Es gibt viele Orte – drinnen wie draußen –, die für Kinder attraktiv sind. Zahlreiche Museen bieten aufregende Ausstellungen mit Exponaten zum Anfassen für Kinder an, z. B. die Puppensammlung aus dem 18. und 19. Jahrhundert im Museum der Daughters of the American Revolution *(siehe S. 114)*.

Weitere Informationen zu Veranstaltungen für Kinder finden Sie auf S. 206f.

Restaurants werden immer familienfreundlicher, viele bieten Kinderteller bzw. kleinere kindgerechte Portionen sowie Hochstühle an.

Senioren

Für Senioren gibt es diverse Ermäßigungen. Ein Ausweis mit Foto dient als Altersnachweis. Weitere Informationen erhalten Sie bei der **American Association of Retired Persons**. Die Smithsonian Institution gibt die kostenlose Broschüre *Smithsonian Access* mit wertvollen Infos für den Großraum Washington, DC heraus.

Behinderte Reisende

Für behinderte Besucher ist Washington relativ angenehm. Fast alle öffentlichen Gebäude, auch viele Hotels und Restaurants haben rollstuhlgerechte Zugänge – Ausnahmen sind einige ältere Gebäude und kleinere Veranstaltungsorte. Es gibt u. a. Taxis für Rollstuhlfahrer und günstig gelegene Parkplätze. Weitere Infos erhalten Sie bei der **Society for Accessible Travel and Hospitality** oder von den Tourismusbüros.

Zeichen für Behinderte

Touren

In Washington, DC gibt es zahlreiche Anbieter von Bustouren. **Tourmobile Sightseeing** bietet für seine ausgedehnten Routen viele Zustiegsmöglichkeiten an. Wer es ungewöhnlicher mag, macht eine Rundfahrt mit **DC Ducks**. Spannend ist auch eine Rundfahrt mit **Scandal Tour**, deren Busse die skandalträchtigen Plätze der US-Hauptstadt anfahren. Die **Old Town Trolley Tours** mit ihren altmodischen Wagen zeigen die wichtigen Sehenswürdigkeiten.

Stadtrundfahrt mit DC Ducks in einem Amphibienfahrzeug von 1942

Auf einen Blick

Information

Washington, DC Convention and Visitors Association
1300 Pennsylvania Ave, NW. **Stadtplan** 3 C3. ☎ *800-422-8644 oder 202-789-7000 (Besucherinfos).* **www**.washington.org

Touren

City Segway Tours
☎ *(202) 626-0017.*
www.citysegwaytours.com

DC Ducks
Union Station. **Stadtplan** 4 E3.
☎ *(202) 832-9800.*
www.trolleytours.com

Old Town Trolley Tours
Union Station. **Stadtplan** 4 E3.
☎ *(202) 832-9800.*
www.trolleytours.com

Scandal Tour
Old Post Office Pavilion,
1100 Pennsylvania Ave, NW.
Stadtplan 3 C3.
☎ *(202) 783-7212.*

Tourmobile Sightseeing
Union Station. **Stadtplan** 4 E3.
☎ *(202) 554-5100.*
www.tourmobile.com

Studenten

International Student Identity Card (ISIC)
www.isic.de

Senioren

American Association of Retired Persons (A.A.R.P.)
601 E St, NW. **Stadtplan** 4 D3.
☎ *888-687-2277.*
www.aarp.org

Smithsonian Institution Information
Smithsonian Institution,
Washington, DC 20560–0010.
☎ *(202) 633-1000.*
☎ *(202) 633-5285 (TDD).*
www.si.edu

Behinderte Reisende

Society for Accessible Travel and Hospitality
347 Fifth Ave, Suite 610,
New York, NY 10016.
☎ *(212) 447-7284.*
www.sath.org

Sicherheit und Notfälle

Abzeichen der Parkpolizei

Washington, DC wurde in den letzten Jahren zunehmend sicherer. Die Kriminalitätsrate konnte mit großem Aufwand gesenkt werden. Wenn Sie sich in den touristisch interessanten Gegenden aufhalten und entlegene Viertel meiden, sollten Sie keinerlei Probleme habe. Die wichtigsten Sehenswürdigkeiten liegen in sicheren, belebten Stadtteilen, Kriminalität gibt es hier kaum. Abgelegenere Gegenden sollten Sie besser mit einem Taxi besuchen. Behalten Sie einfach Ihre Umgebung im Auge.

Polizei

Da Washington, DC Amtssitz des Präsidenten ist, sind Sicherheitskräfte allgegenwärtig. Vor allem bei Staatsbesuchen zeigen sie verstärkte Präsenz. Es gibt neun Polizeigruppen in der Stadt. Sie umfassen auch die Park Rangers und Spezialeinheiten wie S.W.A.T. (Special Weapons and Tactics).

Sollten Sie einmal in Schwierigkeiten geraten, wenden Sie sich an die blau uniformierten Polizisten der M.P.D.C. (Metropolitan Police, Washington, DC), die auch Streife gehen.

Witze oder Bemerkungen über Bomben, Waffen oder Terrorismus sind an Orten wie Flughäfen nicht ratsam. Bei entsprechenden Äußerungen laufen Sie Gefahr, verhaftet zu werden.

M.P.D.C.-Polizist

Park Ranger

Persönliche Sicherheit

Obwohl Washington in den letzten Jahren sicherer wurde, sollte man dennoch bestimmte Sicherheitsvorkehrungen beachten. Generell ereignen sich die meisten Verbrechen in Gegenden fernab vom Tourismus – meiden Sie daher abgelegene Gegenden.

Zwar gehen Polizeibeamte in den gern besuchten Gegenden Streife, dennoch ist es empfehlenswert, sich umsichtig und aufmerksam zu verhalten. Vor Taschendieben sind Sie auch in der Innenstadt nicht sicher. Diese treten oft gut gekleidet und häufig als Paar auf, meist an Flughäfen oder in Einkaufszentren, wo sich große Menschenmengen aufhalten. Tragen Sie nur kleine Mengen an Bargeld bei sich. Lassen Sie am Flughafen oder beim Ein- und Auschecken im Hotel Ihr Gepäck niemals aus den Augen. Diebstahl in Hotelzimmern ist zwar selten, doch Wertgegenstände wie Kreditkarten, Schmuck oder größere Mengen Bargeld sollten am besten im Hotelsafe aufbewahrt werden.

Beim Geldabheben sollten Sie einen Geldautomaten (ATM) in einer hellen, betriebsamen Gegend auswählen. Reisende mit Auto sollten in gut ausgeleuchteten Garagen parken oder den Parkservice des Hotels in Anspruch nehmen. Lassen Sie niemals Wertgegenstände im Auto liegen.

Fundsachen

Zwar sind die Chancen, verlorenes oder gestohlenes Eigentum wiederzubekommen, gering, dennoch sollte man den Vorfall auf jeden Fall der Polizei melden und die **Police Non-Emergency Line** anrufen. Denken Sie immer daran, eine Kopie des Polizeiberichts zur Vorlage bei Ihrer Versicherung anfertigen zu lassen.

Bei Verlust oder Diebstahl Ihres Reisepasses sollten Sie umgehend die Botschaft Ihres Heimatlandes kontaktieren. Wenn Sie direkt nach Hause zurückkehren, genügt ein zeitlich begrenztes Reisedokument. Wenn Sie jedoch weiterreisen wollen, müssen Sie sich einen neuen Reisepass ausstellen lassen.

Krankenhaus

Der Verlust von Kreditkarten oder Reiseschecks sollte sofort angezeigt werden (Norufnummern *siehe S. 215*). Wenn Sie sich die Nummern Ihrer Reiseschecks notiert haben, erhalten Sie häufig innerhalb von 24 Stunden neue Schecks ausgestellt.

Versicherung

Für Reisen in die USA wird eine Auslandsreise-Krankenversicherung dringend empfohlen. Die Behandlungen sind teuer und erfolgen nur gegen direkte Bezahlung.

Gute Versicherungen kommen auch für gestohlene oder verlorene Gegenstände auf. Zudem übernehmen manche Versicherungen die Kosten für einen Reiserücktritt oder für Umbuchungen.

Medizinische Versorgung

Die medizinische Versorgung in den USA ist exzellent. Wenn Sie dringend

Polizeiauto

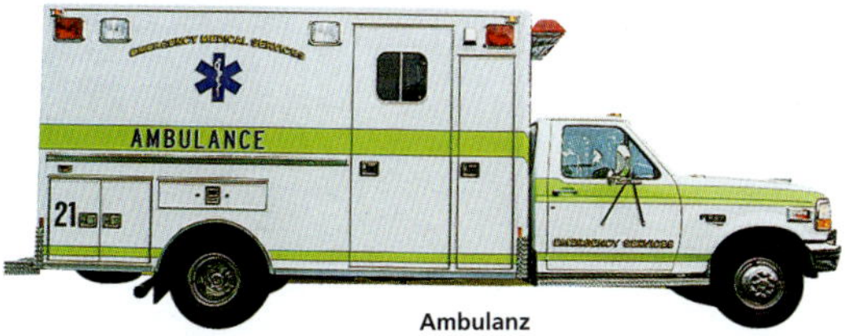

Ambulanz

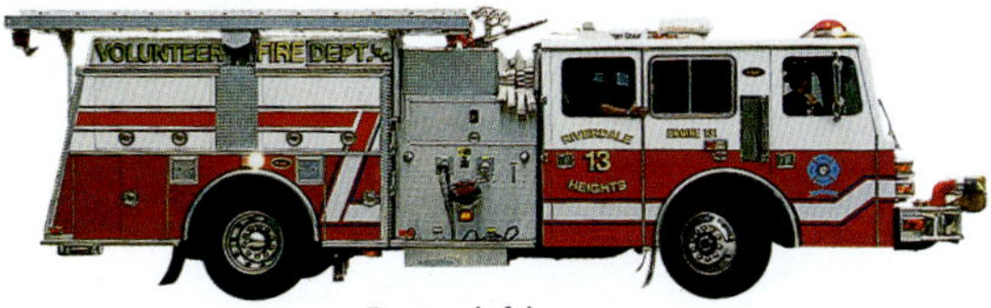

Feuerwehrfahrzeug

medizinische Hilfe brauchen, suchen Sie die nächste Ambulanz in einem Krankenhaus auf. Sollten Sie einen Krankenwagen, die Polizei oder die Feuerwehr benötigen, rufen Sie die Nummer 911 an.

Sind Sie entsprechend versichert, müssen Sie sich um die Erstattung der Kosten keine Sorgen machen. Je nach Deckungssumme Ihrer Versicherung empfiehlt es sich, die oft überfüllten Krankenhäuser in der Innenstadt (im Telefonverzeichnis »Blue Pages« gelistet) zu meiden und ein privates Krankenhaus (in den »Yellow Pages«) zu suchen.

Im Notfall können Sie auch das Hotelpersonal bitten, einen Arzt ins Hotel zu rufen.

In den Staaten an der Ostküste kann die Viruserkrankung West-Nil-Fieber auftreten. Sie wird durch Mücken übertragen. Bei längeren Aufenthalten auf dem Land im Freien wird daher Mückenschutz empfohlen. Die USA sind auch von der Schweinegrippe (A/H1N1) betroffen. Verfolgen Sie bitte die aktuellen Nachrichten (Infos auf: www.auswaertiges-amt.de).

Zeichen für Feuerwehr

Apotheken

Verschreibungspflichtige Medikamente erhält man in einer der vielen Apotheken (»pharmacy« oder »drugstore«) in der Stadt. Einige sind rund um die Uhr geöffnet. Falls Sie ständig Medikamente einnehmen, sollten Sie eine Kopie des Rezepts dabeihaben.

Rechtsbeistand

Wenn Sie anwaltliche Hilfe benötigen, sollten Sie Ihre Botschaft anrufen. Dort wird man Ihnen in Notfällen mit juristischem Rat zur Seite stehen. Im Fall einer Verhaftung haben Sie das Recht, die Aussage zu verweigern, das Recht auf einen Anwalt und das Recht, jemanden anzurufen.

Toiletten

Besucherzentren, Museen und Sammlungen haben öffentliche Toiletten, manche auch WCs für Behinderte sowie Wickelräume. Toiletten in Restaurants und Hotels sind meist nur für die Gäste zugänglich.

Auf einen Blick

Fundsachen

Polizei (allgemeine Nummern)
311 oder 737-4404.

Apotheken

CVS 24-Hour Pharmacy
1199 Vermont Ave, NW.
Stadtplan 3 B2.
628-0720.
6 Dupont Circle, NW (Connecticut Ave/Ecke Massachusetts Ave)
Stadtplan 2 F2.
785-1466.

Notrufnummern

Polizei, Feuerwehr, Notarzt (für alle Notfälle)
911.

Notdienst
Medizinisch/zahnärztlich
342-2400.

Krankenhäuser
411.

Botschaften

Deutschland
4645 Reservoir Rd, NW.
Stadtplan 1 A1.
298-4000.
FAX *298-4249.*
www.washington.diplo.de

Österreich
3524 International Court, NW
Stadtplan 4 D3.
895-6700.
FAX *895-6750.*
www.austria.org

Schweiz
2900 Cathedral Ave, NW.
Stadtplan 3 A1.
745-7900.
FAX *387-2564.*
www.eda.admin.ch/washington

Botschaft der USA in D
Pariser Platz 2, 10117 Berlin.
(030) 83 050.
www.usembassy.de

Stadtplan *siehe Seiten 224–229*

Banken und Währung

An vielen Geldautomaten können Sie rund um die Uhr Bargeld vom eigenen Konto abheben. Tragen Sie niemals Ihr gesamtes Bargeld und alle Kreditkarten bei sich. Falls Sie nicht an einem Geldautomaten abheben wollen, müssen Sie entweder bei einer Bank Geld wechseln oder aber mit Reiseschecks bzw. Kreditkarte bezahlen.

Geldautomat der Chevy Chase Bank, eine beliebte Bank in Washington

Banken

In der Regel sind Banken montags bis freitags von 9 bis 14 oder 15 Uhr geöffnet. Die meisten Banken haben auch samstagvormittags von 9 bis 13 Uhr geöffnet. Alle Banken sind sonntags und an Feiertagen *(siehe S. 39)* geschlossen.

Bevor Sie Bankgeschäfte tätigen, sollten Sie sich nach anfallenden Gebühren erkundigen. Um Reiseschecks einzulösen, brauchen Sie Ihren Pass. Mit Ihrer Kreditkarte können Sie bei Banken auch Geld abheben, allerdings gegen entsprechende Gebühren. Nur große Banken wechseln Fremdwährungen in bar.

Geldautomaten

Geldautomaten (Automated Teller Machines, ATMs) befinden sich meist in den Vorräumen oder an der Außenmauer von Bankfilialen, in Einkaufszentren, an Tankstellen, in Supermärkten, Lebensmittelläden, Bahnhöfen und am Flughafen. Hier können Sie mit einer Kredit- oder Debitkarte Dollar abheben.

Maestro-/EC-Karten, die an eines der internationalen Systeme (Cirrus, Plus, Maestro sind verbreitet) angeschlossen sind, können auch in den USA an Geldautomaten (nicht jedoch in Läden) benutzt werden. Klären Sie mit Ihrer Bank, welche Gebühren für solche Abhebungen fällig werden.

Kreditkarten

In den USA werden auch kleine Beträge oft mit Kreditkarte bezahlt. Kreditkarten wie **Visa**, **MasterCard**, **American Express** und **Diners Club** werden fast überall als Zahlungsmittel akzeptiert. Kreditkarten erlauben Ihnen nicht nur, mit wenig Bargeld zu reisen, sondern sie fungieren häufig auch als Sicherheitsleistung, etwa bei Hotels, Autovermietungen und Krankenhäusern.

Kreditkarten von American Express

Bei Verlust müssen Sie die Karte innerhalb weniger Stunden sperren lassen, um so die Haftung für einen Missbrauch der Karte zu begrenzen (Notrufnummern, *siehe Kasten S. 215*).

Geldwechsel

Wechselkurse für ausländische Währungen sind in Banken mit Wechselschaltern (meist die Hauptfilialen großer Banken) ausgehängt. Die Gebühren sind relativ hoch, aber niedriger als beim Umtausch in Hotels.

Sie sollten unbedingt vor der Einreise schon US-Dollar bei einer Bank kaufen – etwa so viel, wie Sie für zwei Tage brauchen. Obwohl sehr vieles in den USA bargeldlos läuft (etwa mit Kreditkarte), benötigen Sie immer etwas Bargeld nach der Ankunft – u. a. für öffentliche Verkehrsmittel, Trinkgeld, eventuell Straßenmaut bzw. Taxis und für diverse andere Situationen. Achten Sie auf eine kleine Stückelung der Scheine.

Reiseschecks

Reiseschecks, sogenannte Travellerschecks, gehören zu den sichersten Möglichkeiten, im Urlaub »Bargeld« dabeizuhaben. Reiseschecks in US-Dollar von American Express oder Travelex werden von den meisten Läden, Hotels und Restaurants ohne Gebühr akzeptiert. Das Wechselgeld auf Reiseschecks wird in bar ausgezahlt. Wählen Sie Reiseschecks in kleinen Stückelungen, etwa 10- oder 20-Dollar-Schecks (maximal 50 Dollar), da die meisten Verkäufer nur ungern viel Wechselgeld herausgeben (Faustregel: maximal die Hälfte des Scheckbetrags). Bei der Verwendung von Reiseschecks müssen Sie immer Ihren Pass oder den Führerschein vorzeigen.

Reiseschecks in US-Dollar werden von den meisten Banken gegen Bargeld getauscht (gegen Gebühr). American Express und Travelex wechseln ihre eigenen Schecks natürlich kostenlos ein.

Ein weiterer nicht zu unterschätzender Vorteil von Reiseschecks ist, dass sie im Fall von Verlust oder Diebstahl problemlos ersetzt werden.

Münzen

In den USA sind folgende Münzen (coins) *in Umlauf: 1, 5, 10, 25 Cent und 1 US-$. Die 50-Cent-Münze ist eher selten. Jede Münze hat einen Namen: 1-Cent-Münzen heißen* pennies, *5-Cent-Münzen* nickels, *10-Cent-Münzen* dimes, *25-Cent-Münzen* quarters *und 1-Dollar-Münzen (und -scheine)* bucks.

25-Cent-Münze ***(quarter)***

10-Cent-Münze ***(dime)***

5-Cent-Münze ***(nickel)***

1-Cent-Münze ***(penny)***

1-Dollar-Münze ***(buck)***

Banknoten

Banknoten (bills) *gibt es im Wert von 1, 2 (selten), 5, 10, 20, 50 und 100 US-$. Die neue* Golden Dollar*-Münze hat die 1-Dollar-Banknote noch bei Weitem nicht ersetzt. Seit einiger Zeit sind neue Scheine im Wert von 10, 20 und 50 US-$ mit leicht geänderten Farben, größeren Porträts und neuen Sicherheitsmerkmalen im Umlauf.*

Auf einen Blick

Verlust/Diebstahl von Kreditkarten

Allgemeine Notrufnummer
☎ *011-49-116-116.*
www.116116.eu

American Express
☎ *1-800-528-4800.*
www.americanexpress.com

Diners Club
☎ *1-800-234-6377.*
www.dinersclub.com

MasterCard
☎ *1-800-307-7309.*
www.mastercard.com

Visa
☎ *1-800-847-2911.*
www.visa.com

Maestro-/EC-Karte
☎ *011-49-69-740-987 (D).*

1-Dollar-Note
(George Washington, 1. US-Präsident)

5-Dollar-Note
(Abraham Lincoln, 16. US-Präsident)

10-Dollar-Note (Alexander Hamilton, einer der Gründerväter der USA)

20-Dollar-Note
(Andrew Jackson, 7. US-Präsident)

50-Dollar-Note
(Ulysses S. Grant, 18. US-Präsident)

100-Dollar-Note (Benjamin Franklin, einer der Gründerväter der USA)

Kommunikation

US-Mail-Briefmarke

Das Telefon- und Postwesen in den USA ist verlässlich. Mit Mobilfunk und Internet ist die Kommunikation schneller denn je. In den meisten Hotels gibt es Internet-Anschlüsse. Münz- und Kartentelefone finden Sie an Straßen sowie in Restaurants, Theatern, Bars, Kaufhäusern, Hotellobbys und Tankstellen. Hilfe bei der richtigen Frankierung von Briefen erhalten Sie an der Hotelrezeption oder im Postamt.

Öffentliche Telefone

Öffentliche Fernsprecher funktionieren mit Münzen, Telefonkarten und eventuell auch mit einer Kreditkarte. Sie können auch zu Hause eine Telefonkarte kaufen, etwa die »Telefonkarte Comfort« der Deutschen Telekom.

Mobiltelefone

In den USA funktionieren nur Mehrband-Mobiltelefone (Triband-Handys). Für sie kann man auch Telefonkarten nutzen, die es in fast jedem Supermarkt gibt. Die Karten haben eine kostenlose Zugangsnummer (meist 1-800er Nummern) und bieten so eine preisgünstige Möglichkeit, in den USA zu telefonieren – falls Sie 1-800er Nummern kostenlos anwählen können (fragen Sie Ihren Provider). Ein »normales« europäisches GSM-Handy funktioniert nicht. Sie können es aber mit einer USA-SIM-Karte für inneramerikanische Telefonate nutzen (SIM-Karten bei Ihrem Provider). Sie können auch ein Mobiltelefon mieten.

Übrigens: »Handys« heißen in den USA »cell phones«.

WESTERN UNION

Logo der Western Union

Telefongebühren

Ortsgespräche kosten bei öffentlichen Telefonen etwa 35 Cent für drei Minuten. Telefonate vom Hotelzimmer sind wesentlich teurer. Telefonkarten gibt es in den meisten Supermärkten, in vielen Läden und an Kiosken.

Faxsendungen

Faxe können in den meisten Hotels und bei vielen Anbietern – u.a. bei **Western Union** und **UPS** – verschickt werden. Hotels verlangen oft wesentlich höhere Gebühren.

Nützliche Nummern

- Vorwahl USA: **001**.
- Vorwahl für Washington, DC: **202**.
- Vorwahlen für die Umgebung von Washington, DC sind u.a. Baltimore **410**, MD **301**, **240**, Delaware **302**, Northern Virginia **703**, West Virginia **304**.
- Für Ferngespräche innerhalb der USA wählen Sie die **1**, die dreistellige Regionalvorwahl und dann die Teilnehmernummer.
- Für Ortsgespräche wählen Sie die siebenstellige Telefonnummer.
- Für direkte Telefonate ins Ausland wählen Sie die **011**, dann die Ländervorwahl (Deutschland: **49**; Österreich: **43**; Schweiz: **41**), dann die Ortsvorwahl (erste 0 weglassen) und die Rufnummer.
- Internationale Gespräche über Operator: **01**, dann Landesvorwahl, Ortsvorwahl (ohne 0), dann Teilnehmernummer.
- Auskunft: **411**.
- Notruf Polizei, Feuerwehr und Notarzt: **911**.
- Deutschland Direkt: **1-800-292-0049**.
- Gebührenfreie Nummern: **1-800** und **888**.
- Telefonkarte Comfort: **1-800-927-0049**.

Münztelefon

1 Nehmen Sie den Hörer ab.

3 Wählen Sie die gewünschte Nummer.

Münzen
Vergewissern Sie sich, dass Sie die richtigen Münzen haben, bevor Sie wählen.

5 Cent

10 Cent

25 Cent

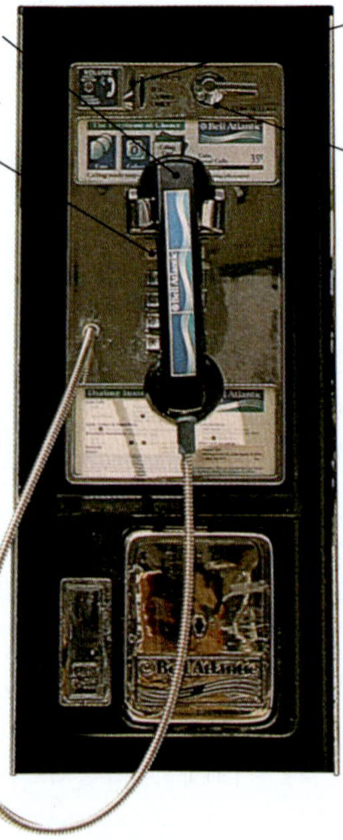

2 Stecken Sie die erforderliche Anzahl an Münzen hinein.

4 Möchten Sie den Anruf abbrechen oder kommt keine Verbindung zustande, drücken Sie die Taste »Coin Return«. Die Münzen werden dann zurückgegeben.

5 Sprechen Sie länger als drei Minuten, wird die Vermittlung das Gespräch unterbrechen und Sie bitten, weitere Münzen einzuwerfen. Ungenutzte Münzen werden zurückgegeben, Wechselgeld dagegen nicht.

Internet-Cafés

Um über das Internet in Verbindung zu bleiben, kann man eines der zahlreichen Internet-Cafés – z. B. das **Cyberstop Café** – besuchen. Für etwa acht US-Dollar pro Stunde kann man im Internet surfen oder E-Mails versenden.

Postdienste

US-Briefkasten

Postämter sind montags bis freitags von 9 bis 17 Uhr geöffnet, samstags meist von 9 bis 12 Uhr. An Sonn- und Feiertagen sind Postämter geschlossen.

Wenn Sie Ihren Brief ausreichend frankiert haben, werfen Sie ihn einfach in einen der blauen Briefkästen. Die Leerungszeiten stehen auf der Innenseite der Einwurfklappe.

Briefe nach Europa sollte man stets per Luftpost verschicken, da es sonst Wochen dauert. Mit Priority Mail und Express Mail geht es schneller. Die Sendungen sind allerdings auch teurer.

Sie können sich auch Post zusenden lassen: Die Briefe müssen den Zusatz »c/o General Delivery« tragen und an das Hauptpostamt oder an jedes andere Postamt adressiert sein, wo man die Sendung 30 Tage lang für Sie aufbewahrt.

Fernsehen und Radio

Fernseher sind in den USA allgegenwärtig – in Bars und Restaurants ebenso wie in Hotels und in Läden. Meist handelt es sich um Kabelfernsehen mit bis zu 60 verschiedenen Kanälen. Einige der besten Fernsehkanäle sind CBS (Kanal 9), NBC (Kanal 4), CNN (Kanal 10), ABC (Kanal 7) und Fox (Kanal 5). Wer sich für Politik interessiert, sollte die Kanäle C-Span 1 und C-Span 2 einschalten, die u. a. Debatten aus dem Kongress live übertragen. Die meisten Hotelzimmer haben auch ein Radio. In Washington gibt es Sender für jeden Geschmack, ob Klassik, Jazz, Country oder Rock. Großer Beliebtheit erfreut sich das National Public Radio (WAMU auf 90,9 und 88,5), Rock läuft auf WHFS (99,1), Popmusik auf Easy 101 (101).

Zeitungen

Zeitungsverkäufer

Die meistgelesene Zeitung im District of Columbia ist *The Washington Post*. Sie ist auch eine der besten Zeitungen in den USA. Die Lokalzeitung *Washington Times* ist ebenso wie *USA Today*, *The Wall Street Journal* und *The New York Times* überall erhältlich.

Zeitungen kann man an stummen Zeitungsverkäufern auf dem Gehweg kaufen, an Zeitungsständen, in Tankstellen, in Supermärkten, in Hotellobbys und in Buchhandlungen. Einige Kioske und Buchläden bieten Zeitungen aus anderen US-Großstädten und viele ausländische Blätter an.

Zeit

In Washington, DC herrscht die »Eastern Standard Time« (EST). Die Sommerzeit beginnt am zweiten Sonntag im März, wenn die Uhren eine Stunde vorgestellt werden, und endet am ersten Sonntag im November.

Stadt und Land	**Stunden + oder – EST**	**Stadt und Land**	**Stunden + oder – EST**
Berlin (Deutschland)	+6	Paris (Frankreich)	+6
Bern (Schweiz)	+6	Sydney (Australien)	+15
Chicago (USA)	–1	Tokyo (Japan)	+14
London (Großbritannien)	+5	Vancouver (Kanada)	–3
Los Angeles (USA)	–3	Wien (Österreich)	+6

Auf einen Blick

Telefonkarten

Western Union
Filialen in ganz Washington. Rufen Sie folgende Telefonnumer an, um das nächstgelegene Büro zu erfragen:
(800) 325-6000.
www.westernunion.com

Faxsendungen

UPS
4401 Connecticut Ave, NW.
244-7299.
www.ups.com

American University,
4410 Massachusetts Ave, NW.
686-2100.

Postdienste

Farragut Station
1125 19th St, NW.
Stadtplan 2 F2.

Friendship Station
4005 Wisconsin Ave, NW.

Georgetown Station
3050 K St, NW.
Stadtplan 2 D2

Martin Luther King Jr. Station
1400 L St, NW.
Stadtplan 2 F3.

National Capitol Station
2 Massachusetts Ave, NE.
Stadtplan 4 E3.

Temple Heights Station
1921 Florida Ave, NW.
Stadtplan 2 E1.

Infos zum nächstgelegenen Postamt unter:
(800) 275-8777.

Internet-Cafés

Cyberstop Café
1513 17th St, NW.
Stadtplan 3 B2.
234-2470.
www.cyberstopcafe.com
@ feedback@cyberstopcafe.com

Anreise

Die US-Hauptstadt ist mit allen Verkehrsmitteln leicht zu erreichen. Im Großraum Washington gibt es drei Flughäfen, die von vielen größeren Fluglinien angeflogen werden. Zwei große Busunternehmen steuern die Stadt ebenfalls an. Die Amtrak-Züge fahren von und zur Union Station. Die meisten Besucher reisen erst nach Washington, DC und organisieren von dort aus einen mehrtägigen Ausflug in die Bundesstaaten Maryland oder Virginia.

Flugzeug der United Airlines

Innenansicht des Reagan National Airport

Mit dem Flugzeug

Im Großraum Washington gibt es drei Flughäfen: **Dulles International Airport**, **Reagan National Airport** (auch als »National«-Flughafen bekannt) und **Baltimore-Washington International Thurgood Marshall Airport** (kurz BWI). Die meisten großen Fluglinien wie Lufthansa, American Airlines, British Airways, Air France oder United Airlines fliegen mindestens einen der Flughäfen an, sodass Sie zwischen verschiedenen Flughäfen und -tarifen wählen können. Viele internationale Flüge steuern den Flughafen Dulles International an. Er liegt 42 Kilometer westlich von Washington, DC in Virginia. Busse von **Washington Flyer Coach Service** bringeb Sie bis zur Metro-Station West Falls Church. Der **SuperShuttle** fährt stündlich ins Zentrum. Bei Taxifahrten ins Zentrum sollten Sie den Fahrpreis vorher mit dem Fahrer festlegen.

Der Reagan National Airport liegt nur acht Kilometer außerhalb der Stadtgrenzen (16 km zur City) in Arlington (Virginia). Mit der gelben oder blauen Metrorail-Linie oder dem SuperShuttle (der Bus fährt im 30-Minuten-Takt), dem Washington Flyer oder einem Taxi sind Sie rasch im Stadtzentrum.

Der Baltimore-Washington International Thurgood Marshall Airport befindet sich 48 Kilometer nordöstlich von Washington. Er wird von vielen Charterfluggesellschaften angeflogen. Der **Maryland Area Rail Commuter Service (MARC)** verbindet (nur an Wochentagen) den Flughafen und Washington miteinander. Nur einige Dollar mehr kostet die Fahrt mit **Amtrak**-Zügen. Vom BWI verkehrt auch ein SuperShuttle, der aber mehr kostet als der Zug und eine längere Fahrzeit hat. Eine Taxifahrt vom BWI nach Washington ist recht kostspielig.

Flugpreise und Fluglinien

Die Hochsaison im US-Flugverkehr liegt zwischen März und Juni sowie September und Anfang November. Auch in der Weihnachtszeit kann es schwierig sein, einen Flug zu bekommen. Zu Zeiten des höchsten Flugaufkommens sind die Tarife am teuersten. Allerdings gibt es in den Sommermonaten zahlreiche günstige Pauschalangebote. Flüge an Wochenenden sind gewöhnlich günstiger als Flüge an Werktagen. Am günstigsten sind Apex-Tickets, die jedoch mindestens eine Woche im Voraus gebucht werden müssen. Zwischen Hin- und Rückflug muss dann ein Wochenende liegen.

Für einen günstigen Flugpreis sollte man bei mehreren Fluglinien und Reisebüros Angebote einholen.

Der Washington Flyer-Bus verbindet den Flughafen Dulles mit der Metro

Flughafen	Info	Fahrzeit ins Zentrum	Taxi	Shuttle-Busse
Dulles	(703) 572-2700	42 km 40 Min.	50–55 US-$	26–35 US-$
National	(703) 417-8000	16 km 15 Min.	15–20 US-$	13–23 US-$
BWI	(800) 435-9294	48 km 50 Min.	62–65 US-$	32–42 US-$

Ticketverkauf an einem Amtrak-Schalter

Lufthansa, **Austrian Airlines** oder **Swiss** bieten Direktflüge an. Durchschnittliche Flugzeiten nach Washington, DC sind ab Frankfurt: 10:50 Stunden, ab Wien: 13 Stunden, ab Zürich: 11:15 Stunden.

Pauschalangebote

Die beliebten »Fly-Drive«-Angebote, bei denen Flug und Mietwagen in einem Pauschalangebot zusammengefasst sind, erlauben eine flexible Reiseplanung. Informationen gibt es im Reisebüro oder online.

Über die in den USA beliebten »Romance«- oder Wochenend-, Familien-, Ferien- und Veranstaltungsangebote erteilt die Washington, DC Convention and Visitors Association Auskunft *(siehe S. 211)*. United Airlines, US Airways, Amtrak und andere Anbieter haben eigene Pauschalangebote.

Mit dem Zug

Amtrak-Züge sind ein sehr gutes Fortbewegungsmittel im Großraum Washington. Züge aus anderen Städten kommen in Washington an der Union Station an. Von hier aus fahren auch Züge nach Baltimore, Philadelphia, Richmond und Williamsburg. Amtrak bietet einen sehr gut ausgestatteten, schnellen und bequemen Zug von und nach New York City an, den sogenannten Metroliner. Das Ticket ist allerdings auch etwas teurer. Der neue, relativ günstige »Acela«-Schnellzug verbindet Washington, DC mit New York City und Boston.

Eine weitere Zugverbindung bietet MARC (Maryland Area Rail Commuter) an: Die Vorortzüge von Maryland fahren an Wochentagen nach Baltimore.

Mit dem Auto

Das Zentrum von Washington, DC wird von den Interstates, der I-95 und I-495, umgeben, die einen Autobahnring, den stets überfüllten »Capital Beltway«, bilden. Die I-66 verbindet die Stadt mit West Virginia, die I-50 führt von Washington, DC in Richtung Osten nach Annapolis (Maryland). Die I-95 verbindet die Stadt mit Baltimore, Philadelphia und New York City, die I-270 führt nach Frederick (Maryland).

Mit den Greyhound-Bussen kann man ganz Amerika entdecken

Mit dem Bus

Eine Busfahrt in die Hauptstadt dauert relativ lange, ist allerdings eine recht preiswerte Option. **Greyhound Busline** und **Peter Pan Trailways** bieten Verbindungen zu vielen Städten in ganz Amerika an. Kinder und Senioren erhalten Ermäßigungen. Der Busbahnhof (1005 1st St, NE, nahe der L St) ist etwas abgelegen. Dorthin sollte man ein Taxi nehmen.

Auf einen Blick

Flughäfen

Baltimore-Washington International Thurgood Marshall Airport (BWI)
Baltimore, MD.
(800) 435-9294 oder (800) I-FLY-BWI.
(410) 859-7387 (Fundbüro).
www.bwiairport.com

Dulles International Airport (IAD)
Chantilly, VA.
(703) 572-2700.
(703) 572-8479 (Fundbüro).
www.mwaa.com/dulles

Reagan National Airport
Arlington, VA.
(703) 417-8000.
(703) 417-8560 (Fundbüro).
www.metwashairports.com

Fluglinien

Lufthansa
00-645-3880 (IAD).
www.lufthansa.com

Austrian Airlines
800-843-0002 (IAD).
www.aua.com

Swiss
www.swiss.com

Öffentliche Verkehrsmittel

Amtrak
Union Station,
50 Massachusetts Ave, NE.
906-3000.
(800) USA-RAIL.
www.amtrak.com

Maryland Area Rail Commuter Service (MARC)
(410) 539-5000.
(866) RIDE-MTA.
www.mtamaryland.com

SuperShuttle
(800) BLUE-VAN.
www.supershuttle.com

Washington Flyer Coach Service
(888) WASH-FLY.
www.washfly.com

Greyhound Busline
1005 1st St, NE.
(800) 231-2222.
289-5160.
www.greyhound.com

Peter Pan Trailways
1005 1st St, NE.
(800) 231-2222.
www.peterpanbus.com

In Washington, DC unterwegs

Washington, DC verfügt über ein sehr leistungsstarkes öffentliches Verkehrssystem. Urlauber wie Einheimische bevorzugen die Metro oder den Bus, um sich in der Stadt zu bewegen, und verzichten auf das Auto, denn Parkplätze sind rar. Alle wichtigen Sehenswürdigkeiten kann man gut zu Fuß, mit der Metrorail, den Metrobussen oder dem Taxi erreichen.

Feierabendverkehr im Stadtzentrum von Washington, DC

Reiseplanung

Die Tourismusbüros in Washington, DC, Maryland und Virginia sind wichtige Anlaufstellen für Besucher. Am besten ist es, Sie nehmen schon vor Ihrer Abreise Kontakt auf.

Die Info-Dienste **Smithsonian's Dial-a-Museum** und **Dial-a-Park** geben Auskünfte über Veranstaltungen.

Spielt für Sie die Witterung während Ihres Aufenthalts eine Rolle, informieren Sie sich beim **Weather Update**.

Orientierung an einem Tourist Information Kiosk

Orientierung

Die US-Hauptstadt lässt sich hervorragend zu Fuß erkunden, solange Sie bequemes Schuhwerk tragen und die Orientierung behalten. Viele der Hauptsehenswürdigkeiten liegen rund um die Mall verstreut. Auch andere Stadtviertel, z. B. Georgetown, bieten eine ganz eigene Atmosphäre, die man am besten bei einem Bummel zu Fuß genießt.

Ganz Washington ist in vier Quadrate aufgeteilt: Northeast (NE), Northwest (NW), Southeast (SE) und Southwest (SW), wobei das Kapitol das Zentrum bildet. Die Straßen sind meist gerade angelegt und durchnummeriert, die rechtwinklig dazu verlaufenden Straßen alphabetisch geordnet. Jede Adresse in Washington muss die Angabe des Quadrats (NE usw.) haben, da sich die Hausnummern in bis zu fünfstelligen Ziffern an denselben Straßen durch alle Quadrate fortsetzen.

Bei der ersten Orientierung sollten Sie daran denken, dass die meisten nummerierten Straßen von Nord nach Süd verlaufen, Straßen mit Buchstaben von Ost nach West. Allerdings gibt es keine »J«, »X«, »Y« oder »Z«-Straßen. Die »I«-Straße wird oft »Eye«-Street geschrieben.

Im Nordwest-Quadrat befinden sich die Stadtviertel mit den meisten Sehenswürdigkeiten. Rund um die Mall und das Kapitol gibt es eine ganze Reihe weiterer Attraktionen.

Metrorail

Ein Plan des Streckennetzes der Metrorail ist eine wichtige Informationsquelle für Besucher *(siehe hintere Umschlaginnenseiten)*.

Der Fahrpreis für die Metro richtet sich nach Zeitpunkt der Fahrt und der Entfernung. Er liegt zwischen 1,65 und 4,50 US-Dollar.

Metro-Zeichen

Tickets oder »farecards« für eine oder mehrere Fahrten werden an Verkaufsautomaten gekauft: Münzen und Geldscheine (jedoch keine Scheine über 20 US-Dollar) können für die Bezahlung benutzt werden. Man wirft den genauen Betrag ein oder wirft Geld nach, wenn man die Fahrkarte aufladen möchte. Die bezahlte Fahrkarte wird vor und nach jeder Fahrt an den Drehkreuzen eingelesen: Wenn auf der Karte noch ein Guthaben ist, wird sie zurückgegeben, im anderen Fall behält das Lesegerät das Ticket.

Es gibt zudem Tagespässe (7,80 US-$) und Sieben-Tages-Pässe (26,40 bis 39 US-$ für Kurzstrecken und unbegrenzte Nutzung). Mit sogenannten SmarTrip® Cards zahlt man für das Umsteigen von Metrorail auf Metrobus weniger. Studenten und Senioren fahren günstiger.

Die Innenstadt wird von fünf Metrorail-Linien durchquert: Orange Line, Blue Line, Red Line, Yellow Line und Green Line. Die Züge verkehren montags bis donnerstags zwischen 5.30 und 24 Uhr, freitags von 5.30 bis 3 Uhr, samstags von 7 bis 3 Uhr und sonntags von 7 bis 24 Uhr.

Metrobus in Washington, DC

Metrobus

Wie die Metrorails sind auch die Metrobusse schnell und günstig. Das Streckennetz umfasst zudem Teile von Virginia und Maryland. Die Busse halten häufig.

Busfahrkarten kosten 1,25 bis 3,10 US-Dollar (Expressrouten). Mit sogenannten SmarTrip® Cards zahlt man für einen Buswechsel weniger. Rabatte gibt es für behinderte Fahrgäste, Studenten und Senioren. Bis zu zwei Kinder unter vier Jahren können mit einem zahlenden Erwachsenen kostenlos mitfahren. Das Ticket zahlt man entweder direkt beim Busfahrer (abgezähltes Geld bereithalten) oder nutzt den Metrobus-Pass.

Der **Circulator** verbindet die Hauptsehenswürdigkeiten im Zentrum miteinander und fährt alle zehn Minuten. Karten der Buslinien erhält man an allen Metrorail-Stationen. An den Bushaltestellen hängen Pläne der dort haltenden Linien.

Straßenschild

Taxis und Rikschas

Ein Taxi bekommen Sie in Washington ohne größere Probleme: Man kann eines auf der Straße herbeiwinken oder über ein Taxiunternehmen telefonisch bestellen. Eine Übersicht der Unternehmen gibt es bei der **DC Taxi Cab Commission**. Die Preise richten sich mittlerweile nicht mehr nach Zonen, sondern nach Zeiten und Entfernungen. Der Startpreis beginnt bei drei US-Dollar, für jede Sechstel Meile kommen 25 Cent hinzu. Während der Rushhour und für Gepäckbeförderung kann ein Aufschlag von 50 Cent bis zwei US-Dollar erfolgen. Jeder zusätzliche Mitfahrer kostet 1,50 US-Dollar. Das Maximum einer Fahrt innerhalb des »District« sollte 19 US-Dollar nicht übersteigen.

Eine Alternative zu Taxis sind für kurze Entfernungen Fahrrad-Rikschas (Pedicabs).

Autofahren und Parken

Autofahrten in Washington können relativ stressfrei sein, solange Sie den Berufsverkehr zwischen 6.30 und 9.30 sowie 16 und 19 Uhr meiden. Zu diesen Zeiten wird der Verkehr bisweilen umgeleitet, manche Straßen werden zu Einbahnstraßen, Linksabbiegen ist oft untersagt. Die Änderungen sind gewöhnlich deutlich markiert. Im dichten Verkehr können manche Fahrer auch in Washington recht aggressiv werden. Straßenparkplätze sind vor allem rund um die belebten Viertel Mangelware. Im Berufsverkehr ist das Parken am Straßenrand in vielen Fällen überhaupt nicht gestattet.

Wenn Sie auf einem Parkplatz mit Parkuhr parken, sollten Sie die Parkzeit nicht überschreiten, da hohe Bußgelder anfallen oder der Wagen mit einer Parkkralle blockiert wird. An Sonn- und Feiertagen gelten andere Parkbeschränkungen – lesen Sie daher die Parkschilder genau. Ein Stellplatz in einer Parkgarage kostet mindestens 20 US-Dollar am Tag. Parkservice bieten einige Restaurants, Hotels und Einkaufszentren gegen Gebühr an. Am besten lassen Sie Ihr Auto stehen, da fast alle Sehenswürdigkeiten sehr gut mit den öffentlichen Verkehrsmitteln zu erreichen sind. Wenn Sie dennoch mit dem Auto in die Stadt fahren möchten, sollten Sie den Wagen in einer Parkgarage abstellen und dann die Metrorail oder den Metrobus benutzen.

Typisches Taxi *(yellow cab)* in Washington, DC

Auf einen Blick

Info-Nummern

Dial-a-Park
619-7275.

Smithsonian's Dial-a-Museum
357-2020.

Weather Update (Wetter)
936-1212.

Metrorail und Metrobus

Circulator
962-1423.
www.dccirculator.com

Metrorail und Metrobus
600 5th St, NW.
637-7000.
638-3780 (TDD).
www.wmata.com

Taxis und Rikschas

Capitol Pedicabs
232-6086.

DC Taxi Cab Commission
2041 Martin Luther King Jr. Ave, SE. *645-6018.*
http://dctaxi.dc.go

Diamond Cab
332-6200.

Yellow Cab
544-1212.

Autofahren und Parken

www.washington.org
www.downtowndc.org

Bei Ausflügen unterwegs

Außerhalb der Stadtgrenzen von Washington, DC gibt es viel zu entdecken. Mit einem Auto und einer genauen Karte kann man die vielen Sehenswürdigkeiten gut erreichen. Obwohl man zu vielen Attraktionen auch mit öffentlichen Verkehrsmitteln gelangt, ist die Autofahrt ist meist schneller. Autos kann man überall mieten, allerdings sind sie teurer als Busse oder Züge.

Freie Fahrt für Inline-Skater

Verkehrsregeln

Die Höchstgeschwindigkeit auf den Highways im District of Columbia beträgt 55 Meilen pro Stunde (88 km/h). In Wohngegenden liegt die Geschwindigkeitsbegrenzung zwischen 20 und 35 Meilen pro Stunde (32–56 km/h), in unmittelbarer Nähe von Schulen überwiegend bei 15 Meilen pro Stunde (24 km/h). Bitte beachten Sie: Für Kraftfahrer gilt ein absolutes Alkoholverbot.

Zwar sind Straßen meist gut ausgeschildert, dennoch sollte man seine Fahrt vorher gut planen, um sich längere Umwege zu ersparen. Autofahrer müssen jederzeit einen gültigen (nationalen) Führerschein und die üblichen Fahrzeugpapiere bei sich haben.

Autovermietung

Um ein Auto zu mieten, müssen Sie mindestens 25 Jahre alt sein, einen gültigen (nationalen) Führerschein und eine Kreditkarte besitzen. Die Kreditkarte wird mit einer Kaution belastet, die nach Rückgabe des Autos verrechnet wird. Jüngere Fahrer (ab 19 Jahren) erhalten bei manchen Firmen gegen Aufpreis eine spezielle »Jungfahrerversicherung«. Empfehlenswert ist eine umfassende Haftpflichtversicherung. Die meisten Mietautos haben Automatikschaltung, Servolenkung und Klimaanlage. Untersuchen Sie den Wagen genau auf Lackschäden, Kratzer o. Ä. – und lassen Sie diese im Protokoll vermerken. Zu den im Raum Washington, DC am weitesten verbreiteten Firmen gehören **Alamo**, **Avis**, **Budget** und **Hertz**.

Straßenschild

Tanken

Benzin ist in den USA noch immer billiger als in Europa. Sie können mit Kreditkarte, Reiseschecks oder in bar bezahlen. Den Wagen tanken zu lassen ist teurer, als ihn selbst zu tanken.

Die meisten Tankstellen betreiben rund um die Uhr geöffnete Läden, in denen Sie sich mit Lebensmitteln versorgen können.

Pannenhilfe

Bei einer Autopanne ist es am besten, sofort von der Straße zu fahren und die Warnblinkanlage einzuschalten. An den großen Interstate Highways stehen Notrufsäulen, mit denen Sie die Pannenhilfe rufen können. Ansonsten müssen Sie die Pannenhilfe des AAA oder die Polizei von einem Mobiltelefon oder einem öffentlichen Telefon aus anrufen. Wenn Sie mit Ihrem Mietauto eine Panne haben, sollten Sie zunächst die Mietwagenfirma informieren. Der **ADAC** unterhält in den USA eine deutschsprachige Notrufnummer: 1-888-222-1373.

Parken

Die wichtigsten Sehenswürdigkeiten in der Umgebung von Washington, DC haben ausreichend Besucherparkplätze, verlangen jedoch zum Teil Parkgebühren.

Generell sollte man die Parkregeln genau studieren, um Strafgebühren, Parkkrallen oder ein Abschleppen zu vermeiden.

Parkschild

Radfahren

Im Großraum Washington gibt es einige sehr schöne Radwege. Fahrradläden verleihen Räder und helfen mit Karten aus. **Better Bikes** verleiht Fahrräder für einen

Mit dem Fahrrad lässt sich Washington bequem erkunden

Sightseeing in Washington mit einem Bus von Tourmobile

Tagespreis von 25 bis 50 US-Dollar. **Bike and Roll** organisiert verschiedene Fahrradtouren in und um Washington, DC, darunter einen einstündigen »Early Bird Fun Ride« und eine 16 Kilometer lange »Capital Sites«-Tour. Fahrräder mit 21-Gangschaltung, Helm, Wasserflasche und Proviant werden dabei zur Verfügung gestellt.

Bustouren

Es gibt in Washington mehrere Anbieter von Bustouren: **Gray Line** veranstaltet eine »Black Heritage«-Tour und fährt nach Gettysburg, Williamsburg oder Monticello. **Tourmobile** fährt nach Mount Vernon, zum Frederick Douglass House sowie zum Arlington Cemetery.

Sicherheitstipps für Autofahrer

- Entfernungen und Geschwindigkeiten sind in Meilen angegeben.
- Nationale Führerscheine sind in den USA gültig.
- Sicherheitsgurte sind auf allen Sitzen Pflicht. Kinder unter vier Jahren müssen eigene Kindersitze haben.
- Bei Rot ist Rechtsabbiegen an Verkehrsampeln erlaubt, wenn der Verkehr es zulässt und man zunächst an der Haltelinie stoppt.
- Außerhalb von Ortschaften ist das Halten auf der Fahrbahn verboten. Bei einer Panne muss das Fahrzeug schnellstmöglich von der Fahrbahn entfernt werden.
- Auf mehrspurigen Highways darf man auch außerhalb von Ortschaften rechts überholen. Bei jedem Spurwechsel muss man darauf achten, nicht selbst von rechts überholt zu werden. Eine doppelte gelbe durchgezogene Linie bedeutet Überholverbot.
- An haltenden Schulbussen darf man – auch in der Gegenrichtung – nicht vorbeifahren.
- Ampeln hängen häufig über Kreuzungen, oft stehen sie auch erst nach der Kreuzung am Straßenrand.
- Es gilt die Null-Promille-Grenze. Autofahren unter Alkoholeinfluss wird mit schweren Strafen bis hin zu Gefängnis geahndet.
- Vermeiden Sie es, abends oder nachts in unbekannte Gegenden zu fahren. Die Straßenzüge können von einem Block zum nächsten plötzlich unsicher sein.
- Alleinfahrende Frauen sollten in unbekannten Gegenden Tag und Nacht besonders vorsichtig sein.
- Fahren Sie nur mit verriegelten Autotüren. Versucht Sie jemand auf dem Land oder in unbeleuchteten Gegenden anzuhalten, stoppen Sie nicht. Wenn Sie ein Problem mit Ihrem Wagen haben, fahren Sie zur nächsten Tankstelle.
- Bleiben Sie bei einer Polizeikontrolle im Auto sitzen. Öffnen Sie das Fenster, und lassen Sie die Hände am Lenkrad.

Züge

Die Amtrak-Züge fahren von der Union Station u. a. nach New York City, Williamsburg, Richmond und Baltimore. Die MARC-Züge, Marylands Vorortzüge, fahren wochentags nach Baltimore. Die Fahrkarten sind etwas günstiger als bei Amtrak.

Auf einen Blick

Autovermietung

Alamo
(800) 327-9633.
www.alamo.com

Avis
(800) 331-1212.
www.avis.com

Budget
(800) 527-0700.
www.budget.com

Hertz
(800) 654-3131.
www.hertz.com

Pannenhilfe

ADAC
1-888-222-1373.

American Automobile Association (AAA)
701 15th St, NW,
Washington, DC 20005.
481-6811 (Geschäftsstelle Washington, DC).
(800) 222-4357 (allgemeine Hilfe bei Pannen).
www.aaa.com

Radfahren

Better Bikes
293-2080.
www.betterbikesinc.com

Bike and Roll
1100 Pennsylvania Ave, NW.
842-2453.
www.bikethesites.com

Bustouren

Gray Line
Union Station,
50 Massachusetts Ave, NW.
862-1400 oder 289-1995.
www.graylinedc.com

Tourmobile Sightseeing
Union Station,
50 Massachusetts Ave, NW.
554-5100 oder -5100.
www.tourmobile.com

Stadtplan

Legende

- Wichtige Sehenswürdigkeit
- Weitere Sehenswürdigkeit
- Öffentliches Gebäude
- Bahnhof
- Metro-Station
- Bushaltestelle
- Parken
- Information
- Krankenhaus mit Notaufnahme
- Polizei
- Kirche
- Moschee
- Synagoge
- Post
- Fußgängerzone
- Bootsanlegestelle

0 Meter 300

0 Yards 300

Legende

Ave	Avenue	**Dr**	Drive	**Pkwy**	Parkway	**St**	Street/Saint
DC	District of Columbia	**NE**	Northeast	**Pl**	Place	**SW**	Southwest
		NW	Northwest	**SE**	Southeast	**VA**	Virginia

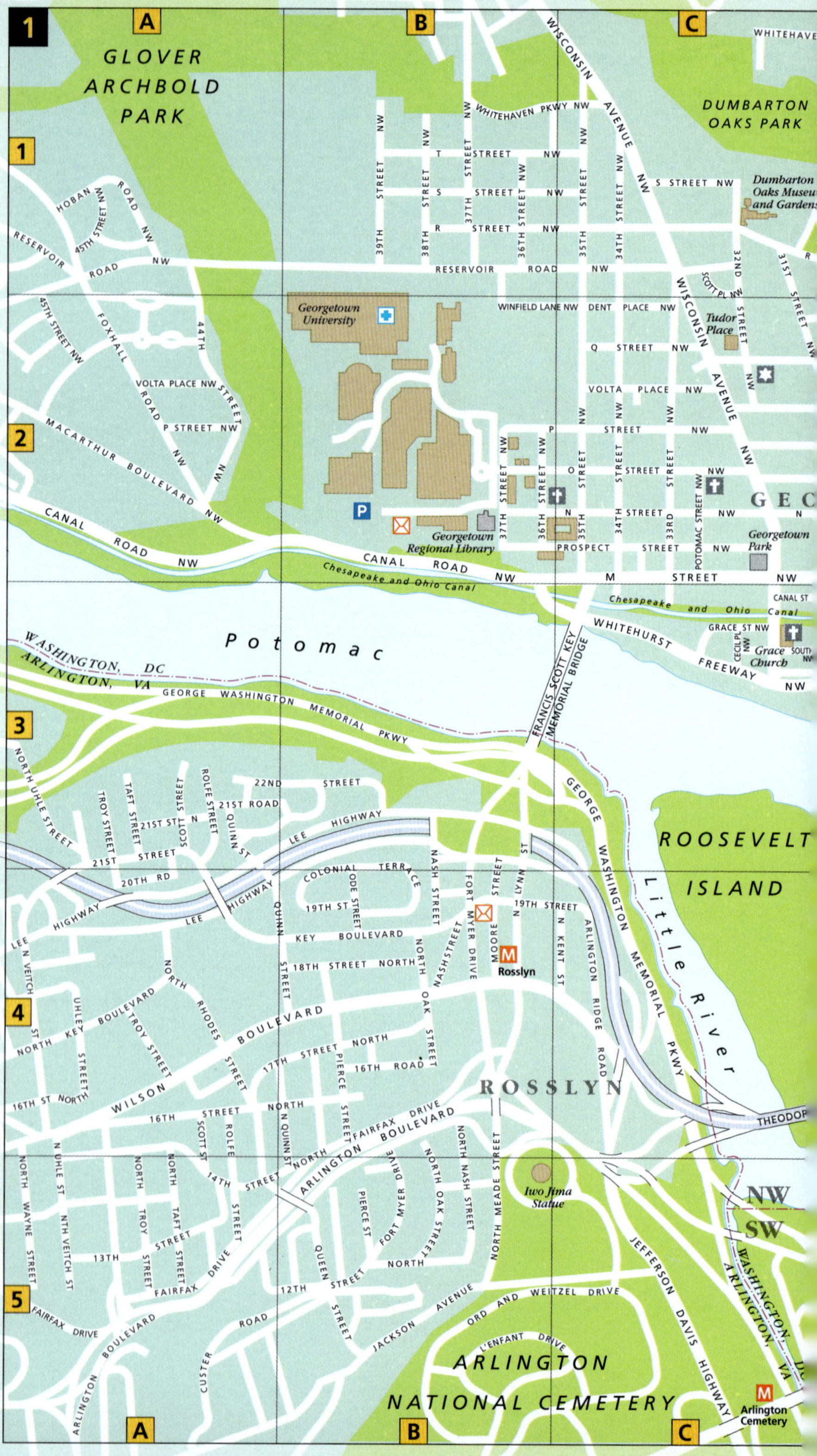
1
A
B
C
1
2
3
4
5
GLOVER ARCHBOLD PARK
DUMBARTON OAKS PARK
Dumbarton Oaks Museum and Gardens
WHITEHAVEN
WISCONSIN AVENUE NW
WHITEHAVEN PKWY NW
T STREET NW
S STREET NW
R STREET NW
39TH STREET NW
38TH STREET NW
37TH STREET NW
36TH STREET NW
35TH STREET NW
34TH STREET NW
32ND STREET NW
31ST STREET NW
HOBAN ROAD NW
45TH STREET NW
RESERVOIR ROAD NW
45TH STREET NW
FOXHALL ROAD NW
44TH STREET NW
VOLTA PLACE NW
P STREET NW
MACARTHUR BOULEVARD NW
CANAL ROAD NW
Georgetown University
Georgetown Regional Library
WINFIELD LANE NW
DENT PLACE NW
SCOTT PL NW
Tudor Place
Q STREET NW
VOLTA PLACE NW
P STREET NW
O STREET NW
N STREET NW
33RD STREET NW
POTOMAC STREET NW
PROSPECT STREET NW
M STREET NW
Georgetown Park
GEO
Chesapeake and Ohio Canal
CANAL ST
GRACE ST NW
CECIL PL NW
Grace Church
SOUTH NW
WHITEHURST FREEWAY NW
Potomac
WASHINGTON, DC
ARLINGTON, VA
GEORGE WASHINGTON MEMORIAL PKWY
FRANCIS SCOTT KEY MEMORIAL BRIDGE
ROOSEVELT ISLAND
Little River
NORTH UHLE STREET
TROY STREET
TAFT STREET
21ST ST N
SCOTT STREET
ROLFE STREET
QUINN ST
22ND STREET
21ST ROAD
21ST STREET
LEE HIGHWAY
20TH RD
COLONIAL TERRACE
ODE STREET
19TH ST
NASH STREET
FORT MYER DRIVE
MOORE STREET
N LYNN ST
19TH STREET
N KENT ST
ARLINGTON RIDGE ROAD
QUINN STREET
KEY BOULEVARD
18TH STREET NORTH
NORTH OAK STREET
NASH STREET
Rosslyn
LEE
N VEITCH ST
UHLE STREET
KEY BOULEVARD
NORTH
TROY STREET
NORTH RHODES STREET
17TH STREET NORTH
PIERCE STREET
16TH ROAD
WILSON BOULEVARD
16TH ST NORTH
16TH STREET NORTH
ROSSLYN
N QUINN ST
FAIRFAX DRIVE
ARLINGTON BOULEVARD
NORTH NASH STREET
NORTH MEADE STREET
THEODORE
N UHLE ST
SCOTT ST
ROLFE STREET
NORTH WAYNE STREET
NORTH TROY STREET
NORTH TAFT STREET
14TH STREET NORTH
NTH VEITCH ST
13TH STREET
PIERCE ST
FORT MYER DRIVE
NORTH OAK STREET
Iwo Jima Statue
NW
SW
WASHINGTON, DC
ARLINGTON, VA
FAIRFAX DRIVE
12TH STREET
QUEEN STREET
ORD AND WEITZEL DRIVE
JEFFERSON DAVIS HIGHWAY
FAIRFAX DRIVE
ARLINGTON BOULEVARD
ROAD
CUSTER
JACKSON AVENUE
L'ENFANT DRIVE
ARLINGTON NATIONAL CEMETERY
Arlington Cemetery

D
E
F
2
1
2
3
4
5
ADAMS MORGAN
KALORAMA
MONTROSE PARK
OAK HILL CEMETERY
Rock Creek
Woodrow Wilson House
Textile Museum
Phillips Collection
Dupont Circle
DUPONT CIRCLE
Dumbarton House
Mount Zion Church
RGETOWN
Old Stone House
Vashington Post Office, Georgetown Branch
Heurich Mansion
National Geographic Society
West End Library
Columbia Hospital for Women
WASHINGTON CIRCLE
Farragut North
Farragut West
FARRAGUT SQUARE
FOGGY BOTTOM
Foggy Bottom GWU
George Washington University Medical Center
George Washington University
Washington Harbour
Georgetown Channel
Watergate Complex
St. Mary's Episcopal Church
Hay-Adams Hotel
Renwick Gallery
LAFAYETTE SQUARE
The White House
Old Executive Office Building
Octagon
Corcoran Gallery of Art
John F. Kennedy Center for the Performing Arts
State Department
Department of the Interior
RAWLINGS PARK
Daughters of the American Revolution
THE ELLIPSE
Federal Reserve Building
Organization of American States
National Academy of Sciences
CONSTITUTION AVENUE NW
ROOSEVELT MEMORIAL BRIDGE
Vietnam Veterans Memorial
CONSTITUTION GARDENS
THE MALL
NW
SW
Lincoln Memorial
Reflecting Pool
World War II Memorial
Washington Monument
Korean War Veterans Memorial
ARLINGTON MEMORIAL BRIDGE
INDEPENDENCE AVENUE SW
KUTZ MEMORIAL BRIDGE SW
WEST POTOMAC PARK
Tidal Basin
LADY BIRD JOHNSON PARK
MASSACHUSETTS AVENUE NW
CONNECTICUT AVE NW
NEW HAMPSHIRE AVENUE
PENNSYLVANIA AVE NW
VIRGINIA AVENUE NW
RHODE ISLAND AVE NW
K STREET NW
M STREET NW
FLORIDA AVENUE
SCOTT CIRCLE
SHERIDAN CIRCLE
WYOMING AVE NW
CALIFORNIA ST NW
ROCK CREEK AND POTOMAC PARKWAY NW
OHIO DRIVE SW
W BASIN DR SW
EAST BASIN DR SW
HENRY BACON DR NW
DANIEL FRENCH DR SW

3
A
B
C
1
2
3
4
5
Phillips Collection
Dupont Circle
DUPONT CIRCLE
LOGAN CIRCLE
SCOTT CIRCLE
THOMAS CIRCLE
Shaw Howard University
CONNECTICUT AVE NW
NEW HAMPSHIRE
MASSACHUSETTS AVENUE NW
RHODE ISLAND AVENUE NW
RHODE ISLAND AVE NW
VERMONT AVENUE NW
RIGGS PLACE NW
RIGGS PL NW
FRENCH ST NW
CORCORAN STREET NW
CHURCH STREET NW
Q STREET NW
P STREET NW
O STREET NW
N STREET NW
M STREET NW
L STREET NW
K STREET NW
I (EYE) STREET NW
H STREET NW
G STREET NW
F STREET NW
E STREET NW
C STREET NW
DESALES ST NW
COLUMBIA ST NW
Mary McLeod Bethune Council House National Historic Site
Heurich Mansion
National Geographic Society
Mt. Vernon Square UDC
Washington Convention Centre
Carnegie Library
MT. VERNON SQ
Farragut North
Farragut West
FARRAGUT SQUARE
McPHERSON SQUARE
FRANKLIN SQUARE
McPherson Square
Hay-Adams Hotel
PENNSYLVANIA AVE NW
NEW YORK AVENUE NW
National Museum of Women in the Arts
CHINATOWN
Martin Luther King Memorial Library
National Portrait Gallery and National Museum of American Art
Renwick Gallery
LAFAYETTE SQUARE
The White House
Treasury Building
Old Executive Office Building
Metro Center
PENN QUARTER
Octagon
National Theatre
International Spy Museum
Ford's Theatre
Willard Hotel
FREEDOM PLAZA
Corcoran Gallery of Art
RAWLING PARK
EXECUTIVE AVENUE NW
Benjamin Franklin Statue
Department of the Interior
White House Visitor Center
National Aquarium
FBI Building
Daughters of the American Revolution
THE ELLIPSE
Ronald Reagan Building
Old Post Office
MARKET SQUARE
State Department
VIRGINIA AVENUE NW
Department of Commerce
Federal Triangle
US Navy Memorial
Organization of American States
ELLIPSE ROAD NW
US National Archives
Federal Reserve Building
CONSTITUTION AVENUE NW
National Museum of American History
National Museum of Natural History
Vietnam Veterans Memorial
MADISON DRIVE NW
THE MALL
NW
SW
Reflecting Pool
Washington Monument
Smithsonian
Smithsonian Castle
Hirshhorn Museum
World War II Memorial
CONSTITUTION GARDENS
15TH STREET SW
JEFFERSON DRIVE SW
Freer Gallery of Art
Korean War Veterans Memorial
INDEPENDENCE AVENUE SW
Arthur M. Sackler Gallery
National Museum of African Art
United States Holocaust Memorial Museum
KUTZ MEMORIAL BRIDGE SW
EAST BASIN DRIVE SW
WEST POTOMAC PARK
Bureau of Engraving and Printing
C STREET SW
D STREET SW
Tidal Basin
L'Enfant Plaza
WATERFRONT
Franklin D. Roosevelt Memorial
WEST BASIN DRIVE SW
OHIO DRIVE SW
14TH ST BRIDGE SW
Washington Channel
MAINE AVENUE SW
WATER ST SW
Jefferson Memorial
George Mason Memorial Garden

4
D
E
F
1
2
3
4
5
NW NE
SW SE
RHODE ISLAND AVE NW
FLORIDA AVENUE NW
NEW JERSEY AVENUE NW
NEW YORK AVENUE NW
MASSACHUSETTS AVENUE NW
MASSACHUSETTS AVENUE NE
LOUISIANA AVE NW
DELAWARE AVENUE NE
CONSTITUTION AVENUE NW
CONSTITUTION AVENUE NE
PENNSYLVANIA AVENUE SE
WASHINGTON AVENUE SW
VIRGINIA AVENUE SW
VIRGINIA AVE SE
NORTH CAPITOL STREET
SOUTH CAPITOL ST
EAST CAPITOL STREET
INDEPENDENCE AVENUE SW
INDEPENDENCE AVENUE SE
NEW JERSEY AVENUE SE
NORTH CAROLINA AVE SE
PENN STREET NE
BRENTWOOD NE
FLORIDA AVENUE NE
ECKINGTON PLACE NE
QUINCY PLACE NE
RANDOLPH PLACE NW
FRANKLIN ST NW
BATES STREET NW
NEAL PLACE NW
HANOVER PL NW
RIDGE STREET NW
MORGAN ST NW
KIRBY ST NW
PATTERSON ST NE
PIERCE ST NW
PIERCE STREET NE
I (EYE) STREET NW
I (EYE) STREET NE
H PLACE NE
G PLACE NE
PARKER ST NE
NEAL PL
SCHOOL ST SW
DUDDINGTON PLACE SE
F STREET SE
BRENTWOOD PARK
National Building Museum
Gallery Place Chinatown
Judiciary Square
National Law Enforcement Officers Memorial
National Postal Museum
Union Station
National Japanese American Memorial
Robert A. Taft Memorial
Sewall-Belmont House
Northeast Library
STANTON SQUARE
Newseum
West Building
East Building
National Gallery of Art
Reflecting Pool
Ulysses S. Grant Memorial
US Capitol
US Supreme Court
CAPITOL HILL
Library of Congress
Folger Shakespeare Library
National Air and Space Museum
National Museum of the American Indian
US Botanic Garden
Bartholdi Fountain
L'Enfant Plaza
Federal Center
Capitol South
FOLGER SQUARE
Ebenezer United Methodist Church
SEWARD SQUARE
Eastern Market
MARION PARK

Textregister

Seitenzahlen im **Fettdruck** verweisen auf den Haupteintrag.

C

D

E

Y

Z

Danksagung und Bildnachweis

DORLING KINDERSLEY bedankt sich bei allen, die bei der Herstellung dieses Buches tatkräftig mitgewirkt haben.

Hauptautorinnen

SUSAN BURKE lebt in Virginia und arbeitet als Redakteurin für die Air Line Pilots Association. Sie hat jahrelang kreatives Schreiben unterrichtet und als freie Redakteurin verschiedener Bücher und Magazine gearbeitet, vor allem in den Bereichen Soziologie, Wirtschaft und Politik.

ALICE POWERS lebt als freie Autorin in Washington, DC. Sie hat für die Washington Post und andere Zeitungen gearbeitet. Außerdem hat sie mehrere literarische Sammlungen veröffentlicht und unterrichtet kreatives Schreiben am Corcoran College of Art and Design.

JENNIFER QUASHA lebt in New York City, ist aber seit Jahren eng mit Washington, DC verbunden. Sie hat über viele Themen – von Reiseartikeln bis zu Gesundheitsfragen – geschrieben und auch an anderen Büchern von Dorling Kindersley mitgearbeitet.

KEM SAWYER lebt seit über 20 Jahren in Washington, DC und hat Kinderbücher, Reportagen und Buchrezensionen veröffentlicht. Besonders gern schreibt sie über Lokalgeschichte.

Publisher

Douglas Amrine.

Managing Editor

Louise Bostock Lang.

Art Director

Gillian Allan.

Design und redaktionelle Assistenz

Sue Megginson, Johnny Pau, Hugh Thompson.

Korrektorat

Stewart Wild.

Register

Hilary Bird.

Researcher

Sarah Miers.

Factchecker

Litta W. Sanderson.

Weitere Hilfe

Besonderer Dank geht an Kathleen Brooks vom National Air and Space Museum, Jessie Cohen und Leah Overstreet vom National Zoological Park, Julie Heizer von der Washington, DC Convention and Visitors Association, Sarah Petty und Brennan Rash vom National Museum of American Art, Shannon Roberts von der National Gallery of Art und Morgan Zinsmeister vom National Museum of American Art. Unser Dank gilt auch Dumbarton House, National Headquarters of The National Society of The Colonial Dames of America.

Ergänzende Fotografie

Max Alexander, Frank Greenaway, Dave King mit freundlicher Genehmigung des Natural History Museum, Tim Mann, Ian O'Leary, Rough Guides/Angus Osborn, Jon Sawyer, Kim Sayer, Giles Stokoe, Clive Streeter, Scott Suchman, Matthew Ward, Stephen Whitehorn.

Ergänzende Illustrationen

Arun K. Pottirayil.

Ergänzende Kartografie

Uma Bhattacharya.

Weitere Beiträge

Emma Anacootee, Tessa Bindloss, Vandana Bhagra, Sherry Collins, Anne Coombes, Rose Hudson, Esther Labi, Sam Merrell, Susan Millership, Sangita Patel, Catherine Palmi, Pollyanna Poulter, Pamposh Raina, Litta W. Sanderson, Sands Publishing Solutions, Kem Sawyer, Alka Thakur, Conrad Van Dyk, Ros Walford, Hugo Wilkinson.

Genehmigung für Fotografien

DORLING KINDERSLEY bedankt sich bei folgenden Personen und Institutionen für die freundlich gewährte Erlaubnis zum Fotografieren, ebenso bei Kirchen, Museen, Restaurants, Hotels, Läden und anderen, die hier nicht alle einzeln genannt werden können.

Bildnachweis

o = oben; ol = oben links; olm = oben links Mitte; om = oben Mitte; orm = oben rechts Mitte; or = oben rechts; mlo = Mittel links oben; mo = Mitte oben; mro = Mittel rechts oben; ml = Mitte links; m = Mitte; mr = Mitte rechts; mlu = Mitte links unten; mu = Mitte unten; mru = Mitte rechts unten; ul = unten links; u = unten; um = unten Mitte; uml = unten Mitte links; ur = unten rechts; d = Detail.

Kunstwerke wurden mit freundlicher Genehmigung folgender Copyright-Inhaber reproduziert: ©2006 Air Force Memorial Foundation 132um; *John F. Kennedy Monument*, 1971 und *Albert Einstein Centennial Monument*, 1979 © Robert Berks Studios, Inc., alle Rechte vorbehalten – 31mro/119mro und 116u; United States Navy Memorial *Lone Sailor*, 1990 © Stanley Bleifeld 92ul; *Two Discs*, 1965, Alexander Calder © ARS, NY und DACS, London 2006 – 59u, 66ul; *Franklin D. Roosevelt and his dog Fala*, 1997 © Neil Estern 35u, 84or; *Korean War Veterans Memorial* © KWVM Productions Inc., Memorial Designers: Cooper-Lecky Architects; Sculptor: Frank Gaylord 34o und 83u; *Hunger* George Segal © The George and Helen Segal Foundation/ DACS, London/VAGA, New York 2006 – 85ol; *Oscar S. Straus Memorial Fountain* © Adolph Alexander Weinman, 1947 – 93m; *Iwo Jima Statue*, 1995 und *Seabees Memorial*, 1971 © Felix DeWeldon 34ul, 132u und 131mro.

AFP: Stephen Jaffe 25m; Joyce Naltchayan 36m; Mario Tama 28ur; ALAMY IMAGES: Jenny Andre 83m; John Foxx 11ur; LeighSmithImages 82mr; William S. Kuta 82o; 132um; DENNIS MACDONALD 207or; Wm.Baker/GhostWorx Images 82ul: ALLSPORT: Doug Pensinger 204m, 204u; ASSOCIATED PRESS AP: Will Morris 133ol.

B. SMITH'S RESTAURANT AT UNION STATION: Thomas Townsend 182 ur; DAN BEIGEL: 119o; BRIDGEMAN ART LIBRARY, LONDON & NEW YORK: Baynton Williams, London *The Bay of Annapolis*, ca. 1880 (Lithografie) von N. Currier (1813–1888) und J. M. Ives (1824–1895) 141 (Einklinker); Freer Gallery, Smithsonian Institution *Schaf und Ziege* von Chao Meng Fu 56ul; National Gallery of Art, Washington, DC *Madonna Alba* (ca. 1510) von Raffael (Raffaello Sanzio da Urbino, 1483–1520) 58mlo; National Gallery of Art, Washington, DC, East Building, entworfen von I. M. Pei, 1978, Mobile von Alexander Calder 59u; The Phillips Collection, Washington DC *Frühstück der Ruderer* 1881 von Pierre-Auguste Renoir (1841–1919) 135o; The White House, Washington, DC, *Portrait of Woodrow Wilson* von Sir William Orpen (1878–1931) 27ol.

CORBIS: 21m, 22m, 27mro, 28uro, 29ol, 29mru, 81ol; AFP: 25u; Dave Bartruff: 31mr; Joseph Sohm; Chromosohm Inc. 35ol, 38ur, 91ul; Corbis-Bettmann 23m 24o, 24ml, 25o, 27or, 28ulo, 29ml, 29mro, 29ul, 72u, 85um, 91mr, 96m, 151ml; James P. Blair 11o; Corcoran Gallery of Art 16; Philip James Corwin 83or; Jay & Becky Dickman 152–153; Todd Gipstein 191, Hulton Deutsch Collection 23o, 27ur; Katherine Karnow 36o, 122u; Kelly-Mooney Photography

53o, 146ml, 206u, 206ul; Wally McNamee 24mr, 117u; David Muench 156u; Richard T. Nowitz 3 (Einklinker), 38o, 39mr, 149m; Mark Peterson, 184mlo; Moshe Shai 29um; Lee Snider/Photo Images 148ol, 149ur; mit Genehmigung von Mrs. Benjamin Ogle Tayloe, Collection of the Corcoran Gallery of Art 26ol; Mark Thiessen 39u; Underwood & Underwood 78or; UPI 92ur; Oscar White 27mlu.

DANITA DELIMONT (AGENT): David R. Frazier Photolibrary/NASM 65m; Karen Huntt Mason 37u; Carol Pratt 202or; Scott Suchman 137ml, 218m; PHILIPPE LIMET DEWEZ: 202u, 203; MARY EVANS PICTURE LIBRARY: 9 (Einklinker), 41 (Einklinker), 171 (Einklinker).

MICHAEL FREEMAN: 40–41, 50ul, 51ol, 62mlo, 62ur, 63mr, 65u, 75u.

GETTY IMAGES: Pablo Martinez Monsivais-Pool 27mru; HOTEL GEORGE: 172u: GRANGER COLLECTION, NEW YORK: 8–9, 17m, 17u, 18o, 18ml, 18u, 19o, 19m, 19u, 20o, 20m, 20u, 21o, 21u, 22o, 22u, 23u, 26or, 26m, 26ul, 26um, 26ur, 27ml, 27ul, 47mro, 91o, 91mo, 91ml, 145o, 209 (Einklinker).

ROBERT HARDING PICTURE LIBRARY: Schuster 2–3; CAPITOL HILTON HOTEL: 172.

IMAGE BANK: Archive Photos 97u; Andrea Pistolesi 50ml, 78ul.

KIPLINGER WASHINGTON COLLECTION: 78ol.

LIBRARY OF CONGRESS: Carol M. Highsmith 46u.

MATISSE RESTAURANT: 182ml; Courtesy Mount Vernon Ladies' Association: 160ol, 160mlo.

NATIONAL AIR AND SPACE MUSEUM © SMITHSONIAN INSTITUTION: SI Neg. No. 99-15240-7 – 31ol; NATIONAL GALLERY OF ART, WASHINGTON, DC: Samuel H. Kress Collection, Foto: Philip A. Charles *Büste von Lorenzo de' Medici* 57ol; Ailsa Mellon Bruce Fund, Foto: Bob Grove *Ginevra de' Benci* ca. 1474 von Leonardo da Vinci 58or; Samuel H. Kress Collection *Junger Mann mit Lehrer* von Nicolas de Largillière, 1685 – 58mlu; Samuel H. Kress Collection *Die Vertreibung der Wechsler aus dem Tempel* (d), vor 1570, von El Greco 60o, Samuel H. Kress Collection *Maria mit Kind*, 1320–1330, von Giotto 60ml; Collection of Mr. and Mrs. Paul Mellon *Frau mit Sonnenschirm – Mme Monet mit ihrem Sohn*, 1875, von Claude Monet 59o; Harris Whittemore Collection *Symphony in White, No. 1: The White Girl*, 1862, von James McNeill Whistler 59mr; Timken Collection *Diana und Endymion*, ca. 1753, von Jean-Honoré Fragonard 60u; Chester Dale Collection *Miss Mary Ellison*, 1880, von Mary Cassatt 61u; John Russell Pope (Architekt) 201; NATIONAL MUSEUM OF AMERICAN ART/© SMITHSONIAN INSTITUTION: Schenkung von Mr. und Mrs. Joseph Harrison *Old Bear*, 1832, von George Catlin 98ur; *Achelous and Hercules*, 1947, © T. H. Benton and R. P. Benton Testamentary Trusts/VAGA, New York/DACS, London 2006 – 98–99m; Nachlass von Helen Huntington Hull, Enkelin von William Brown Dinsmore, der das Gemälde 1873 für »The Locusts«, den Familiensitz in Dutchess County, New York, erwarb. *Among the Sierra Nevada, California*, 1868 von Albert Bierstadt 98ul; Schenkung von John Gellatly *In the Garden (Celia Thaxter in Her Garden)*, 1892, von Childe Hassam 99ul; Schenkung von Herbert Waide Hemphill, Jr., der Museumserwerb wurde ermöglicht durch Ralph Cross Johnson, *Giraffe aus Kronkorken* von einem unbekannten Künstler, nach 1966 – 100ol; © Untitled Press, Inc/VAGA, New York and DACS, London 2006 *Reservoir*, 1961, von Robert Rauschenberg 100mr; Geschenk von anonymen Spendern *The Throne of the Third Heaven of the Nations Millennium General Assembly*, ca. 1950–1954, von James Hampton 100ul. Geschenk der Georgia O'Keeffe Foundation Manhattan 1932, von Georgia O'Keeffe 99mu; NATIONAL MUSEUM OF AMERICAN HISTORY/© SMITHSONIAN INSTITUTION: 74m, 75ur, 75mr, 75o, 76ur, 77ur, 77m, 77ol; Hugh Talman 74ur; NATIONAL MUSEUM OF THE AMERICAN INDIAN: 68ol, 68or, 68ul, 68ur, 69ol, 69mr, 69u; NATIONAL MUSEUM OF NATURAL HISTORY/© SMITHSONIAN INSTITUTION: 70u; Dane Penland 71o; NATIONAL PARK SERVICE: Richard Freer 165ul; Rick Latoff, mit Genehmigung von www.Parkphotos.com 67u; Mary McLeod Bethune Council House NHS, Washington, DC 140m; NATIONAL PORTRAIT GALLERY/© SMITHSONIAN INSTITUTION: Schenkung von The Morris and Gwendolyn Cafritz Foundation und Smithsonian Institution Trust Fund *Selfportrait*, 1780–1784, von John Singleton Copley 99mo; Geschenk der Freunde des Präsidenten und Mrs. Reagan, *Ronald Wilson Reagan*, 1989, © Henry C. Casselli 101m; *Diana Ross and the Supremes*, 1965, © Bruce Davidson/Magnum 101u; Leihgabe der National Gallery of Art, Schenkung von Andrew W. Mellon, 1942, *Pocahontas*, unbekannter Künstler, englische Schule, nach dem Druck von 1616 von Simon van de Passe, nach 1616 – 101ol; Schenkung der Morris and Gwendolyn Cafritz Foundation und des Regents' Major Acquisitions Fund, Smithsonian Institution *Mary Cassatt*, 1880–1884, von Edgar Degas 99ol; mit freundlicher Genehmigung der National Portrait Gallery *»Casey« Stengel*, 1981 Bronze nach dem Gipsabdruck von 1965 von © Rhoda Sherbell 99or; NATIONAL POSTAL MUSEUM/© SMITHSONIAN INSTITUTION: Jim O'Donnell 53m; NATIONAL ZOOLOGICAL PARK/© SMITHSONIAN INSTITUTION: Jessie Cohen 138ol, 138ml, 138ur, 139ol, 139or, 139mru; PETER NEWARK'S AMERICAN PICTURES: 28ol; NEWSEUM: 93ol. DAVID NOBLE: 1, 54, 170–171; RICHARD T. NOWITZ: 63u, 81mru; Abe Nowitz 37m.

OCTAGON MUSEUM/AMERICAN ARCHITECTURAL FOUNDATION, WASHINGTON DC: 115u.

PHILLIPS COLLECTION: 135m; *Komposition Nr. 33*, 1921–1926, von Piet Mondrian © Piet Mondrian/Holtman Trust c/o Beeldrecht Hoofddorp und DACS, London 2006 – 135u; POPPERFOTO: Reuters 28ml, 28mr; PRIVATE COLLECTION: Kevin Ryan 196o.

REX FEATURES: 27om; SIPA Press/Trippett 27mu.

MAE SCANLAN: 31mlo, 32o, 36u, 62ul, 77o, 104, 206o, 206or; SCIENCE PHOTO LIBRARY: US Geological Survey 10; SMITHSONIAN NATIONAL AIR AND SPACE MUSEUM: 64ur, LEN SPODEN PHOTOGRAPHY: 147ol, 147or, 148ur, 149ol, 151ur, 151o; FRANK SPOONER PICTURES: Markel-Liaison 91ur; THE SPY MUSEUM: 102ol, 102m.

TEXTILE MUSEUM: Schenkung von Mrs. Charles Putnam 136o. TOPHAM PICTUREPOINT: 125mlu. TRH PICTURES: National Air and Space Museum 63o, 64o.

UNITED AIRLINES: 218o; UNIVERSITY OF VIRGINIA: Library Special Collections Department, Manuscript Print Collection 127ol; UNITED STATES HOLOCAUST MEMORIAL MUSEUM: 81mro.

WESTERN UNION: 216m; WHITE HOUSE COLLECTION, WHITE HOUSE HISTORICAL ASSOCIATION: 108ml/u, 109o/m/ul/ur, 110u, 111m/u.

VORDERE UMSCHLAGINNENSEITEN: Alles eigene Fotos außer David Noble ur; Mae Scanlan ol.
HINTERE UMSCHLAGINNENSEITEN: © 1998 Washington Metropolitan Area Transit Authority.

UMSCHLAG
Vorderseite: ALAMY IMAGES: SuperStock (Hauptbild); DK IMAGES: Kim Sayer ul. Rückseite: DK IMAGES: Kim Sayer ol, mlo; Giles Stokoe ul; DAVID NOBLE: mlu. Buchrücken: ALAMY IMAGES: SuperStock o; DK IMAGES: Kim Sayer u.

Alle anderen Bilder © Dorling Kindersley.
Weitere Informationen finden Sie unter
www.dkimages.com

System Map

metro

MetroOpensDoors.com
Customer Information Service: 202/637-6000
TTY Phone: 202/638-3780

Legend

- Red Line • Glenmont to Shady Grove
- Orange Line • New Carrollton to Vienna/Fairfax-GMU
- Blue Line • Franconia-Springfield to Largo Town Center
- Green Line • Branch Avenue to Greenbelt
- Yellow Line • Huntington to Fort Totten

Station in Service
Transfer Station
Commuter Rail
Virginia Railway Express
MARC
Bus to Airport
Parking